Educação corporativa no cenário pós-pandemia

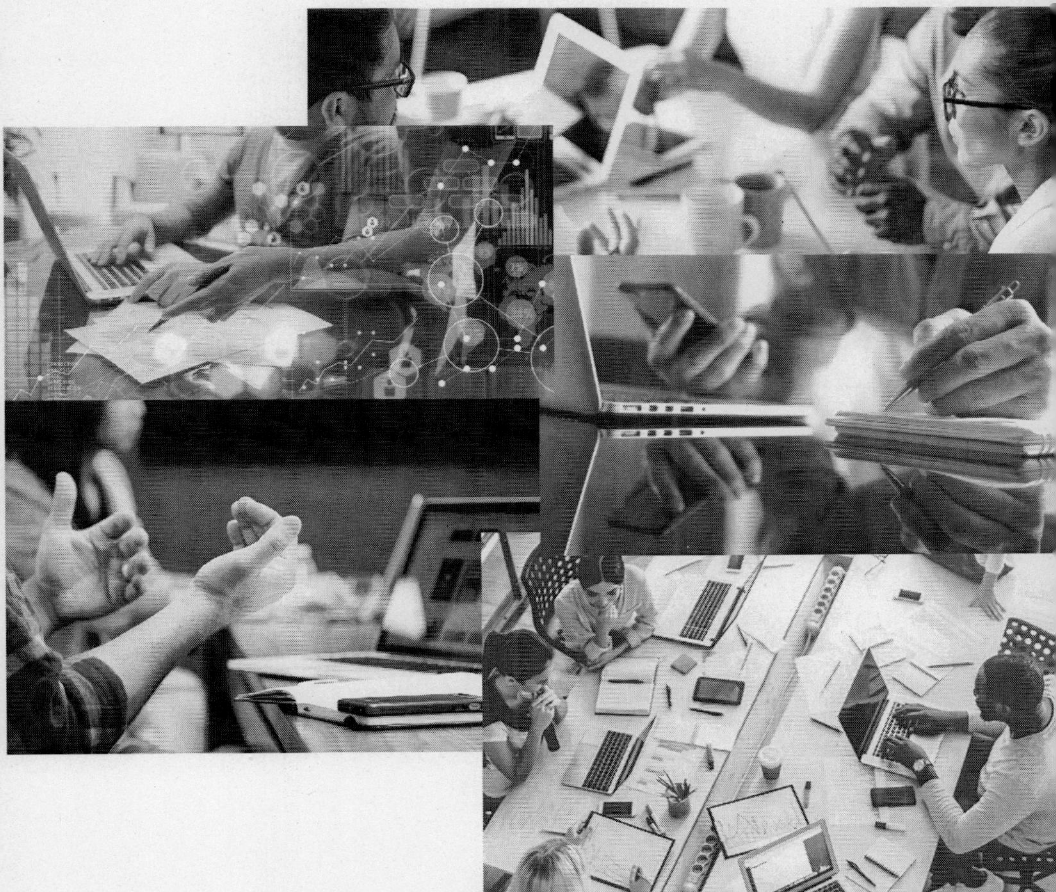

Organizadora:
Marisa Eboli

Educação corporativa no cenário pós-pandemia

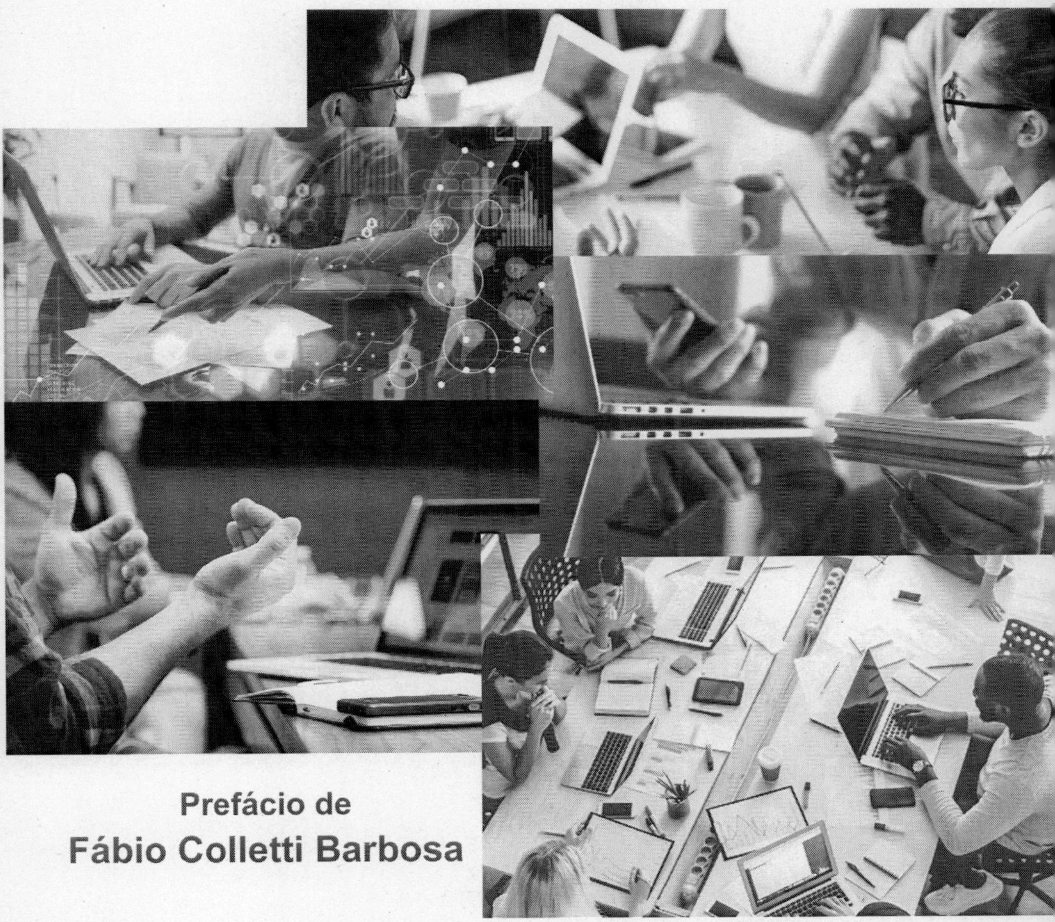

Prefácio de
Fábio Colletti Barbosa

QUALITYMARK

Direção Editorial	Produção Editorial
SAIDUL RAHMAN MAHOMED editor@qualitymark.com.br	EQUIPE QUALITYMARK

Capa	Editoração Eletrônica
CARLOS ALMEIDA	ABREU´S SYSTEM

CIP-BRASIL. CATALOGAÇÃO NA PUBLICAÇÃO
SINDICATO NACIONAL DOS EDITORES DE LIVROS, RJ

E18e

Eboli, Marisa
Educação corporativa no cenário pós-pandemia / Marisa Eboli. – 1. ed. – Rio de Janeiro : Qualitymark Editora, 2023.
480 p. : il. ; 23 cm

Inclui bibliografia
ISBN 978-85-414-0419-8

1. Administração de pessoal. 2. Aprendizagem organizacional – COVID-19, Pandemia, 2020. 3. Pessoal – Treinamento. I. Título.

23-83380

CDD: 658.3124
CDU: 658.3

Gabriela Faray Ferreira Lopes – Bibliotecária – CRB-7/6643

2023
IMPRESSO NO BRASIL

Qualitymark Editora Ltda.	www.qualitymark.com.br
Rua Carlos Machado, 155 – sl. 207	E-mail: quality@qualitymark.com.br
Polo Cine e Vídeo – Jacarepaguá	Tels.: (21) 3597-9055 / 3597-9056
CEP: 22775-042 – Rio de Janeiro – RJ	Vendas: (21) 3296-7649

Sumário

Educação Corporativa no Cenário Pós-pandemia

A pandemia expôs o mundo ao imponderável, não só no ambiente corporativo. Passamos por um momento de grandes incertezas, vivemos a falta de informação sobre uma doença que até aquele momento era desconhecida, a ansiedade dos períodos de quarentena, a adaptação, para muitos repentina, ao mundo *online*. Durante a pandemia, a desigualdade de educação no Brasil escancarou a desigualdade de oportunidades.

Não podemos negar a complexidade que foi esse período. Respostas prontas não atendiam às necessidades do que estávamos vivendo. Aliás, foi o momento de valorizar a flexibilidade, tanto dos executivos e empresários quanto dos colaboradores.

Passada a tempestade, é chegado o momento de pensar como as lições aprendidas podem tornar o presente e o futuro melhores. A começar por entender a importância da educação para a construção do Brasil que queremos. Costumo dizer que não dá para ir bem, indefinidamente, num país que vai mal. Somente com educação vamos dar a cada um a oportunidade de lutar por uma vida mais digna. A primeira parte deste livro traz reflexões importantes para enriquecer este debate em nossa sociedade e, em seguida, como integrar a educação corporativa às práticas de gestão, dando assim consistência à cultura organizacional.

Além da pandemia, estamos passando por um período de grandes transformações em razão da transição para uma economia de baixo carbono. As empresas têm um papel importante na construção desse novo paradigma. São novos mercados, novas demandas e novos modelos de negócio. Na quarta parte deste livro, você poderá ver ótimos exemplos da atuação empresarial, bem como a conexão desses temas contemporâneos com a educação corporativa no segmento final.

Marisa Eboli é uma das grandes autoridades em educação corporativa no Brasil, leitura imprescindível para quem quer refletir e se aprofundar sobre os desafios da educação. Desejo a todos uma ótima leitura!

Fábio Colletti Barbosa
CEO Natura&CO

Apresentação

Ao longo desses mais de 20 anos trabalhando com o tema Educação Corporativa em várias frentes — pesquisa, cursos, publicações e consultoria —, surpreendemo-nos ao ver como o assunto ganhou notoriedade no Brasil, tanto no mundo corporativo (público e privado) quanto no acadêmico. Desde 2009, realizamos trienalmente a *Pesquisa Nacional de Práticas e Resultados da Educação Corporativa* pela FIA Business School, que traz um panorama nacional sobre a educação corporativa e procura identificar não só inovações como também as políticas e práticas vigentes nas organizações atuantes no Brasil. A última edição foi realizada em 2021, sempre com o patrocínio de empresas parceiras. Em 2008, lançamos também pela FIA o curso de extensão em Gestão da Educação Corporativa que, àquela época, já era 70% a distância e recentemente transformou-se em uma pós-graduação. Cresceu a demanda para os cursos abertos de curta duração e os cursos *in-company*, refletindo a preocupação das empresas com educação corporativa. As consultorias aumentaram de maneira significativa. E na medida que o tempo permite, nossa equipe do Grupo de Estudos em Gestão da Educação Corporativa - FIA (GEC-FIA) tem publicado nos mais diversos canais e mídias. Temos trabalhado muito, mas na mesma proporção temos aprendido. Diversão e realização também em alta. Inquestionável a relevância que a Educação Corporativa adquiriu na gestão empresarial, sendo desnecessário afirmar que não se trata apenas de mais um modismo na área de Administração.

Com a pandemia do novo coronavírus, todos aprendemos a trabalhar remotamente, ainda que de forma involuntária. A pandemia também acelerou a necessidade de as empresas tirarem a transformação digital do papel e de fato a incorporem em suas estratégias. Com a educação corporativa não foi diferente. Se algumas empresas relutavam em adotar a Educação a Distância, esta foi a única opção viável para dar continuidade às ações educacionais.

Dar respostas a essas questões tornou-se grande responsabilidade por parte de todos os interessados em projetos de Educação Corporativa.

Com o objetivo de contribuir para esse movimento é que surgiu a motivação para organizar esta coletânea. Assim sendo, objetivo geral deste livro é contribuir para a capacitação dos *Chief Learning Officers* (CLO) ou gestores responsáveis pelos sistemas educacionais nas organizações, para que estejam aptos a gerenciar seus projetos de Educação Corporativa, em especial no cenário pós-pandemia.

Para tanto, espera-se atingir alguns objetivos específicos, tais como:

- contextualizar a educação corporativa na sociedade brasileira e seus desafios educacionais;
- propiciar a reflexão sobre a integração da educação corporativa com práticas de gestão de pessoas, gestão do conhecimento, cultura e mudança organizacional;
- discutir e explicar os conceitos fundamentais que compõem a construção dos Sistemas de Educação Corporativa (SEC), como competências estratégicas, gestão da aprendizagem, aprendizagem mediada por tecnologia e avaliação de resultados;
- apresentar e refletir sobre temas contemporâneos relacionados à Educação Corporativa;
- discutir as principais mudanças, os desafios e as perspectivas para os SECs, no cenário pós-pandemia;
- apresentar e discutir os resultados de pesquisa sobre educação corporativa.

O livro está estruturado da seguinte maneira: na primeira parte, apresentamos artigos que discutem o contexto da educação na sociedade brasileira e seus principais desafios, em especial no cenário pós-pandemia. Na segunda parte, encontram-se artigos que abordam temas que enfatizam a necessidade de harmonia e integração da educação corporativa com práticas de gestão de pessoas, gestão da mudança e da cultura organizacional. A terceira parte traz artigos diretamente relacionados ao tema educação corporativa e aprendizagem, resgatando conceitos básicos, práticas de sucesso e abordagens de avaliação de resultados. A quarta parte objetiva ilustrar os conceitos e as melhores práticas em Educação Corporativa, apresentando dez *cases* nota dez de empresas atuantes no país: Centro de Ensino e Pesquisa do Hospital Albert Einstein, Escola Corporativa Fiocruz, Hamburger University, UniBrad, Universidade Corporativa Leroy Merlin, Universidade Corporativa Sabin, Universidade Corporativa Sicoob, Universidade do Cacau, Universidade do Varejo (GPA) e Universidade Petrobras. E, finalmente, a quinta parte propicia ao leitor uma conexão entre temas contemporâneos e a gestão da educação corporativa, tais como *accountability*, aspectos jurídicos, audiovisual, empreendedorismo, sustentabilidade e tendências gerais.

Faço um agradecimento especial aos autores, amigos e empresas parceiras que, ao aceitarem meu convite, já estimularam fortemente a levarmos adiante o projeto. Sensíveis à ideia da importância da educação corporativa no cenário pós-pandemia, todos escreveram em profunda sintonia. Agradeço também a todos os alunos, professores e clientes com os quais tive o privilégio de discutir muitas das questões colocadas neste livro, e que muito contribuíram para a evolução delas.

Gratidão enorme à Luciana Lira pelo seu trabalho competente e disciplinado ao fazer a leitura cuidadosa e crítica de todos os artigos deste livro, bem como sua compilação.

E claro, não poderia deixar de agradecer à Diretoria da FIA Business School por todo o apoio sempre recebido.

E à minha equipe de ouro do GEC-FIA: Alfredo Coli, Clara Castro de Moraz, Cristiane Shiraishi e Glauciene Lunardeli. Sem vocês, nada aconteceria. Muito obrigada do fundo do meu coração!

A todos, meus votos sinceros de uma leitura agradável e proveitosa!

Marisa Eboli
Coordenadora

PARTE I

O CONTEXTO: EDUCAÇÃO NA SOCIEDADE

1.1 Será que um diminuto vírus vai mudar a história da educação?

Claudio de Moura Castro

Segundo as pesquisas de Teoria Cognitiva, entendemos melhor as coisas quando as comparamos. Comecemos então com uma história trágica e inesperada.

Na noite de 14 de abril de 1912, navegava no Atlântico Norte um navio novíssimo, luxuosíssimo e trombeteado como "inafundável". Mas um *iceberg* deu cabo dele. Afundou o *Titanic*, causando a morte de 1.514 pessoas. Uma tragédia. Mas que trouxe também benefícios. Impulsionados pelo vexame e pela quantidade de gente importante a bordo, aconteceram terremotos em toda a legislação mercante, bem como sérias cutucadas nos projetistas navais. A engenharia foi sacudida e a legislação marítima drasticamente reescrita. Foram benefícios significativos.

Mais curioso foi o seu impacto na vida de um inventor italiano. Havia inventado e começado a produzir um telégrafo sem fio para navios. Mas o trambolho de Marconi não convencia muito e as vendas eram letárgicas. Porém, como havia um aparelho no *Titanic*, foi possível alertar um navio que passava perto — e que também tinha telégrafo — salvando-se assim 710 náufragos. Nenhum gênio de *marketing* venderia mais telégrafos do que o *Titanic*. Todos os navios ganharam o seu.

Tudo que sacode muito, traumatiza e afrouxa as defesas do *status quo*. Assim sendo, um acidente nefasto pode ter o seu lado bom. A Segunda Guerra Mundial, com seus milhões de cadáveres, não deixou de trazer grandes inovações. Quase todo acidente aeronáutico resulta em *retrofits* instalados em todos os aviões da categoria para que nunca mais aconteça.

Esse é o mote do presente ensaio sobre o impacto da Covid-19: trouxe também consequências positivas. A Telemedicina estava proibida, logo foi liberada. Comprar pela *internet* veio para ficar. O *home office* foi um ganho irreversível.

Catastróficos como podem ser esses desastres, eles permitem quebrar resistências, criar pressões formidáveis ou mudar o equilíbrio de forças políticas. O que era impossível, materializa-se de uma hora para outra.

E assim, também na Educação. O que se previa em dez anos, em alguns casos, levou dez dias para mudar.

Quanto foi o prejuízo educacional?[1]

Bem sabemos que nossa educação é muito fraca. O Pisa e a Prova Brasil não deixam dúvidas. E a pandemia não teve misericórdia. O que era ruim, ficou pior.

Alguns dados iniciais sugerem que 2021 foi péssimo para a educação. Entre os professores, 83% se consideravam despreparados para lidar com a tecnologia. O tempo de aula caiu para 1,8 a 2,04 horas, comparado com as quatro horas tradicionais. Com relação a um ano típico, segundo uma pesquisa, houve 73% a menos de aprendizado. Devastador! E a evasão trouxe danos ainda mais sérios. Tudo indica que as diferenças de aprendizado entre escolas de boa estirpe e outras mais frágeis tenha aumentado.

Mas que fique claro, não temos ainda medidas precisas da catástrofe. Ainda assim, cenários plausíveis mostram um quadro

1 TODOS PELA EDUCAÇÃO. *2º relatório anual de acompanhamento do Educação Já*. São Paulo: Todos pela Educação, 2021. Capítulo 3

SÃO PAULO GOVERNO DO ESTADO. *O impacto da pandemia na educação*. São Paulo: Governo de São Paulo, s.d. *e-book*.

PAES DE BARROS, Ricardo. *A perda da aprendizagem na pandemia*. São Paulo: Insper/Instituto Unibanco, 2021. *e-book*.

CONSELHO NACIONAL DE EDUCAÇÂO-CNE. *Diretrizes nacionais para o retorno às aulas presenciais e reorganização do calendário escolar*: Breve diagnóstico. Brasília: CNE, 2021.

de perdas que levarão anos para serem compensadas. Estima-se três para São Paulo e até dez para alguns estados.

O que já era desigual, fica mais desigual ainda

Nas escolas que conhecemos, as salas de aula são sempre iguais. Pensamos logo nos alunos, nas suas carteiras e o professor à frente, ensinando a lição. E nada muda.

Curiosamente, essa aula apenas aparece no Medieval Tardio, quando são criadas na Europa as primeiras universidades. Passam-se muitos séculos, antes que seja adotada nos níveis mais baixos de ensino[2].

E não tenhamos ilusões, a educação era muito ruim. Porém, ao longo de oitocentos anos, foi havendo um avanço no conhecimento de como tirar partido dessa sala de aula.

É quase óbvio, quanto mais inadequados forem a escola, os professores e os métodos, mais penalizados serão os alunos fracos. Não encontram dificuldades os mais bem preparados, os inteligentes, os motivados ou os com ambiente familiar letrado. Os outros ficam para trás. Em outras palavras, a fragilidade da escola fomenta a desigualdade, isso não é coisa nova.

Ainda assim, com o passar do tempo, a escola evolui. Mercê da experiência adquirida, reduz-se a distância entre os menos e os mais favorecidos. A Europa teve oitocentos anos para avançar nessa linha e tem hoje um ensino relativamente igualitário. O Brasil, com apenas 150, está ainda bem atrás.

Desaba a Covid-19! Não há remédio, cancelam-se as aulas presenciais. É um salve-se quem puder, às carreiras e batendo cabeça. Em poucas semanas, foi preciso improvisar um novo sistema sem a presença física.

Sistemas educacionais maduros perderam pouco, se é que perderam. Por exemplo, na Suíça, as perdas foram mínimas[3].

---

2 CUBBERLEY, E. P. *History of education*. Boston: Houghton Mifflin, 1940. Chapter IX.

3 Veja-se TOMASIK, M. J.; HELBLING, L. A.; MOSER, U. Educational gains of in-person vs. distance learning in primary and secondary schools: A natural experiment during the Covid-19 pandemic school closures in Switzerland. *International Journal of Psychology*, November, 24, 2020. Doi: 10.1002/ijop.12728.

Em contraste, no Brasil o desastre era inevitável. Como a escola remota é bem pior, a desigualdade aumenta. Os alunos mais fracos são severamente penalizados, pois a escola está muito distante deles. É como se voltássemos para um passado remoto em que as escolas tateavam, tropeçavam e falhavam na sua missão.

É ingênuo pensar em conspiração ou descaso. Essa exacerbação da desigualdade era mais do que previsível e inevitável.

Cadê os computadores e a *internet*?

Ninguém disputa a precariedade tecnológica das nossas escolas e a relativa pobreza da maioria dos alunos. Mesmo nos Estados Unidos, milhões de famílias não têm boa conexão de *internet*. Como tudo tem que migrar para a *internet*, do dia para a noite, ficam escancaradas as falhas clamorosas do parque tecnológico de escolas e alunos brasileiros.

Os computadores são lentos, se existem. Muitos alunos não os têm ou devem compartilhá-los com os irmãos. A cobertura da rede é desigual. Isso tudo é verdade, há amplos números para demonstrá-lo.

Porém, é muito conveniente pôr toda a culpa na tecnologia.

Uma pesquisa recente mostrou que 84% dos alunos tinham acesso, pelo menos, a um *smartphone*[4]. E como indicaram pesquisas anteriores, eles gostam mais de ler nos telefones do que nos monitores. Sendo assim, do lado da tecnologia, a situação pode ser menos trágica do que a pintada.

E as tecnologias digitais não são a única forma de ensino a distância. Há muitos anos, o presente autor fez, com todo sucesso, um curso de radiotécnica totalmente pelo correio. Por que desdenhar esse método provecto, porém ainda eficaz?

Não cabe minimizar as deficiências do lado técnico, pois foram e são graves. Porém, a despeito dessa penúria, não estão aí os principais obstáculos, como tentaremos demonstrar adiante. É a precariedade da escola que mina os resultados.

---

4 Dados do INSTITUTO BRASILEIRO DE GEOGRAFIA ESTATÍSTICA-IBGE. *Pesquisa Nacional por Amostra de Domicílios*. Rio de Janeiro: IBGE, 2019.

Ensino remoto emergencial não é EaD

A missão de criar a Open University foi dada pelo governo britânico a Lord Wilson of Perry. Aliás, só virou lorde por haver feito a proeza de oferecer excelência e acesso fácil no ensino a distância.

Pensando em excelência, logo propôs que Oxford e Cambridge cooperassem na empreitada. Mas foi rechaçado de forma contundente. Segundo elas, sua reputação de muitos séculos não seria conspurcada por iniciativas pouco sérias[5].

Ficou mais do que claro o preconceito ubíquo contra o ensino a distância. Vem de outros tempos e sobrevive nos dias de hoje. É visto como um prêmio de consolação para quem não pode ter coisa melhor.

Mas, entre a realidade e as crenças, pode haver um hiato. A partir de meados do século XIX, o ensino por correspondência começa a se expandir. E como se imagina, os cursos de EaD (Ensino a Distância) aprendem com a experiência. Foram desenvolvendo suas técnicas, seus métodos e suas maneiras de lidar com a ausência física dos alunos. E por longo tempo havia apenas a comunicação via correio e papel.

Adiante, mostraremos a natureza dos avanços. De momento, ficamos com as suas medidas. No caso, duas ilustrações bastam.

Uma metapesquisa internacional comparou o nível de aprendizado de alunos presenciais e a distância, quando as condições de ambos os lados podiam ser consideradas equivalentes. Pois não é que os alunos de EAD e presencial tinham aprendizado equivalente[6]?

Mais perto de nós, em cada carreira, o Enade aplica a mesma prova para os alunos de EaD e presenciais. E como se viu, as vantagens para os do presencial são inexistentes[7].

Os dois exemplos bastam para mostrar o grande avanço nos cursos a distância. Na verdade, compensar a ausência física sempre foi o seu maior desafio.

---

5 Conversa pessoal do autor com Lord Wilson of Perry

6 ALLEN, M.; MABRY, E.; MATTREY, M.; BOURHIS, J.; TITSWORTH, S.; BURRELL, N. Evaluating the effectiveness odf distance learning: A comparison using meta-analysis. *Journal of Communication*, January 10, 2006.

7 FIGUEIREDO, M. A.; AMARAL, R. C. B. M.; ROPOLI, E. A. Avaliação dos cursos de graduação: Estudo comparativo entre cursos oferecidos nas modalidades a distância e presencial. Ribeirão Preto, 2017.

Mas ao ser privada da alternativa presencial, a escola acadêmica não foi atrás da experiência do EaD. Pelo contrário, improvisou por conta própria. Na verdade, apenas transferiu para o ensino a distância as práticas do presencial, fossem elas adequadas ou não[8].

Esse arremedo de última hora foi chamado de Ensino Remoto Emergencial. Aliás, é boa ideia ter nome diferente, pois é outra coisa.

Não é surpresa que os resultados do remoto deixam a desejar em termos de garantir a presença, a participação efetiva e, por consequência, o aprendizado. É como se houvesse voltado para trás o relógio, e os alunos de hoje estivessem frequentando uma escola do passado, com toda a sua inexperiência. Mergulhou-se na idade das trevas ao ter que operar via *internet*. E isso, apesar de o velho EaD já haver vencido desafios maiores, pois não dispunha da mesma tecnologia.

Foram criados muros intransponíveis entre o remoto e o EaD, prejudicando o aprendizado. Por quê?

Com a correria, a implantação foi atabalhoada, sem tempo para refletir e buscar soluções de fora. Ademais, poucos sabiam como funcionava o EaD, amplamente consolidado ao longo dos anos. Uma terceira vertente é que, pelo menos em parte, esse alheamento é fruto do tradicional preconceito da escola presencial contra o EaD. Como não se via no EaD um modelo respeitável, o que haveria a se aprender com ele?

As correrias da implementação

Lendo os jornais, ficou claro que, mesmo nos países com ensino de qualidade, houve dúvidas, perplexidades e muitos erros. No nosso país, bem pobrezinho no seu ensino, a confusão foi geral e em todos os níveis.

Não há como desculpar a omissão do MEC. Quem melhor do que ele para liderar, mobilizar as melhores cabeças, reunir e avaliar os materiais didáticos existentes, identificar as boas práticas e disseminar as soluções exitosas?

Porém, já antes da pandemia, em vez de cuidar da sua agenda, o MEC havia optado por esgrimir-se em batalhas ideológicas com a sociedade — de resto, contendas longe da educação.

8 Grupo A. *Aprenda a fazer um EaD de verdade*. s.d. *e-book*.

Filantropias como o Instituto Unibanco e a Fundação Estudar tentaram ajudar, tanto quanto lhes era possível. Ainda não há como avaliar o impacto de suas ações.

Estados como São Paulo e Ceará têm sistemas estaduais maduros e com boa competência técnica. Portanto, possuem um repertório de soluções muito mais sólido e sofisticado do que outros, cujas secretarias são cronicamente frágeis. O mesmo com os municípios. Associações de secretários estaduais e municipais trataram de cooperar entre si. Mas tampouco se pode avaliar a efetividade desses esforços.

Supomos que muitas soluções foram tentadas. Tudo indica que a fórmula preferida foi usar a tecnologia digital para reproduzir, via *internet*, a mesma aula presencial. Daí o nome "ensino remoto". Em alguns casos, as aulas são ao vivo. Em outros, são gravadas e reproduzidas. É quase a mesma diferença entre ensino "síncrono" e "assíncrono". O primeiro tende a ser mais personalizado, portanto, superior. Todavia, é mais caro. Seja como for, é o mesmo ensino presencial transladado para o Zoom (ou seus similares). É dito "emergencial", para corretamente informar que foi fruto do Deus nos acuda da implementação.

Afinal, por que não? Se podemos dar a distância a mesma aula, deve ser uma boa ideia. Na graduação pode funcionar. Mas no ensino básico, as fragilidades dessa fórmula são mais acentuadas.

Se a sala de aula já era pouco atraente para os alunos, a sua versão remota reduz ainda mais a motivação. Se tudo já era chato, estratosférico e sem aparente utilidade, na telinha do Zoom é pior ainda.

Na sala de aula, o professor pode cobrar a atenção e promover alguma participação. No remoto, é muito mais fácil ausentar-se intelectualmente, desligar a câmera ou mesmo "matar aula". Em grande medida, foi isso que aconteceu. É o absenteísmo digital.

Não deve ser surpresa, materializou-se o previsível: aumentou a desigualdade. As boas escolas rapidamente migraram para o digital e levaram para lá seus melhores hábitos pedagógicos.

Já os alunos mais fracos, quase sempre em escolas precárias, ficam entediados, não conseguem prestar atenção e aprendem bem menos. E, portanto, evadem-se em maior proporção.

No fundo, uma aula aborrecida no presencial vira uma aula bem mais aborrecida no monitor. Aos professores não foram ensinadas as técnicas de promover maior interação, não conseguiram mostrar aplicações, e por aí afora. A evasão resulta também de que, para muitos, a escola é a hora de ver os amigos, o que não pode acontecer no remoto.

Por que não se aprendeu com a experiência do EaD de *pedigree*?

O EaD já nasce convivendo com as dificuldades intrínsecas de manter o interesse de alunos que estão longe, controlando assim a evasão. É o resultado de um século e meio aprendendo a evitá-la. Porém, o remoto ignorou a experiência acumulada pelo EaD. Se já era pouco o contato personalizado com os alunos no presencial, no remoto, agrava-se o problema.

Como sabem os tradicionais operadores de cursos a distância, é bem maior a necessidade de se aproximar dos alunos. No velho ensino por correspondência, os instrutores escreviam bilhetes e recados nas folhas de exercícios. Uma pesquisa com graduados desses cursos mostrou como os alunos valorizavam essas frases rabiscadas à margem do papel[9].

O primeiro segredo do EaD é a preparação de materiais de ensino de qualidade e atraentes. O segundo é usar folhetos curtos em vez de livros gigantescos que traumatizam os alunos. Os temas são breves o suficiente para evitar a saturação cognitiva. Terceiro, o ensino é altamente estruturado e passo a passo. No quarto, ao contrário do ensino presencial, abundam exercícios e aplicações. E, como se sabe, se não se aplica, não se aprende. O ensino remoto herdou do presencial os pecados de ignorar essas regras. Simplesmente não capitalizou na experiência do EaD.

Quando examinamos os bons programas de EaD que usam televisão, as aulas são de 15 minutos. Segundo as pesquisas, esse é o limite da atenção dos alunos. O tempo restante — para cobrir a carga horária — consiste em aplicações e interação entre alunos e professor. Já no remoto, repete-se a mesma aula expositiva de 45 minutos, com os resultados previsíveis de perda de atenção.

---

9 GUARANYS, L. dos; CASTRO, C. de M. *Ensino por correspondência*: Uma estratégia de desenvolvimento educacional no Brasil. Rio de Janeiro: Ipea, 1979.

Presencial ruim? Remoto pior ainda

É fácil imaginar que haja uma pedagogia do presencial, uma pedagogia do remoto, uma do EaD clássico e, agora, que teríamos a do híbrido. Tolice. Não é assim, embora isso até possa oferecer boas desculpas para o fracasso.

São, rigorosamente, as mesmas as teorias cognitivas que inspiram as práticas de qualquer sala de aula, presencial ou a distância. Quem seguir essa boa cartilha, não terá como errar.

Vejamos abaixo algumas sugestões para o bom ensino.

1. Aprende-se repetindo, repetindo, repetindo. Não há atalhos.
2. No ensino ativo — uma alternativa superior —, o esforço de aprender cai sobre o aluno. Ele tem que ativamente buscar uma compreensão profunda.
3. Sem aplicar não se aprende.
4. É preciso fugir da decoreba como o diabo foge da cruz.
5. Aprende-se quando o assunto é contextualizado, ou seja, conectado com o que é familiar ao aluno.
6. Quanto mais bem preparada a aula, mais o aluno aprende.

Seja ao vivo, seja na tela, são os princípios norteadores da boa sala de aula. Quem andava por esse catecismo e desembarcou no digital, provavelmente deu-se bem. E vice-versa.

Que lições nos ensina a pandemia?

Como dito no início, não há por que minimizar a magnitude da tragédia, seja a do *Titanic*, seja a da Covid-19. Mas nos dois casos, houve também consequências positivas.

A invenção do cinema assustou os educadores. E prometia trazer uma enorme contribuição para o ensino. Não obstante, foi olimpicamente rechaçada. O mesmo com o rádio e a televisão. Faz meio século que os "evangelistas" da informática tentam levar os computadores para a sala de aula. Foi meio século de fracassos. O próprio Pisa documenta a ausência de associação entre computadores na escola e o rendimento dos alunos. Curiosamente, computador na casa do aluno melhora o rendimento. Ou seja, a escola é mais incompetente do que os seus próprios alunos para fazer bom uso da informática.

Espoca a Covid! Em poucas semanas, estão diante dos monitores os mais teimosos inimigos da informática. Com certeza, com a má vontade que se pode imaginar. Mas tiveram que mudar. Aconteceu, subitamente, o que os otimistas pensavam tardar dez anos.

Houve uma súbita revolução digital na escola. Superada a pandemia, não é razoável imaginar que voltará tudo a ser como antes. O cenário mais provável é que, pelo menos nas boas escolas, muitas práticas não voltarão ao que eram. A tecnologia terá sido solidamente embarcada.

Houve várias outras lições pedagógicas do experimento. São mais sutis, mas não menos importantes.

Pensemos, o remoto emergencial é uma caricatura do presencial. Exagera suas mazelas. O que estava disfarçado no presencial, fica escancarado nele. Põe a descoberto a falta de contato da escola com os alunos. As desigualdades ficam mais evidentes. Mostra as consequências de um ensino abstrato, distante do mundo real e de suas aplicações. Mostra as falhas dos materiais de ensino e de seu uso na sala de aula. O aluno, antes obrigado a assistir a uma aula chata, agora tem muitas maneiras de escapar.

O salto em segurança e conforto, trazido pelo telégrafo sem fio do *Titanic*, não pode ser trocado pelas 1.514 mortes. As duas coisas convivem em paralelo. Pela mesma forma, os ganhos trazidos pela Covid-19 tampouco atenuam a gravidade das perdas educacionais.

Seja como for, o remoto pode ensinar lições preciosas para o presencial, por exibir os seus erros de forma amplificada. E como não podemos repor os prejuízos educativos, pelo menos temos de aproveitar o momento para acelerar as mudanças que foram conquistas recentes. Tirar lições do passado é o mínimo que se pode fazer. E não é pouco.

1.2 Educação básica no Brasil: antes, durante e pós-pandemia

Claudia Costin

Introdução

A pandemia trouxe-nos grandes sofrimentos próprios de uma crise multifacetada. Afinal, trata-se de uma crise simultaneamente sanitária, com perdas de vidas e adoecimento, econômica, pois resultou em desemprego e redução substancial de renda, institucional, com o fortalecimento de opções políticas populistas representando riscos à democracia, e educacional, com cerca de 190 países tendo fechado total ou parcialmente suas escolas por um período prolongado.

Em educação, a Covid-19 resultou não apenas em perdas de aprendizagem, especialmente para os alunos de famílias mais vulneráveis, como desvelou a crise de aprendizagem que afetava a Educação Básica, com quase 55% dos alunos não se alfabetizando ao final do 3.º ano do Ensino Fundamental (ANA 2016) e cerca da metade dos jovens brasileiros de 15 anos com habilidades insuficientes de leitura e compreensão de textos (PISA 2018), assim como a profunda desigualdade educacional que já vivíamos antes da pandemia, particularmente no Brasil.

Além disso, o fechamento de escolas por quase dois anos letivos inteiros trouxe um grande agravamento das duas tendências preexistentes, podendo significar um retrocesso nos limitados, mas visíveis, ganhos em aprendizagem que ocorreram desde 2005, especialmente no Ensino Fundamental.

Nesse contexto, somos levados a refletir não só sobre as emergências impostas pela situação, como também sobre o que se pretende construir para um futuro pós-pandemia. O que estava encoberto aparece e nos convoca e enfrentar os atuais e novos desafios educacionais do país, com uma clara percepção de que é a Educação de qualidade que constrói um processo de desenvolvimento mais inclusivo e sustentável. E é sobre isso que escrevo este texto.

Em setembro de 2015, na Assembleia Geral da ONU, foram aprovados os Objetivos do Desenvolvimento Sustentável-ODS. Vinham substituir e ampliar os antigos objetivos do milênio, em que se pensava em preparar os países para o século 21. Mais ambiciosos que os anteriores, os ODS tinham de lidar com novas questões que assolavam o planeta: apesar de avanços em alguns indicadores sociais e de redução de danos ao nosso futuro, a lentidão das políticas públicas e a falta de ousadia na construção de soluções por parte dos decisores foi agravada com o advento do que se passou a denominar de 4.ª Revolução Industrial ou o Futuro do Trabalho.

Esse novo processo se traduz numa aceleração da automação e da robotização, com a Inteligência Artificial substituindo o trabalho humano por algoritmos, o que pode ser simultaneamente uma bênção e uma maldição, dependendo das respostas regulatórias e das políticas públicas adotadas. Uma bênção, pois, se bem coordenado, o processo pode eliminar o trabalho em condições indignas e pouco saudáveis, como ocorreu, em alguns casos, com a mecanização precedente. Pode também trazer consigo uma redução da destruição de recursos naturais ao possibilitar processos de trabalho menos geradores de desperdícios ou de emissões.

Mas, apesar de se saber que, em etapas anteriores de mecanização, a criação de postos de trabalho a partir de inovações tecnológicas superou a destruição, há hoje certo ceticismo em relação a essa possibilidade. Haverá trabalho para todos e, em caso positivo, não teremos um grande aumento da desigualdade social? Não sabemos ainda ao certo, mas tudo indica que, mesmo que a criação líquida de postos de trabalho seja positiva, eles não demandarão as mesmas competências e isso poderá resultar em importantes instabilidades e incertezas. Ao que tudo indica, as novas habilidades demandadas serão de nível muito mais sofisticado, combinando capacidade de resolver colaborativamente problemas complexos com criatividade, pensamento sistêmico e crítico e empatia com habilidades digitais.

Ora, a mistura tóxica de desemprego com o aumento de desigualdade social, ambos agravados pela COVID-19, não promete coesão social nem um futuro sustentável no sentido mais amplo do termo.

Da mesma maneira, os avanços em biotecnologia, que podem ter importante papel na prevenção e cura de doenças e assim possibilitar uma extensão da vida com qualidade, também podem representar um risco se perdermos a visão de equilíbrio dos ecossistemas e daquilo que nos faz humanos. Há mesmo sentido em prolongar os anos transformando-nos em autômatos, com perda eventual da capacidade de sentirmos raiva, tristeza, frustração ou até paixão?

Mas vou me ater, neste texto, a duas questões relevantes para os próximos anos: como dotar as novas gerações das competências necessárias para a vida em sociedade, em especial para o trabalho e a cidadania global, e como neles instilar, por meio da educação, valores que contribuam para assegurar que sua existência não coloque em risco a dos atuais e futuros habitantes do planeta.

Educação e os Objetivos do Desenvolvimento Sustentável

Entre os Objetivos do Desenvolvimento Sustentável, um é específico para a educação, o Objetivo de Desenvolvimento Sustentável 4, que estabelece que, até 2030 (a menos de nove anos, portanto, de quando escrevo o texto), deveremos assegurar uma educação inclusiva, equitativa e de qualidade e promover oportunidades de aprendizado ao longo da vida para todos.

Há, nesse enunciado, uma busca por equilibrar duas questões muito caras à Educação: excelência e equidade. Em outros termos, há uma promessa de que a qualidade que se quer construir não será obtida, como é costumeiro ocorrer no Brasil, por meio de exclusões.

As metas em que se desdobra esse objetivo deixam isso ainda mais claro: a ideia, por exemplo, de garantir que todos concluam — e não apenas frequentem — a escola primária e secundária (no nosso caso, tanto o Ensino Fundamental 2 quanto o Ensino Médio, o que ainda não ocorre hoje) já é, em si mesma, ousada. Mas, completa o enunciado da meta 4.1, a Educação oferecida deve ser "equitativa e de qualidade e que se traduza em resultados de aprendizagem relevantes e efetivos". Ou seja, além de completar os estudos secundários, a Educação oferecida a crianças e jovens não deve resultar em aprendizados importantes apenas para alguns e não para outros.

Entre as metas, inclui-se também uma muito importante para a equidade, a 4.2, que estabelece que, até 2030, programas de Primeira Infância de qualidade serão oferecidos para todos, inclusive educação pré-escolar, de forma a preparar meninas e meninos para as etapas posteriores de escolaridade. É notório que uma educação infantil de qualidade — especialmente se acompanhada de intervenções de outras políticas públicas como a de atenção às gestantes (Saúde) e fortalecimento de vínculos familiares (Assistência Social) — tem o efeito de nivelar as diferenças de origem socioeconômicas no desempenho escolar futuro.

Outras metas dizem respeito à igualdade de acesso a todos os níveis de escolaridade entre homens e mulheres, pessoas de diferentes grupos étnicos, permitindo também que isso ocorra para jovens oriundos de meios vulneráveis ou portadores de deficiências. Em muitos casos, para isso, ações afirmativas podem ser necessárias, dando apoio adicional a escolas ou alunos que dele necessitem. O ODS 4 também inclui uma meta para assegurar que aumente, de forma expressiva, o número de jovens e adultos com habilidades relevantes — inclusive competências técnicas — para empregabilidade e empreendedorismo, o que será vital no contexto da 4.ª Revolução Industrial, com a extinção progressiva de inúmeros postos de trabalho.

Mas não basta garantir direitos e um acesso qualificado ao mundo do trabalho. A Educação tem um papel ainda maior na construção de uma sociedade que respeite a vida, promova a paz e permita uma existência de qualidade para as novas gerações no planeta.

Assim, a meta 4.7 estabelece que, até 2030, vamos garantir "que todos os alunos adquiram conhecimentos e habilidades necessários para promover o desenvolvimento sustentável", aprendendo a desenvolver estilos de vida sustentáveis, a promover direitos humanos, igualdade de gênero, "uma cultura de paz e não violência, cidadania global e valorização da diversidade cultural".

Sim, é fundamental desenvolver as competências básicas nos jovens, como letramento, raciocínio matemático e científico e oferecer-lhes um repertório cultural relevante. Mas é bom lembrar que, no século 20, as pessoas que receberam educação formal de qualidade para o padrão da época, inclusive ensino superior, foram capazes de perpetrar atrocidades em nome do orgulho nacional e de uma distopia excludente. Formar cidadãos globais capazes de enxergar a humanidade no outro, num processo empático, e não destruir os recursos do planeta num "consumerismo" desenfreado e apoiado em teorias anticientíficas, é, neste século, um papel fundamental da escola.

A Educação durante a pandemia

O súbito fechamento das escolas que se seguiu à eclosão da pandemia da Covid-19 demandou no mundo inteiro uma nova forma de prosseguir com as aulas de forma não presencial. Muitos países puderam rapidamente migrar para uma nova modalidade de ensino, dados os investimentos anteriores no uso educacional de tecnologias digitais e em conectividade para todos os alunos. A vantagem do uso de plataformas foi o de se poder contar com um processo síncrono de instrução, o que permitiu que alunos pudessem tirar suas dúvidas e ter contato com os colegas e mestres durante as aulas.

Mas, mesmo nesse caso, houve uma oferta alternativa de continuidade pedagógica, na forma de aulas na televisão ou no rádio e envio de cadernos de exercícios para casa, a serem preenchidos pelos alunos e enviados para correção dos professores, para aqueles que, apesar disso, tinham dificuldades maiores com equipamentos ou conexão.

No Brasil, a interrupção foi igualmente súbita, mas a reduzida conectividade, a falta de equipamentos por parte dos alunos e a inexperiência das redes públicas de ensino em processos de ensino que incorporam plataformas digitais fizeram com que a experiência tenha sido bem menos focada em iniciativas síncronas. No mesmo sentido, houve uma demora em oferecer alternativas de aprendizagem remota e alguns poucos municípios sequer o fizeram ao longo dos cerca de 19 meses de fechamento das escolas.

Essa paralisia, afortunadamente rara entre as redes, foi justificada por um curioso argumento: já que não haveria conectividade para todos, nada seria feito. Seria o equivalente a dizer que, como para determinada doença não houvesse medicamento para cada paciente, nenhum seria tratado e todos morreriam.

Ao final, as boas práticas dos mais céleres em responder à situação de emergência na educação contaminaram positivamente outras redes e, apesar do fato de o Governo Federal pouco atuar na necessária coordenação da resposta educacional à Covid, a Undime (que congrega os dirigentes municipais de educação) e o Consed (que representa os secretários estaduais), com algum apoio da sociedade civil, o fizeram. Espaços para trocas de boas práticas ocorreram e, progressivamente, a ampla maioria dos municípios e todos os estados prepararam alguma forma de aprendizagem em casa e compartilharam protocolos sanitários para preparar as escolas para uma volta segura.

A volta acabou acontecendo num sistema escalonado em que certas séries retornaram a um sistema semipresencial antes das outras, com um rodízio de alunos que permitisse distanciamento social tanto nas salas de aula quanto na entrada, recreio ou alimentação. Os alunos que ficavam em casa parte do tempo, seja em semanas alternadas, seja o todo o tempo, até que as demais séries também fossem convocadas para a volta, continuaram recebendo aprendizagem remota, agora cada vez mais por plataformas, com as escolas funcionando como um *hub* de conectividade, inclusive com entrega de equipamentos e *chips* para os alunos que deles necessitavam.

É interessante observar que, mesmo com as dificuldades iniciais com o uso de tecnologias, competências digitais acabaram se desenvolvendo entre alunos e professores em grande velocidade no período, sendo este talvez um dos importantes legados da pandemia à educação. O importante será investir em boas políticas públicas no retorno às aulas presenciais, para que essa aceleração da inclusão digital possa se constituir em um caminho para apoiar o resgate das perdas de aprendizagem ocorridas no período.

Mesmo assim, as perdas de aprendizagem, como puderam atestar as avaliações diagnósticas feitas no retorno ao presencial, foram imensas. Só no estado de São Paulo, uma avaliação aplicada aos alunos de 5.º ano mostrou que os estudantes retrocederam a um patamar de desempenho em Matemática correspondente ao de quase 11 anos antes da pandemia.

O legado da pandemia e o futuro da Educação

O prolongado fechamento das escolas e a falta de uma coordenação nacional da resposta educacional à Covid trouxe, como vimos acima, perdas imensas. Nesse sentido, as redes públicas de ensino organizaram estratégias para a necessária recuperação. Logo após aplicarem avaliações, muitas redes organizaram aulas no contraturno ou desenturmaram alunos, em especial os de 3.º e 4.º anos que não lograram se alfabetizar a distância e os alocaram para turmas focadas em realfabetização, algumas vezes por semana ou até todos os dias.

Outras redes ampliaram a rede de escolas em tempo integral para assegurar que, em 2022, tempo adequado seja reservado à aprendizagem do que foi perdido, sem afetar o currículo da série escolar atualmente cursada.

Certamente, teremos a oportunidade de saber daqui a alguns anos se as medidas adotadas resultaram em recomposição do muito que se perdeu com tanto tempo de aulas perdidas. No entanto, como em outras crises pelas quais a humanidade passou, alguns aprendizados também ocorreram por conta da Covid-19.

De uma maneira ou de outra, houve grande aceleração da inclusão digital de professores e alunos. Ensinar e aprender por meio de plataformas tornou-se uma competência dominada, ao menos parcialmente, por grande contingente de membros de comunidades escolares. Até o contato com rudimentos de um ensino híbrido, ocorrido durante o período de rodízio de alunos na sala de aula, tornou-se acessível a muitos, mesmo que com práticas longe de serem perfeitas.

Essas práticas e conhecimentos ainda elementares poderão se constituir na base, desde que acompanhadas de boas políticas públicas, para um processo de ensino-aprendizagem mais profícuo e que prepare as próximas gerações para o século em que vivem.

Mas há outras habilidades que acabaram sendo desenvolvidas pelos alunos durante o isolamento social, como as chamadas competências socioemocionais ou do século 21, como adaptabilidade, abertura ao novo e empatia. De uma maneira ou de outra, muitas famílias tiveram de alterar hábitos, organizar ambientes de aprendizagem e lidar com o sofrimento próprio ou de pessoas próximas a elas. Essas situações abriram a possibilidade de incorporar novas práticas e atitudes, incluindo a de se tornarem mais autônomos para aprender.

Quando pensamos a educação para os próximos 25 anos, temos de considerar duas possibilidades de análise: a) como será e como deveria ser a Educação daqui a 25 anos e b) como preparar os alunos para a realidade que viverão daqui a 25 anos.

Creio que sejam abordagens complementares e o campo normativo implícito na primeira possibilidade de análise contém as respostas para a segunda. Afinal, a educação do futuro depende do que faremos nas escolas de hoje, especialmente se nosso foco de atenção é a sustentabilidade.

Há um arsenal de estudos prospectivos que tentam definir tendências em educação, mas não para um período tão longo. É difícil antecipar, por exemplo, se avanços na bioengenharia levarão à transferência de saberes por meio de *chips* ou manipulação genética. Evidentemente, isso traria consequências funestas para a riqueza que é a aprendizagem, como um processo construído socialmente.

Nesse sentido, vou tentar me basear em projeções que se limitam a 2030 e procurar extrapolar tendências para os anos seguintes.

No documento *Trends Shaping Education 2019*, da OCDE (OECD, 2019), algumas tendências que ocorrem hoje no mundo são identificadas como forças que tenderão a moldar a Educação do futuro. Embora a pandemia possa ter alterado em alguma medida algumas delas, é importante entendê-las para projetar a possível configuração futura da área.

Entre elas, destacam-se:

- aumento da mobilidade, com a redução de tempo e recursos gastos em deslocamentos, o que favorece a criação de um mercado global, mas, ao mesmo tempo, associa-se a uma intensificação das migrações, acarretando dificuldades logísticas e culturais para a educação de populações deslocadas;
- automação, digitalização e o advento da Inteligência Artificial com a consequente extinção acelerada de postos de trabalho, com riscos de aumento da desigualdade social e do desemprego;
- deslocamento do eixo econômico com a emergência de economias gigantes, especialmente a Índia e a China;
- envelhecimento das sociedades e a consequente redução de população educacional, especialmente nos países desenvolvidos e em parte dos em desenvolvimento.

Frente a essas tendências, a Educação precisará se transformar de forma importante. Mas é importante lembrar que a Covid-19, além de desvelar as piores facetas da nossa educação, também funcionou como uma aceleradora de futuros. Nesse sentido, algumas das tendências acima apontadas foram aceleradas, como a digitalização e automação, que podem ser simultaneamente uma maldição e uma bênção. Maldição por substituir trabalho humano em vários setores por máquinas, e uma bênção por nos permitir, a partir de aprendizagens ocorridas no isolamento social vivido na pandemia, apoiar a ação de professores no processo de ensino-aprendizagem. Mesmo com a reduzida experiência que os docentes tinham no uso de ferramentas digitais no processo de ensino-aprendizagem, a pandemia obrigou vários deles a aprender na prática, de modo a assegurar alguma forma de interação pedagógica com seus alunos.

Essa aprendizagem poderá, no futuro, ser a base para a construção de um Ensino Híbrido em que, num conceito de sala de aula invertida, professores enviem as exposições para serem assistidas em casa, focando o seu trabalho em sala na aplicação dos conteúdos aprendidos em problemas da realidade. Dessa forma, os mestres passarão a atuar muito menos como meros fornecedores de aulas expositivas e muito mais como asseguradores de aprendizagem mais aprofundada, que, de fato, ensine os alunos a pensar.

Além disso, se considerarmos esse cenário de automação e robotização aceleradas, é importante notar que, apesar de novos postos de trabalho poderem ser criados no futuro, eles não demandarão as mesmas competências de hoje. Isso quer dizer que teremos de enfatizar, nas escolas, o desenvolvimento de habilidades que nos diferenciam de máquinas e nos tornam essencialmente humanos.

Precisaremos também construir uma Educação que nos possibilite avançar para além do mero cumprimento dos ditames do ODS 4, em especial para garantir autonomia, empregabilidade ou empreendedorismo e cidadania global, assim como enfrentar alguns riscos associados a um eventual crescimento de desigualdades sociais, como o fortalecimento de governos populistas e autoritários.

As principais características da educação no futuro, nesse sentido, tendem a ser:

- foco em resolução colaborativa e criativa de problemas, habilidade que já chamou a atenção do Pisa, levando a OCDE a inclusive criar uma prova específica a respeito;
- personalização do ensino, que possibilitará uma aprendizagem mais adaptada para cada educando, considerando suas insuficiências e potencial, por meio de plataformas adaptativas apoiadas por Inteligência Artificial;
- flexibilização dos currículos e interdisciplinaridade para combater a fragmentação das áreas de conhecimento em disciplinas que tem levado à superficialidade nas abordagens e dificultado maior aprofundamento;
- desenvolvimento de competências do século 21, como as socioemocionais, a experimentação e a autonomia e o protagonismo do estudante, associando-as a competências cognitivas;
- fortalecimento do ensino de pensamento crítico e sistêmico. De acordo com Joseph Aoun, no seu magnífico *Robot-Proof: Higher Education* (2017), isto é fundamental inclusive no ensino superior, já que, no futuro, a Inteligência Artificial não apenas substituirá trabalho humano, mas demandará pensamento abstrato no mais alto nível;

- desenvolvimento nos estudantes de uma agilidade cultural, que lhes permita navegar bem nos contextos mais diversos, entendendo os pressupostos e valores próprios de cada povo, sem cair em relativismos e preservando conquistas humanitárias;
- criação de um ecossistema educacional que inclua universidades, escolas, plataformas digitais, instituições de formação técnica e agências de aconselhamento de competências para adultos frente às eventuais ondas de extinção de postos de trabalho;
- formação de crianças e adolescentes para a cidadania global, promovendo a empatia, formas de comunicação e interação social não agressivas e combatendo visões xenófobas, racistas e excludentes;
- promoção do sentido de responsabilidade, em crianças, jovens e adultos, pelos destinos do planeta e pela adoção de hábitos de vida e consumo mais sustentáveis.

A Educação no Brasil e a sustentabilidade

O Brasil demorou muito para ampliar o acesso à Educação e ainda tem desafios nesse sentido. Em 1930, tínhamos apenas 21,5% das crianças no Fundamental 1, antigo curso primário, enquanto a Argentina contava com 61,3% e o Chile, 55,6% (LINDERT, 2004, p. 92 e 93). No final da década de 1960, ainda não passávamos de 40% das crianças frequentando as escolas, e apenas universalizamos o acesso no final dos anos 1990. Alguns anos depois foi a vez do Ensino Fundamental 2.

Hoje ainda temos cerca de 1,2 milhão de jovens de 15 a 17 anos, idade correta para o Ensino Médio, fora da escola, e a taxa líquida de escolarização nessa etapa é de 71,1% (matriculados no Ensino Médio), embora muitos apresentem atraso escolar. Na última etapa da Educação Básica, apenas 65,1% dos alunos terminam, até os 19 anos, portanto dois anos depois da idade correta.

Mas nossos problemas não se limitam a acesso e a atraso escolar. Vivemos, mesmo antes da pandemia, o que o Banco Mundial denominou de crise de aprendizagem, em seu *World Development*

Report de 2018 (WORLD BANK, 2018). Sim, as crianças e jovens estão, em números crescentes, na escola, mas não estão aprendendo.

Os resultados do Pisa de 2018, avaliação internacional de qualidade da educação organizada pela OCDE e aplicada em jovens de 15 anos, colocam o Brasil numa situação difícil em termos de aprendizagem. Dos estudantes brasileiros que participaram nessa edição do exame, demonstraram não possuir o nível básico 68,1% em Matemática, 50% em leitura e 55% em Ciências. Países de renda muito mais baixa que a nossa tiveram melhores resultados.

Mesmo segregando os resultados por nível socioeconômico dos alunos, o desempenho dos mais ricos da amostra brasileira não se compara bem com o do mesmo quartil de renda de muitos países. Há algo de profundamente errado no nosso sistema educacional.

Mas há também boas notícias, inclusive em relação à aprendizagem. Ao analisarmos os dados do Saeb – Sistema de Avaliação da Educação Básica de 2019, que gera o Ideb, ou Índice de Desenvolvimento da Educação Básica, divulgado a cada dois anos, constatamos que o desempenho das redes públicas de ensino, nos anos iniciais do Ensino Fundamental, vem mostrando melhoras no índice consistentemente, desde 2005. Nos anos finais, as melhoras são menores, mas aparecem nas últimas cinco edições do Ideb. Já no Ensino Médio, estávamos, há certo tempo estagnados, mas finalmente, em 2019, apresentamos um salto no indicador.

Isso significa que algo de positivo vem sendo construído na educação brasileira em termos de aprendizagem e permanência, mas a uma velocidade ainda lenta.

Mas vamos analisar os problemas que ainda precisam ser enfrentados. A atratividade da carreira de professor e a formação que eles recebem no ensino superior é certamente uma das causas mais importantes desse cenário desafiador. É fundamental melhorar os salários, profissionalizar a carreira e preparar o professor para o seu desempenho. Em outros termos, para que todos aprendam, com equidade e níveis altos de expectativas para cada aluno, é preciso acabar de construir a escola do século 20, e isso precisa ser feito urgentemente.

Mas isso não será suficiente num mundo em rápida transformação, em que competências novas passam a ser exigidas para se ter acesso a trabalho e renda dignos e não se ver substituído por robôs. Assim, teremos de edificar simultaneamente a escola do século 20 e a do século 21.

Para tanto, frente aos riscos do século, já visíveis no Brasil, como aumento da desigualdade, automação e robotização aceleradas, extinção de postos de trabalho, pandemias, emergência de populismos e danos ao ambiente resultantes de hábitos de consumo e processos produtivos inadequados, temos de transformar a Educação brasileira com um sentido de urgência. Algumas propostas, nessa direção, mesmo que insuficientes, já estão sendo implementadas, tais como:

- implementação da recentemente aprovada Base Nacional Comum Curricular-BNCC, que estipula as aprendizagens necessárias para todos os brasileiros, a cada nível de escolaridade, numa visão bastante contemporânea. A BNCC está sendo traduzida agora em currículos subnacionais e escolares, o que já foi feito para a Educação Infantil e o Ensino Fundamental — o que incluirá formação de professores para sua utilização e elaboração de materiais curriculares. Essas aprendizagens incluem uma Educação transversal para a cidadania e a sustentabilidade;
- elaboração de uma Base Nacional Docente, recentemente aprovada pelo Conselho Nacional de Educação e homologada pelo MEC, que quebra o distanciamento atualmente existente entre teoria e prática na formação inicial dos professores, abrindo caminho para uma atuação mais propensa ao ensino do pensamento sistêmico e crítico, tão relevante para o ensino de competências do século 21 e de uma Educação para a sustentabilidade e a cidadania global;
- avaliações de larga escala que permitem identificar os avanços e desafios das redes de ensino no desenvolvimento de algumas competências básicas e que preparam as escolas para realizar as próprias avaliações. Com isso, os professores e gestores educacionais começam a aprender a trabalhar com dados mais precisos sobre a aprendizagem de cada aluno e a planejar melhor seu processo de ensino;
- avanços na direção de um ensino híbrido, com a possibilidade de se combinarem aulas presenciais com um professor preparado em metodologias ativas e o uso de formas não presenciais de aprendizagem, especialmente por meio

digital, a ser assegurada por maior conectividade nas escolas e nas residências, com boa curadoria de conteúdos e autoria de professores, permitindo, no futuro, a implementação do conceito de sala de aula invertida, deixando as aulas expositivas para serem assistidas em casa, enquanto o professor atua na escola aplicando os conceitos aprendidos em problemas concretos da realidade.

Mas ainda falta muito para recuperarmos os buracos que deveríamos ter sanado em Educação no século passado e mais ainda para nos prepararmos para os próximos 25 anos. Precisaremos, entre outras medidas:

- recuperar rapidamente e com foco as aprendizagens perdidas com a pandemia, especialmente entre os alunos em situação de vulnerabilidade que tiveram acesso limitado à aprendizagem remota, dada a falta de conectividade, de equipamentos e livros, assim como de um ambiente apropriado para continuar a aprender em casa;
- criar uma cultura escolar que combine excelência com equidade, de forma convergente com o ODS 4 — com altas expectativas para todos;
- tornar a profissão de professor atrativa, com bons salários, contratos não fragmentados — com dedicação exclusiva a uma única escola — e maior reconhecimento social da profissão;
- usar a tecnologia, inclusive a Inteligência Artificial, para apoiar a ação de professor na personalização do processo de ensino;
- ampliar a jornada escolar (por meio da implantação de turno único e com professores dedicados a uma única escola), incluindo tempo para um processo de aprendizagem mais aprofundado e menos fragmentado, assim como para garantir um espaço para o protagonismo juvenil e a discussão dos sonhos e projetos de vida de cada aluno;
- criar agências de aconselhamento de competências tanto para jovens que estejam em escolas ou universidades quanto para trabalhadores em transição de postos de trabalho;
- incentivar o ensino híbrido, com o uso de plataformas de educação a distância, permitindo autonomia do educando e

aprendizagem ao longo da vida, inclusive aquela que possibilite, como sugerido no relatório da Comissão Global sobre o *Futuro do Trabalho da OIT* (ILO, 2019), *a lifelong active society* ou, em tradução livre, uma sociedade ativa ao longo da vida;

- envolver os educandos, crianças, jovens e adultos em projetos transformacionais de recuperação do ambiente e de proteção do planeta contra danos futuros.

Essa relação não é exaustiva nem sequer procura fazer um exercício preciso de futurologia. Baseia-se no que já vemos começando a ocorrer, com apoio de tecnologias emergentes.

À guisa de conclusão

A velocidade das transformações que vivemos não nos permite antecipar em detalhes o que deve ocorrer com a humanidade nos próximos 25 anos, menos ainda em uma área complexa como a Educação. Procurei aqui apenas apontar alguns desafios que podem ser enfrentados nesse espaço de tempo para nos colocar numa direção melhor frente a algumas tendências atuais e alguns riscos que o futuro nos apresenta.

Por razões de espaço, concentrei-me na Educação Básica, ou seja, a que vai da educação infantil até o fim do Ensino Médio. Mesmo assim, apontei aqui apenas algumas das transformações que devem ocorrer nos próximos anos.

Em outros textos, valeria a pena analisar as mudanças que devem ocorrer no Ensino Técnico e Profissional e no Ensino Superior.

Procurei também, propositadamente, evitar citações e notas de pé de página para não tornar o texto enfadonho.

O futuro depende do que faremos agora, e no caso da Educação, em que se formam novas gerações com o saber acumulado de quem veio antes, mas também para que sejam disruptivos e construam um novo caminho, há que haver um sentido de urgência. O futuro é agora!

Referências Bibliográficas

AOUN, Joseph E. *Robot-proof*: Higher education in the age of artificial intelligence. Cambridge, Massachusetts: The MIT Press, 2017.

INTERNATIONAL LABOUR ORGANIZATION - ILO. *Global commission on the future of work*: Work for a brighter future. Geneva: ILO, 2019.

LINDERT, Peter. *Growing public*: Social spending and economic growth since the eighteenth century. Cambridge, U.K.: Cambridge University Press, 2004.

OECD. *Trends shaping education 2019*. Paris: OECD, 2019.

TODOS PELA EDUCAÇÃO. *Anuário Brasileiro da Educação Básica*. São Paulo: Moderna, 2020.

WORLD BANK. *World Development Report 2018*: Learning to realize education's promise. Washington, DC:World Bank, 2018.

1.3 Missão educação, o que podemos fazer pelo futuro?

Gustavo Borba

Durante o período de pandemia, tive a oportunidade de conversar com muitos educadores de renome internacional para o *podcast* EduVoices. Entre os nomes que entrevistei, destaco aqui o professor Michael Fullan, autor de livros como *Coherence* (escrito com Joanne Quinn, Corwin Publishers), *The Principal* (Jossey-Bass), *O Significado da Mudança Organizacional* (Penso), entre muitos outros, e um dos precursores de várias ideias de impacto no campo educacional, como a compreensão dos direcionadores corretos para a mudança de sistemas e a perspectiva de aprendizagem profunda, considerando seis competências transversais que devemos desenvolver (os 6C): colaboração, criatividade, pensamento crítico, cidadania, caráter e comunicação.

Durante nossa conversa, Fullan trouxe uma perspectiva muito particular de mudança sistêmica na área da educação, comparando nosso momento com o momento que os Estados Unidos viveram em 1961, quando Kennedy anunciou que levariam o homem para a Lua. Esse movimento, que uniu a nação e os diferentes setores, trouxe uma perspectiva de missão coletiva. Esse tema foi recentemente explorado por Mariana Mazzucato em seu livro *Mission Economy: A Moonshot Guide to Changing Capitalism* (2021), em que a autora destaca a importância de um pensamento sistêmico, coletivo e integrado para avançarmos também na economia, seguindo o exemplo histórico da década de 61.

Na perspectiva de Fullan e Quinn (2016), precisamos também de uma transformação na educação, o que reforça o caráter de missão coletiva, unindo todos na busca de um objetivo comum. Esse processo é necessário porque a educação é o caminho para a transformação individual e também de uma nação.

Nesse sentido, pensar em como será nosso futuro, a partir de todas as transformações que tivemos durante a pandemia, é uma pauta presente no dia a dia de todos nós, professores, gestores, pais, alunos. No contexto em que pesquiso e atuo, o debate principal está na compreensão de como será o espaço e também o currículo das escolas e universidades do presente e do futuro.

Esse debate, especialmente no ensino superior, colocou na pauta nestes últimos dois anos temas como ensino híbrido, sala de aula remota, sala de aula simultânea, entre tantos outros termos que até pouco tempo atrás estavam circunscritos às instituições que trabalhavam ou que tinham experiências específicas com o ensino a distância. Hoje, falamos sobre modelos que respeitem a individualidade dos alunos, que incluam todos e que tenham em sua essência a segurança e o pertencimento.

É dentro desse espaço que trago novamente para debate um tema que pode ser transformador, e para apoiar esse movimento mais sistêmico proposto por Fullan e Quinn (2016): Qual é a sala de aula ideal? O que é uma aula simultânea?

Os modelos que estamos vendo evoluir a partir de experiências práticas remetem para um contexto complexo: o espaço paralelo, onde alunos remotos e presenciais dividem as atenções de um professor, que precisa estar ao mesmo tempo em dois lugares. Já falei um pouco sobre isso em outras publicações e, a cada dia que passa, percebo, por meio das práticas, que é muito difícil para nós, professores, construirmos um processo efetivo considerando duas realidades espaciais muitos distintas. Além disso, em cada uma dessas realidades, temos as individualidades e os interesses de cada um dos alunos. Assim, como promover aprendizagem com duas salas "dentro" do mesmo local?

Já sabemos de algumas técnicas e da possibilidade de, ampliando a participação dos alunos, diminuir o distanciamento entre os grupos. O exemplo principal para mim é a definição de um aluno em sala presencial como embaixador e conector com os alunos do espaço remoto. Entretanto, isso não é suficiente. Promover a segurança e o pertencimento demanda um processo fluido, sistêmico, que permite o engajamento individual e coletivo. Assim, a sala de aula simultânea, embora necessária como elemento intermediário antes de um processo inovador, não me parece a solução para a construção de um futuro promissor e transformador na educação. Para isso, precisamos resgatar o que foi dito por Mazzucato (2021): precisamos de um senso de missão.

No caso específico, a missão é construir um novo conceito de espacialidade e de temporalidade, deslocando os eixos e ampliando nossas percepções. Precisamos de espaços que construam um processo sistêmico, onde todos os alunos estão na sala, e todos os alunos estão remotos, onde todos percebam a presença do outro e sejam capazes de construir uma consciência coletiva. Esse tipo de movimento acontece quando reduzimos o protagonismo de outros elementos ou mesmo de outras presenças, que não sejam os professores e alunos. Nesse processo, todos os demais dispositivos devem perder o protagonismo. Toda a tecnologia deve desaparecer. Todos os elementos viabilizadores de uma experiência devem atender a essa função (viabilizar) e reduzir seu destaque, dando espaço para o que define o processo de aprendizagem: o assunto/o currículo, os professores, os alunos.

A proposta aqui é de reconhecimento das potencialidades que tem, por exemplo, a tecnologia. Mas também de entender que, quando a tecnologia não aparece, ela transforma o espaço; mas, quando ela se torna o foco principal, pode causar separação e quebrar o senso de coletivo.

Se pensarmos em uma sala de aula, por exemplo, o microfone do professor o coloca em uma posição diferente perante os alunos. Da mesma forma, promove um tipo de som de diferente intensidade, dependendo de quem ou de como é usado. Já a conexão com os alunos remotos, por exemplo, via computador, limita o espaço deles ao número de polegadas existente na tela ou na projeção. Sua voz é silenciada ou restrita. Em todos esses exemplos temos tecnologias viabilizadoras, mas perceptíveis na sala. Chamam nossa atenção, pois viabilizam, são visíveis e muitas vezes limitantes.

Quando pensamos em tecnologias reais que promovem engajamento, devemos pensar em tecnologias invisíveis: a captação do som da sala, a projeção sistêmica dos colegas em um espaço ampliado, o som dentro e fora do ambiente da escola sendo compartilhado e construído pelo coletivo formado pela turma, que é única, e não dividida em dois grupos.

Quando colocamos essa tecnologia toda à disposição do professor como meio, como promotora de uma experiência de aprendizagem, o professor e os alunos não precisam se preocupar com o que funciona ou não, precisam apenas se preocupar em construir uma pedagogia transformadora e engajadora para que construam coletivamente conhecimento.

Sempre uso como exemplo de sala inovadora as salas que projetamos em nosso *campus* de Porto Alegre. Nessas salas, temos toda a tecnologia digital possível, móveis diferenciados e paredes riscáveis. Para mim, a tecnologia mais importante nesse espaço é aquela que tem menor complexidade, menor risco de não funcionar e maior possibilidade de construir relacionamento e engajamento: as paredes. Esse espaço é promotor de diálogo, viabiliza uma conversa horizontal entre alunos e professores.

Por outro lado, quando olhamos para as salas e espaços que tivemos de pensar por conta da pandemia, enxergamos um emaranhado de tecnologias robustas, viabilizadoras e bastante visíveis.

Para mim, a pergunta que fica é: qual é a tecnologia equivalente à parede riscável dessa nova experiência? Qual a tecnologia que viabiliza as relações humanas, o debate, o senso de coletivo, de pertencimento, em um espaço que é naturalmente um gargalo, que exclui e que hoje está dividido em dois ambientes?

Essa é a questão que devemos responder como gestores e educadores para que possamos avançar na busca por uma real transformação na educação. Esta é provavelmente uma das principais questões para a missão proposta pelos autores aqui discutidos, que envolve a construção de um novo mundo a partir da educação.

Mas qual o futuro da Educação?

Em 2018, escrevi com o Piangers um livro chamado *A Escola do Futuro* (PIANGERS; BORBA, 2019). Nesse livro, falávamos sobre as tecnologias, os desafios e as mudanças a partir de novas práticas, de novos saberes. Mas também falávamos que a educação se constitui na interação, na conexão entre alunos e também entre alunos e professores. Esse processo se revela pelo desenvolvimento de competências que permitem aos alunos a ação em comunidade, compreendendo seu impacto, seu papel, e transforma as realidades nas quais estão inseridos. Da mesma forma, esse processo se conecta com a mudança no papel dos professores por meio de novas competências, propagadas já faz algum tempo por autores como Hargreaves (1994), Hargreaves e Shirley (2009), Shirley e MacDonald (2009), Sahlberg (2011), Fullan e Quinn (2016), Hargreaves e O'Connor (2018), entre tantos outros. O fato é que a pandemia não mudou isso, na realidade permitiu um avanço tangenciando parte do espectro das competências necessárias e priorizando as tecnológicas e de interação, fundamentais para o engajamento dos alunos. Avançamos nesse 2022 com mais ferramentas, com mais conhecimento sobre as muitas possibilidades.

Entretanto, o futuro da educação envolve um olhar transversal que vai além das tecnologias. Envolve a compreensão de que nós, professores, somos projetistas de espaços colaborativos, seguros, nos quais devemos desenvolver, nós e os alunos, competências humanas a partir da interação.

Nesse contexto, a democratização da educação passa, sim, por tecnologia. Mas, para isso, a tecnologia precisa estar à disposição de todos aqueles que querem aprender, e que estão espalhados nos diferentes locais do nosso país.

O futuro da nação passa pela compreensão de que não existe desenvolvimento sem educação e sem considerar temas como diversidade, equidade e inclusão na construção de um sistema educacional para todos.

A perspectiva de missão deve colocar na agenda entes públicos e privados, a sociedade como um todo, as empresas, as diferentes organizações, para que possamos desenvolver caminhos que promovam o desenvolvimento das pessoas por meio da educação.

O futuro da educação é a compreensão da importância de aprendermos juntos, a partir dos diferentes tipos de interação, com diversidade, engajamento e com o desenvolvimento de competências humanas transformadoras, aquelas competências que permitem mobilidade social, mudanças nas nossas comunidades e que inspiram todos na busca do conhecimento. E, assim, transformam o indivíduo e o coletivo.

Referências Bibliográficas

FULLAN, M.; QUINN, J. *Coherence*: The right drivers in action for schools, districts, and systems. Thousand Oaks, CA: Corwin Press, 2016.

HARGREAVES, A. *Changing teachers, changing times*: Teachers' work and culture in the postmodern age. London: Cassell, 1994.

HARGREAVES, A.; SHIRLEY, D. *The fourth way*: The inspiring future for educational change. Thousand Oaks, CA: Corwin, 2009.

HARGREAVES, A.; O'CONNOR, M.T. *Collaborative professionalism*: When teaching together means learning for all. Thousand Oaks, CA: Corwin, 2018.

MAZZUCATO, M. *Mission economy*: A moonshot guide to changing capitalism. Harper Business, 2021.

PIANGERS, M.; BORBA, G. # *a escola do futuro*. Porto Alegre: Penso/ Grupo A e Belas Letras, 2019.

SAHLBERG, P. *Finnish lessons*: What can the world learn from educational change in Finland? New York, NY: Teachers College Press, 2011.

SHIRLEY, D.; MACDONALD, E. *The mindful teacher*. New York, NY: Teachers College Press, 2009.

1.4 Educação pós-pandemia: híbridos seremos?

José Luiz Goldfarb

Imaginava escrever este ensaio no período pós-pandêmico. Imaginava que o vírus da Covid já estaria controlado e nossa convivência social presencial já reestabelecida. Mas as coisas não são e, especialmente, não têm sido, nos últimos tempos, **previsíveis**. Ao despontar 2022, o mundo conheceu uma nova variante do vírus, esta loucamente transmissiva ainda que, graças a Deus, menos letal. Enfim, escrevo ainda na vida com muitas atividades remotas, com o presencial ainda bastante limitado, aguardando o período realmente pós-pandêmico.

Mas vamos enfrentando e avançando; aqui proponho discutir, especular sobre o que viveremos quando o período pós-pandêmico realmente chegar: quem sabe poderemos realizar um lançamento desta obra em uma livraria com vinho e aquele clima único dos lançamentos de livros presenciais, plenos de interatividade (como ex-editor — Nova Stella Editorial e Educ, Editora da PUC-SP — e ex-livreiro — Livraria Belas Artes), tornei-me um ávido apreciador de lançamentos de livros; não havia mês pré-pandemia que não participava de pelo menos meia dúzia de eventos maravilhosos do gênero.

E aproveito para introduzir o debate declarando que sou daquelas pessoas que vivem intensamente o mundo dos eventos presenciais. Sou há décadas, além de professor universitário de história da ciência e da tecnologia da Católica de São Paulo (PUC-SP), um agitador cultural envolvido em múltiplos projetos de promoção da cultural, especialmente de incentivo à leitura. Para coordenar muitas equipes e participar de realizações variadas, desloco-me intensamente pela enorme cidade de São Paulo — do centro à periferia —, além de viajar constantemente pelo interior do estado, pelo Brasil e pelo exterior. Estar em salas de aula, auditórios, universidades, aeroportos, centros culturais, museus, bibliotecas, livrarias, arquivos, bares, restaurantes, parques, estádios, participar de reuniões de planejamento, fechando parcerias, participando ou mediando debates, eventos múltiplos com fundações, ONGs, Secretarias de Cultura e de Educação de municípios e estados, universidades, centros de pesquisa, centros culturais... Na área do incentivo à leitura, coordenei projetos como *São Paulo: um Estado de Leitores* (Secretaria da Cultura do Estado de São Paulo), *Rio uma Cidade de Leitores* (Secretaria da Educação da cidade do Rio de Janeiro), *Letra de Luz* (Fundação Victor Civita e EDP, Energia de Portugal, projeto aplicado em quatro estados do Brasil: Tocantins, Mato Grosso do Sul, Espírito Santo e São Paulo). Nesses projetos, estive sob a liderança de Claudia Costin, gestora e educadora, mais um exemplo de inspiradora pessoa apaixonada pelas vivências presenciais. Aliás, aproveito para afirmar que percebemos o quanto a educação não foi ainda colocada como prioridade em nosso Brasil ao constatarmos que Costin não se tornou ministra da Educação do país.

Sou, portanto, uma pessoa mais do que presente no mundo social presencial! Acho importante esta declaração inicial para que se possa entender que as minhas reflexões sobre o surgimento da vivência hibrida, que deverá acontecer no mundo pós-pandêmico, não significa, em hipótese alguma, um desmerecimento da vida presencial; esta seguirá sempre sendo nosso verdadeiro lar nesta vida, nossa nave efetiva: nascemos, crescemos, alegramo-nos, entristecemo-nos, vivemos e morremos no mundo presencial, quando nossos corpos e mentes se fundem e a vida consciente realmente acontece para valer. O despertar para um duplo digital ou virtual (como muitos têm denominado o fenômeno de transformação social que vivemos após a experiência da pandemia da Covid) não é em absoluto uma contrapartida ao mundo presencial; seguiremos sendo, ou procurando ser, as pessoas que existiam presencialmente antes da pandemia. Portanto, a primeira diretriz para o mundo pós-pandêmico, deveremos atuar para ressaltar e relevar a vivência presencial um tanto abatida como efeito colateral da Covid. Ainda que conhecedores das vantagens do uso do digital, precisamos revalorizar o presencial no mundo pós-pandêmico especialmente na educação e orientação de colaboradores.

Mas algo de muito importante aconteceu em todas as partes, que sem dúvida aponta para o crescimento do mundo virtual. A pandemia exigiu que passássemos a realizar nossas atividades de forma remota. Em casa, seguindo a recomendação dos especialistas para o isolamento social, todos foram levados a conhecer as ferramentas digitais, que viabilizam seguir seus projetos e trabalhos, além de abrir espaço para que as famílias e as pessoas em geral seguissem em contato social mesmo que remotamente. Assim, profissional e pessoalmente, fomos levados ao mundo digital. E os resultados são muito animadores.

Desde 2009, quando acredito que a *internet* e suas redes sociais realmente chegaram para valer ao Brasil, estive envolvido com o uso das ferramentas digitais na promoção da cultura, da educação, da leitura. Assim, meu duplo virtual ou digital já tem uma boa idade e antecede em muito a pandemia. A grande diferença foi a ampliação da participação generalizada das pessoas nos meios digitais. De repente, todos mergulharam de cabeça no virtual. Isso fornece as bases para analisarmos o modo híbrido que sem dúvida surgirá a partir de agora.

A pandemia não foi prevista, mas a reação imediata no mergulho ao virtual demonstrou a capacidade humana de adaptação. Aos poucos, tudo ganha sua nova versão, passando do presencial para o virtual. Na PUC-SP, estávamos em apenas uma semana de pandemia e quarentena, em março de 2020, e quase 100% no modo remoto, com excelentes resultados. Graduação, pós-graduação e especialização, tudo ganhou sua versão virtual e as atividades não foram interrompidas.

Tomando o Zoom como um verdadeiro ícone dessa invasão ao virtual proporcionada pela pandemia, podemos citar alguns aspectos desse cenário de transformações. Aulas encontram sua versão *on-line* em salas de aulas do Zoom, da pré-escola à pós-graduação e congressos internacionais; o mundo dos escritórios migra para salas Zoom; setores jurídicos, financeiros, planejamento, novos negócios, contratos, além, é claro, das reuniões familiares e de amigos, tudo ganha sua versão Zoom ou outras plataformas equivalentes. Igrejas, sinagogas também participam do movimento e surge por exemplo a SinaZoom, onde, além das orações, reflexões, meditações, abre-se o espaço para enlutados, que infelizmente multiplicaram-se enormemente com o espalhamento e crescimento da pandemia. As homenagens aos que vão partindo tornaram-se interessantes relatos de histórias de vida; cada família enlutada e seus amigos participantes do culto, especialmente dentro da comunidade judaica onde atuo dirigindo cultos religiosos, todos repassam trajetórias de vida de imigrantes que vieram refugiar-se no Brasil deixando, principalmente, mas não apenas, a ascensão do nazismo na Europa. As reuniões Zoom permitem então intensa participação de todos, e os relatos, mediados pelo coordenador das SinaZooms, tornam-se profundos, emocionantes, revelando histórias de vida incríveis; tudo é espontâneo, mas parece obedecer a um roteiro preestabelecido. Os relatos se entrecruzam, dialogam, constituem ricas histórias de vidas; a dimensão única de cada existência é revelada e toca profundamente os enlutados e todos os presentes. O ambiente nessas situações permitiu um clima de descontração e liberdade que incentivou os participantes a fazerem uso da palavra. Mais uma lição que aprendemos das reuniões Zoom, a possibilidade de maior engajamento dos participantes.

E assim a desconhecida plataforma Zoom torna-se extremamente popular.

> "Se há uma empresa que ganhou escala este ano foi o Zoom. A plataforma de videochamadas deve encerrar 2020 com três trilhões de minutos de reuniões", afirmava a reportagem analisando o *boom* do Zoom ao final do primeiro ano de mundo remoto. "Com a pandemia se espalhando pelo mundo e parte da população trabalhando remotamente, a plataforma passou de uma média de dez milhões de usuários diários até março para 300 milhões em abril. Para atender à nova demanda, o Zoom contratou mil funcionários, saindo de 2.400 para 3.400 pessoas." (NUNES, 2020).

Evidentemente, o Zoom é apenas um exemplo, atuando ao lado de muitas outras plataformas, mas não se pode negar que a pandemia representou uma exploZoom. Eu mesmo havia sido introduzido ao Zoom num encontro de Humanidades Digitais, tratando de arquivos digitais e Inteligência Artificial, no *campus* de Biologia Marinha da Universidade de Chicago, em 2018, na pequena cidade Woods Hole, Massachusetts, EUA. Para facilitar a participação de membros do evento de outros países que não puderam comparecer, usamos o Zoom que nos surpreendeu pela qualidade. Criei então minha conta Zoom, lá na pequena cidade de Woods Hole, a mesma conta que ressuscitei quando a Covid chegou. Mas até 2020, era uma conta pouco usada pelo diminuto conhecimento do Zoom. Algo muito diferente de nossos dias quando vou de uma sala para outra do aplicativo numa verdadeira Zoom-eira; um tanto semelhante aos ativos dias do mundo presencial pré-pandemia. Sempre pulando de sala em sala, de espaço em espaço.

O Zoom e plataformas semelhantes são apenas um aspecto do que aconteceu; evidentemente, um aspecto fundamental. O duplo virtual que cada um construiu nessas plataformas seguirá com certeza ativo no mundo pós-pandemia. Na área educacional, podemos aqui destacar as experiências nos encontros virtuais: aulas, reuniões, congressos, bancas, permitindo participações de qualquer parte do planeta. Ao voltar ao presencial, poderemos tornar os encontros híbridos permitindo presenças presenciais e presenças virtuais. Essa tecnologia já foi aprendida pelos educadores na pandemia. Há questões de adaptação de salas, dotando-as de câmaras e microfones, uma boa tela, para a dupla participação. Há diferença entre estar presencial ou virtual? Obviamente são participações distintas, mas já sabemos que pode funcionar e que talvez seja necessário vivermos mais um processo de adaptação, desenvolvendo e aprimorando a participação híbrida; mas a pandemia já mostrou que sabemos nos adaptar rapidamente. Portanto, deveremos incentivar as iniciativas que promovam as salas híbridas. Vamos aproveitar a experiência da pandemia e aprimorar essas salas com presenças presenciais e presenças remotas.

Mas, como afirmado acima, salas como Zoom são um caso no mergulho virtual. O uso de redes, já populares antes da Covid, para a realização de eventos também foi um *hit* durante a pandemia.

O WhatsApp, Twitter, Facebook e, em especial, o YouTube foram redes que de repente receberam milhares de novos usuários.

Vamos aqui destacar o YouTube, que se já era uma rede forte fervilhando *lives*, teve sem dúvida um robusto crescimento na pandemia. *Lives* com acadêmicos, que de repente tornaram-se divulgadores da ciência. Surge um canal em que o conhecimento científico é oferecido e debatido abertamente com seus usuários.

Vou exemplificar o fenômeno do crescimento da utilização do Youtube com um evento que eu já produzia na área da divulgação da ciência muito antes da pandemia, mas que encontrou seu caminho digital deste então.

Nasce o #CINECIÊNCIA digital

Em 2013, o Museu da Imagem e do Som de São Paulo lançou o novo projeto #CINECIÊNCIA. Todo primeiro domingo do mês, havia a projeção de um filme com temática envolvendo ciência e tecnologia, seguida de um encontro com um especialista convidado para comentar e debater o filme. A estreia com o clássico *Freud além da alma*, comentado pelo filósofo e psicanalista Renato Mezan, da PUC-SP, teve de ser repetida em outra data pela lotação do auditório. Com a proposta de debater a ciência — sua história: origens e perspectivas — e a tecnologia — seus impactos na sociedade atual —, o #CINECIÊNCIA mostrou que no MIS-SP, e na cidade de São Paulo, há um público ávido por conhecer e aprofundar esses temas. Há muita gente interessada em entender e transformar a realidade em que vivemos.

E veio a inesperada pandemia do coronavírus, e como virou expressão batida, "tudo teve de ser reinventado". O #CINECIÊNCIA tornou-se virtual, produzido na plataforma StreamYard pela excelente equipe de produção do MIS-SP, agora #MISEMCASA, veiculado *on-line* no YouTube; o projeto ganhou um novo público ampliado e o debate aprofundou-se no *chat* do YouTube. Costumamos dizer que ali o *chat* ganha vida própria, paralelamente ao debate na tela; o público com prática em redes sociais, como o Twitter, abusa da comunicação breve e instantânea, criando múltiplos debates e comentários. Referências bibliográficas e dicas de outros filmes pipocam o tempo todo no *chat*. Alertamos os debatedores para não seguirem o *chat* o tempo todo de perto para não perderem o foco no debate propriamente dito da *live*; a seleção de questões e comentários da plateia do YouTube fica sob a responsabilidade do mediador da *live* e da equipe de apoio! E pudemos assim reunir virtualmente debatedores do Brasil e do exterior, especialistas em múltiplas áreas do conhecimento.

A programação mensal com dois filmes escolhidos em plataformas acessíveis ao grande público (Netflix, Prime Video, Globoplay, YouTube, entre outras) é anunciada com antecedência para o público assistir em seu próprio tempo e chegar afiado para o debate. Sempre aos domingos, uma dupla de debatedores empolga uma plateia muito animada e extremamente participativa. Hoje, já passamos de 36 sessões do #CINECIÊNCIA *ON-LINE*, todas disponíveis na sua *playlist* do #MISEMCASA no YouTube:

https://www.youtube.com/playlist?list=PL3fWzoSbDCCDv1ANAba0oELaEBMuY3HbE

Figura 1: *Playlist* do #CINECIÊNCIA no Youtube: mais de 600.000 visualizações

Destacam-se alguns eventos que superaram as mais otimistas previsões de público, principalmente pela experiência de quase dez anos presencial (números aferidos até o final de janeiro 2022, que seguem trajetória ascendente):

1. O menino que descobriu o vento (335 mil visualizações, postagem mais popular do MIS-SP no Youtube; temática provocativa e campeã na série Racismo e Ciência)
2. Estrelas além de seu tempo (65 mil)
3. Blade runner (38 mil)
4. O dilema das redes sociais (34 mil)
5. Interestelar (20 mil)
6. Freud além da alma (16 mil)

Assim, em dois anos de muita atividade remota, atingimos mais de 600 mil pessoas interessadas em cinema e ciência, ávidas por debater os temas elaborados e apresentados pelos debatedores convidados para cada *live*. O *chat* do Youtube que se encontra documentado e preservado no vídeo demonstra o engajamento da plateia. Assim tiramos mais uma boa lição da experiência digital da pandemia: as palestras e debates podem ganhar grande alcance se forem realizadas na forma híbrida com público presencial e virtual.

Cabe destacar curiosa reviravolta em minha história no MIS. Inicialmente, no final da primeira década do século, a partir de 2009, entrei na equipe do MIS-SP para desenvolver atividades relacionadas ao projeto #REDEMIS; por alguns anos, realizamos atividades de inclusão digital apresentando oficinas para iniciar o público do museu nas redes digitais, especialmente o Twitter, que agregava um grande contingente de twitteiros culturais. Criamos então os #ETCs, Encontros de Twitteiros Culturais, para que os twitteiros pudessem "desvirtualizar" em encontros presenciais; ou seja, sempre tivemos a preocupação de preservar a vida presencial, mesmo com intensa atividade digital. Nossas visitas receberam público variado da região do MIS e até a da periferia da cidade; até um representante da empresa Twitter visitou nossas oficinas e encontros. Quase que mensalmente, o MIS dava espaço para encontros de uma galera diversificada que se identificava no Twitter na promoção de atividades culturais, desenvolvendo incríveis debates em 141 toques e infindáveis *links*. A moda dos #ETCs se espalhou pelo Brasil e logo tivemos o #ETC_Sampa, #ETC_Rio, #ETC_Campinas, #ETC_Fortaleza, #ETC_Jampa, #ETC_CURITIBA, ETC_JuazeirodoNorte, entre outros, além de agrupamentos vinculados a eventos como #ETC_bienal (Bienal do Livro de SP e RJ). Entre outros frutos, os #ETCs abraçaram a campanha #doeumlivro no Twitter e, em três anos, arrecadamos mais de três milhões de livros em pareceria com uma rede de farmácias que chegaram a milhares de bibliotecas públicas, escolares e comunitárias. Mas, após alguns anos de oficinas e #ETCs, com a disseminação massiva das redes digitais no Brasil, a direção do MIS propôs uma mudança de caráter nas atividades da #REDEMIS e assim nasceu, em 2013, o #CINECIÊNCIA, uma atividade presencial para aproximar o debate sobre a ciência e tecnologia por meio do cinema. Essas considerações são uma indicação de que não chegamos às redes digitais durante a pandemia como marinheiros de primeira viagem!

Curioso observar que o #CINECIÊNCIA, agora no #MISEMCASA, volta às origens da #REDEMIS e é desenvolvido dentro das redes digitais. Sem dúvida, nossa história pontua um curioso caminho das redes digitais. Inicialmente, a empolgação de um Twitter congregou, mundo afora, uma galera com real compromisso com a cultura e a educação. Parecia-nos que uma nova porta se abria para aqueles que sonhavam com um mundo melhor, voltado para o desenvolvimento do conhecimento, da cultura, da arte e pautado na cooperação, em ações colaborativas como a própria construção das redes digitais. Após a década inicial, quando internautas participaram até de Primaveras Árabes, veio talvez um período menos animador e as redes foram literalmente invadidas por gabinetes interessados em promover *fake news*, tornar o ambiente nebuloso, confuso mesmo, trocando o conhecimento pela manipulação das pessoas e eleições pela propagação de mentiras. E, finalmente, veio a pandemia e trouxe de volta as gerações iniciais, além de apresentar as plataformas digitais para milhares de novos participantes, novamente comprometidos com um engajamento que valoriza a ciência, a reflexão, o pensamento criativo. Muitos dos debatedores de nosso #CINECIÊNCIA mostraram-se muitas vezes intimidados em utilizar as ferramentas para a produção das *lives*, o que obviamente foi rapidamente superado com a devida rapidíssima educação digital. As plataformas digitais possuem essa mágica de serem assimiladas com incrível agilidade e rapidez. Sempre afirmo aos marinheiros de primeira viagem que se assustam em ter de utilizar as ferramentas: nunca ninguém deixou de participar de uma *live* por não conseguir acessar as plataformas.

Assim, não temos dúvida de que o sucesso do #CINECIÊNCIA *ON-LINE* decorre da verdadeira invasão trazida pela pandemia às redes digitais. De repente, vimo-nos confinados no interior de nossas casas, e nossa relação com mundo passou a ser fundamentalmente mediada pelas redes digitais.

No bom estilo dos eventos twittados nos primeiros anos do novo século-milênio, os *chats* do #CINECIÊNCIA proporcionam à plateia intensa participação. Após as considerações iniciais dos debatedores, iniciamos a inclusão na tela das perguntas trazidas do *chat*. Interessante como o público vibra, comenta e agradece a inclusão de sua questão. O recurso do StreamYard permite que coloquemos a pergunta com identificação do nome utilizado pela pessoa que traz a questão e, em geral, a sua foto. A magia da construção coletiva do conhecimento presente intensamente nos primeiros anos do Twitter retoma sua vivacidade; os debates na tela e no *chat* das *lives* permitem a participação imediata no evento, e posteriormente é conferida por milhares de outros internautas. Evidentemente, a pergunta ou comentário é lido pelo mediador do evento, mas o público se faz, e se sente, presente. Claro que não é como o velho microfone aberto na plateia; mas, no *chat*, temos mais perguntas do que é possível colocar na *live* — ninguém fica de fora; é preciso realizar um trabalho atento de curadoria em que o mediador, com o apoio da produção, faz a seleção pelo private chat disponível na plataforma StreamYard. Assim observamos que o mediador deve acompanhar simultaneamente as falas propriamente da *live* (as falas dos debatedores), o *chat* dinâmico do YouTube e coordenar com a produção no private chat qual questão será trazida para a tela da *live*. Portanto, as mediações do #CINECIÊNCIA exigem manusear simultaneamente três vetores do que está acontecendo durante a *live*:

1. o debate propriamente dito nas telas;
2. o debate hiperveloz no *chat* do YouTube;
3. a coordenação para a escolha de questões e comentários no *private chat*.

Figura 2: #CINECIÊNCIA: mensagens no YouTube

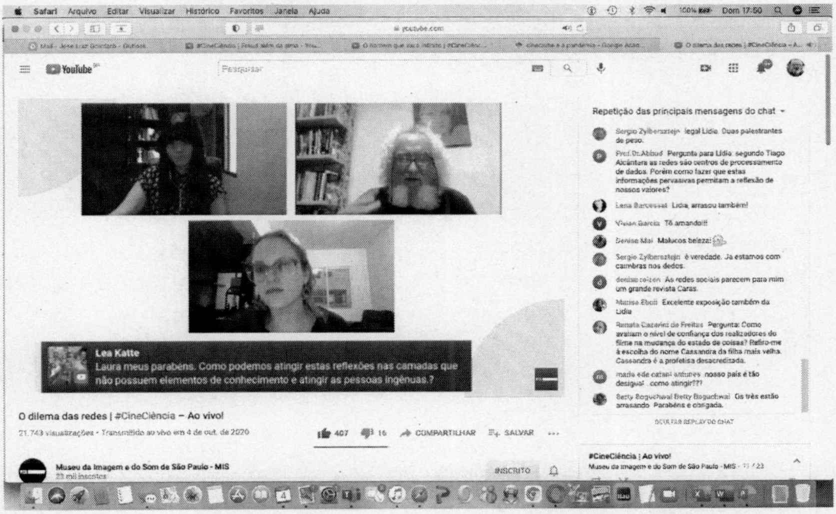

Figura 3: #CINECIÊNCIA no YouTube

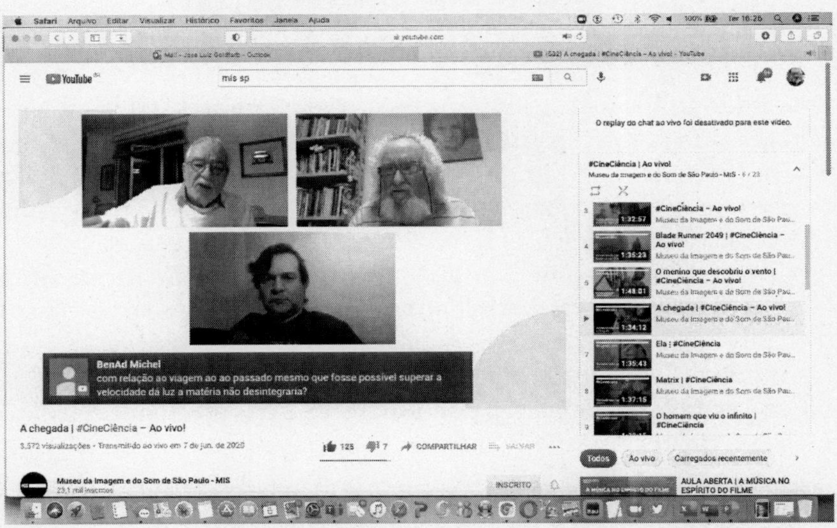

Assim, podemos concluir, com as experiências acima descritas do uso do Zoom e do YouTube, que sairemos muito fortalecidos desta pandemia. O duplo digital é uma realidade e o grande desafio dos educadores será tirar proveito das possibilidades híbridas que se abrem.

Se fizermos uma retrospectiva da história das redes digitais no Brasil, podemos localizar os anos de 2008, 2009 e 2010 como um momento especial em que o Twitter espalhou-se pelo Brasil inserindo nosso país na onda de novas possibilidades de comunicação e ação que o crescimento exponencial do passarinho azul propiciava. Só quem viveu esse momento inicial das redes digitais sabe dimensionar o que estava acontecendo. Uma forte corrente pró-cultura e pró-educação foi formada. A qualquer hora do dia, twitteiros culturais estavam disponíveis para debater, convocar ações, fazer a cultura acontecer! A empolgação era tamanha que a twitteira de primeira hora no Brasil, Rosana Herman (@rosana), afirmou que se com o Twitter não conseguirmos atingir um novo patamar de civilidade, podemos jogar a toalha e desistir de criar uma sociedade mais justa e colaborativa!

Depois, como já afirmamos, surgem as ondas de *fake news* que abafam a criatividade e o debate. O Brexit 2016, as eleições dos Estados Unidos em 2016 e o Brasil 2018 são exemplos extremos e cruéis das ações de gabinetes de *fake news*, mas que muito expressam os novos caminhos das redes digitais.

Hoje, vivemos uma nova realidade plena de possibilidades. O exemplo do #CIENCIÊNCIA e outras atividades em que estou envolvido indicam que novos atores adentraram as redes e apontam caminhos. Não há dúvida de que no mundo pós-pandemia a continuidade desse intenso uso das plataformas por esse novo público ávido pelo debate fará a diferença. Assim, teremos de "nos reinventar" novamente e descobrir como voltar aos eventos presenciais, mas mantendo simultaneamente a interatividade de uma *live*. Organizar esses novos eventos híbridos é o desafio para o qual devemos nos preparar. Novas habilidades serão necessárias, como a curadoria de questões e comentários durante os momentos híbridos. Novamente, são povoados sonhos da construção de um mundo melhor, construído coletivamente. Híbridos seremos mais fortes.

Referências Bibliográficas

NUNES, A. C. "Empolgante e aterrorizante", diz fundador do Zoom sobre crescimento na pandemia. *Grandes Empresas & Pequenos Negócios*, 03 dez. 2020. Disponível em: https://revistapegn.globo.com/Negocios/noticia/2020/12/empolgante-e-aterrorizante-diz-fundador-do-zoom-sobre-crescimento-na-pandemia.html

1.5 Educação híbrida: problema e solução

Maria Inês Fini

Para a educação básica do Brasil, o ano de 2020 representou o início da implantação dos novos currículos, inspirados pela Lei do Novo Ensino Médio e pela Base Nacional Comum Curricular – BNCC da Educação Infantil, do Ensino Fundamental e do Ensino Médio. E esse início já trazia enormes desafios.

Durante o ano anterior, redes escolares e suas escolas, nos sistemas públicos municipais e estaduais, e mesmo as escolas particulares, mobilizaram diretores, equipes técnicas e professores para a adequação de suas propostas curriculares às normativas da BNCC e do Novo Ensino Médio.

Foi preciso uma grande mobilização, num esforço contínuo, para que os novos currículos pudessem contemplar compromissos que as dez competências gerais da BNCC (2018) traziam, principalmente no que diz respeito à sua vinculação a princípios, valores, atitudes, emoções e sentimentos. Importava, ainda, uma dedicação específica para o cuidado com as relações entre as pessoas com diferentes papéis na comunidade escolar e na vida em sociedade.

A transição de paradigmas escolares

No início deste século, ainda tínhamos um modelo educacional do século passado, que valorizava a transmissão de conteúdos.

As descobertas da psicologia, da neurociência, da didática, das teorias de comunicação e de tecnologias microeletrônicas já estavam presentes em muitos espaços da vida cotidiana, transformando costumes, crenças e valores, mas ainda eram ausentes na escola.

A cultura digital, cada vez mais disponível a todos, impregnava a vida de nossos alunos, suas famílias, professores e gestores, disponibilizando enorme contingente de informações em um sistema aberto, dinâmico e possível de ser acessado a qualquer hora, em qualquer lugar e num tempo não estruturado no ambiente escolar e na sala de aula. Certamente, o acesso pleno a essa cultura foi e ainda é marcado pelas enormes diferenças sociais de nossa população, as quais também se refletem no ambiente escolar.

A proposta da BNCC e do Novo Ensino Médio prevê uma mudança na arquitetura pedagógica dos currículos escolares, centrada no conceito de educação integral, trazendo para a responsabilidade da escola um compromisso novo e mais claro: o desenvolvimento cognitivo aliado ao desenvolvimento de habilidades socioemocionais.

Assim, não bastava mais a transmissão da herança cultural, traduzida nos conteúdos da Ciência, da Arte e da Filosofia, pois se reconhecia que a simples memorização não seria capaz de preparar os alunos para a resolução de problemas cada vez mais complexos, com os quais já se relacionavam em seu cotidiano, nem tampouco para os novos, com os quais ainda se defrontarão em suas trajetórias de vida, pessoal e profissional.

Importa dizer que não se trata, contudo, de abandonar os conteúdos, então denominados *objetos de conhecimento*, uma vez que as novas gerações têm o direito de acesso a eles garantido na Constituição Federal, mas de assimilá-los por meio de situações de ensino que favoreçam o desenvolvimento de competências e habilidades cognitivas e socioemocionais a eles associados que serão responsáveis pelo desenvolvimento de todo tipo de aprendizagens a serem construídas pelo aluno, por meio de suas estruturas de inteligência que emergem da dialética entre desenvolvimento e aprendizagem.

A partir dessa ambição, já se reconhecia que o aluno, sujeito dessas aprendizagens, é ativo, protagonista, com crescente autonomia e autogestão do conhecimento.

A expectativa do novo paradigma escolar

A BNCC propõe a resolução de problemas como princípio organizador da aprendizagem, e as metodologias denominadas ativas são o suporte para que o professor possa organizar seu trabalho envolvendo os alunos em atividades de aprendizagem que desenvolvam a auto-organização para estudar, a concentração para a nova tarefa, a criatividade, o pensamento crítico, o cooperativismo e a responsabilidade com a tarefa em grupo.

O grande desafio para a escola traduz-se no reconhecimento de que o desenvolvimento das competências cognitivas e socioemocionais associadas aos objetos de conhecimento precisa ser exercitado pelos alunos no cotidiano escolar.

Nesse sentido, a BNCC sugere para a organização do currículo da educação básica o que os alunos devem "saber", em termos de conceitos, procedimentos, valores e atitudes, e o que devem "saber fazer" mobilizando esses conhecimentos para resolver demandas das mais simples às mais complexas.

Por sua vez, a Reforma do Ensino Médio, com o objetivo de tornar a escola nessa etapa mais atraente e articulada com o mundo em que vivemos, deu o suporte para essa modernização, permitindo currículos mais flexíveis e mais conectados às aspirações dos jovens do nosso século.

Com foco no projeto de vida do aluno, para exercer sua autonomia e escolher a área de seu maior interesse para aprofundamento de estudos, o Novo Ensino Médio trouxe também a formação técnica profissional na carga horária regular, a ser oferecida como opção de formação.

Garantir direito de aprendizagem e desenvolvimento para crianças e jovens, tal qual prescrito na BNCC e no Novo Ensino Médio, já trazia para a gestão escolar desafios novos e implicaria uma mudança profunda na maneira de ensinar de nossos professores, cuja formação inicial, como se sabe, não contemplou esses novos conhecimentos.

Para dar o suporte necessário a uma nova atuação profissional quase revolucionária, como suporte à implementação da BNCC e ao Novo Ensino Médio, já se vislumbrava a necessidade de programas de capacitação continuada devidamente adequados às condições de trabalho dos professores.

A forçosa pausa nas expectativas

Nesse contexto educacional de esperanças renovadas e reconhecimento do grande trabalho a ser realizado, ainda que os indicadores de aprendizagem já apresentassem um quadro preocupante de defasagens, logo no início do ano letivo de 2020, foi decretada pela Organização Mundial de Saúde – OMS a situação de pandemia devido à emergência de saúde pública ocasionada pela Covid-19, impactando fortemente as energias mobilizadas para a implantação das novas propostas curriculares e a busca de equidade.

O encerramento das atividades do comércio e das escolas foi a medida mais comum adotada por inúmeros países para conter a propagação do vírus. Contudo, a compreensão das medidas sanitárias necessárias para preservar vidas permaneceria num cenário contraditório e muito conturbado durante a maior parte do ano de 2020, acarretando muita confusão em torno de medidas educacionais que permitissem a manutenção dos vínculos dos estudantes com suas escolas.

Essa situação trouxe grandes desafios para professores, gestores, estudantes e suas famílias, especialmente na educação básica, e as questões de ausência de infraestrutura e conectividade das escolas, dos professores e das famílias deram ao cenário das desigualdades educacionais do País cores ainda mais acentuadas.

Por outro lado, temos de reconhecer que o isolamento físico imposto nessas precárias condições de comunicação foi impulsionador de centenas de milhares de iniciativas corajosas, criativas e muito solidárias de professores e gestores em relação a seus estudantes e suas famílias para garantir-lhes escolaridade. De uma sexta para uma segunda-feira, professores se reinventaram, transformando-se em atores e editores de vídeos, entregadores de lição de casa com o apoio do transporte escolar, entre outras soluções criativas e desafiadoras, reestruturando tarefas para serem cumpridas por seus estudantes a distância, enfrentando questionamentos das famílias e da sociedade, além de muitas resistências e desânimos de seus estudantes. Em paralelo, professores compartilharam continuamente suas inseguranças, seja nas questões mais técnicas de como organizar o ensino com os altos índices de abandono dos estudantes, seja pela situação sanitária controvertida do país, ou ainda pela tristeza compartilhada por tantas vidas perdidas.

Porém, em que pesem esses valorosos esforços empreendidos, o ensino durante a pandemia não obteve sucesso no favorecimento das efetivas aprendizagens, pois foi estruturado de forma muito desigual, não chegou a todos, especialmente aos mais pobres, negros em sua maioria, que não tiveram acesso à infraestrutura para aulas remotas e foram fortemente impactados pelas dificuldades das famílias no apoio às atividades de aprendizagem.

Nesse ambiente, ressurge o conceito de educação híbrida, carregando inicialmente versões conflituosas, mas, gradativamente, ganhando robustez na adequada compreensão de sua utilização como apoio à reestruturação do projeto pedagógico das escolas no pós-pandemia, pois representa a chance de prover verdadeiro movimento disruptivo para a inovação de que a escola precisa não só para atender a todos, mas também para que o faça de forma significativa para a vida de crianças e jovens, suas famílias e toda a sociedade.

A Educação híbrida como conceito

No sentido mais geral, híbrido significa "mistura", ou seja, combinações possíveis de elementos diferentes para compor outro todo, novo e diferente das partes individuais, mas que, ao mesmo tempo, as contenha. Cumpre também esclarecer que o termo híbrido quando associado à educação básica está adjetivando-a e qualificando-a, mas não como uma nova modalidade. Apresenta-se como estrutura para um projeto pedagógico no qual os princípios normativos da BNCC e do Novo Ensino Médio ganham a possibilidade enriquecedora de implementação.

Esse conceito de "híbrido" é adotado pela Associação Nacional de Educação Básica Híbrida – ANEBHI[1], associação sem fins lucrativos criada por um grupo de experientes educadores brasileiros para apoiar o trabalho de professores, gestores e famílias de alunos durante a pandemia. Os profissionais que conduzem a reflexão sobre educação híbrida nessa associação optam por compreendê-la não apenas como "ensino híbrido", o que excluiria a aprendizagem, tampouco como ensino remoto, pois, além de excluir a aprendizagem, excluiria também a educação presencial.

1 Associação Nacional de Educação Básica Híbrida. https://anebhi.org.br/

Para eles, educação híbrida integra um conjunto de atividades educacionais que combinam diversas modalidades no ensino e na aprendizagem presenciais, amparados (e, às vezes, até completados) com ensino e aprendizagem remotos, mediados por quaisquer tecnologias de comunicação e pelo uso de diferentes metodologias que considerem o aluno ativo.

Reduzir todas as formas de comunicação ao ensino e à aprendizagem remotos, reunidas em uma ou outra modalidade de plataforma digital, pode causar confusão. Desse modo, não se trata de negar as vantagens das novas tecnologias digitais ao nosso cotidiano: ensino e aprendizagem presenciais e remotos devem ser entendidos como processos independentes em si, mas interdependentes em sua estruturação, mediados por tecnologias de comunicação, não necessariamente informatizadas ou digitais.

A Educação híbrida como possibilidade

O contexto da vida moderna já apresentava novas configurações de espaço e tempo, diminuindo o deslocamento das pessoas e favorecendo a organização de novos ambientes de aprendizagem, além da sala de aula. Convém recordar que a primeira tecnologia criada pelo homem foi o papel impresso, cuja utilização ainda hoje é bem representada pelo livro didático, este, sim, presente em todas as escolas brasileiras graças ao Programa Nacional do Livro Didático – PNLD.

A educação híbrida, na escola, utiliza espaços diferentes, tempos diferentes de execução de projetos, mescla atividades, pesquisas, lições de casa, estudos do meio e muitas outras formas de ensinar e aprender. Utilizam-se várias combinações de metodologias, múltiplas atividades, diferentes projetos, jogos, atividades individuais e colaborativas em tempos e espaços diversos. Supõe currículos flexíveis, que possibilitem o acesso ao que é básico e fundamental para todos, mas que ofereçam caminhos comuns e também trajetos personalizados que atendam às necessidades de cada escola e aluno, tais quais previstos na BNCC e no Novo Ensino Médio.

Isso requer a articulação de processos formais e informais de ensino e aprendizagem na prática de uma educação aberta, com redes configuradas por muitas dimensões e recursos. Por fim, a educação híbrida implica integrar áreas acadêmicas diferentes, profissionais diferentes, alunos diferentes com famílias diferentes, em espaços e tempos diferentes.

Durante a pandemia, por imposição do isolamento físico entre os estudantes e suas escolas, houve apenas a possibilidade de trabalho remoto, que deveria ser completado pela etapa presencial, até para caracterizar o uso da proposta de educação híbrida. É preciso sempre reforçar que a escola presencial nunca poderá ser substituída em sua função por quaisquer outros mecanismos ou instituições, uma vez que nela interagem pessoas de diferentes papéis sociais significativos para o desenvolvimento integral das crianças e dos jovens. A escola é o ambiente onde o respeito e a tolerância são cultivados e os valores fundamentais da cidadania florescem e se fortalecem. Não há substitutivo para o ambiente institucional formal da escolaridade básica. Pode haver, e sempre existirão, papéis complementares integrados às propostas de ensino e aprendizagens presenciais[2].

A Educação híbrida como realidade

O híbrido é dinâmico e deve ser estruturado de várias maneiras no contexto de cada escola ou rede, pois é preciso que se considere a dinâmica de seus quatro elementos fundamentais: o gestor e os recursos da escola; os professores, seus conhecimentos e suas condições de trabalho; as famílias e suas condições de suporte; e os alunos e suas disposições para aprender e se desenvolver.

A pandemia trouxe para cada escola a necessidade de constituir um novo ecossistema de ensino e aprendizagem, incluindo novas vozes em contextos próprios a cada comunidade escolar. Torna-se necessário coordenar todos os recursos e meios a serem disponibilizados para uso de todos os seus membros, conhecendo-lhes

2 Bem fizeram nossos legisladores educacionais, e esperamos que continuem fazendo, ao destinar a Educação a Distância – EaD apenas ao ensino superior, em que pesem também duras críticas a essa modalidade que pressupõe maturidade completa e autonomia intelectual dos sujeitos da escolarização. Profissionais comprometidos com a educação básica que somos, temos todos que combater a proposta de *homeschooling*, compreendida como educação escolar em casa, lamentavelmente já aprovada na Câmara Federal.

as dimensões estratégicas e operacionais e, principalmente, suas características pedagógicas. A composição e o funcionamento dessa comunidade com um novo ecossistema de aprendizagem, composto de novas vozes, representam não só um desafio, mas também uma oportunidade de estruturação de uma mudança radical e inovadora da escola que temos.

A estruturação de projetos escolares híbridos deve partir da consciência de que crianças e jovens já são cidadãos de um mundo híbrido, resta se tornarem alunos numa proposta educacional que se utiliza das riquezas de uma abordagem pedagógica híbrida. Convém lembrar que o Brasil já deu passos importantes para melhorar a educação básica no conjunto de normas, de documentos pedagógicos oficiais e, mais importante, na consciência nacional de que é preciso mudar, mas, além dessa consciência, é preciso coragem para ousar novos caminhos e inovar para trazer vida às referências que precisam de mudanças estruturais, já de consenso entre os educadores brasileiros.

Muitos educadores brasileiros aguardam a regulamentação oficial sobre educação básica híbrida. Se isso acontecer, ela poderá se transformar em um problema, a menos que o legislador se atenha a poucos aspectos formais de garantia dos direitos de aprendizagem com qualidade e equidade a completar o arcabouço de normas e regras já existentes.

Para concluir...

A formalização de requisitos em novas regras para um projeto pedagógico híbrido na educação básica não pode aviltar o empenho dos educadores brasileiros em buscar um novo e revolucionário paradigma educacional para a educação básica consubstanciado na homologação da BNCC e na lei do Novo Ensino Médio.

Em relação à mobilização nacional acerca das novas propostas curriculares, demandadas pela BNCC e pelo Novo Ensino Médio, o Observatório do Movimento pela Base anunciou em seu *site* oficial, em julho de 2022, que os currículos dos 27 estados brasileiros estão 100% alinhados à Base e 99,7% das redes municipais já têm seus currículos da Educação Infantil e do Ensino Fundamental igualmente alinhados ao documento nacional. Dados do Observatório informam, ainda, que 78,7% dos municípios aderiram totalmente ao referencial curricular estadual construído em regime de colaboração, 19,7% fizeram adaptações a esse referencial e 1% das redes optou por desenvolver currículos autorais.

Precisamos honrar a coragem dos nossos professores e gestores durante a pandemia, assim como a resiliência e o sofrimento das famílias, e buscar incessantemente os alunos que deixaram a escola, sejam quais forem as causas do abandono, utilizando todos os recursos que a educação híbrida nos oferece para personalizar projetos e recompor a escolaridade que é direito, mas, ainda assim, faltou a muitos.

Então, a educação híbrida pode ser a solução.

Referência Bibliográfica

BRASIL. Ministério da Educação. *Base Nacional Comum Curricular*. Brasília: MEC, 2018.

1.6 Foco na geração nem-nem

O Brasil do futuro foi ontem, é hora de recuperação

Raul Christiano

Enquanto patinamos na polarização política e eleitoral em 2022, os números revelam a gravidade do cenário social do Brasil, com 33 milhões de brasileiros que passam fome e 12 milhões de jovens que não estudam nem trabalham. Essa pauta é muito apropriada para o momento também, e não chegou a esse ponto apenas porque o baixo nível do ensino no país é consequência da pandemia da Covid-19. O buraco é mais embaixo e a Educação, a exemplo da experiência de outros países desenvolvidos, deveria ser tratada não apenas nos discursos.

O Índice de Desenvolvimento Humano (IDH) criado como um contraponto ao Produto Interno Bruto (PIB) *per capita*, que considera apenas os aspectos econômicos do desenvolvimento de um país, foi criado em 1990 e vem sendo publicado desde 1993 pelo Programa das Nações Unidas para o Desenvolvimento (PNUD). O IDH varia em uma escala que vai de 0 a 1 e, quanto mais próximo de 1, maior o desenvolvimento humano, classificando os países em cinco faixas: IDH muito alto, alto, médio, baixo e muito baixo.

Aos poucos, o IDH tornou-se referência mundial em medida de bem-estar da população, pois valoriza a importância das condições de desenvolvimento dos seres humanos para medir a prosperidade: padrão de vida medido pela renda nacional bruta *per capita* (renda); vida saudável e longa medida pela expectativa de vida (saúde e longevidade) e acesso ao conhecimento medido pela média de anos de educação de adultos e expectativa de anos de escolaridade para crianças na idade de início da vida escolar (educação).

Conforme o relatório de 2020, com a base de dados de 2019, o Brasil possui IDH de 0,765, encontrando-se na faixa de alto desenvolvimento. O índice cresceu em relação ao ano de 2018, mas caiu cinco posições no *ranking*, ocupando o 84.º lugar entre os 189 países e territórios reconhecidos pela ONU. O país com o maior IDH no mundo é a Noruega, com 0,957, na faixa de desenvolvimento muito alto, cabendo a última posição à Nigéria, com 0,394, muito baixo.

O documento indica que a Noruega, o país mais desenvolvido do mundo, investe anualmente 7,3% de seu PIB em educação, com uma taxa de matrícula que pode superar os 100% quando há matrículas de pessoas mais novas ou mais velhas do que a idade média para cada nível educacional. Por seu lado, o Brasil aparece com 5,6% do PIB, porcentagem acima da média de 4,4% dos países da Organização para Cooperação e Desenvolvimento Econômico (OCDE), mas é um dos países que menos gasta anualmente com alunos da rede pública de ensino. Chama a atenção também o salário médio dos professores brasileiros, que estão entre os mais baixos dos 36 países membros.

O valor investido por aluno no Brasil é bem abaixo da média, ainda conforme os estudos da OCDE. A média do gasto anual do Brasil por aluno do ensino fundamental, médio e superior é de US$ 4.500 — para os alunos do ensino fundamental e médio, US$ 3.866; e para os alunos do ensino superior, US$ 14.202. O investimento médio dos países da OCDE é de US$ 9.300 anuais por aluno do ensino básico, maior que o dobro do investimento brasileiro, enquanto a diferença no ensino superior é menor, que, nesses países, chega a US$ 16.100. O valor médio por aluno dos ensinos básico e superior é de US$ 10.400.

O relatório mostra que o Brasil não investe pouco em educação, pelo menos em relação ao PIB, que reflete a realidade econômica de um país, mas a qualidade e a execução dos gastos na área são problemáticas. Esse é o ponto crucial a ser focado e resolvido.

Tomo como parte da reflexão que deve ser feita uma posição difundida pela professora e antropóloga Eunice Ribeiro Durham, sobre o que chamou de autocrítica dos professores: "Eles são corporativistas ao extremo. Podem estar cientes do baixo nível do ensino no país, mas costumam atribuir o fiasco a fatores externos, como o fato de o governo não lhes prover a formação necessária e de eles ganharem pouco. É um cenário preocupante. Os professores se eximem da culpa pelo mau ensino — e, consequentemente, da responsabilidade. Nos sindicatos, todo esse corporativismo se exacerba".

Também de Eunice Durham (2008), aproprio-me da sua visão sobre o ensino superior, também polêmica principalmente no território da comunidade universitária pública: "A grande mudança inicial do meu pensamento foi o reconhecimento de que a universidade não pode ser tomada como sinônimo de ensino superior. Este constitui sempre um sistema diversificado de instituições e a universidade deve ser analisada nesse contexto. Também sempre tive uma clara visão de que a excessiva politização da universidade não era uma coisa boa. O papel da universidade é trabalhar numa linha mais científica, de progresso do conhecimento. E um conhecimento de certo tipo, baseado na crítica constante do próprio trabalho. Tratar a universidade como uma comunidade é um erro. A universidade é uma organização burocrática baseada na divisão de trabalho".

Entendo também que o papel do ensino deveria ser o de formar cidadãos em sua totalidade e fornecer os subsídios necessários para que eles possam construir conhecimentos e ter condições de saber e garantir os seus direitos. Às vezes, certos governantes revelam por suas práticas o desprezo pela formação de cidadãos, porque com educação ruim, sem conhecimento, sem estudo e sem cultura, o povo é mantido na ignorância e torna-se presa fácil da manipulação política. Parece, mas essa não é uma teoria conspiratória, visto que é escancarada a realidade do baixo índice de leitura e o empobrecimento dos debates, fatores essenciais para o amadurecimento do espírito crítico do cidadão.

Coragem para o Pisa

O Programa Internacional de Avaliação de Alunos (*Programme for International Student Assessment*, ou PISA, na sigla em inglês) é uma avaliação a que os estudantes brasileiros foram submetidos, por amostra, pela primeira vez no início do ano 2000, durante a gestão do ministro Paulo Renato Costa Souza (Educação), no governo do presidente Fernando Henrique Cardoso. A faixa etária dos estudantes avaliados é de 15 anos, matriculados no 7.º ano do ensino básico, envolvendo três áreas do conhecimento: leitura, matemática e ciências, e o objetivo é detectar até que ponto os países membros da OCDE estão preparando seus adolescentes e jovens para os desafios contemporâneos. Essa iniciativa é muito importante para dar suporte ao aprimoramento das políticas de ensino básico a partir dos resultados.

Porém, os resultados não têm sido motivo de orgulho para o Brasil, que em sua participação na última edição do Pisa, em 2018, figurou mais uma vez entre os últimos da lista de 79 países e economias avaliadas. O país ficou em 57.º lugar em leitura, 66.º em ciências e em 70.º em matemática, com notas bem abaixo da média dos demais estudantes de países examinados. O Pisa é repetido a cada três anos, incluindo além dos países-membros da OCDE, outros que quiseram voluntariamente participar do levantamento, como o Brasil.

A posição brasileira incomoda Claudia Costin, diretora do *Centro de Excelência e Inovação em Políticas Educacionais*, da Fundação Getulio Vargas, e *Escola Brasileira de Administração Pública e de Empresas* (FGV/EBAPE): "Está muito aquém do que deveria ser, pelo nível socioeconômico do país. Considerando o nosso PIB, não podemos aceitar essa posição em termos de aprendizagem".

A busca de melhores resultados educacionais possui muitos exemplos, aliás sempre utilizados quando há a comparação com a nossa realidade. Dentre estes, sempre desponta o *case* da Coreia do Sul, debilitada por três anos de guerra com a Coreia do Norte, entre os anos de 1950 e 1953, após sua invasão pelo país vizinho. Os sul-coreanos chegaram a 1960 com índices de desenvolvimento urbano, analfabetismo e renda semelhantes aos do Brasil e, até o início da década de 1980, eram individualmente mais pobres.

O desempenho recente do Brasil e da Coreia do Sul ilustram bem a importância dos ganhos de produtividade. Na indústria sul-coreana, o aumento da produtividade do trabalho permitiu o crescimento do salário médio e contribuiu para elevar o padrão de vida do país, que se aproximou do padrão observado nas economias desenvolvidas, de alta renda. No Brasil, diante do fraco desempenho da produtividade do trabalho, o salário médio ficou praticamente estagnado, e o crescimento da renda *per capita* não se sustentou.

Para se recuperar o emprego, com ganho de produtividade e competitividade e, consequentemente, para a retomada do crescimento econômico, é básico que os governantes brasileiros devam adotar medidas para melhorar o ambiente de negócios, com a redução da burocracia, a melhoria da infraestrutura, o aumento da qualidade da educação e da segurança jurídica.

Na Coreia do Sul, o motor de impulso da sua reviravolta, que não se reproduz no Brasil, é uma base escolar forte e abrangente para dar resultados satisfatórios aos ambientes de ensino tecnológico e superior. Já passou da hora de promover um novo pacto entre o governo e a sociedade para privilegiar a educação nos níveis básicos. Conforme dados da OCDE, a cada dólar e meio investido na educação superior, de custo mais elevado, os coreanos colocam um dólar na educação básica. No Brasil é o inverso: para quatro dólares na graduação superior, apenas um no infantil, fundamental e médio.

Outro aspecto a ser considerado é que na Coreia do Sul, os melhores professores estão no ensino básico. E que com o foco no projeto político e pedagógico houve uma verdadeira explosão de qualidade no ensino acadêmico e da formação profissional, do básico para o superior.

Talento, dedicação e comprometimento

A par das opções estratégicas corretas, há fatores essenciais nessa vitória da educação sul-coreana. O rigor na implantação do projeto, aliado ao comprometimento da sociedade, trouxe consequências elementares e copiáveis, embora no Brasil não tenhamos culturalmente a mesma postura típica dos asiáticos: o trabalho ou o estudo árduo, a valorização dos talentos, a disciplina, a dedicação e o compromisso com o planejamento. Para se ter uma ideia da intensidade do foco sul-coreano, com exigências obsessivas, nos últimos anos o governo deles passou a orientar os professores a diminuir a quantidade de tarefas para casa e a incentivar os alunos e seus familiares a buscarem mais lazer.

Infelizmente, no Brasil a educação não é tratada como prioridade. Isso cola na sociedade, que diante dos fracassos sucessivos nos testes de aprendizado e competividade, generaliza conceitos e não vê com bons olhos a educação pública e a comunidade do seu entorno. Desse modo, fica cada vez mais difícil repetir um modelo de foco, como vimos na Coreia do Sul e em muitas outras nações. O descomprometimento de uma parte dos gestores e a descontinuidade de políticas públicas bem-sucedidas pelos governantes, que insistem em inserir as suas marcas, sem se orgulhar com os resultados positivos que eram colhidos, revela o comportamento político brasileiro, que representa sem dúvida a vanguarda do atraso.

Nos últimos 25 anos, tivemos bons motivos para comemorar as ações como a nova Lei de Diretrizes e Bases da Educação, o Fundo de Desenvolvimento da Educação e Valorização do Magistério – Fundef (agora Fundo de Manutenção e Desenvolvimento da Educação Básica – Fundeb), a universalização do acesso ao ensino fundamental, a Bolsa Escola Federal, a expansão das matrículas no ensino superior, a Base Nacional Comum Curricular (BNCC), entre outras.

Geração Nem-Nem

Os números de jovens brasileiros que não estudam nem trabalham, a chamada "geração nem-nem", serão impressionantes mesmo para a sociedade brasileira reagir e se mobilizar e cobrar dos governantes e de seus representantes no Congresso Nacional, Assembleias Legislativas e Câmara Municipais?

Em 2020, 35,9% dos adultos de 18 a 24 anos no Brasil não estavam nem na escola nem empregados, conforme apontado em um dos relatórios da OCDE. Isso representa 12 milhões de pessoas, que vem num crescendo desde 2012, e teve um salto na pandemia da Covid-19. O índice de desemprego na faixa entre 25 e 34 anos que não concluíram o Ensino Médio também cresceu acima da média no país.

Matérias divulgadas em vários veículos de comunicação do Brasil, a exemplo do jornal *O Estado de S.Paulo* (PEREIRA, 2022), trazem depoimentos comuns de jovens nessa situação e em busca de uma oportunidade, como esta:

Gabriela Novazzi, de 27 anos, sonha conseguir um emprego para dar uma vida melhor ao filho de três anos. Ela nunca teve um trabalho fixo com carteira assinada. Apenas bicos que consegue em eventos. Desde 2016, quando foi obrigada a abandonar a faculdade de Educação Física por questões financeiras, Gabriela não estuda nem trabalha. "Era minha mãe que me ajudava nos estudos, mas ela ficou sem trabalho e parou de pagar a universidade", diz.

Sem experiência, ela está à procura de qualquer oportunidade de entrar no mercado de trabalho. Mas a busca não tem sido fácil. "A maioria das empresas exige uma experiência anterior. É uma dificuldade", diz. Além de dar estabilidade ao filho, Gabriela também sonha em terminar a faculdade. "Nunca é tarde para recomeçar."

Gabriela faz parte de um contingente de jovens de até 29 anos que cresceu muito nos últimos tempos. São os chamados "nem-nem", um grupo de pessoas que nem estuda nem trabalha. Segundo a consultoria *IDados*, até o segundo trimestre de 2021, essa população representava 30% dos jovens dessa faixa etária. Isso significa 12,3 milhões de pessoas, cifra que supera a população da Bélgica.

Para a pesquisadora da *IDados*, Ana Tereza Pires, o depoimento de Gabriela Novazzi exemplifica um dos fatos preocupantes em relação à falta de foco dos governantes: "Isso representa uma ineficiência enorme para o Estado, já que muitas dessas pessoas tiveram um investimento público por trás. Além da questão econômica, tem também o lado individual de cada um dos jovens, sem experiência".

Continua: "A cada ano, novos estudantes se formam e não conseguem ser absorvidos no mercado, o que cria um bolsão de nem-nem. Sem emprego nem renda, eles não conseguem estudar e muitos param no meio do caminho. Terminar a faculdade numa fase de recessão pode ter reflexos para toda a vida profissional. Os que conseguem emprego podem ter salários mais achatados comparados a quem se forma durante a expansão econômica."

Ana Tereza Pires completa: "Mesmo para quem já conseguiu emprego, a crise é um problema, porque pune primeiro os mais jovens, que têm menos experiência e recebem menos.

> As empresas preferem garantir a permanência dos profissionais especializados e de difícil contratação. Sem contar que os mais jovens representam um custo menor na rescisão."
>
> Para o diretor da FGV Social, Marcelo Nei, "o Brasil teve na pandemia o maior contingente da história de jovens nem-nem. Mas esse porcentual deve cair pela metade até o final do século, resultado da demografia. Essa geração está sacrificando o presente e o futuro. Logo, o futuro do país está comprometido pela falta de quantidade e pelo tratamento de baixa qualidade dado à juventude".

Retomando o relatório da OCDE, os dados apontam que a pandemia tornou as condições econômicas difíceis. E em tempos econômicos difíceis, a transição da escola para o trabalho, que é sempre complicada, torna-se realmente problemática. Na média da OCDE, que inclui os países mais ricos, a taxa de jovens que não estudam nem trabalham é de 15,1%.

No Brasil, a média passou a de países como Turquia (32,2%) e Colômbia (34,5%), mas em 2018 era de 30,6%. Enquanto na média dos países da OCDE, menos da metade dos jovens de 18 a 24 anos não estudam, no Brasil, na Colômbia e em Israel, a porcentagem sobe para 65%.

Ainda conforme o relatório, só um terço (34%) dos jovens brasileiros de 18 a 24 anos frequenta escolas ou faculdade. Três em cada dez jovens nessa faixa etária estão empregados, apesar de não frequentarem a escola ou um curso superior, mas 13% não estão nem na escola nem empregados. Há ainda 23% que não estudam nem procuram emprego (inativos). Os dados fazem parte do relatório *Education at a Glance 2021*, da OCDE (2021), que reúne informações sobre escolarização, trabalho e disparidade de gênero.

Por um pacto nacional de melhoria

Os estudantes brasileiros, principalmente do Ensino Fundamental, vivem uma experiência desigual na história, por causa da pandemia da Covid-19. O Brasil foi o país que mais tempo ficou sem aulas presenciais no ensino infantil e fundamental, com base em estudos feitos pela OCDE.

Uma pesquisa da Universidade Federal do Rio de Janeiro (UFRJ, 2021), mostra que os impactos no desenvolvimento e bem-estar das crianças na pré-escola, por exemplo, registraram perdas equivalentes a quatro meses nos filhos de famílias com maior poder econômico, enquanto os mais pobres chegaram a seis meses. Nesse trabalho, foram comparadas as rotinas das crianças em 2019 e em 2020.

Ainda não há dados oficiais sobre as consequências do fechamento prolongado das escolas ou da percepção do ensino remoto, mas, conforme estudos — como os da Fundação Getulio Vargas para a Fundação Lemann — que vêm sendo divulgados nos meios de comunicação com credibilidade, o desafio nacional ficou ainda maior: enquanto no mundo a média do atraso na educação é estimada de três a nove meses, no Brasil pode ser de até quatro anos.

Em nosso país, historicamente desigual, constatação que para muitos é apenas um discurso político, esse cenário de desigualdade tornou-se ainda mais grave com a pandemia. Pesquisas realizadas, por exemplo, indicam que 11,2% dos estudantes que diziam estar frequentando a escola em 2020 não haviam recebido nenhuma atividade escolar e não estavam em férias.

Assim, os dados comprovam que o mesmo perfil de estudantes, que já sofria com a cultura do fracasso escolar, não conseguiu se manter aprendendo com as escolas fechadas, reforçando a necessidade desse enfrentamento por parte dos responsáveis pela Educação. Com a volta às aulas presenciais, seguindo os protocolos de segurança, como máscaras, uso de álcool e a necessidade da apresentação do comprovante da vacinação contra a Covid-19, é impossível desconsiderar o espírito de recomeço, inclusive com a mesma realidade vivida antes da interrupção das aulas.

Para pensar e empreender nessa reação por um plano de recuperação do aprendizado, é preciso ter em mente alguns fatores que fizeram avançar o financiamento da Educação pública, desde a obrigação de os governos (municipais, estaduais e federal) investirem 25% dos seus orçamentos em Educação (Constituição de 1988) em composição com o Fundeb.

Mas o Ministério da Educação (MEC) não cumpriu o seu papel nesse período, como coordenador nacional de políticas públicas para o setor, deixando que estados e municípios atuassem por conta própria desde a suspensão das aulas presenciais no início da pandemia. Esperava-se do MEC ações mais rápidas e mitigadoras, principalmente em relação aos municípios menores, que dispõem de recursos também muito ínfimos para o atendimento aos seus estudantes.

Sem falar nas questões que ficaram ainda mais evidentes com a experiência do ensino remoto, dada a falta de uma política nacional de conectividade e do veto presidencial ao projeto de lei que previa *internet* gratuita para os estudantes e professores da rede pública em todo o país, em março de 2021. No mês de junho, o veto foi derrubado pelo Congresso Nacional, mas o governo federal tentou suspender os efeitos no Supremo Tribunal Federal (STF), colaborando para o atraso maior do atendimento dessa necessidade para a Educação.

E até o momento, o MEC não apresentou ações ou políticas públicas para tentar minimizar os impactos da ausência de escola na vida de nossas crianças. Mas, no início da semana, o mesmo ministério não pensou duas vezes em anunciar o reajuste do piso salarial dos professores, que passou de R$ 2.886,24 para R$ 3.845,63, como uma medida generosa do governo que não é responsável pelo pagamento desses salários, que cabem mais uma vez aos estados e municípios.

Também cabe ao poder público garantir que as instalações das escolas estejam em condições de receber os alunos nessa volta às aulas presenciais, sem riscos gerais, como se observam em muitas delas nos últimos tempos: janelas quebradas, ladrilhos e pisos rachados, iluminação e telhados deficientes, vazamentos nos bebedouros, pias e banheiros etc. O retrato em muitas dessas unidades é desolador: sem uma política de manutenção e conservação dos prédios e das suas instalações, muitas prefeituras não conseguem agora responder a essas necessidades cruciais.

Há sempre muita controvérsia quando se buscam no Brasil as razões e as soluções para reverter o atraso em sua política educacional. Não podemos esquecer que lidamos com vários brasis dentro de um país desigual, cuja dívida social torna-se impagável também pela descontinuidade de políticas públicas bem-sucedidas. Creio que hoje temos um desafio bem maior, materializado pela paralisia na Educação, que já condenou milhares de crianças, adolescentes e jovens à ignorância: um pacto nacional pela recuperação educacional do Brasil!

Brasil em perspectiva chinesa

A China não se tornou a economia mais forte do mundo por acaso. Para atingir esse patamar, começou a planejar há pelo menos 30 anos. Tomo como base o raciocínio de que os números geralmente são relativos e que a realidade deles pode não apresentar consistências, no entanto, é possível afirmar que a China é, simplesmente, uma das maiores forças econômicas do planeta, sem exageros.

Enquanto isso há no Brasil certa miopia, quando se mira na China de maneira rasa ou se pretende resumir a visão dessa potência a uma mera confusão sobre conceitos e ações entre direita-esquerda. Os gurus do atual governo do Brasil não são apenas negacionistas, mas uma negação.

A China produz de tudo para todos os países, enquanto o Brasil ainda não tem noção do que pretender ser. Mas o mundo não está esperando muito daqui, conforme o andar da carruagem. Será que não enxergam os movimentos internacionais e como o país está literalmente jogado na vanguarda do atraso?

Vamos aos dados consistentes do cenário macroeconômico: até 2035, quase metade dos empregos existentes no Japão será extinta em função das novas tecnologias, indica a consultoria *Nomura Research Institute* (NRI, 2021), a maior empresa de pesquisa econômica daquele país. De outro lado, nos Estados Unidos, metade dos atuais empregos está desaparecendo e sumirá no mapa nos próximos 20 anos. E no Reino Unido, conforme estudo da Universidade de Oxford, 35% dos empregos atuais serão extintos nesse mesmo período.

A pergunta que não cala é sobre a compensação desse desemprego planetário, de quantos empregos novos surgirão dessa transformação que podemos batizar de 5.ª ou 6.ª Revolução Industrial? Evidentemente, muitos, mas muito menos dos que serão extintos.

Para entender essa complexidade, é essencial que os planejadores tenham em mente qual o nível de exigência para a formação educacional desses novos empregos. Ainda que essas projeções estejam restritas à análise em relação às demandas de países altamente desenvolvidos, na contramão do Brasil, atrasado tecnologicamente e à mercê de impactos ainda maiores para o mal.

Enfim, agora, em um ano de eleição para a presidência da República (2 de outubro de 2022), o Brasil caminhará inacabado para um novo momento, sem realizar a lição de casa. Pior que isso, evidenciando um comportamento tão errático do governo atual na condução da sua política diplomática, ora em relação às parcerias econômicas, ora em respeito ao consenso global de que somente a vacinação em massa projeta a sobrevivência das pessoas e a volta à normalidade.

Afinal, o que o Brasil quer ser antes, durante e quando crescer?

Inovar com ciência e educação

Os exemplos estão escancarados mundo afora, justificando que investir em educação, ciência, tecnologia e inovação deve ser tarefa essencial para garantir um país mais desenvolvido tanto no plano econômico quanto social. No Brasil, 95% das pesquisas são produzidas pelas universidades públicas, mas esse desempenho parece não importar quando saímos da esfera acadêmica e constatamos a realidade do mundo político atual.

Infelizmente, não é surpresa ler que, devido à falta de verbas, universidades federais como a UFRJ, uma das instituições mais importantes do país, podem fechar prédios e realizar rodízio em suas instalações. E o comprometimento do funcionamento de muitas outras pelo mesmo problema é revelado em praticamente todas as unidades da federação. O corte orçamentário de 2021, comparado a 2020, chegou a 18,2% para custeio, 22,8% nos recursos de capital e 18,3% na assistência estudantil.

Durante o leilão da nova geração de *internet* móvel — 5G — com a movimentação de 47,2 bilhões de reais, houve o compromisso das empresas em executar, entre as contrapartidas de investimentos, a colocação de *internet* nas escolas públicas de todo o país. Se isso acontecer de fato, haverá um impulso histórico para a diminuição da desigualdade existente no desempenho dos estudantes, que durante a pandemia ficaram ainda mais para trás no aprendizado, dadas as dificuldades com o ensino a distância.

Contudo, é preciso ter em mente que uma parcela importante das escolas públicas brasileiras, que não tem *internet*, também não possui energia elétrica, água potável, saneamento básico. Esse quadro precisa ser considerado quando se busca responder "o que o Brasil quer ser". Então, como os governos e legislativos avançarão em macropolíticas em busca da qualificação, como fazem os países considerados mais ricos, como os EUA e a Alemanha, e nos que vêm se desenvolvendo mais rapidamente nos últimos anos como China, Coreia do Sul e Singapura?

No Brasil, parece que não há garantias à educação, ciência e pesquisa por conta dos bloqueios e cortes orçamentários. Isso explica o motivo de não contar com conglomerados Apple, Google, Tesla, Huawei, Pfizer e Moderna. A negligência nacional é tanta que provoca a "fuga de cérebros" para países que valorizam a educação como valor fundamental e tratam a inovação como mola propulsora do desenvolvimento social, financeiro e econômico.

Olhando para o mundo, o presidente norte-americano Joe Biden tem dito que "Wall Street não construiu os EUA". Por si só essa afirmativa deveria orientar determinados responsáveis por nossa economia, para justificar que determinadas medidas governamentais não agradaram ao mercado. Mercado dos fundos de investimento, Bolsa de Valores, bancos, onde o dinheiro gira, mas se distancia da economia real, movimentada pela produção industrial, de serviços e do comércio.

Essa é a insegurança, que é preciso acabar, dos industriais no Brasil, que têm que ter garantias de que o jogo econômico ao seu redor não mude ao sabor do humor do governante federal de plantão. Só assim, o industrial deixará de ser rentista.

Inspira-nos a iniciativa de Biden (2021), com o seu plano *Build back better* ("construir de volta e melhor"). Quem sabe, conforme o tamanho do nosso bolso, elas se reproduzam no Brasil, na infraestrutura, com reforço da frente industrial e de energia limpa, para a geração de empregos, auxílio emergencial a famílias de renda média e baixa, como lema para se ter uma economia forte no pós-pandemia.

Hora de dar a volta no atraso

Jair Bolsonaro, o atual presidente do Brasil, não participou da 26.ª edição da Conferência das Nações Unidas para Mudanças Climáticas (COP26), em Glasgow, na Escócia. Líderes de todo o mundo estiveram lá para reafirmar as suas metas climáticas e limitar o aquecimento global, sendo um importante indicador para a convivência do desenvolvimento econômico com a proteção das suas comunidades e *habitats*, reafirmando a cooperação entre governos e sociedade civil.

Ora, o Brasil vinha ocupando papel de destaque na recuperação do tempo perdido em defesa das suas florestas e mananciais, como manda o figurino das melhores práticas ambientais em nosso planeta. Isso travou. Porque a pandemia não interrompeu o aquecimento global, e nessa retomada das atividades econômicas, com a transformação dos modos e fazeres, o nosso país sente os impactos do atraso, justamente pelo atraso tecnológico.

A perda da capacidade de emprego no Brasil será muito grande e pode chegar a 50, 60% de postos de trabalho extintos. Por isso mesmo não se justifica minimizar a importância das realizações, tanto da reunião do G-20, na Itália, quanto a COP26, na Escócia, como insultam certos negacionistas. O mundo está em transição energética. De formas poluentes para formas não poluentes e que não impactem negativamente o meio ambiente.

A pergunta que resulta disso é: "e o que isso tem a ver com os empregos?" Respondo, fundamentado nos exemplos da indústria automotiva. A Tesla, empresa automotiva e de armazenamento de energia norte-americana, que desenvolve, produz e vende automóveis elétricos de alto desempenho, por exemplo, ainda que essa produção seja menor, em relação a General Motors (GM) e Ford juntas, vale, em termos de mercado financeiro, mais que a soma dessas duas grandes produtoras de veículos.

A Volkswagen anunciou, em 2018, que estava investindo 3,5 bilhões de euros (cerca de R$ 22 bilhões) no desenvolvimento de novas tecnologias de mobilidade urbana, para produtos como armazenamento de informações em nuvens, para veículos conectados e serviços de compartilhamento de carros. Em março deste ano, a Volvo anunciou a intenção de ser totalmente elétrica até 2030; e a GM já informou que até 2035 será 100% elétrica.

Independentemente se o carro será movido por baterias elétricas ou a hidrogênio, só nesse segmento automotivo, no Brasil, milhares de empregos serão extintos e centenas de empresas que fornecem produtos "tradicionais" para as montadoras terão as suas portas fechadas. Vejam bem: em um carro elétrico, o sistema de transmissão subsistirá? Se não subsistir, quantas empresas fornecedoras de peças de transmissão fecharão? Quantos empregos serão extintos?

Faz parte do desenvolvimento, e é inevitável, o surgimento de inteligência artificial, robôs, drones, além de cidades, casas, ônibus, caminhões, tratores e carros inteligentes, sempre substituindo mão de obra e extinguindo empresas fornecedoras tradicionais. Como escrevi antes, a China planejou o seu futuro e produz produtos reais. Não se preocupou com aquilo que se denomina "mercado", que na realidade é o mercado financeiro.

E o que se discute no Brasil a partir de Brasília? Atualmente, dependemos tão somente da agropecuária, como era antes de 1940, com a política do café com leite. Teve de haver uma revolução, com Getúlio, para se planejar e implantar a indústria brasileira. E agora, qual a política industrial? Qual a política educacional perante esses não tão novos desafios? Como o Brasil vai lidar com as empresas que não subsistirão?

Referências Bibliográficas

BIDEN, J. Build Back Better (BBB). Nov. 2021.

DURHAM, E. Fábricas de maus professores. *Veja*, São Paulo. Páginas Amarelas, 26 nov. 2008.

NOMURA RESEARCH INSTITUTE-NRI (Instituto de Pesquisa Nomura). Estudo sobre pressões econômicas no Japão para as Olimpíadas. Jun. 2021.

ORGANIZAÇÃO PARA A COOPERAÇÃO E O DESENVOLVIMENTO ECONÔMICO-OCDE; TODOS PELA EDUCAÇÃO. A Educação no Brasil: Uma perspectiva internacional. Jun. 2021.

ORGANIZAÇÃO PARA A COOPERAÇÃO E O DESENVOLVIMENTO ECONÔMICO-OCDE. *Education at a Glance 2021*: OECD Indicators. Paris: OECD Publishing, 2021.

PEREIRA, R. Brasil tem 12,3 milhões de jovens que não estudam nem trabalham. *O Estado de S. Paulo*, São Paulo, 03 jan. 2022.

PROGRAMA DAS NAÇÕES UNIDAS PARA O DESENVOLVIMENTO-PNUD. Relatório de Desenvolvimento Humano 2020, dezembro de 2020.

UNIVERSIDADE FEDERAL DO RIO DE JANEIRO-UFRJ. O impacto da pandemia da Covid-19 no desenvolvimento das crianças na pré-escola. Out. 2021.

PARTE II

INTEGRAÇÃO DA EDUCAÇÃO CORPORATIVA COM PRÁTICAS DE GESTÃO E CULTURA ORGANIZACIONAL

2.1 Gestão de pessoas na organização contemporânea: liderança e sucessão

Joel Dutra

Introdução

Em um ambiente cada vez mais exigente e complexo, a liderança torna-se crítica para aumentar a velocidade de resposta da organização para as demandas do contexto no qual se insere, bem como oferecer respostas mais alinhadas às expectativas e necessidades dela.

Para compreenderemos as características da liderança brasileira e sua efetividade, temos pesquisado as lideranças bem-sucedidas, as principais demandas sobre a liderança nos diferentes níveis de complexidade e o processo de identificação e desenvolvimento de futuras lideranças.

Nossa pesquisa teve sempre como referência o estudo do processo de liderança e suas exigências. A partir desse estudo, verificamos as principais competências demandadas das pessoas em posição de liderança em diferentes níveis de complexidade.

Neste capítulo, vamos apresentar os principais achados em nossas pesquisas e o nosso aprendizado nos processos de desenvolvimento de líderes.

Liderança bem-sucedida

Desafiando todos os membros da equipe

Ao acompanharmos líderes que haviam enfrentado desafios organizacionais complexos ou que haviam obtido resultados importantes em situações de grande adversidade, verificamos que a característica comum entre eles foi o fato de desafiarem toda a sua equipe. Embora isso possa parecer óbvio, a maior parte da nossa liderança apoia-se em uma ou duas pessoas de sua equipe, por afinidade ou porque respondem de forma adequada aos estímulos. São os chamados "descascadores oficiais de abacaxis". Essas pessoas eleitas pelo líder se desenvolvem, enquanto as demais são marginalizadas dos desafios.

O desafio é o motor do desenvolvimento das pessoas. A pessoa ao ser desafiada, em qualquer dimensão de sua vida, necessita sair de sua posição de conforto e compreender melhor as demandas do contexto em que se insere. A pessoa, ao compreender melhor as demandas do contexto sobre si, consegue agregar valor e incorporar atribuições e responsabilidades de maior complexidade.

O líder, ao desafiar todas as pessoas de sua equipe, cria um ciclo virtuoso. As pessoas, ao serem desafiadas, percebem seu desenvolvimento e passam a querer mais desafios. Essa é a base para a construção de uma equipe de alta *performance*, de uma equipe que gosta e procura o desafio. Quando perguntamos aos líderes bem-sucedidos o que utilizaram para criar um propósito comum, a maior parte nos disse que o desenvolvimento de cada membro da equipe e da equipe como um todo foi o cimento que utilizaram para unir as pessoas. Esses líderes desafiaram cada membro de sua equipe no limite de suas capacidades e estimularam a troca de aprendizado entre eles.

Durante a pandemia da Covid-19, nos anos de 2020 e 2021, verificamos que muitos líderes, ao se verem tendo que gerir suas equipes a distância, fizeram dois movimentos importantes: aprimoraram o processo de comunicação e passaram a desafiar todos com os membros de sua equipe. A maior parte dos líderes que observamos fez esses movimentos de forma intuitiva, como uma resposta natural aos desafios enfrentados e os resultados foram muito bons, tanto no que se refere aos resultados obtidos quanto no nível de satisfação dos membros das suas equipes.

Importância das habilidades comportamentais

Em nossas pesquisas, encontramos lideranças que ascenderam por suas qualidades técnicas, funcionais ou de vendas. Essas lideranças procuraram se aprimorar em gestão de negócios, mas sua grande limitação para construir um diferencial como líderes estava na falta de habilidades comportamentais.

Quando iniciamos nossa pesquisa, já conseguíamos perceber a grande lacuna das lideranças em questões comportamentais. Ao aprofundarmos essa investigação, tivemos algumas surpresas. Inicialmente, acreditávamos que a grande dificuldade da liderança brasileira era a delegação. Qual não foi a nossa surpresa ao constatarmos que a grande dificuldade da nossa liderança é lidar com a diversidade. Esse não é um problema exclusivo da nossa liderança, mas, quando comparamos com indicadores de países desenvolvidos, percebemos que a frequência e a intensidade dessa dificuldade são muito elevadas entre nós. O nosso líder busca pessoas que tenham as mesmas características, inclusive em termos de estrutura de personalidade.

Além dessa dificuldade, constatamos algumas que já estavam em nosso radar, tais como delegação, comunicação e respeito às iniciativas da equipe. Mas tivemos outra surpresa, observamos a dificuldade da nossa liderança em desenvolver parcerias internas e externas à organização onde atuam. Essa questão é preocupante porque nossa liderança tem uma predileção em atuar em feudos, atuar de forma fechada e defensiva. As grandes oportunidades de melhoria e aprimoramento organizacional estão em melhorar as interfaces entre processos e a relação com fornecedores e clientes. Essas oportunidades dependem de uma postura mais colaborativa e cooperativa entre os líderes.

Emergência da cooperação como competência crítica

No momento em que vivemos, a cooperação tornou-se a competência mais crítica, tanto para as pessoas (competência individual) quanto para a organização (competência organizacional). Por que a cooperação se tornou tão crítica? Porque as transformações tecnológicas e do contexto competitivo ocorridas a partir da segunda década dos anos 2000 passaram a demandar um alto grau de cooperação. Podemos destacar os seguintes aspectos:

- avanço tecnológico – os avanços tecnológicos, principalmente os oriundos da inteligência artificial, exigem um alto grau de cooperação de todas as pessoas e áreas da organização;
- modelos de gestão inovadores – modelos inovadores de gestão, tais como *design thinking*, *agile mindset* etc., exigem um trabalho cooperativo de diferentes áreas da organização;
- inovação – está associada à diversidade e à cooperação. A diversidade para trazer diferentes perspectivas sobre a realidade e a cooperação para viabilizar a construção coletiva de ideias e projetos;
- ganhos de produtividade – a cooperação gera nas pessoas mais segurança e senso de realização. Esse sentimento está ligado ao nível de satisfação que as pessoas sentem com o trabalho e ao nível de produtividade;
- inclusão – a base da cooperação é a generosidade e o espírito de inclusão. Dessa forma, ao estimularmos a cooperação, viabilizamos uma cultura de diversidade e inclusão.

Apesar da importância da cooperação, não a encontramos instalada na maior parte das nossas organizações. Verificamos que nossa cultura é individualista e de trabalho isolado. Em nossas pesquisas, verificamos que a nossa liderança tem dificuldades para construir parcerias e alianças e tende a atuar em feudos.

Caso a organização não estabeleça ações conscientes para desenvolver essa competência, tanto no nível individual quanto organizacional, ela não ocorrerá naturalmente, ao contrário, haverá ações não conscientes para sabotar a cooperação.

A organização tem um papel importante em estimular e valorizar a cooperação e pode, por exemplo, estimular metas compartilhadas, em que se pressupõe a cooperação para serem atingidas.

Podemos valorizar o trabalho realizado em time. No nível da liderança, por exemplo, as pessoas envolvidas em trabalhos realizados de forma matricial e cooperativa devem ser valorizadas formal e informalmente pela organização.

Outra forma de estimular a cooperação é a implantação de modelos organizacionais modernos de gestão, pois cria um processo pedagógico. Por exemplo, as estruturas matriciais oferecem muito mais oportunidades para a cooperação. Há uma tendência crescente de os processos decisórios serem laterais e não verticais. Os processos laterais são mais ágeis e efetivos porque eventuais obstáculos à concretização do trabalho são eliminados.

Vale a pena ressaltar que a organização não pode exigir a competência de cooperação somente quando a pessoa assume uma posição de liderança. É uma competência a ser cobrada de todas as pessoas na organização, desde o início da carreira.

Lider x gestor

Arena política

A maior parte da literatura atribui ao gestor o papel formal de gestão de pessoas, com um peso nos aspectos burocráticos da função e visualizam o líder como um inspirador, articulador com uma visão de longo prazo e realizador dentro dos valores éticos e dos valores da organização (OSBORN; HUNT; JAUCH, 1980; GILMORE, 1982; BHATIA, 1995; TERRY, 1995; PARRY, 1996; BASS; BASS, 2008). Ao longo de nossas pesquisas sobre lideranças, essas distinções se mostraram pouco instrumentais para o desenvolvimento da liderança em diferentes níveis de complexidade. Passamos a questionar esse posicionamento e adotamos outra forma de distinguir líder e gestor.

Verificamos que as lideranças nas organizações têm de lidar com uma realidade muito mais complexa do que muitos autores sinalizam em seus trabalhos (USEEM, 1999 e 2002). Essa realidade é a discussão contínua de como lidar com recursos cada vez mais escassos, com uma competição cada vez mais acirrada e um ambiente de incertezas e ambiguidades. Verificamos que tínhamos de distinguir o líder que conduz sua equipe em uma realidade muito estruturada e que não está inserido na discussão da distribuição de recursos daquele líder que lida com a incerteza e ambiguidade e está inserido na gestão de recursos escassos.

Para nós, o gestor caracteriza-se por ter de lidar com recursos escassos e discutir os critérios de sua distribuição, bem como necessita de uma ação política para exercer seu papel na organização. Desse modo, o gestor se distingue do líder por estar na arena política da organização. Nem todo líder está na arena política nem todo gestor tem equipes para liderar. É cada vez mais comum encontrarmos pessoas que estão na arena política e que não têm subordinados, são gestores que necessitam liderar por influência (DUTRA; DUTRA; DUTRA, 2017).

O que é a arena política da organização? É o espaço para discussão e tomada de decisão sobre o uso de recursos escassos, tais como investimento, orçamento, espaço físico, massa salarial etc. Além disso, temos o relacionamento entre as diferentes áreas da organização para operar o dia a dia e resolver problemas, tais como fronteiras funcionais, novas situações que afetam a organização como um todo, relações com o contexto e *stakeholders* etc.

Nos anos 1980, a arena política já era apresentada por Mintzberg (1985) como sendo ação política articulada entre a liderança organizacional. Essa ação política, segundo o autor, é essencial para gerar respostas ágeis e flexíveis para as demandas do contexto. Somente nos anos 2000 é que a arena política passa a ser discutida com maior profundidade (FERRIS; DAVIDSON; PERREWÉ, 2010; FERRIS; TREADWAY, 2012) e são pesquisadas as competências políticas necessárias aos líderes.

Em nossas pesquisas, conseguimos caracterizar as arenas políticas do nível tático e do nível estratégico. No nível tático, são construídos pactos entre os gestores sobre critérios para a distribuição de recursos escassos. A explicitação desses critérios oferece aos gestores mais segurança em seus relacionamentos, agiliza as decisões e a gestão do dia a dia. No nível estratégico, a arena política envolve as discussões sobre o futuro da organização, alianças estratégicas e a influência no contexto no qual se insere. Além disso, envolve a gestão da relação com todas as pessoas ou entidades que podem ter alguma relação ou influência sobre a organização.

Identificação de futuros gestores

Em nossa experiência, verificamos que os gestores que não se envolveram na arena política não foram bem-sucedidos em sua posição. O insucesso não foi causado por incapacidade técnica ou funcional da pessoa para tocar o seu dia a dia e, sim, porque a pessoa não valorizou a arena política. É necessário verificarmos se a pessoa tem vocação para atuar como gestor, combinando a liderança de sua equipe com a liderança de seus pares, chefes e parceiros internos e externos.

A identificação pode ser efetuada observando a pessoa no exercício de uma liderança informal em sua equipe de trabalho, no seu relacionamento com pessoas de outras equipes ou parceiros, no cuidado com outras pessoas na condução de trabalhos e projetos e no respeito à individualidade e à diversidade.

Algumas características facilitam a adaptação das pessoas à posição de gestão. Podemos destacar duas delas. Uma é a empatia, a capacidade de a pessoa se colocar no lugar das demais faz com que tenha maior facilidade para construir relacionamentos efetivos, e a outra é a flexibilidade.

A flexibilidade é essencial para viabilizar projetos comuns envolvendo as várias áreas da organização. A flexibilidade, muitas vezes, é difícil de se encontrar em pessoas muito técnicas ou sem visão sistêmica. A pessoa deve ser flexível sem renunciar à sua integridade. Esse exercício não é simples, pois, se a pessoa renunciar à sua integridade, perderá a sua coerência e a sua consistência. Ao mesmo tempo, deve verificar a necessidade de rever posições para viabilizar decisões, projetos e/ou ações.

Preparação de futuros gestores

É importante expor os futuros gestores à arena política para a qual estão sendo preparados. Desse modo, se estou preparando uma pessoa para atuar no nível tático, é importante apresentá-la para essa arena política. Como podemos fazer isso? Por meio de projetos que envolvam aspectos políticos ou por meio da delegação de atividades que demandem a circulação pela arena política.

Essa exposição é necessária porque muitas pessoas não intuem que exista uma arena na organização. Ao serem expostas, podem perceber que não gostam ou não estão preparadas para a posição. Em nossas pesquisas, verificamos que as pessoas veem o bônus da posição gerencial, mas não conseguem perceber o ônus.

Por meio da exposição à arena política, é possível verificar o quão pronta a pessoa está para a posição gerencial e as lacunas a serem preenchidas com treinamento e/ou orientação profissional.

O mesmo ocorre quando pensamos em pessoas para o nível estratégico. Nem sempre um gestor tático será um bom gestor estratégico. Tivemos a oportunidade de pesquisar várias experiências de exposição de gestores táticos à arena política do nível estratégico. Na maior parte dessas organizações, esses gestores coordenaram ou participaram de projetos estratégicos. Percebemos que a maior parte deles não tinha ideia do nível de pressão e exigência no nível estratégico. Alguns chegaram à conclusão de que não queriam assumir o ônus dessa posição.

Suporte ao gestor recém-empossado

Mesmo sendo preparada para a posição de gestor, ao assumir a posição, a pessoa tem um choque. Em nossas pesquisas, verificamos que um gestor tático tem de 60% a 70% do seu tempo absorvido pela arena política, desse modo, passa a deixar de fazer aquilo que amava fazer e terá de desenvolver novas habilidade.

Ao assumir a posição, entrará em uma nova rede de relacionamento, com exigências e uma etiqueta diferentes. Nesse contexto, estará sozinho e não é incomum a pessoa se sentir incompetente e viver uma leve depressão. A pessoa necessita de suporte.

Nesse momento, a pessoa ter a ajuda de pessoas mais experientes é de grande valia. Ao assumir uma posição de gestor tático ou estratégico, a pessoa perde seus interlocutores. Não pode discutir sua angústia com seus subordinados e sente-se constrangida em conversar sobre isso com sua chefia e com seus pares. A estruturação de um apoio é muito importante. Vimos experiências com resultados efetivos de ações simples, tais como indicar um par mais experiente como mentor, com quem é possível discutir as dificuldades que a pessoa está tendo, bem como ajuda a introduzi-la em uma nova rede de relacionamentos.

Processo sucessório

O processo sucessório estruturado vem se tornando uma necessidade em nossas organizações para identificar, preparar e apoiar os gestores táticos e estratégicos. Observamos no Brasil um crescimento muito intenso na primeira década dos anos 2000 e sua consolidação nos anos subsequentes.

No Brasil, mais de 80% dos processos sucessórios estruturados foram demandados pelos acionistas. Por essa razão, um dos seus principais propósitos é oferecer aos acionistas uma visão sobre o risco na sucessão de posições críticas para a organização e/ou negócio. Um aspecto importante do processo sucessório é o mapeamento dos potenciais sucessores para as posições críticas e o quão prontos estão.

Entretanto, o mapa sucessório é apenas uma fotografia da situação vivida pela organização. Para que o processo sucessório tenha vida, são necessárias ações gerenciais decorrentes. Essas ações podem ser classificadas nas seguintes categorias:

- mitigação dos riscos apontados pelo mapa sucessório;
- ações de desenvolvimento e retenção dos potenciais sucessores;
- avaliação da estratégia da gestão de pessoas para assegurar a efetividade do processo sucessório.

Mitigação dos riscos

Os riscos estão associados à ausência de potenciais sucessores para as posições críticas. Primeiro, é necessário esclarecermos o que é entendido como posição crítica. Normalmente, as organizações entendem como posição crítica:

- todas as posições do nível estratégico da organização;
- posições táticas e operacionais essenciais para a operação ou para projetos estratégicos da organização;
- posições cuja reposição é difícil por sua escassez no mercado ou pelo tempo necessário para formar os sucessores;
- posições que dependem do patrimônio de relacionamentos do ocupante.

Além da ausência de potenciais sucessores para a posição crítica da organização, outra análise é o risco de perder seus ocupantes. Isso ocorre quando há uma grande demanda por profissionais no seu setor de atuação ou a organização é uma referência em seu mercado e natural fornecedora de talentos.

Para mitigar os riscos, é importante identificar pessoas capazes de assumir posições de maior complexidade e prepará-las. Além disso, investigar no mercado de trabalho pessoas capazes de assumir as posições críticas com rapidez.

Desenvolvimento e retenção de potenciais sucessores

Recomendamos às organizações que haja transparência em relação aos potenciais sucessores. Não temos condições de dizer às pessoas para qual posição estão sendo preparadas, porque isso muda com muita rapidez, nem em quanto tempo a pessoa ocupará uma posição de maior complexidade. Podemos, entretanto, dizer às pessoas que estão sendo preparadas para posições de maior complexidade. Essa transparência oferece os seguintes aspectos positivos:

- a pessoa torna-se cúmplice do seu desenvolvimento e terá muito mais empenho;
- a pessoa sente-se valorizada pela organização contribuindo para o seu comprometimento e retenção;
- facilita o *feedback* e o monitoramento do processo de desenvolvimento;
- viabiliza a mobilização de uma rede interna e externa para apoiar o desenvolvimento da pessoa.

Ao mesmo tempo em que desenvolvemos o potencial sucessor, devemos empreender ações para sua retenção. Entre essas ações, cabe destacar as seguintes:

- padrão remuneratório – é importante que em suas faixas salariais estejam, o mais rápido possível, acima do ponto médio;
- expectativas profissionais – deve haver um monitoramento acerca das expectativas na relação com a organização e em relação ao seu desenvolvimento;
- efetividade das ações de desenvolvimento – acompanhar se as ações de desenvolvimento programadas estão surtindo o efeito desejado na perspectiva do potencial sucessor e de sua chefia imediata.

Estratégia da gestão de pessoas

O processo sucessório pode indicar fragilidades na estratégia de gestão de pessoas. Os principais indicadores são:

- ausência de um número adequado de potenciais sucessores prontos para assumir posições críticas;
- baixo nível de retenção de potenciais sucessores;
- falta de efetividade no desenvolvimento de potenciais sucessores.

A consequência da existência desses indicadores é que a reposição das posições críticas é feita com pessoas de fora da organização, gerando falta de credibilidade para o processo sucessório tanto para os acionistas quanto para os colaboradores.

A maior parte das organizações que apresentavam esses indicadores tinha como característica o fato de os gestores estratégicos invadirem o espaço de trabalho dos gestores táticos, não oferecendo condições concretas para que se desenvolvessem. O mesmo ocorria com os gestores táticos que invadiam o espaço das lideranças operacionais ou técnicas.

Considerações finais

A discussão sobre a liderança brasileira e seu desenvolvimento vem se estruturando nos últimos anos e já temos avanços importantes, mas estamos diante de um grande desafio: como preparar as nossas lideranças para um futuro de grandes transformações.

Os trabalhos mais recentes mostram uma relação entre o nível de satisfação das pessoas e sua produtividade com as características da liderança, além disso, mostram a importância da liderança no desenvolvimento da organização.

Alguns aspectos nas investigações sobre a liderança vêm ganhando mais atenção de pesquisadores, como, por exemplo, a dinâmica das arenas políticas da organização e o desenvolvimento de habilidades comportamentais e competências políticas da liderança.

Referências Bibliográficas

BASS, B. M.; BASS, R. *The Bass handbook of leadership*: Theory, research & managerial applications. New York: Free Press, 2008.

BHATIA, K. Leadership & leaders are on their way. What do we need to appreciate? *Journal of Leadership Studies*, v. 2, n. 2, p. 66-72, 1995.

DUTRA, J.; DUTRA, T.; DUTRA G. *Gestão de pessoas*: Realidade atual e desafios futuros: São Paulo: Atlas, 2017.

FERRIS, G. R.; DAVIDSON, S. L.; PERREWÉ, P. L. *Polical skills at work*. California: Davis Black, 2010.

FERRIS, G. R.; TREADWAY, D. C. Politics in organizations: Theory and research considerations. New York: Routledge, 2012.

GILMORE, T. N. Leadership and boundary management. *Journal of Applied Behavioural Science*. v. 18, n. 3, p. 343-356, 1982.

MINTZBERG, H. The organization as political arena. *Journal of Management Studies*, v. 22, n. 2, p. 133-154, 1985.

OSBORN, R. N.; HUNT, J. G.; JAUCH, L. R. *Organization theory*: An integrated approach. New York: Wiley, 1980.

PARRY, K. W. *Transformational leadership*: Developing an enterprising management culture. South Melbourne, Australia: Pitman Publishing, 1996.

TERRY, L. D. The leadership management distinction: the domination and displacement of mechanical and organismic theories. *Leadership Quarterly*, v. 6, n. 4, p. 515-527, 1995.

USEEM, M. *O momento de liderar*. São Paulo: Negócio, 1999.

______. *Liderando para o alto*. São Paulo: Negócio, 2002.

2.2 Retórica e realidade: Morin e as chaves na complexidade

Carlos Netto

Introdução

Na semana em que este capítulo foi escrito, o sociólogo e educador francês Edgar Morin celebrou 100 anos de vida. Movido pela sua ideia de que "o futuro é incerto, mas o nosso destino é comum", convido o leitor a celebrar esse contemporâneo que sabe, como poucos, traduzir com lucidez os desafios do tempo e espaço da nossa existência em "convivência". A pandemia do coronavírus mostrou efeitos evidentes da sociedade global interligada, pois, embora a quarentena tenha se mostrado essencial, o verdadeiro antídoto em situações de crise não está em "desglobalizar", erguer muros, e, sim, em investir na cooperação coletiva para prevenir e construir soluções em prol do bem coletivo. Ninguém se salva sozinho. A proteção vem do compartilhamento de saberes gerados na riqueza da nossa diversidade — ser com o outro, tornando as organizações vivas e pulsantes em sistemas de interconexão. A compreensão do humano, segundo Morin (2000, p.), é "conceber a unidade do múltiplo e a multiplicidade do uno". A singularidade de cada um é valorizada como elo na rede de conexões existente. As estruturas organizacionais, públicas ou privadas, não devem estar a serviço de submeter o sujeito, mas, sim, potencializá-lo por entender que, mesmo diante de toda a evolução tecnológica, é no ser humano que reside o manancial criativo. A ciência, como construção coletiva e transnacional, prevaleceu sobre forças retrógradas, fruto da cisão entre economia e defesa da vida. A conexão proposta entre a vivência pessoal e a construção do conhecimento individual e coletivo, evitando a fratura entre a retórica e a realidade percebida, nos remete ao poeta Fernando Pessoa: "Tudo que, em mim, pensa, sente". A retórica anticiência foi confrontada pelos fatos presentes nas vivências humanas, como notado nos efeitos das vacinas. O espaço social, como o ambiente organizacional, é palco do cruzamento entre aquilo que nos dizem e o que sentimos ao viver uma dada realidade. Discursos serão testados pela vivência individual e coletiva.

A ideia da identidade única ainda persiste em parte das organizações como ideal mais ilusório do que real. Retórica desprovida de lastro com a realidade. Pretensa unidade artificial que vê a diferença, o contraditório e os argumentos como ameaça. Ainda se fazem presentes, em diversos níveis, forças de controles administrativos que restringem o espaço para práticas de interação entre os colaboradores (LEGGE, 2005). A crítica que busca reorganizar o espaço da produção e aperfeiçoar processos, elaborada pelos colaboradores em diversos níveis na vida organizacional, contribuindo para a melhoria da *performance* e da qualidade do serviço prestado, nem sempre é uma gramática valorizada no mundo real. Organizações são organismos vivos formados por seres que se movem de forma dinâmica por meio do pensar e agir. Não há, por exemplo, uma cultura única dentro de uma organização, mas múltiplas culturas que interagem e devem se mostrar capazes de aprender umas com as outras, conjugar objetivos comuns e testar repertórios para além da autoridade lastreada na hierarquia (NETTO, 2018).

A educação centrada na condição humana, conhecendo-a, entende o sujeito como um ser integral, que deve ser compreendido como singular e múltiplo na construção dos saberes (MORIN, 2000). A educação corporativa, por sua vez, deve oferecer possibilidades a partir das experiências dos seus colaboradores, na oferta de conteúdos customizados, nos quais o educando tem voz ativa na relação do uno com o todo, sendo capaz de elaborar e compartilhar soluções (CASTRO; EBOLI, 2013). Pelo trabalho, reorganizamos o mundo. A educação corporativa é um espaço privilegiado para tal. Eis o nosso caminho aqui.

O incorporar da complexidade como sinal de uma organização saudável

Não há, para Morin, saber sem o lastro da vivência construída no diálogo entre o que há dentro e fora de nós mesmos. São saberes e experiências distintas, de múltiplos sujeitos, mas conscientes do desafio de participarem, um com o outro, de projetos comuns. Vivemos, segundo ele, imersos na complexidade, essa estrutura ideativa, com sentimentos intervinculados, que influenciam a cultura e o comportamento humano. Complexidade vem do latim *complexus*, do verbo *complector, complecti*, que significa cercar, compreender, abraçar, abarcar com as mãos, tornar-se, abranger com sabedoria. *Complector* vem de *com* e *plecto,* quer dizer enlaçar, entrelaçar, tecer, ligar. Entender a complexidade na diversidade, entre o plural, é estimular a sabedoria que dela deriva.

Quanto melhores os níveis de intercâmbio entre os atores presentes na organização e o fluxo de informações produzido por eles na aquisição de conhecimentos, mais aparelhado o sujeito estará para encontrar rumos e sentidos no ambiente instável e incerto que marca os tempos atuais (NETTO, 2018). De forma ímpar na história humana, agimos em rede, interconectados e assim produzimos (CASTELLS, 1999). Ou, como nos advertiu Hegel (2008), "ninguém muda nada sozinho. Mudamos em coletividade".

Na teia das relações humanas, presente nas organizações, retórica institucional e realidade percebida pelos colaboradores não podem estar fraturadas, cindidas entre si. A educação corporativa pode ser um umbral para potencializar ou, ao contrário, limitar a tentativa humana de comunicar o sentimento, o conhecimento a respeito de algo ou ainda a porção da verdade necessária ao ofício a que nos dedicamos, com algum sentido, no mundo do trabalho. Isso porque o ser humano é construtor de si mesmo. A educação cumpre o papel de auxiliá-lo reflexivamente nessa trajetória embarcada na subjetividade e na condição que possui de construir valor social por meio do seu ofício, do significado que é capaz de tecer para aquilo que realiza. Ele pensa e sente o que faz. A educação que não desenvolve nem estimula a crítica apresentará um inventário muito pobre da realidade, assim como de suas possibilidades de transformação e transcendência. É preciso entender que a vida profissional não é feita somente dos "ossos do ofício". Mas também de encontros, descobertas, disposição para compreender e encontrar caminhos, soluções e possibilidades de forma partilhada. Assim propõe a prática pedagógica de Morin, que vê o sujeito de forma integral, incorporando tais experiências, além dos muros da empresa, em seus conteúdos. O plano de desenvolvimento de competências vai muito além dos conteúdos oferecidos pela plataforma de educação corporativa. No entanto, é missão dela auxiliar nas sinapses, na leitura da realidade e ser capaz de ver na experiência vivida não uma crise, mas uma possibilidade de transformação crítica da realidade vivida.

O ser humano é constituído da capacidade de se relacionar com a realidade, não de forma determinista e passiva, mas ativa e transformadora. Eis a proposta de Morin (2021, p. 96), "dar vida ao fragmento mais ínfimo que seja e oferecer o que há de mais interior, na subjetividade, nessa antroposfera comum, ou seja, aquela que me liga ao destino da humanidade". Assim, entender que fazemos parte desse encontro, dentro e fora de nós, "do insondável, inacabado, dessa realidade tão intensamente tecida em sonho, dor, alegria e incertezas, que está em nós como estamos nele...". É possível ver, nas ideias de Morin, a organização como parte dessa antroposfera enriquecida pela produção de cada sujeito em contato com o outro.

Tanto a Universidade Corporativa Banco do Brasil (Unibb), uma das mais conceituadas Universidades Corporativas do mundo, como a Organização das Nações Unidas para a Educação, a Ciência e a Cultura (UNESCO) e suas políticas educacionais encontram no pensamento de Morin seu referencial teórico no desafio de unir teoria e prática. Faz todo o sentido. Qual o referencial teórico da Universidade Corporativa da sua organização? Já pensou nisso? Ela precisa estar fundamentada em bases que indiquem, de forma clara, caminhos na forma de fazer algo. Por exemplo, a ênfase na experiência imediata dos sujeitos, nos seus saberes e formas de construir conhecimento aplicável envolve métodos. A captação de suas vivências pode ser potencializada ou ignorada. O que eu vivo, sinto, penso, desejo etc. se expressa ou não na forma como produzimos no mundo do trabalho? Vive-se um tempo em que não se perde o espírito, mas o encontramos e fazemos dele a força empreendedora vital. A construção de sentidos e significados deve ser estimulada como caminho essencial na construção de trajetórias no mundo do trabalho. Há cursos corporativos focados no produto. No entanto, não se pode deixar de lado o valor social do produto, qual o impacto que ele causa na vida de alguém e o significado disso. Cada profissional terá uma vivência distinta na relação com o cliente e isso deve ser estimulado como narrativa capaz de construir sentido e valor social.

Segundo Morin (2000), não existe coincidência entre o pensamento e a maneira de viver. Pensamento e vida precisam estar unidos como exercício reflexivo contínuo, dando sentido à trajetória de vida entre passado, presente e futuro. A educação tem o desafio de auxiliar na compreensão sobre o quanto o mundo de amanhã não será o mesmo de ontem e de hoje. Tudo está em movimento. Tempo e espaço pulsam continuamente e o sujeito não está suspenso no ar. O risco da obsolescência é real, onde práticas demandam mudanças para nossa própria sobrevivência, seja no plano individual profissional, seja no coletivo organizacional. Ao mesmo tempo, o profissional que somos hoje paga tributo ao que fomos ontem. A visão de uma trajetória contínua de desenvolvimento é a consciência da natureza lúcida do próprio ser diante do seu ofício e das competências necessárias. Nada é estanque. Surpreende-me os tempos elásticos que se tornam obsoletos, de revisão dos mapeamentos de competências, nas organizações, como prática de Gestão de Pessoas. É um dos vários sinais que podem ser utilizados para avaliar o nível de retórica, distante da realidade, quando dizemos que a Gestão de Pessoas é, de fato, estratégica.

Quanto mais um ser é, com consciência de si, mais aberto estará ao futuro. Isso vale também no plano das organizações. O ser humano vive no tempo e espaço, com eles dialoga como produção da sua vivência. Por exemplo, este texto que escrevo está imerso em palavras que já conheço, mas isto em nada reduz a novidade que a criação aqui presente revela para mim, assim como nos significados e nas interpretações que o leitor produzirá. Quem sabe gerando estímulos para novas práticas nas organizações, como é o desejo deste livro. O próximo parágrafo oferece um importante caminho para reduzir distâncias entre a retórica da alta direção e a realidade percebida pelos colaboradores.

Entre as várias frentes da educação corporativa está o desafio de fazer o conhecimento circular do topo até a base, e da base ao topo. Você está aqui, lendo e refletindo sobre este texto, porque o sangue circula pelo seu corpo. Ele se movimenta dos pés à cabeça, e da cabeça aos pés. Isso nos dá vida. No ambiente do trabalho, o conhecimento é o sangue que pulsa na organização, irrigando-a como condição para sua sustentação vital. A informação e o conhecimento precisam circular com desenvoltura entre os saberes construídos nos espaços ocupados por cada um de seus colaboradores. A educação corporativa deve promover esses encontros de olhares e realidades distintas, mas capazes de gerar conhecimento coletivo, reduzir distâncias e aquecer a fogueira cultural em que a "tribo" se reúne. As organizações são organismos vivos formados por seres que se movimentam de forma dinâmica por meio do pensar e agir (NETTO, 2018).

Foi o que fez, por exemplo, uma caixa executiva de uma pequena cidade do interior da Bahia dizer, diante da alta direção de uma das maiores instituições financeiras do Brasil, que lá, onde trabalhava, ela era a Mara, seu primeiro nome, e o segundo nome era, para os habitantes, a marca da empresa. Mara diz muito sobre a marca onde trabalha e a marca diz muito sobre ela. O primeiro (ser humano) é determinante em relação ao segundo (marca/organização). Por onde a Mara andasse, lá estaria também a marca da organização e o significado do seu trabalho. Assim ela era conhecida na comunidade. No supermercado, na padaria ou na igreja, ela levava o seu ofício de atendente na instituição financeira como parte significativa da sua identidade. "Lá não é possível se esconder. É preciso atender bem. Todos me conhecem. O que eu faço na empresa, na agência bancária, tem uma visibilidade muito além da porta giratória", disse. Isso é tomada de consciência, reverberada pela educação corporativa capaz de colocar em contato diferentes funções, em suas vivências e saberes. O CEO (*Chief Executive Officer*) e a caixa da instituição financeira são educadores-educandos entre si e diante da rede de colaboradores. Precisam, ambos, desses espaços frente a frente. Narrativa compartilhada. Insumo vital para uma retórica articulada, bem fundamentada, testada na experiência do outro, que não pode estar descolada da realidade. Cada um expressando e fazendo contato com a vivência do outro dentro de uma perspectiva coletiva de crítica e construção de saberes. Educação corporativa que não provoca esses encontros perde a noção do quanto as experiências humanas se tornaram determinantes na consciência que os homens têm da própria existência e razão de ser no trabalho.

O trabalho é o ser em movimento

Tal qual o rio de Heráclito, filósofo do século V a.C., marcante na obra de Morin, "tudo flui". O ser humano e a natureza estão em constante devir. Não se trata apenas da impossibilidade de atravessarmos duas vezes o mesmo rio, como escreveu o filósofo grego. Somos rio com o rio. Afinal, seres humanos são mais do que pele e ossos. Somos nossos projetos de vida, vivências, lembranças, memórias e criações. Pobre da educação corporativa que não transita nesse rico território da subjetividade, explorando as vivências dos colaboradores. Narrativas organizam trajetórias e, com elas, processos, produtos e serviços. Façamos aqui um exercício: experimente pedir, numa seleção técnico-comportamental, para o colaborador narrar momentos em que fez a diferença na construção de uma solução. O que teremos? A plataforma de educação corporativa deve ser espaço privilegiado para a consciência narrativa, da própria trajetória e sistemas de interação. Por experiência própria digo que, por vezes, o candidato de um processo de seleção interno nunca havia sido confrontado com a pergunta nos ambientes formais da educação corporativa. Se o ser humano é integral, como defende Morin, as ferramentas em Gestão de Pessoas não podem estar fragmentadas e não se comunicarem entre si. *Designs* organizacionais que não se compreendem de forma integral, articulando as partes, terão dificuldade em reconhecer o ser humano em sua integralidade. A estrutura diz muito sobre nós. E nós reproduzimos muito aquilo que a estrutura é. Ainda temos muitas "caixas dentro das organizações". Com o cadeado fechado na autoridade do gestor como demonstração de poder. Morin nos ensina a abrir isso.

Morin nasceu durante a Gripe Espanhola, em 1921, em período marcado por uma pandemia, e, cem anos depois, publica, em 2021, o livro *É Hora de Mudarmos de Via: as Lições do Coronavírus*. Sua leitura é a mais viva expressão da teoria que defende a necessária integração entre o pensamento e a trajetória de vida, onde as narrativas possuem valor como construção do conhecimento. Segundo Morin (2021, p. 22), "o futuro imprevisível está sempre em gestação". O tempo vivido constrói experiências que "sejam para a regeneração da política e humanização da sociedade". Ou ainda, "tudo que não regenera, degenera".

A educação mostra-se estratégica quando desperta o exercício reflexivo de reorganização constante, baseada nas vivências do sujeito. Por exemplo, o que esse tempo de isolamento social, provocado pela pandemia do coronavírus, revelou sobre a natureza das relações sociais dentro das organizações? Adaptabilidade e inventividade darão rumos reformadores a novos processos de trabalho? Como a educação corporativa tem trabalhado vivências tão significativas nesse período, incorporando ambiguidades, instabilidades, superações e a versatilidade humana? Ou seja, a incorporação, como saber construído, do mundo real e complexo vivido na pandemia pelos seus diferentes atores. O que muda? Ou ficamos do mesmo jeito? Somos testemunho e confissão. As filosofias das engrenagens, mecânicas, esvaziam os seres, nas matrículas sem nome, peças sem destino e sem história, onde tudo o que emerge é impessoalidade. E a criatividade sucumbe à tradição.

Em *Reinventar a Educação: Abrir Caminhos para a Metamorfose da Humanidade* (MORIN; DIAZ, 2016), em cada parágrafo, anuncia um universo, na relação homem e natureza, em contínuo movimento, sempre em ebulição. "Prefiro ser essa metamorfose ambulante", como cantou Raul Seixas, deve ser bem compreendida como exercício vital na construção do conhecimento. "Eu prefiro ser" é um estado de consciência, escolha, estimulada pela educação. Tudo está em movimento, como essa "metamorfose ambulante". Queiramos ou não, toda natureza está em constante transformação. Nenhuma leitura interpretativa e transformadora da realidade surge do acaso. Ela surge em nós, estimulada pela educação capaz de tornar o olhar mais apurado ao movimento da vida. Nosso filtro e prisma daquilo que projetamos por meio do nosso olhar. Vida que flui dentro e fora de nós, onde tudo afeta nossa capacidade de visão e nos constitui.

Lembro quando todos os diretores de uma instituição financeira passaram uma semana trabalhando nas agências bancárias, na linha de frente do atendimento junto ao cliente. Apesar de todo o arsenal da automação bancária, nada substitui vivenciar uma realidade que padece nos efeitos, por vezes, erráticos das decisões tomadas em salas confortáveis, onde *powerpoints* projetam situações e números bem distintos da realidade. Por que os saberes compartilhados na educação corporativa, em cada espaço educacional, não alcançam essas esferas da alta direção? Quando os diretores passaram uma semana em agências, cujo destino foi sorteado em localidades do Oiapoque ao Chuí, a realidade emergiu com a força da vivência. Aprendizado singular. Uma educação corporativa corajosa pode ser, com métodos adequados, o auxílio para realidades que precisam ser mais compreendidas do que explicadas.

Ser pontífice: a dimensão transformadora do trabalho

Morin (2000, p. 61) defende uma concepção da vida e do conhecimento como permanente exercício em que o saber está profundamente atrelado às razões de ser da existência. Ensinar é ato político do viver. Segundo ele, "o ser humano não é completamente prisioneiro do real imediato, onde a criação brota da união entre as profundezas obscuras psicoafetivas e a chama viva da consciência". Isso significa que as experiências da subjetividade foram se tornando mais determinantes da consciência que os sujeitos têm de suas potencialidades. São elas que têm a capacidade de transcender, romper paradigmas e exercer a liberdade de criar. Há, sim, boas notícias que emergem desses novos tempos, em que a autonomia ganha força e é gênese do agir empreendedor. As possibilidades são imensas.

Como imagem vivencial dessa dimensão criadora do ser humano, que dá sentido ao trabalho como condição transformadora da realidade, Jorge Mario Bergoglio (2014) — o Papa Francisco — nos alerta sobre o significado da palavra "pontífice" (em latim, *pontifex*). A palavra denomina aquele que "constrói pontes". Inicialmente usada para designar bispos notáveis, a palavra passa a ser utilizada, na esfera religiosa, para o poder exercido pelo Papa, como o "Sumo Pontífice", de celebrar a ligação entre o "Reino de Deus" e o "Reino dos Homens". No entanto — e isso é o que nos interessa aqui no presente capítulo —, Bergoglio (2014) amplia a dimensão e o sentido original da palavra, independentemente do aspecto confessional ou religioso, ao afirmar que todos nós temos a missão de sermos pontífices na "construção das pontes entre o mundo das ideias (subjetividade) e o mundo material (objeto)", com o objetivo de transformá-lo para melhor. Isso é uma das mais lúcidas definições que já li para o sentido do trabalho: capacidade transformadora, construir pontes entre as ideias e sua implementação. A educação corporativa deve oferecer os instrumentais para tal. Segundo Figueiredo (2008, p. 43),"o trabalho por um lado exige e por outro testa a nossa capacidade de formar ideias que orientarão a fabricação de instrumentos e a codificação de técnicas produtivas". Na verdade, o trabalho é a forma mais poderosa de os seres vivos darem sentido social para aquilo que criam.

Há quem viva apenas na esfera das ideias, com dificuldade de implementar aquilo que idealiza. Mostram-se frágeis na implementação de ideias, com deficiências em sua capacidade de execução. E lá se perdem. Há, por outro lado, quem não se mostra capaz de desenvolver ideias que permitam aperfeiçoar algo, superar velhas formas de fazer. Fazem as coisas do mesmo jeito como ensinaram, sem qualquer crítica capaz de promover melhorias e ganhos de eficiência. Vida laboral destituída de horizontes. Tanto um, quanto o outro, pouco contribuem para geração de valor. A capacidade criativa, estimulada pela vivência, mostra a ponte que liga esses dois mundos — subjetividade (ideia) e matéria (objeto) — na realização da *tekhnè*, como definiam os gregos: a capacidade de desenvolver "a melhor forma de fazer algo". Nesse sentido, cabe observar que a organização, seja ela de que porte for, tradicional ou *startup*, é parte da nossa existência e senso de realização. Implica a construção de conhecimentos, a partir das vivências provocadas pela leitura da realidade. Realidade que nos convoca: e você? Que contribuições é capaz de oferecer? Tal qual a esfinge grega de Tebas: decifra-me ou te devoro.

Trabalho envolve não apenas o caráter material da produção, mas sobretudo a expressão da nossa identidade e construção de sentidos em relação ao que produzimos. As organizações podem — e devem — servir à liberdade criativa, de potencialização da missão de ser pontífice, como defende Bergoglio (2014). Promover uma educação lastreada na experiência humana de idealizar e realizar. Quanto maior a consciência do sujeito dessa sua condição e potencialidade de transformação do objeto, com reflexos na vida humana, maior será sua crítica ao discurso institucional divorciado da realidade. Nossa potência criadora frequenta o mesmo ambiente da capacidade crítica. Pobre da educação corporativa que não compreende isso. Ao leitor, desejo que não se esqueça, ao longo da sua jornada profissional, da afirmação das duas frases anteriores.

O trabalho é, portanto, terreno privilegiado para expansão do ser. Todo o território torna-se pequeno quando o ser se expande. Somos seres essencialmente nômades. É preciso transcender, fazer melhor, construir novas formas lastreadas pela criação que nasce das nossas vivências. Trabalhar é desenvolver a confiança naquilo que carregamos dentro de nós. A educação cumpre a dimensão de consciência e potencialização dessa dinâmica. Se o filósofo e psicanalista francês Daniel Sibony defende que "a arte é o ser em movimento", também é possível dizer, a partir do pensamento de Morin, o quanto o trabalho "é o ser em movimento". Pelo trabalho, o sujeito expressa sua existência, desvendando o mundo que o envolve. Como a vida é sempre um vir a ser, articulando o que é ao que será (a realidade instalada e aquela que será transformada), vivemos na complexidade e ambiguidade de uma instabilidade ontológica de quem está sempre a desvendar algo novo. A educação, portanto, nos mostra que, se não consigo enxergar esse estado de vir a ser, haverá maior dificuldade em ser.

O escritor Miguel de Cervantes, em *Dom Quixote*, define bem os desafios da natureza humana: "Sei quem eu sou. Sei quem eu posso ser, se desejar". Trata-se do estado de autoconsciência que o ser tem de si — "quem eu sou". Da visão de suas potencialidades — "quem eu posso ser". Por fim, a compreensão de que o movimento de desenvolvimento pessoal não cai dos céus, envolve o querer e a busca contínua de aperfeiçoamento — "se desejar". É fruto de uma decisão e investimento pessoal, suor diligente. Apesar de imperativo no mercado de trabalho, o desenvolvimento pessoal sempre será resultado de nossas escolhas — vida nossa. Da primeira palavra neste capítulo até este presente parágrafo, ao leitor toda a autoridade para continuar a leitura e interpretá-la. Sempre escolhemos. Saibamos disso.

A educação corporativa alimenta esse mover humano, ao trazer a consciência do quanto não se deve fraturar aquilo que somos daquilo que fazemos. Vida e obra caminham juntas, com todas as contradições, certezas, temores, realizações e desafios. Vivemos a grande insônia de sonhar o mundo por meio do nosso trabalho. Seres inquietos, que buscam superar limites, construir sua autonomia e provocar a vida. Para Morin (2015), o papel da educação é desenvolver no sujeito a capacidade de se confrontar, de forma crítica, com o seu destino, tornando-se capaz de fazer florescer sua capacidade criativa e empreendedora. O sujeito é um agente ativo que pensa aquilo que faz. O medo da mudança, outrora quase universal, deu lugar ao medo da estagnação. A palavra inovação, por exemplo, tornou-se o caminho. A condição cognitiva mudou.

O trabalho se apresenta essencialmente como uma ação reflexiva. As organizações passaram a entender a si mesmas, ao menos em tese, como resultado de um conhecimento que necessita ser socialmente construído de forma reflexiva entre os seus colaboradores.

Conclusão

Morin nos provoca a refletir em que níveis a ênfase no quantitativo e mercadológico, frente ao humano, pode afastar o sujeito da sua condição crítica capaz de afetar positivamente sua criatividade. O filósofo Immanuel Kant, no século XVIII, já nos alertava sobre a necessária passagem, com o desenvolvimento das manufaturas, do "ser humano orbitando em torno do objeto" para o "objeto orbitando em torno do ser humano". Ou seja, o ser humano está no centro, na razão de ser de todas as coisas. A ênfase na meta por resultados em detrimento do significado e valor social do trabalho é um dos riscos de um sistema que se corrompe. A meta é parte relevante de toda organização que busca resultados, mas não deve fazer dela um fim em si mesma. O resultado — expresso nos indicadores de *performance* — será consequência da forma como o sujeito compreende o quanto o seu trabalho pode transformar, para melhor, a vida de alguém. Por exemplo, um seguro de vida (produto) que, na morte de um pai de família, ajuda a pagar a faculdade do filho (valor social). Ou ainda, um crédito imobiliário (produto) que permite realizar o sonho da casa própria (valor social). Em ambos os casos deve haver metas na *performance* de um produto, mas isso não pode se sobrepor à ênfase na constituição da consciência sobre o valor e significado social do trabalho. A educação opera na frequência da escala de valores humanos, em que o valor social do trabalho e as metas estão nos seus devidos lugares. Conhecer mais a meta do que o valor social de um produto não é virtude. Ou é? Morin nos ajuda na pergunta e resposta.

A educação cumpre uma função social e cívica na concepção de cidadania. Infelizmente, o tema "trabalho" não se faz presente nos currículos escolares. Educação distante da vida. Empresas gastam bilhões em educação corporativa para minimizar os prejuízos da ausência do tema "trabalho" no currículo escolar. Merece destaque o tema trabalho no ensino fundamental, no período de formação da personalidade. Enquanto isso, são apresentados conteúdos que serão úteis para aprovação em determinado teste ou prova nas disciplinas, mas que irão para o lixo da memória com o tempo. Já o trabalho, tema que levaremos conosco ao longo da nossa existência, não é tratado, na educação, em seus aspectos sociais e de realização humana. Morin nos alerta quanto ao prejuízo de uma educação descasada da vivência humana. A educação corporativa não tem o direito de cometer os mesmos erros. Impossível deixar de tratar o trabalho, mas a questão é como o fará: despersonalizando o sujeito ou entendendo o seu protagonismo naquilo que realiza, capaz de entender que ele possui saberes que precisam ser compreendidos?

Legge (2005) destaca que as organizações podem até não promover formas estruturadas de ambientes reflexivos, como ação estratégica na construção de soluções, mas seus colaboradores o fazem individualmente e coletivamente por meio das trocas informais que estabelecem entre si no ambiente de trabalho. A potencialização do conhecimento produzido, em que a educação corporativa é um instrumental estratégico, estará vinculada ao conhecimento que os colaboradores são capazes de desenvolver sobre si mesmos. A fratura entre aquilo que a alta direção comunica e a realidade vivida pelos colaboradores é vital, diante de uma sociedade cada vez menos governada pela coação, pela rotina e pela tradição da hierarquia verticalizada. Decisões são tomadas cada vez mais *just in time*, embasadas por razões, de natureza vivencial e reflexiva, que sustentam a forma como a organização se apresenta ao cliente e a maneira como o colaborador se compreende como sujeito.

Se Legge (2005) nos adverte para o papel estratégico da Gestão de Pessoas, evitando distâncias entre a retórica e a realidade, Morin (2015) nos pergunta o que entendemos, de fato, como conhecimento, e se temos clareza da dimensão e amplitude da prática educacional na vivência humana. Para ambos, não deve haver fratura entre aquilo que o sujeito é e a forma como trata o trabalho como prática de vida. A identidade do sujeito é constituída pelas referências de vida que constrói. A educação estimula tal consciência, a partir das vivências nos significados expressos nas narrativas e trajetória do sujeito, em que sua capacidade produtiva e realizações devem ser fazer presentes e valorizadas.

Os avanços tecnológicos comportam novas formas de interação profissional, como a expansão do EaD. A reconfiguração de situações laborais gera novas demandas de aprendizagens e conteúdo, nas quais o educando exerce papel cada vez mais relevante como protagonista na escolha daquilo que consome e como construtor de conteúdo, compartilhando o seu saber.

Pelos motivos apresentados nas primeiras linhas da introdução, no centenário de vida de Morin, este é um texto escrito com afeto. A palavra é formada por *ad*, prefixo usado para significar "junto a", "em direção a". E *facere*, cujo significado é "fazer", "levar a efeito", "exercer" e "criar". Palavras, frases e parágrafos foram inspirados pelas ideias de Edgar Morin. E qual o objetivo? Criar, pois seu pensamento é instigante. O poeta Carlos Drummond referindo-se às palavras nos diz: "Cada uma tem mil faces secretas sob a face neutra e te pergunta, sem interesse pela resposta, pobre ou terrível, que lhe deres: trouxeste a chave?"

Sim, Morin nos trouxe chaves. Quais os referenciais da Universidade Corporativa da sua organização? Entre retórica e realidade... exercício reflexivo que exige coragem crítica.

Referências Bibliográficas

BERGOGLIO, J. M. *Papa Francisco*: Imágenes y pensamientos para el alma. Barcelona: Livraria Universitaria, 2014.

CASTELLS, M. *A era da informação*: economia, sociedade e cultura. São Paulo: Paz e Terra. 1999. *A Sociedade em Rede*, v.1.

CASTRO, C. de M.; EBOLI, M. Universidade corporativa: gênese e questões críticas rumo à maturidade. *Revista de Administração de Empresas (RAE)*, FGV-EASP, São Paulo. v. 53, n. 4, p. 408-413, jul.-ago. 2013.

FIGUEIREDO, L. C. M. *Matrizes do pensamento psicológico*. Petrópolis: Vozes, 2008.

HEGEL, G.W.F. *Fenomenologia do espírito*. Petrópolis: Vozes, 2008.

LEGGE, K. *Rhetorics and realities*. Anniversary Edition. London: Palgrave Macmillan, 2005.

MORIN, E. *Os sete saberes necessários à educação do futuro*. São Paulo: Cortez, 2000.

______. Introdução ao pensamento complexo. 5. ed. São Paulo: Cortez, 2015.

MORIN, Edgar. É hora de mudarmos de via: Lições do coronavírus. Rio de Janeiro: Bertrand Brasil, 2021.

MORIN, E.; DIAZ, C. J. D. *Reinventar a educação*: Abrir caminhos para a metamorfose da humanidade. São Paulo: Palas Athena, 2016.

NETTO, C. A. A. Comunicação e engajamento. In: NASSAR, P.; SANTOS, H.; NAKASONE, A. *50 anos Aberje*: Ensaios e memórias. São Paulo: Aberje, 2018.

2.3 Teletrabalho no pós-pandemia: a fusão de gestão de conhecimento com educação corporativa

Paulo Yazigi Sabbag

A pandemia não é um fenômeno que se esgota em si mesmo — uma página virada — por seus impactos duradouros não apenas para a saúde. Vivemos na Sociedade do Conhecimento, padrão de organização social e tecnologia que evidencia como a pandemia da Covid-19 foi enfrentada, acelerando transformações, em particular no ambiente de trabalho e no ambiente educacional.

Introdução – Sociedade do Conhecimento

A partir dos anos 1960, as principais nações do mundo ingressaram na Sociedade do Conhecimento. Evidência disso foi a mudança da ocupação da força de trabalho: a maioria da população ativa passou a trabalhar no setor de serviços. Até então, a maioria dos empregos em serviços envolvia comércio. Contudo, outras ocupações justificam o forte crescimento desse setor: jornalistas, escritores, professores, consultores e especialistas em tecnologia — profissionais de elevada escolaridade com ênfase em conhecimentos tomando assento no mercado de trabalho. Hoje, a população ativa ocupada em serviços no Brasil representa 65% do total, com menos empregados no comércio físico desde a criação do comércio eletrônico. A proporção de camponeses e operários continua a diminuir, como ocorre em todo o mundo.

Já se vislumbrava que o mundo globalizado e superpopulado traria problemas em escala planetária, para os quais antigas soluções seriam ineficazes. A pandemia da Covid-19 surpreendeu a todos pela velocidade e gravidade da contaminação, demandando respostas decisivas por nações, organizações e indivíduos, simultaneamente. Como veremos, o padrão de respostas à pandemia reforça que vivemos na Sociedade do Conhecimento: o trabalho fora dos escritórios e a civilidade ausente nas ruas.

Essa sociedade é mais individualista que as sociedades Industrial e Agrária que a precederam. Nos anos 1990, Faith Popcorn (1999) revelou a tendência de *viver em casulos (cocooning)*. Se na época isso chocou a muitos, na pandemia vivemos o severo isolamento social dos que acolheram as orientações da Organização Mundial da Saúde. Da mesma época, a tendência do *marketing one-to-one*, do relacionamento individualizado, se impôs em sua plenitude na pandemia. A inibição de movimentos sociais durante a pandemia mostra outra faceta da sociedade atual: a ênfase no individual em detrimento dos coletivos. O sociólogo do trabalho Domenico de Masi (1999) apontou para o significativo desemprego estrutural das pessoas com baixa escolaridade, enquanto valorizava o trabalho criativo: aquele que não seria substituído por computadores e robôs. Esse desemprego vem ocorrendo desde a pandemia.

Transformação precipitada

Economias e empresas fossilizadas ou com frágil saúde financeira foram devastadas durante a pandemia, sobretudo no setor de serviços, que requer alto contato e relacionamento. Indivíduos no início e no final de carreira foram severamente atingidos pelo encolhimento do mercado de trabalho. Perdeu espaço e vitalidade a parcela de comércio físico relutante em aderir ao digital. Consequências dramáticas, ampliadas pela crise econômica que se segue.

Para nosso assombro, os sistemas de saúde muitas vezes entraram em colapso, seja pela demanda excessiva, seja pela falta de leitos de UTI, de respiradores e de medicamentos. A pandemia deixou um rastro de luto em todas as famílias. Contudo, a rapidez com que as vacinas foram pesquisadas, produzidas e distribuídas interrompeu esse colapso e as mortes.

O mais relevante atributo da Sociedade do Conhecimento é a aceleração da produção de conhecimentos, que sem adequada proteção se difunde ao redor do planeta. Para enfrentar a pandemia, a *inovação aberta* se estabeleceu: colaboração altruísta entre organizações. Na produção de vacinas, a Universidade de Oxford se uniu à farmacêutica Astrazeneca e fizeram aliança com a Fiocruz; a alemã Biontech se aliou à norte-americana Pfizer; o governo chinês abriu mão de patentes, permitindo a transferência de conhecimentos, por exemplo, ao Instituto Butantan. Para reduzir o desconhecimento e amparar políticas públicas, houve rápida e farta divulgação de pesquisas científicas e do mapeamento internacional de contaminados. Como não se sabia de antemão a eficácia das vacinas pioneiras, os países ricos adquiriram quantidades exageradas delas para depois doar o excesso a países pobres, reforçando a premissa de que um problema global só se resolve globalmente.

A aceleração da tecnologia permitiu que organizações se adaptassem de imediato ao isolamento social, adotando o teletrabalho (*home office*) sempre que possível. Em poucos meses de pandemia, vários aplicativos para trabalho colaborativo eram populares. A presença física não era indispensável. Antes da pandemia, gestores funcionais e de projeto já consumiam em média seis horas por dia em reuniões, e trabalhavam nove horas diárias. Na pandemia, frequentes e demoradas reuniões a distância ocorreram, com entra e sai de participantes. No início, os gestores tentavam participar para exercer seu típico papel de incentivo e controle, mas logo perceberam que eram sessões operacionais que dispensavam sua presença. Também eles foram tragados por reuniões a distância com seus pares e comitês. O trabalho de escritório na pandemia mostrou-se tão ou mais produtivo que o precedente, e as pessoas dedicaram mais que o horário de expediente definido na CLT, paradigma da Sociedade Industrial.

Situação oposta ocorreu no ecossistema escolar, que ainda não havia passado pela revolução da sociedade digital. Muito sofreu para implantar a tele-educação, com resultados duvidosos no ensino fundamental. A pedagogia tradicional foi posta à prova, e falhou.

O ecossistema das cidades foi alterado: o trânsito minguou pela proibição de circulação e aglomerações; a digitalização do comércio e dos serviços públicos foi consolidada. Sem contar a evolução rápida e eficaz do cuidado com a saúde. Imagine como foi diferente o enfrentamento da pandemia da gripe espanhola há um século!

A relevância do cuidar somou-se ao trabalhar, em todas as dimensões: governo, organizações e famílias. A Sociedade do Conhecimento não se define apenas pela tecnologia, mas pelo estilo de vida, pela mentalidade e pelo padrão cultural. Mudanças impostas pela necessidade, apesar de justificáveis, ampliaram a resistência a mudanças sobretudo para indivíduos de baixa resiliência, de menor adaptabilidade. A resiliência de todos foi posta à prova. Toda pandemia é um forte estressor. O impacto emocional dela abalou o *lifelong learning* e a aprendizagem informal, ineficaz durante crises.

O economista Alvin Toffler (1980) anteviu que essa "terceira onda" (que aqui denomino Sociedade do Conhecimento), em movimento pendular, guardaria afinidades com a primeira onda, a da Sociedade Agrária. De fato, o teletrabalho resgatou o balanço da vida profissional com a vida familiar e o reencontro com a natureza, o que faz muitos desejarem a manutenção dele pós-pandemia. Com o teletrabalho, a organização se virtualizou: tornou-se um ecossistema complexo e abstrato, funcionando o tempo todo, em qualquer lugar.

Na direção oposta, sofreram as escolas. Deixaram de ser o ambiente emblemático para a aprendizagem e convivência de aprendizes, como era há séculos. A pandemia tornou anacrônica a "sala de aula": não é mais "sala", porque é online; não é "aula" porque requer diálogo coletivo e não preleções ininterruptas. No ecossistema da educação, aprendizes e professores mal e mal se adaptaram aos meios digitais e à educação informal. Outra lacuna na pandemia foi a interação social presencial, essencial para a educação de jovens.

Transformação do trabalho e da educação no pós-pandemia

A questão aqui é indicar tendências que vão ou não se estabelecer no pós-pandemia. Primeiro no ecossistema de trabalho e depois no ecossistema de educação. É um "novo normal"? Em minha visão, <u>sim</u>: essa transformação é irreversível.

A consolidação do teletrabalho ou trabalho remoto no ecossistema do trabalho foi uma solução pragmática e flexível. Contudo, ela torna ineficaz tanto o papel de comando-e-controle quanto o do discurso (*storytelling*) motivador. Grupos de trabalho criam as próprias normas de funcionamento, acolhem novos membros e trocam *feedback* constante. Resulta que a maior transformação no trabalho no pós-pandemia envolve o modelo e estilo das lideranças.

Há um século nos EUA havia a crença de que líderes nasciam prontos, eram autossuficientes, sabiam o que precisava ser feito e comandavam heroicamente os empregados. O que se viu na pandemia foi o anacronismo dessa visão. Evidência disso foi o papel vexaminoso de algumas lideranças de nações, por exemplo. Dessa primeira onda de liderança, evoluímos nos anos 1960 para a crença na liderança situacional e na ênfase equilibrada no trabalho e nas pessoas — e a liderança passou a ser tida como uma competência branda (*soft skill*) que poderia ser desenvolvida, mas que não abdicou de sua autoridade e poder. Porém, a prática exitosa na pandemia revelou a efetividade de líderes de terceira onda, com os seguintes atributos:

- base para intercâmbio com outros setores da organização e parceiros, reforçando mecanismos de coordenação e colaboração;
- fonte de inspiração: adota presença executiva ou *gravitas*, e não carisma e poder;
- referência para seus liderados e correia de transmissão da cultura organizacional;
- influência recíproca com liderados: concertação que produz objetivos coletivos;
- papel de reforçar propósito, visão e inclusão de todos, como o maestro que escolhe o repertório e suavemente dá o colorido para a interpretação dos músicos;
- nos projetos, é líder transformacional; nas rotinas, é líder *coach* com genuína preocupação com a aprendizagem no ambiente virtual de trabalho.

Ainda são raras as organizações que abraçam a liderança de terceira onda, embora o *PMI – Project Management Institute* (PMI, 2021) a defenda em sua norma vigente. A transformação demora a consolidar-se. O modelo de *líder servidor* foi pensado em 1970 por Robert Greenleaf, com uma visão consoante com o pós-pandemia:

> *"Esta é a minha tese: cuidar das pessoas, os mais capazes e os menos capazes a servirem-se uns aos outros, é a base sólida sobre a qual se constrói uma boa sociedade. Enquanto que, até recentemente, cuidar era feito principalmente por pessoas para pessoas, agora a maioria desses cuidados é feito por meio de instituições [...] Quando se quer construir uma sociedade melhor, uma que seja mais justa e carinhosa, uma que proporcione mais oportunidades criativas para as pessoas, então o melhor percurso passa por aumentar quer a capacidade de servir, quer o próprio desempenho das principais instituições existentes enquanto servidoras por meio de novas forças regenerativas a operar dentro delas"* (GREENLEAF, 2002, p. 62).

Se essa onda de liderança se consolida, difunde organizações baseadas no cuidado e "líderes servidores", a serviço do teletrabalho em equipes. Essa transformação está alinhada com a preocupação contemporânea com ESG: ecologia, social e governança.

A arquitetura dos escritórios muda: não reflete mais a burocracia e a rotina. Precisam ser acolhedores o suficiente para atrair empregados reticentes de retornar ao antigo trabalho presencial. Horários e local de trabalho são flexíveis, o que erode os controles tradicionais. Arranjos temporários predominam: atuação por projetos e pessoal temporário. Novos processos de trabalho são adotados: equipes virtuais e teleconferências, trazendo menor necessidade de viagens e encontros. Salas de reunião e salas de "aula" redefinidas são glorificadas: representam o espaço mais nobre da organização para o encontro e convivência de todos. Nas lojas nota-se a preocupação de adaptá-las para propiciar experiências para os consumidores, que já não precisam mais frequentá-las. Do mesmo modo, os escritórios tornam-se ambientes de experiência e vivência coletiva singulares.

No retardatário ecossistema da educação, a transformação causada pela pandemia começa a ocorrer. No ensino fundamental, os alunos demonstraram maior fluência no uso de tecnologias que seus professores, que tentavam preservar antigos modelos pedagógicos, com resultados frágeis. Mas o apoio digital veio para ficar, ativando os processos educacionais.

Contudo, na educação corporativa, a transformação ocorreu de fato. Ela consagra a educação híbrida (*blended learning*): sala de aula somada ao trabalho e à aprendizagem informal. Volta ao básico: a defesa do autodesenvolvimento, agora no mundo digital. Novos modelos e processos educacionais brotam desse contexto: o uso de sala de aula invertida (*flipped classroom*), quando o autoestudo é complementado por encontros dedicados à experimentação e vivência coletiva, por exemplo. Esses modelos alteram sobremaneira o papel de professores, que passam a ser, mais que antes, questionadores:

- promovem interconexão e diálogo coletivo, removendo a passividade dos aprendizes;
- sustentam curiosidade e interesse de quem busca autoconhecimento;
- enfrentam a alienação causada pelo excesso de informação desencontrada;
- desenvolvem a reflexão crítica, pertinente em tempos de falsidade (*fake news);*
- sustentam o sucesso de educação digital síncrona (cursos *live*), em lugar do *e-learning* assíncrono e da antiquada preleção acadêmica.

É alvissareira a transformação de professores em questionadores. Contudo, a maior mudança na educação é ver o professor como "*mentor da aprendizagem*": curador de conhecimentos; corretor de conhecimentos (*knowledge broker*) e indutor da trajetória de aprendizes.

A Educação Corporativa abandona seus "palácios" — a sala de aula — para ir "onde o povo está", seja no ambiente de trabalho, seja no doméstico. Tais professores são "descolados", atualizados quanto à produção de conhecimento, críticos sagazes e, mais que tudo, com visão de longo prazo. Na essência, atuam como os líderes servidores: no cuidado com o pessoal a quem servem. Uma sugestiva sincronia transforma as autoridades mais expressivas do século passado: líderes e professores.

Tendências para a Educação Corporativa

Grande parte dos impactos do pós-pandemia sobre as organizações é da alçada do setor de Recursos Humanos e, em particular, da Educação Corporativa. A transformação ocorrida e em curso requer uma verdadeira quebra de paradigmas na Educação Corporativa, para que se coloque a serviço dessa transformação.

A questão principal aqui é a porosidade da educação invadindo o ecossistema de trabalho, antiga aspiração da supervisão no trabalho (*training-on-the-job*). Invade também o ecossistema da vida pessoal, por meio do autodesenvolvimento e da educação informal.

Essa ampliação de escopo e abrangência da Educação Corporativa é ainda mais radical: ocorre naturalmente a fusão da Gestão do Conhecimento (afeita a meios digitais) com a Educação Corporativa (afeita a processos educacionais). Ambas representam modelos conceituais caudatários de paradigmas distintos cuja miscigenação é induzida no pós-pandemia.

Ampliando minha visão sobre o tema (SABBAG, 2018), defendo os desafios a seguir para a Educação Continuada.

1. <u>Ampliação de temas e conteúdos educativos</u>

   O maior redesenho ocorre em Programas de Desenvolvimento de Lideranças para contemplar a terceira onda: líder educador, líder *coach*, líder inspirador e líder servidor. Todas elas enfatizam competências brandas (*soft skills*), mais demoradas de desenvolver porque dependem de vivências refletidas.

   Na mesma linha, um tema que julgo importante é a inteligência pessoal e social, diante da tendência ao individualismo exacerbado. Como a pandemia trouxe exemplos de inovação aberta internacional, esse tema merece inclusão nas ações educacionais. A pandemia também ressaltou a relevância de resiliência, outra competência branda valiosa e tema a ser explorado na Educação Corporativa.

2. <u>Nova arquitetura para a infraestrutura</u>

   A urgente transformação do modelo educacional com foco no ensino para foco no aprendizado remete ao ciclo de aprendizagem experiencial (KÖLB, 1984): vivência, observação e reflexão, conceituação e experimentação. Esta transformação atinge tanto o trabalho quanto as salas de aula, cuja arquitetura passa a estabelecer ambiente propício a encontros, vivências e produção coletiva. Pequenas salas para sediar equipes de projetos de experimentação são igualmente necessárias. Igual arquitetura é estabelecida no espaço de trabalho.

3. Novos modelos educacionais

   Não é apenas a arquitetura ambiental que muda no pós-pandemia. Com o escopo de atuação ampliado, a Educação Corporativa requer "educadores internos", preparados para educar com modelos andragógicos, ênfase no questionamento, reflexão e produção coletiva. Educadores internos com abordagem customizada para a organização se mesclam com educadores externos para propiciar o questionamento de paradigmas e traços da cultura organizacional. Embora essa transformação ocorra de modo mais evidente em ações de "desenvolvimento" do que de "treinamento", a verdadeira repartição da educação é entre o que é customizado e o que é de ruptura. O primeiro reforça os ativos de conhecimento singulares da organização; o segundo provoca o questionamento de paradigmas para fomentar a inovação e transformação.

4. Abrangência da Educação Corporativa

   A educação opera em qualquer lugar e a qualquer tempo. Promove a aprendizagem tanto no local de trabalho quanto no ambiente doméstico e social. A relevância da educação informal para o autodesenvolvimento requer efetividade dos meios digitais. Significa passar do modelo atual de *e-learning* (cursos assíncronos, com provas de conhecimento por estágio de aprendizado) para o modelo *m-learning – mobile learning* (cursos síncronos, *live*, com a nova estética consagrada nas redes sociais, uso de gamificação e com capacidade de rápida substituição). Com aprendizes protagonistas de sua aprendizagem, em vez de recomendação de gestores, o aprendiz participa de ações educacionais por demonstrar o próprio interesse e curiosidade.

5. Educação e gestão de conhecimentos

   O novo setor de educação percebe que seu principal insumo e resultado é conhecimento. Repositórios de conhecimento digitais são geridos por ele e passam a acolher o conhecimento produzido nas ações educacionais, fruto da reflexão crítica. Estimula o registro de conhecimentos técnicos, lições aprendidas, estudos de *benchmarking* e mapeamentos. Endereça conteúdo para a gestão de patentes e de capital intelectual. É um aumento enorme e irreversível das operações da Educação Continuada.

Não é apenas a gestão de informação ou de *conhecimentos explicitáveis* que interessa ao setor, também a gestão dos *conhecimentos tácitos* passa a ser promovida pelo setor, seja pelo reconhecimento de *expertises*, seja pela transformação de *experts* em educadores, seja por ações educacionais que propiciam a socialização entre detentores de conhecimentos tácitos para produzir conhecimentos explicitáveis. A ampliação da *expertise* na organização passa a ser atribuição da Educação Continuada, portanto, cabe a ela a aferição do acúmulo de *capital intelectual*, que por sua vez interfere no valor de mercado da organização, portanto é, sem dúvida, estratégica. Deixa de ser vista como centro de custos para ser um polo de investimentos no capital intelectual.

6. <u>A Educação Corporativa como curadora de conhecimentos</u>

A ampliação das fronteiras da Educação Corporativa é acompanhada pela ampliação do rol de educadores e de conhecimentos tácitos e explícitos a disseminar. Com tal amplitude, ela assume o papel de curadora de conhecimentos, administrando os repositórios de conhecimentos e acervo de educadores, para atender a cada um conforme sua preferência.

As fronteiras do setor tornam-se porosas, por meio de parcerias com universidade e consultorias, o que obriga a Educação Continuada a proteger o conhecimento específico da organização, quando possível, enquanto busca renovar o conhecimento de fontes externas.

7. <u>Rápida difusão de conhecimentos na sociedade</u>

Ajustando-se à aceleração da produção de conhecimentos característica dessa nova sociedade, a política de oferecer "cursos de prateleira" perde sentido. A Educação Corporativa considera únicos e singulares o desenvolvimento e a aplicação de ações educacionais, portanto adota a gestão por projetos.

A Educação Corporativa é o promotor de alianças para a ampliação dos conhecimentos, colocando-se como um "nó" das redes que disseminam novos conhecimentos na sociedade e em benefício dela, em lugar de ser intramuros.

Considerações finais

Tomadas em conjunto, as tendências para a Educação Continuada explicam uma transformação disruptiva do setor, ajustando-o aos paradigmas da Sociedade do Conhecimento. O que surpreende é que uma transformação tão positiva tenha sido desencadeada por uma pandemia tão negativa. Confirma o fato de que toda crise é uma ameaça, mas é também um ponto de virada. Da virada da Educação Continuada como a conhecemos.

Do mesmo modo que o teletrabalho, a educação digital se afirma. Isso faz com que a Educação Corporativa se torne ubíqua, absorvendo as funções de gestão do conhecimento e integrando a aprendizagem em casa, no trabalho e no ambiente social. Barreiras são removidas. Resta a quem dirige o setor ampliar a dimensão de sua atuação, repensando integralmente o modelo adotado. A pandemia revelou que o tempo para essa transformação é abreviado. É o desafio mais nobre desde a criação do setor.

Referências Bibliográficas

DE MASI, D. *O futuro do trabalho*. Rio de Janeiro: José Olympio, 1999.

GREENLEAF, R. *Servant leadership*: A journey into the nature of legitimate power and greatness. Indianapolis: Paulist Press, 2002.

KÖLB, D. *Experiential learning*: Experience as the source of learning and development. Englewood Cliffs: Prentice-Hall, 1984.

POPCORN, F. *O Relatório Popcorn*. São Paulo: Campus, 1999.

PROJECT MANAGEMENT INSTITUTE-PMI. *The standard for project management*. 7th. ed. Newtown Square: PMI, 2021.

SABBAG, P. Y. Organização, conhecimento e educação. Rio de Janeiro: Alta Books, 2018.

TOFFLER, A. *A terceira onda*. São Paulo: Record, 1980.

2.4 Cultura empresarial

Gilberto Shinyashiki

Conceito de cultura

A cultura organizacional consiste nas crenças, normas, valores[1] e pressupostos[2] compartilhados pelas pessoas dentro de uma organização. Ela define o que é importante e não importante na empresa e, consequentemente, direciona todos na organização para a "maneira correta" de fazer as coisas.

Em um artigo da *MIT Sloan Review* (SCHEIN, 2019), Edgard Schein e Peter Schein conversam sobre uma nova era para a cultura organizacional e enfatizam a importância da cultura.

---

1 Os valores são crenças estáveis e avaliativas que orientam nossas preferências por resultados ou cursos de ação em uma variedade de situações. São percepções conscientes sobre o que é bom ou ruim, certo ou errado. No contexto da cultura organizacional, os valores são discutidos como valores compartilhados, que são valores que as pessoas dentro da organização ou unidade de trabalho têm em comum e colocam perto do topo de sua hierarquia de valores.

2 Pressupostos compartilhados — um elemento mais profundo que Schein acredita ser a essência da cultura organizacional. Suposições compartilhadas são percepções inconscientes, tidas como certas ou protótipos ideais de comportamento que são considerados como a maneira correta de pensar e agir em relação a problemas e oportunidades.

> A maioria de nós no trabalho hoje em dia, em organizações grandes e pequenas, aceita implicitamente que a cultura é importante... Não muda quando nosso negócio tem um trimestre ruim ou quando proclamamos: "Temos um problema de cultura". As preocupações culturais das organizações certamente variam de ambiente para ambiente: as startups podem se preocupar em construir a cultura certa; as organizações de meia-idade podem se preocupar em como integrar as várias subculturas ocupacionais, sociais e outras que muitas vezes entram em conflito ou têm objetivos opostos; e as organizações mais antigas podem se concentrar em como criar uma cultura de inovação, por exemplo, ... à medida que a estabilidade regride em direção à estagnação e à apatia. No entanto, a cultura é a grande força estabilizadora à medida que as organizações amadurecem e não podem ser manipuladas com soluções rápidas, como a revisão de uma declaração de missão. A cultura sobrevive através das fases de crescimento. As iniciativas de mudança que alteram metaforicamente a cor das paredes levam muito tempo para alterar as crenças profundamente arraigadas que posicionaram essas paredes em primeiro lugar.

É muito frequente ouvir empresários e gestores falarem da necessidade de mudar a cultura assim como se tornou uma prática popular para os líderes identificar e declarar publicamente a cultura de sua organização ou, mais precisamente, seus valores compartilhados.

No entanto, essas proclamações de valores representam valores declarados — os valores nos quais os líderes dizem que eles e seus funcionários confiam para orientar suas decisões e ações. Os líderes organizacionais constroem uma imagem pública positiva alegando acreditar em valores que são socialmente desejáveis, mesmo quando não são aplicados. Entretanto, a cultura organizacional consiste em valores manifestos compartilhados — os valores que líderes e funcionários realmente utilizam para orientar suas decisões e ações.

Daqui observamos que cultura é um conceito e não uma coisa, portanto cultura não é algo que a empresa tem. Cultura é algo que a organização é!

A cultura organizacional tem funções críticas na vida organizacional:

- proporciona senso de identidade aos membros da organização e aumenta o comprometimento deles;
- é um dispositivo de fazer sentido para os membros da organização;
- reforça os valores da organização;
- serve como instrumento para modelar comportamentos, pensamentos e sentimentos.

Evolução do conceito

A expressão Cultura Organizacional tornou-se popular no início dos anos 1980 com quatro livros que tiveram grande influência na difusão do tema (BAKER, 2002):

- Ouchi's (1981) *Theory Z: How American Business Can Meet the Japanese Challenge*
- Pascale and Athos's (1982) *The Art of Japanese Management: Applications for American Executives*
- Deal and Kennedy's (1982) *Corporate Cultures: The Rites and Rituals of Corporate Life*
- Peters and Waterman's (1982) *In Search of Excellence: Lessons from America's Best Run Companies*

Os dois primeiros livros sugeriram que o sucesso empresarial japonês poderia ser atribuído em grande parte à cultura corporativa japonesa. Todos os quatro livros sugeriram que a cultura corporativa era fundamental para o desempenho organizacional e que a cultura corporativa poderia ser gerenciada para melhorar a vantagem competitiva de uma empresa. Esses livros foram *best-sellers*; e o último vendeu mais de 4,5 milhões de cópias. No livro, os autores destacam que a cultura organizacional forte é uma das características das organizações americanas excelentes no período.

Apesar de a popularização ter ocorrido nos anos 1980, no Gráfico 1, é possivel notar que o tema Cultura Organizacional continua vivo — saindo de 0 publicação em 1980 para 5.738 publicações acumuladas em 2019. Observe que nos últimos sete anos dobrou o número de publicações de 1980 a 2012.

Gráfico 1 – Quantidade de publicações acumuladas com o título *organizational culture* no período de 1980 a 2019

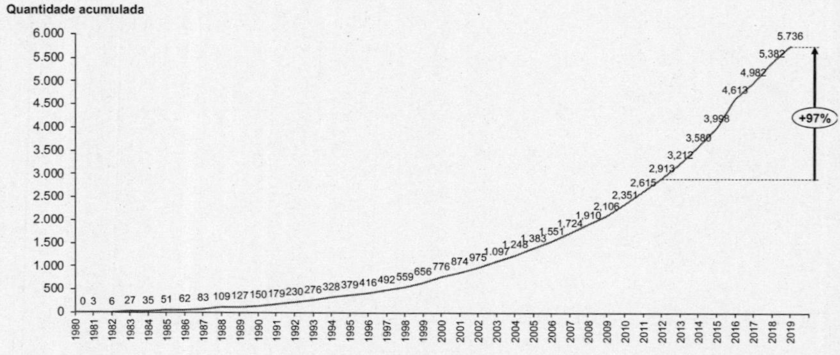

Fonte: baseado na busca no ***site*** Portal de Periódicos - Capes sobre publicações com o termo *organizational culture* no título no período de 1980 a 2019. https://www-periodicos-capes-gov.br em 08jun2020. Shinyashiki, G.T.

Decifrando a cultura organizacional por meio de artefatos

Não podemos ver diretamente as premissas e os valores culturais de uma organização. Em vez disso, deciframos a cultura organizacional indiretamente por meio de artefatos. Os artefatos são os símbolos e sinais observáveis da cultura de uma organização, como a forma como os visitantes são recebidos, o *layout* físico da organização e como os funcionários são recompensados. Alguns especialistas sugerem que os artefatos são a essência da cultura organizacional, enquanto a maioria dos outros vê os artefatos como símbolos ou indicadores de cultura. De qualquer forma, os artefatos são importantes porque reforçam e potencialmente suportam mudanças na cultura de uma organização.

Os artefatos fornecem evidências valiosas sobre a cultura de uma empresa. A cultura de uma organização geralmente é muito ambígua e complexa e seus pressupostos culturais estão profundamente arraigados para serem medidos por meio de pesquisas. Em vez disso, precisamos observar o comportamento no local de trabalho, ouvir conversas cotidianas entre funcionários e clientes, estudar documentos escritos e e-mails, anotar estruturas e configurações físicas e entrevistar funcionários sobre histórias corporativas. Em outras palavras, precisamos amostrar informações de uma série de artefatos organizacionais.

Trice e Beyer (1993) organizam quatro grandes categorias de artefatos: símbolos e estruturas físicas, linguagem, histórias e lendas organizacionais, e rituais e cerimônias.

Estruturas físicas e símbolos

Os símbolos estão em primeiro lugar porque descrevem e ilustram as menores e mais básicas unidades de expressão cultural. Símbolo é algo que significa ou sugere alguma outra coisa. O tamanho, a forma, a localização e a idade dos prédios podem sugerir a ênfase de uma empresa no trabalho em equipe, respeito ao meio ambiente, flexibilidade ou qualquer outro conjunto de valores.

Mesmo que o edifício não faça muita diferença, há um tesouro de artefatos físicos entro dele. Mesas, cadeiras, espaço de escritório e tapeçarias (ou a falta delas) são apenas alguns dos itens que podem transmitir significado cultural.

Linguagem organizacional

A linguagem do local de trabalho fala muito sobre a cultura da empresa. Como os funcionários se dirigem aos colegas de trabalho, descrevem os clientes, expressam raiva e cumprimentam as partes interessadas são todos símbolos verbais de valores culturais. A organização emprega muitas formas de linguagem para criar certas imagens culturais: metáforas (somos uma grande família); provérbios; gestos; gírias que são compreensíveis somente pelos membros da cultura.

Histórias e lendas organizacionais

As histórias permeiam culturas organizacionais fortes. Alguns contos relatam feitos heroicos dos fundadores. Como a história do presidente da Cacau Show, que trabalhou dois dias e duas noites para entregar as 2.000 encomendas de ovos de Páscoa que deram origem à empresa. Histórias e lendas organizacionais servem como poderosas prescrições sociais de como as coisas devem (ou não) ser feitas. Elas adicionam realismo humano às expectativas corporativas, aos padrões de desempenho individual e aos critérios para ser demitido. As histórias também produzem emoções nos ouvintes, e isso tende a melhorar a memória dos ouvintes da lição dentro da história. As histórias têm o maior efeito na comunicação da cultura organizacional quando descrevem pessoas reais, são consideradas verdadeiras e são conhecidas pelos funcionários em toda a organização. As histórias também são prescritivas — elas aconselham as pessoas sobre o que fazer ou não fazer.

Rituais e cerimônias

Rituais são as rotinas programadas da vida organizacional diária que dramatizam a cultura de uma organização. Eles incluem como os visitantes são recebidos, com que frequência os executivos seniores visitam os subordinados, como as pessoas se comunicam, quanto tempo os funcionários levam para o almoço, e assim por diante. As cerimônias são artefatos mais formais do que rituais. Cerimônias são atividades planejadas e conduzidas especificamente para o benefício de um público. Isso inclui recompensar publicamente (ou punir) funcionários ou celebrar o lançamento de um novo produto ou contrato recém-conquistado.

Subculturas organizacionais

Ao discutir cultura organizacional, estamos nos referindo à cultura dominante, ou seja, aos valores e pressupostos compartilhados de forma mais consistente e ampla pelos membros da organização. A cultura dominante geralmente é compreendida e internalizada pela alta administração, mas às vezes existe outra cultura. Além disso, a cultura dominante de uma organização não é tão unificada ou clara como muitos consultores e líderes empresariais supõem. Em vez disso, as organizações são compostas de subculturas localizadas em suas várias divisões, regiões geográficas e grupos ocupacionais. Algumas subculturas aprimoram a cultura dominante adotando suposições e valores paralelos; outras diferem, mas não se opõem à cultura dominante; ainda outras são chamadas de contraculturas porque abraçam valores ou suposições que se opõem diretamente à cultura dominante da organização.

As subculturas, particularmente as contraculturas, podem criar conflitos e dissensões entre os funcionários, mas também cumprem duas funções importantes. Primeiro, elas mantêm os padrões de desempenho e comportamento ético da organização. Os funcionários que mantêm valores contraculturais são uma importante fonte de vigilância e revisão crítica da ordem dominante. Eles encorajam o conflito construtivo e o pensamento mais criativo sobre como a organização deve interagir com seu ambiente. As subculturas impedem que os funcionários sigam cegamente um conjunto de valores e, assim, ajudam a organização a respeitar os valores éticos da sociedade.

A segunda função das subculturas é que elas são a base de geração de valores emergentes que mantêm a empresa alinhada com as necessidades dos clientes, fornecedores, sociedade e outras partes interessadas. As empresas eventualmente precisam substituir seus valores dominantes por outros que sejam mais apropriados para o ambiente em mudança. Se as subculturas forem suprimidas, a organização pode demorar mais para descobrir e adotar valores alinhados com o ambiente emergente.

Gestão da cultura organizacional

Algumas situações básicas apontam quando é necessário gerenciar a cultura:

1. a cultura ficou defasada em relação à realidade do mercado (Ex.: empresas de jornal impresso);
2. a cultura é o problema (várias tentativas de implantar a estratégia sem sucesso).
3. a cultura é a chave para a vantagem competitiva (Ex.: Apple).

Mudança na cultura organizacional

Tenha em mente que a expressão mudar a cultura só se aplica a situações extremas quando a empresa experimenta declínio de mercado, estagnação interna e falta de motivação para a mudança. Por isso a mudança costuma acontecer, frequentemente, em situações de crise.

Na maioria dos casos, algum elemento da cultura organizacional ficou disfuncional e deve ser mudado, mas alguns elementos essenciais da cultura devem ser identificados e preservados. E o grande desafio é identificar e envolver a liderança da empresa na decisão de alterar alguns comportamentos que promoverão a adequação da cultura à nova realidade.

Lembre-se de que a liderança é o mecanismo principal de fixação da cultura, quer quando ela presta atenção, mensura e controla algumas variáveis, quer quando reage a incidentes críticos, como alocar recompensas e *status*. Não acredite quando a empresa faz um documento com uma nova missão, visão e valores e diz que mudou a cultura. Esses documentos que estão no saguão das empresas funcionam como mecanismos de reforço.

Pfeffer (2005), professor da Stanford University, afirma, no artigo *Changing mental models: HR's most important task*, que a mudança exige um repensar básico sobre as crenças pelas quais a empresa define e conduz seus negócios. Nas empresas bem-sucedidas existe, entre os líderes, um sistema de crenças subjacentes às escolhas estratégicas. É um circuito fechado. As crenças são reforçadas porque foram bem-sucedidas no passado. Não é o único modo, mas tem funcionado bem para a empresa. Os executivos tornam-se emocionalmente vinculados a essas crenças, pois fizeram carreira e tiveram sucesso com elas.

As crenças compartilhadas predispõem as pessoas a verem o mundo de certo modo e as empresas se confrontam com duas situações:

- saber e não fazer - não implementar o que elas sabem que devem fazer;
- fazer e não saber - empresas que não agem com base nas melhores evidências disponíveis.

Como os modelos de negócio são inconscientes e implícitos, isto sugere que:

- o primeiro passo é fazer as pessoas pensarem sobre esses modelos implícitos;
- o segundo passo é que muito do que se faz hoje é uma repetição do que foi feito ontem, carregando o passado para o futuro.

Como diz a citação, "para conseguir resultados diferentes, deve-se fazer coisas diferentes, e para se fazer coisas diferentes, precisa-se pensar diferente". Portanto, modelo mental é o foco da mudança cultural.

Outra abordagem é a focada em comportamentos (alguns poucos), apontando que o foco da mudança devem ser os comportamentos, e o modelo mental vai mudar consequentemente. Um exemplo são os dez princípios para mobilizar a cultura organizacional recomendados pelo Katzenbach Center, atualmente parte da PWC, elencados a seguir.

1. Trabalhe com e dentro das situações culturais existentes.
2. Mude comportamentos e o modelo mental irá em seguida.
3. Faça foco em alguns poucos comportamentos.
4. Utilize seus líderes informais.
5. Não deixe os líderes formais de fora.
6. Vincule os comportamentos aos objetivos de negócio.
7. Mostre impacto rapidamente.
8. Utilize métodos interdepartamentais para tornar viral a mensagem.
9. Alinhe esforços de procedimentos com comportamentos.
10. Gerencie sua situação cultural o tempo todo.

A abordagem da mudança do modelo mental pode ser mais efetiva e duradoura, entretanto pode tomar um bom tempo, enquanto a mudança comportamental cria foco e pode conseguir resultados mais rapidamente. Como dizemos em um processo de mudança, a abordagem multimétodos pode ser muito adequada para conduzir a mudança.

Práticas de integração (*onboarding*) para a socialização de novos empregados

O uso intensivo de programas de integração sugere que a maioria das organizações acredita que a integração seja um componente importante da experiência do recém-chegado e eficaz para ajudar a socializar os novos funcionários.

Pode-se definir integração (*onboarding*) como "práticas, programas e políticas formais e informais promulgadas ou engajadas por uma organização ou seus agentes para facilitar o ajuste do recém-chegado" (BAUER, 2010).

A integração é usada pelas organizações para agilizar a socialização, que definimos como o processo de aprendizado e ajuste pelo qual os indivíduos assumem um papel organizacional que atende às necessidades do indivíduo e da organização.

A socialização organizacional bem-sucedida pode resultar em atitudes positivas do empregado, satisfação no trabalho, desempenho, ajuste, comprometimento organizacional e uma permanência maior na organização.

Do ponto de vista do capital humano, quanto mais cedo e na maior extensão em que os recém-chegados aprendem conhecimentos específicos da empresa, entendem a cultura e reconhecem outros aspectos únicos da organização, mais cedo e em grande extensão eles podem contribuir para o sucesso e a vantagem competitiva da organização.

E o desafio da cultura de inovação?

Muitas empresas estão com foco na ideia de inovação e enfatizam que se tornar inovador requer uma cultura organizacional que estimula a inovação e é propícia à criatividade. Cultura de inovação é um contexto multidimensional que inclui uma parte *hard* — a intenção de ser inovadora, a infraestrutura para apoiar a inovação —, e tem uma parte *soft*, que são os comportamentos necessários, a colaboração entre áreas e o mundo externo e o ambiente para desenvolver e implementar a inovação.

Considerando as três etapas da inovação (HANSEN; BIRKINSHAW, 2007) — 1) geração de ideias, 2) conversão de ideias e 3) difusão de ideias — observamos que quatro artigos dedicados à construção da cultura de inovação dedicam mais ações à etapa 1:

Faça a escolha de ser uma empresa inovadora.

Comunique-se ... em qualquer lugar (ou abra as linhas de comunicação).

Capacite seus funcionários e eles fornecerão valor de novas maneiras.

Trombe com a hierarquia.

Incentive o irracional.

Cultive relacionamentos externos.

Derrube as paredes. Muitas empresas contêm barreiras físicas.

Contrate o melhor — e rápido.

Celebre a tomada de risco inteligente.

Abrace o medo e defenda a causa.

Não se esqueça da física. De maneira mais geral, descobrimos que o design do espaço de trabalho pode moldar o comportamento, quer você escolha esse comportamento, quer não.

A etapa 2, a conversão de ideias — seleção e financiamento das novas ideias. Desenvolver as ideias em produtos, serviços ou negócios tem estas ações destacadas:

Escolha sua abordagem para métricas de inovação com sabedoria.

Não tenha medo de agir — e rapidamente.

Não morra de indigestão.

Entenda que falhar é bom.

Aprenda com o passado e olhe para o futuro.

Defina riscos inteligentes *versus* riscos estúpidos.

Defina uma taxa de falha aceitável.

Incentive a experimentação.

Use teste piloto.

Celebre suas vitórias ... e perdas.

A etapa 3 não teve nenhuma indicação de ação.

E aí começa o esforço para desenvolver uma cultura de inovação. Rever valores, identificar alguns comportamentos críticos e muitos ajustes nas políticas de RH. Um exemplo é o peso que tem o tempo de casa nas decisões de pessoal e a capacidade de aprendizagem do empregado (é melhor ter pessoas que aprendem rápido do que as que sabem tudo); ou os critérios de contratação de pessoal; ou mesmo a superação das metodologias de ensino *on-line* e disruptivas e as metodologias tradicionais. Não estamos afirmando que é uma ou outra, mas é com o paradoxo que temos que desaprender e reaprender a lidar.

Referências Bibliográficas

BAKER, K. A. Organizational culture. Chapter 11. 2002. Disponível em: https://www.semanticscholar.org/paper/Chapter-11.-Organizational-Culture-1--Baker/df0549d9dec0c29101033466f0e33c175d1441ad. Acesso em: 01 fev. 2020.

HANSEN, M.Y.; BIRKINSHAW, J. The innovation value chain. *Harvard Business Review*. June 2017.

PFEFFER, J. Changing mental models: HR's most important task. *Human Resource Management*, v. 44, n. 2, p. 123-128, Summer 2005.

SCHEIN, E. *Cultura organizacional e liderança*. São Paulo: Atlas,2009.

______. A new era for culture, change, and leadership. A conversation between Edgar H. Schein and Peter A. Schein. *MIT Sloan Management Review*. v. 60, n. 4, p. 52-58, Summer 2019.

TRICE, H. M.; BEYER, J. M. *The cultures of work organizations*. New Jersey: Prentice Hall, 1993.

2.5 Gestão da cultura organizacional em um contexto global

Dominique Pépin

Se as discussões sobre questões culturais no campo da gestão surgiram no último quartel do século XX, elas voltaram a vigorar na última década. Assim, a *Pesquisa Nacional de Educação Corporativa*, realizada em 2012, revelou que o primeiro critério para a escolha de um programa de treinamento em uma empresa é a disseminação da cultura (EBOLI et al, 2014).

A importância dada às questões de cultura organizacional é um dos principais elementos distintivos entre uma universidade corporativa e um centro de formação tradicional (EBOLI et al., 2010). A cultura organizacional está no centro dos sistemas de socialização e formação das empresas, especialmente das empresas internacionais. O Grupo Saint-Gobain, grupo industrial e de distribuição especializada que opera em mais de 60 países, costumava definir sua universidade corporativa como o "cadinho da cultura do Grupo", um espaço onde a cultura se desenvolve, consolida e compartilha.

Além disso, a atenção dada à cultura organizacional como criadora de vínculos dentro das organizações aumentou nos últimos dois anos com dois elementos principais:

- por um lado, a pandemia acelerou o processo de questionamento dos modelos de negócios existentes e, portanto, das estratégias implantadas pelas empresas. O desenvolvimento de novas estratégias naturalmente levanta a questão de seu alinhamento e consistência com a cultura da organização (KOTTER; HESKETT, 1992);

- por outro lado, a pandemia fez com que as formas de trabalho remoto se disseminassem de forma acelerada, destacando a necessidade de fortalecer o vínculo entre as pessoas, ao mesmo tempo em que essa situação pode diluir a base comum que constitui a cultura organizacional (HOWARD-GRANVILLE, 2020).

Mas o que queremos dizer com cultura organizacional e como decifrá-la e caracterizá-la? Além disso, foi demonstrado que os métodos de gestão das empresas são impactados pelas culturas nacionais dos países em que elas atuam. Como esses diferentes elementos interagem e como a formação se preocupa com questões de cultura? Tantas perguntas que tentaremos responder.

O que é uma cultura organizacional?

Como mencionamos acima, o conceito de cultura nas ciências da administração é relativamente novo: enquanto os estudos e os trabalhos sobre questões de estratégia começaram no início do século XX, foi apenas em seu último quartel que essa questão apareceu nas ciências da administração (MORRILL, 2008). Foi por meio de um artigo publicado na revista *Business Week* no outono de 1980 que a questão do impacto da cultura de uma empresa em seu sucesso e seu xadrez é abordada pela primeira vez (BUSINESS WEEK, 1980). Ao mesmo tempo, Hofstede (1980) abriu o campo das culturas nacionais nos estudos de gestão.

Como definir uma cultura organizacional? Usaremos a definição dada por E.H. Schein: "A cultura de um grupo pode ser definida como tudo o que o grupo aprendeu ao longo do tempo e que foi compartilhado por todos os seus membros, a fim de resolver seus problemas de adaptação externa e integração, que tem funcionado bem o suficiente para ser considerada válida e, assim, ser ensinada aos novos membros como a forma correta de perceber, pensar, sentir e agir diante desses problemas. Esse conhecimento acumulado é um conjunto ou sistema de crenças, valores e normas comportamentais, que constituem postulados fundamentais tidos como certos e dos quais os membros do grupo nem sempre estão cientes" (SCHEIN; SCHEIN, 2017).

Uma cultura pode ser analisada em diferentes níveis, o nível da palavra expressa e o grau de visibilidade do fenômeno cultural pelo observador. Schein identifica três níveis:

- *os artefatos:* os artefatos pertencem ao primeiro nível. Estes são os elementos mais visíveis, sejam eles físicos, estruturais, sejam comportamentais: código de vestimenta, relações entre funcionários, com a hierarquia, tempo de trabalho, equilíbrio entre vida pessoal e vida profissional, reuniões (forma, regularidade, horários, agenda, espaços de trabalho, modos de comunicação e transmissão de informações, modos de tomada de decisão, atividades sociais, recepção de novos funcionários, vocabulário específico, símbolos e mitos, métodos de resolução de conflitos etc.). Se são fáceis de identificar, permanecem difíceis de interpretar;
- *valores e padrões exibidos*: este segundo nível reúne os valores, padrões e princípios específicos da cultura da organização em questão e que serão os pontos de referência para as ações desenvolvidas na organização;
- *os postulados fundamentais:* este é o terceiro nível mais profundo e menos visível. Quando numa organização os problemas que surgem regularmente são resolvidos da mesma forma, a aplicação da "solução que funciona" quer tornar-se automática, desfocar e até fazer desaparecer todas as outras soluções possíveis. Essa aplicação sistemática terá por base um postulado indiscutível e considerado indiscutível: um postulado fundamental. Uma cultura organizacional será, portanto, definida com base em certo número de postulados fundamentais que vão assim enquadrar os métodos de resolução dos problemas que surgem. Esses elementos, sendo considerados fundamentais, não são questionados nem objeto de discussão ou debate. Eles são muito difíceis de se mover e evoluir. Qualquer tentativa de evoluir uma cultura ou mudança cultural deve levar absolutamente em conta esses elementos fundamentais antes de qualquer outra coisa.

Qualquer trabalho sobre uma cultura deve integrar a análise destes três níveis: artefatos, valores e padrões expostos e postulados fundamentais, sabendo que a decifração dos postulados fundamentais é essencial para poder interpretar e dar sentido aos artefatos identificados e saber que crédito trazer aos valores e padrões expostos (SCHEIN; SCHEIN, 2017). A essência da cultura de um grupo é "aquele conjunto de suposições fundamentais compartilhadas e tidas como certas" que se manifesta por meio de artefatos observáveis, valores e normas exibidos e comportamentos. Compreender uma cultura envolve identificar pressupostos fundamentais e compreender o processo de aprendizagem e integração desses pressupostos.

Como caracterizar e decifrar uma cultura organizacional?

Dois tipos de abordagem são distinguidos na análise de culturas organizacionais com base nos métodos e ferramentas utilizadas (SACKMANN, 1991).

- Por um lado, <u>abordagens de análise de culturas realizadas a partir de uma perspectiva externa</u>: essas abordagens são baseadas em dados quantitativos com o objetivo de destacar princípios universais. A cultura será qualificada de acordo com seu posicionamento em relação a determinado número de parâmetros preestabelecidos. Esta é uma posição "etic".
- Por outro lado, <u>abordagens de análise de culturas realizadas dentro da empresa:</u> essas abordagens estão muito mais próximas da etnografia tradicional e visam compreender e destacar as características específicas da cultura estudada a partir de observações, práticas identificadas, testemunhos fornecidos pelos atores. Esta é uma posição "emic".

A partir dessa definição, podemos pensar formas de analisar e destacar as características de uma cultura, sabendo que teremos de trabalhar a partir de elementos visíveis dessa cultura para decifrar e trazer à tona os elementos fundamentais sob os elementos subjacentes, que, como vimos, são essenciais para definir uma cultura, que poderia ser comparada a um *iceberg* (SACKMANN, 2010)

Figura 1: A cultura corporativa de acordo com Sackmann (2006)

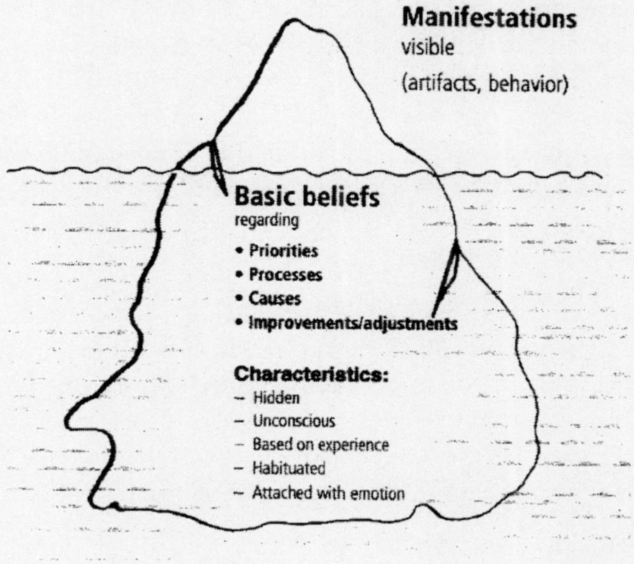

Na Figura 1, está expressa toda a dificuldade do exercício: como trazer à tona todos os elementos subjacentes que constituem a base e o fundamento da cultura? E como saber a diferença entre elementos acessórios e componentes fundamentais? Em particular, dois grandes problemas devem ser superados: por um lado, alguns dos artefatos e comportamentos observáveis podem ser a relíquia de uma época passada, sem relação direta com as práticas, crenças e valores da cultura atual; por outro lado, a interpretação desses artefatos é crítica e a presença do mesmo artefato em duas culturas diferentes não implica que eles carreguem o mesmo significado (SACKMANN, 2006). É como as pirâmides (SACKMANN, 2006). podemos encontrá-las no México, bem como no Egito. A pirâmide egípcia e a pirâmide mexicana, embora ambas sejam pirâmides, têm um papel e significado muito diferentes nas duas culturas. Os mesmos artefatos ou ritos podem, portanto, carregar significados muito diferentes e, portanto, ser a expressão de valores muito diferentes. Além disso, a análise de uma cultura organizacional requer um excelente conhecimento de seu contexto e das ferramentas relevantes para não se interpretar mal ou superestimar certas manifestações visíveis ou deixar de fora artefatos significativos e tirar conclusões incompletas ou errôneas.

Há também dois riscos de derrapagem a que se pode sucumbir na condução do estudo de uma cultura corporativa, principalmente quando conduzido a partir de uma perspectiva "êmica": a intuição que arrisca dar importância ao que impressiona o observador e não ao que realmente contém significado; projeção, muitas vezes devido à equipe de gestão, que pode dar demasiada importância a alguns elementos situacionais incidentais amplificados por seus sonhos ou medos, em detrimento de uma modesta análise da realidade (THÉVENET, 2013).

Tudo isso mostra a importância crucial da metodologia utilizada e os cuidados que devem ser tomados em sua implementação para evitar derrapagens, distrações e interpretações errôneas, a fim de trazer à luz as características fundamentais de uma cultura corporativa. Dependendo do contexto, certas ferramentas e métodos serão preferidos. Listaremos os principais (SACKMANN, 2010).

- Questionários pré-estruturados

O questionário é a ferramenta preferida quando se trata de grupos muito grandes. Ele coleta muitas informações a um custo razoável. Esse tipo de meio é tanto mais utilizado quanto permite que a informação recolhida seja processada automaticamente. Existem muitas ferramentas no mercado. Em 2009, um grupo de acadêmicos britânicos — Jung, Scott, Davies, Bower, Whalley, McNally e Manion — realizou um estudo para tentar fazer um inventário de ferramentas para a análise quantitativa e qualitativa das culturas corporativas. O número de ferramentas identificadas é impressionante; eles identificaram 70 delas, entre as quais 48 poderiam ser calibradas. São elencadas centenas de dimensões da cultura, pertencentes a registros muito diversos, contando com referências igualmente muito diversas. A maioria das ferramentas foi desenvolvida na década seguinte ao *boom* da cultura organizacional com pico na década de 1990. A simples leitura dos nomes dessas ferramentas não é suficiente para identificá-las e contém algumas sutilezas: algumas ferramentas equivalentes podem ter nomes muito diferentes, enquanto ferramentas diferentes podem ter nomes muito semelhantes ou mesmo idênticos. Por fim, alguns desses questionários evoluem ao longo do tempo e podem trazer mudanças significativas, sem que seu nome mude ou indique a versão considerada.

- **O modelo de Cameron e Quinn**

Cameron e Quinn (2011) desenvolveram vários modelos para caracterizar as culturas corporativas, destacando quatro tipos principais baseados em duas dimensões: flexibilidade e liberdade *versus* estabilidade e controle, foco interno e integração *versus* foco externo e diferenciação.

- **O clã** (flexibilidade + foco interno): a cultura do clã é uma cultura baseada na colaboração. É uma grande família. É encontrado no Japão. Os líderes têm um papel de acompanhamento, desenvolvimento e facilitação, de coesão de acompanhamento, desenvolvimento e facilitação, de coesão de equipe. Os valores que sustentam essas organizações são comprometimento, comunicação e desenvolvimento de pessoas. Desenvolvimento e colaboração são as molas da eficiência.

- **A hierarquia** (estabilidade + foco interno): a cultura hierárquica é uma cultura baseada no controle. Esse tipo de cultura é encontrado nos departamentos administrativos, assim como em grandes empresas e grandes organizações tradicionais. Cameron e Quinn não a relacionam com nenhuma cultura nacional específica, embora pareça ter muitos pontos em comum com a "máquina bem oleada" de Stevens e as culturas germânicas. Líderes em tais culturas são organizadores e coordenadores. Essas culturas são baseadas na eficiência, uniformidade e consistência, precisão. A eficiência depende de controle e de processos fortes.

- **A adhocracia** (flexibilidade e foco externo): a adhocracia é uma cultura baseada no empreendedorismo e na inovação. É o arquétipo da nova economia e das indústrias de alta e nova tecnologia. Os líderes são inovadores, empreendedores, visionários. Essas culturas são baseadas em transformação, agilidade e mudança contínua. A eficiência baseia-se na capacidade de inovar, na visão e na implementação de novos recursos.

- **O mercado** (estabilidade e foco externo): é a concorrência que vai impulsionar as organizações cuja cultura é do tipo "mercado". Não nos referimos aqui ao mercado como espaço de interação com os consumidores dos produtos e serviços oferecidos pela organização, mas à própria organização. Cameron e Quinn citam a Philips ou a Xerox como empresas representativas dessa cultura. Líderes em tais culturas terão o perfil de um concorrente, um trabalhador. Essas culturas são baseadas em conquistas, atividade e alcance de objetivos, lucratividade, participação de mercado. Foco no cliente e concorrência acirrada são as fontes de eficiência.

Cameron e Quinn (2011) desenvolveram um questionário, o *Organizational Culture Assessment Instrument* (OCAI), para caracterizar uma cultura corporativa e posicioná-la em relação a essa tipologia. No final do exercício, é possível ter uma "fotografia" da cultura tal como é percebida pelos inquiridos e posicioná-la segundo dois eixos: estabilidade-controle Vs. flexibilidade-liberdade e foco interno-integração Vs. externo diferenciação de foco. Os resultados obtidos permitem posicionar a cultura em relação aos quatro arquétipos da cultura organizacional: o clã, a hierarquia, a adhocracia, o mercado. O questionário também pode ser utilizado não apenas para avaliar a cultura organizacional atual, mas também para definir a cultura organizacional desejável, aquela para a qual a organização deve evoluir e, portanto, as mudanças a serem implementadas para chegar lá. O questionário OCAI é hoje uma ferramenta amplamente utilizada. O site OCAI.wordpress.com nos informa que mais de 12.000 empresas em todo o mundo o utilizam para posicionar sua cultura corporativa por meio de um questionário *on-line*.

Se podemos notar uma grande variedade de origem nacional dessas ferramentas, o fato é que metade delas foi projetada nos Estados Unidos; o segundo país que mais contribuiu para o desenvolvimento de tais ferramentas foi o Reino Unido, mas poucas delas são resultado de um trabalho internacional. O campo de exploração dessas ferramentas também é muito variado. Algumas delas focarão certas dimensões específicas de uma cultura (a relação com o tempo, por exemplo), outras em sua expressão em determinadas funções, ou em determinados setores de atividade. Esse método extrapola o universo da cultura organizacional *stricto sensu*. Encontra-se, em particular, na base da maior parte do trabalho dos culturalistas, em particular Hofstede, Trompenaars, House e a rede GLOBE. Este é o método "etic" por excelência.

Em geral, a questão da fiabilidade e relevância dessas ferramentas continua a ser alvo de discussão, devido às diferenças que podem existir entre o enquadramento cultural dos criadores do questionário e das pessoas que os utilizam, também devido à impossibilidade de ir em profundidade e apresentando resultados de forma redutiva (D'IRIBARNE, 1997). Por fim, a ferramenta medirá apenas o que for capaz de identificar. Algumas dimensões importantes podem passar despercebidas porque não são consideradas nos critérios de medição. Sua rigidez é sua maior fraqueza (JUNG et al., 2009).

– Entrevistas estruturadas

As entrevistas estruturadas têm as mesmas desvantagens e levam às mesmas críticas que os questionários pré-estruturados. Elas também têm a desvantagem de serem mais difíceis de conduzir quando as amostras a serem processadas são grandes. A questão da objetividade e confiabilidade das pessoas que vão conduzi-las é essencial: se faltarem, há um risco significativo de que os resultados obtidos reflitam mais a percepção que o pesquisador tem da cultura. O fato é que, se as entrevistas se basearem em grades estabelecidas nas regras e forem conduzidas com total objetividade, elas continuam sendo muito úteis para tratar de uma questão específica no contexto da pesquisa.

– Análise documental

A análise documental nunca é utilizada isoladamente nas pesquisas sobre cultura, mas em adição a outras abordagens. Pode ser usada em pesquisas indutivas ou dedutivas. Os documentos podem ser analisados tanto na forma como no conteúdo. Se o estudo foca a forma e foca o "significativo", será antes uma abordagem dedutiva BROMS; SAMBERG, 1987). Pelo contrário, se estiver ligado à substância e ao "significado", será integrado numa abordagem indutiva. Isso pressupõe, no entanto, uma imersão na cultura objeto de estudo, o que pode estar em contradição com a busca da objetividade absoluta.

– Entrevistas em profundidade

Entrevistas em profundidade são usadas para identificar os componentes fundamentais de uma cultura. O objetivo de tais entrevistas é trazer à tona os valores fundamentais/estruturas básicas/pressupostos fundamentais de uma cultura. São praticadas por meio de perguntas abertas e pressupõem por parte do entrevistador um conhecimento muito bom da cultura da entidade analisada e o domínio de sua "linguagem" e modos internos de expressão. Observam-se dois constrangimentos que podem revelar-se problemáticos na utilização desse método: por um lado, a objetividade do entrevistador e a fiabilidade do processo de recolha de dados condicionam a sua qualidade; por outro lado, é preciso diferenciar o que é da ordem das opiniões pessoais, e o que é, por outro lado, um dado significativo atrelado à cultura da entidade analisada. Sobre o primeiro ponto, a estrita objetividade da coleta e uso dos dados dependerá da vigilância da pessoa que conduz as entrevistas para não introduzir vieses. No que diz respeito à relevância dos resultados, o fato de recorrer a várias pessoas para explorar os dados recolhidos permitirá neutralizar eventuais vieses ou erros, como a possível confusão entre opiniões pessoais e "dados culturais". A repetição do exercício também pode ajudar a limitar esse risco.

– Observação dos membros da entidade estudada

Esse tipo de método pertence ao registro da etnografia e da antropologia. O princípio é simples: é preciso integrar a entidade como um de seus membros para descobrir e caracterizar aos poucos sua cultura. A vantagem dessa abordagem é que ela não requer nenhum conhecimento específico além de um bom senso de observação e produz um material muito rico em termos de observações e detalhes, possibilitando a recolocação das situações em seus contextos. No entanto, não é sem restrições. Muitas vezes requer muito tempo — e, portanto, orçamento. Citamos estudos de caso que duraram até cinco anos dessa forma. Se uma equipe de consultores permite reduzir o tempo de obtenção de resultados, então surge a questão da consistência das abordagens e, portanto, da relevância e confiabilidade dos resultados. O(s) consultor(es) também deve(m) ser capaz(es) de penetrar profundamente na entidade observada para poder captar os elementos que lhe permitirão trazer à tona os componentes da cultura analisada. Também é importante notar que o consultor, seja sozinho, seja membro de uma equipe, de fato, influenciará na qualidade dos elementos coletados devido à percepção que os membros da entidade terão dele, comportamentos e atitudes nunca são o mesmo se um é observado ou não. Por fim, quanto aos métodos anteriores, e ainda mais pelo fato de o consultor se encontrar imerso na cultura que estuda e no tempo que ali passa, surge a questão de sua objetividade.

– Discussões em grupo

Schein é um dos primeiros a levantar a importância das discussões em grupo para ajudar a caracterizar uma cultura. Trata-se de fazer um grupo de membros da entidade observada trabalhar em conjunto para trazer à tona os elementos culturais. Embora essa abordagem não nos permita ir tão fundo quanto poderíamos com entrevistas individuais em profundidade, ela nos permite, no entanto, trazer à tona as características de uma cultura. Também tem a vantagem sobre as entrevistas individuais em profundidade de reter apenas os elementos culturais coletivos graças ao confronto de pontos de vista e às trocas entre os participantes que eliminam opiniões pessoais. Também tem a vantagem de poder trazer à tona certos tabus que seriam mais difíceis de ver em uma entrevista individual.

No entanto, esse método requer certo número de pré-requisitos e, portanto, também tem suas restrições. A seleção dos grupos é importante e deve ser adaptada ao objetivo da pesquisa. O bom andamento das discussões e trocas requer atenção do pesquisador para que ele possa garantir uma boa dinâmica nas trocas e discussões. Ele deve estar ciente do viés que pode trazer para as discussões por causa de sua "referência cultural" e garantir o impacto que pode causar no grupo, procurando não influenciá-lo.

Embora todos esses métodos ainda estejam presentes e utilizados, o uso de entrevistas pré-estruturadas tem crescido consideravelmente, por um lado devido ao surgimento no mercado de inúmeras referências com as quais questionários pré-estruturados podem ser alinhados, e por outro lado, graças ao desenvolvimento de novas tecnologias que permitem oferecer meios de recolha de dados rápidos e instantâneos. Estamos muito longe dos questionários em papel que Hofstede usou na década de 1970 para coletar os dados de que precisava! O questionário pré-estruturado é hoje a ferramenta preferencial, inicialmente, para mensurar e caracterizar uma cultura organizacional, por sua facilidade de uso, seu custo operacional relativamente baixo e a possibilidade de utilização, tanto para pequenas estruturas quanto para grupos muito grandes. Como já mencionamos, a grande variedade de instrumentos disponíveis permite escolhê-los de acordo com o contexto e os objetivos. O fato é que é difícil imaginar limitar-se a esse único método se quisermos compreender, analisar e caracterizar uma cultura organizacional em sua totalidade e em todas as suas dimensões. É necessário construir o *mix* de métodos mais adequados ao seu contexto e às suas restrições.

Cultura organizacional e culturas nacionais

Sabemos agora que qualquer empresa que opera em ambiente internacional tem de ter em conta as especificidades das culturas nacionais dos países onde opera. Mas e sua cultura organizacional? Veremos diferenças de abordagens e práticas dependendo dos países onde a empresa desenvolve atividades? Ou encontraremos certa constância de um país para outro? E como o diretor da Universidade Corporativa deve administrar essas diferenças? Como Schein muito bem especificou em seu trabalho fundador, *Cultura Organizacional e Liderança*, uma cultura corporativa é composta por um agregado de subculturas e microculturas, que se integram em macroculturas que interagem entre si. Qualquer cultura corporativa será, portanto, marcada pela(s) cultura(s) nacional(ais) em que se desenvolve. Daí a necessidade de ter em conta essas culturas nacionais em qualquer abordagem de caracterização da cultura organizacional de uma empresa internacional.

Foi em 1980, com o trabalho de G. Hofstede, que a questão multicultural tomou conta dos estudos de gestão. Na França, em 1989, d'Iribarne trouxe com a publicação de *La logique de l'honneur*, outro olhar sobre a gestão das organizações, um olhar enraizado na história e nas culturas nacionais. Como ele especificará mais adiante, se os resultados de seu trabalho não forem discutidos, sua abordagem desconcertará muitos sociólogos (D'IRIBARNE, 1993). São essas duas contribuições muito diferentes em termos de forma e método que mudaram permanentemente a visão da gestão em um ambiente internacional que vamos explorar agora.

– Geert Hofstede – Cultura, uma Programação Mental Coletiva (HOFSTEDE; HOFSTEDE; MINKOV, 2010)

Hofstede define cultura como "uma programação coletiva da mente que distingue os membros de um grupo ou categoria de outro grupo de pessoas". A mente, diz Hofstede, é "a cabeça, o coração e as mãos", tudo ao mesmo tempo. A cultura é para um grupo o que a personalidade é para um indivíduo. A complexidade do conceito de cultura reside no fato de que a maioria dos elementos não é visível. O sistema cultural hofstediano é composto por vários elementos:

– na base estão, naturalmente, os Valores que se manifestam — e assim se tornam visíveis por meio das Práticas;

– símbolos: palavras, signos, imagens ou objetos que carregam um significado particular para pessoas que compartilham a mesma cultura;

– heróis são pessoas, vivas ou mortas, reais ou imaginárias, que personificam os valores do grupo e servem de modelo ou referência;

– finalmente, rituais, atividades coletivas, *a priori* não essenciais do ponto de vista funcional, mas que são consideradas essenciais na vida social para um grupo que compartilha a mesma cultura.

Hofstede traduz esse sistema cultural na forma de uma cebola, mostrando que a cultura é composta de diferentes elementos sobrepostos em diferentes níveis, alguns claramente visíveis, outros se manifestando por meio de práticas significativas:

Figura 2: As manifestações da cultura segundo Hofstede

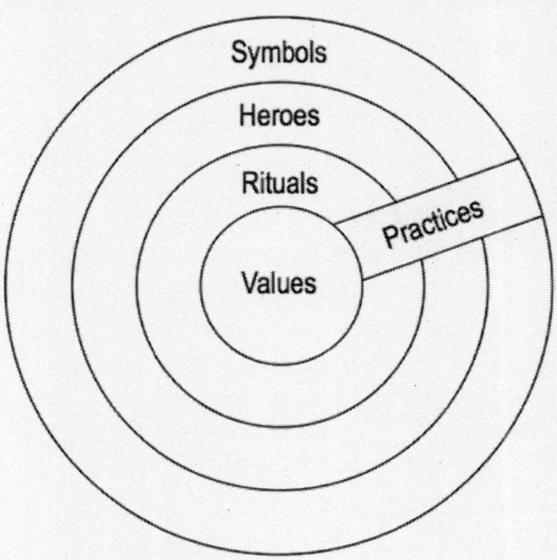

Hofstede posiciona as culturas nacionais em seis dimensões:

- **a distância hierárquica** - Distância de poder existente entre um funcionário e seu superior hierárquico. Essa é a percepção que o funcionário tem da influência de seu superior hierárquico sobre ele;
- **a relação com a incerteza** - Evitar a incerteza. Essa dimensão diz respeito à capacidade da empresa de operar em um contexto incerto. Um alto nível de UA (Uncertainty Avoidance) resulta em estruturas e procedimentos fortes, um sistema de planejamento sofisticado etc. Hofstede insiste na diferença entre incerteza e risco, um não pode ser confundido com o outro;
- **individualismo e vida coletiva** – Individualismo Vs. Coletivismo. Algumas culturas buscarão o consenso, favorecerão a ação e a vida coletiva, enquanto outras favorecerão e modelarão a ação individual;
- **masculinidade e feminilidade** – Hofstede define a masculinidade como a preferência pela competição e posse em oposição à feminilidade, que se traduz na preferência pelo relacionamento e pela ajuda mútua;
- **a relação com o tempo** – Orientação de longo prazo Vs. curto prazo. A orientação de longo prazo é definida como a propensão a favorecer valores voltados à satisfação no futuro, como perseverança, trabalho duro, senso de honra e frugalidade. No outro extremo, a orientação de curto prazo traduz-se numa propensão a favorecer o presente e as conquistas do passado, a estabilidade e a tradição;
- **tolerância e restrição** – Indulgência Vs. restrição. Essa dimensão inclui tudo relacionado à busca pela felicidade e reflete o nível de satisfação com os prazeres da vida que uma sociedade permite aos seus membros.

- **Philippe d'Iribarne – Uma abordagem etnográfica na comparação internacional de culturas**

Para d'Iribarne, a cultura deve ser entendida como um "contexto de interpretação" (1993). É "acima de tudo linguagem, código. Ela fornece um quadro de referência que permite aos atores dar sentido ao mundo em que vivem e às suas próprias ações". Todo o trabalho do pesquisador decorre desta visão: situar comportamentos e atitudes no contexto cultural em que foram observados para dar-lhes um significado que vá além da própria ação. D'Iribarne usa assim o exemplo da luz vermelha: "Assim, uma luz vermelha não tem o mesmo significado em Nápoles e em Zurique: a proibição que ela manifesta não tem o mesmo alcance [...]. Mas onde queimar uma fogueira constitui um grande insulto à lei, alguns podem precisamente, ignorando-a, exprimir a sua rejeição da ordem estabelecida; e onde é apenas um pecado venial, alguns podem, por disciplina, posar de cidadão modelo (D'IRIBARNE, 1998). A partir de um estudo muito detalhado dos comportamentos e modos de relacionamento entre as pessoas, d'Iribarne os aproxima dos elementos característicos da cultura de cada país que ele extrai da história. Assim, na França reina uma lógica de honra herdada diretamente dos modos de relacionamento do Antigo Regime. As relações nos Estados Unidos são marcadas pela lógica do contrato, enquanto a busca do consenso dominará as relações na Holanda.

Ao contrário de Hofstede, a análise de d'Iribarne baseia-se na convicção de que não existe um modelo universal: "não conhecemos atualmente sistemas de categorias universais que permitam dar conta de forma satisfatória da diversidade de formas de organização observadas no planeta" (D'IRIBARNE, 1993). A partir dessa observação, ele tentará decifrar as nascentes e os mecanismos predominantes em cada cultura por meio de uma observação minuciosa das práticas e de sua interpretação em relação à história. D'Iribarne identifica duas características pelas quais é possível perceber as diferenças no modo como as sociedades organizam a forma de trabalhar em conjunto e, de maneira mais geral, na forma de viver em conjunto:

- uma preocupação ou mesmo um medo partilhado por todos os membros do grupo e que desempenha um papel importante no imaginário coletivo;
- representações associadas a situações cotidianas relacionadas ou que permitem a proteção do objeto de medo previamente identificado.

D'Iribarne conclui, a partir dos exemplos francês e americano, que as sociedades fazem questão de encontrar formas de organização e representações de situações que lhes permitam neutralizar esse grande medo.

A gestão internacional reside na capacidade das empresas de implementar localmente princípios e regras que desejam ver aplicados uniformemente. Mas não é porque partilhamos os mesmos valores que associamos as mesmas práticas às mesmas palavras. A questão da linguagem, das palavras, do seu significado e da sua tradução é um assunto importante. A abordagem de D'Iribarne trouxe uma nova dimensão ao campo das culturas nacionais que enriquece enormemente. Multidisciplinar, ultrapassa as fronteiras da sociologia clássica para se valer da antropologia, da pesquisa histórica e do conhecimento dos sistemas políticos e de todos aqueles elementos que permitem dar sentido ao que *a priori* não tem, tudo o que constitui "os contextos de interpretação específicos para cada cultura". Essa abordagem, extremamente rica, não é isenta de dificuldades porque não é fácil ter todas as competências associadas a esse contexto de interpretação próprio de cada situação. É óbvio que as abordagens nomotéticas são mais facilmente exploráveis e transponíveis, mas sua simplicidade é também sua fraqueza. A abordagem diribarniana fornece uma profundidade e qualidade de análise que é difícil de igualar. A sua divulgação é dificultada pela variedade e extensão das competências necessárias à sua implementação.

– **Dinâmica organizacional em empresas multinacionais: o trabalho de Perlmutter**

Howard Perlmutter foi um dos primeiros pesquisadores a trabalhar o impacto do desenvolvimento das atividades internacionais nas estruturas e métodos operacionais das empresas. Em particular, analisou os modos de relacionamento entre matriz e subsidiárias e deduziu quatro modelos (PERLMUTTER, 1972):

– **modelo etnocêntrico**: as multinacionais cuja cultura é etnocêntrica têm um modo de funcionamento centralizado, com uma estratégia em nível global, mas também em nível local, desenvolvida de acordo com os interesses exclusivos da empresa-mãe. Isso se traduz no controle de cargos-chave, na sede e nas filiais, por nacionais do país da matriz. Este é um modo de operação muito adequado para mercados pouco diferenciados que não requerem adaptação local. Por outro lado, não é muito eficaz no caso de mercados nacionais muito específicos;

- **modelo policêntrico:** a multinacional policêntrica é o oposto do modelo anterior: as decisões são tomadas localmente de acordo com as características locais. Cada subsidiária é muito independente e livre para definir sua estratégia. A empresa-mãe mantém um controle relativamente frouxo sobre suas subsidiárias. Há poucos expatriados — ou especialistas técnicos — e os cargos-chave são geralmente ocupados por cidadãos do país em que a subsidiária está localizada. Particularmente adequado para mercados altamente diferenciados que exigem adaptação e decisões rápidas, esse modelo é ineficaz quando o contexto exige coordenação e ação em nível global;
- **modelo geocêntrico**: a multinacional geocêntrica é uma multinacional que aborda os mercados em nível global, posicionando recursos, habilidades e posições decisórias de acordo com as necessidades. Os expatriados são tanto especialistas técnicos quanto gerentes. Muitos relacionamentos estão se desenvolvendo entre as subsidiárias. Há muitos expatriados na matriz (são então chamados de "ipatriados"), refletindo a diversidade dos mercados em que a multinacional atua. Esse modelo está se tornando cada vez mais a referência para grupos internacionais;
- **modelo regiocêntrico** é uma variação desse modelo geocêntrico ao nível das grandes regiões do mundo.

Perlmutter foi o primeiro a formalizar modelos para os modos de organização dos grandes grupos internacionais. Podemos lamentar que ele não tenha revisto seu trabalho à luz das contribuições dos culturalistas. A grade de leitura que ele nos dá ainda é relevante hoje. Mesmo que a maioria das multinacionais esteja orientada para o modelo geocêntrico, uma tipologia de expatriados, modos de relacionamento entre pessoas ou processos decisórios podem refletir a orientação cultural da multinacional no momento em que desenvolveu suas atividades, organizações internacionais e construiu sua organização.

– **Organização e funcionamento de empresas internacionais: o trabalho de Bartlett e Ghoshal**

Bartlett e Ghoshal definiram um modelo de organização, "a empresa transnacional", mais particularmente adaptado, segundo eles, à evolução do mundo empresarial (BARTLETT; GHOSHAL, 1998). Para chegar a esse paradigma, analisaram detalhadamente os modos de organização, o desenvolvimento e as práticas de certo número de grupos internacionais, o que os tornou bem-sucedidos e o que hoje apresenta problemas. Não vamos explorar essas questões. Vamos centrar a nossa atenção nos três modelos de organização que trouxeram à luz, modelos que refletem as características e especificidades de um produto, de um mercado, mas que são também marcadores de um contexto histórico e de uma cultura nacional ou regional:

– **a empresa multinacional** é uma organização descentralizada, gerida de forma independente ao nível de cada país. As relações entre a matriz e as subsidiárias se dão principalmente por meio dos administradores, com base nas relações pessoais. A chave do sucesso é a sua organização centralizada que lhe permite adaptar os seus produtos aos mercados locais. O exemplo típico de uma empresa multinacional é a Philips. Bartlett e Ghoshal atribuem esse modo de organização aos grandes grupos europeus que surgiram no período entreguerras;

– **a empresa internacional** é uma organização cujas subsidiárias constituem antenas para explorar as competências da matriz. Enquanto as subsidiárias são autônomas na adaptação dos produtos às características do mercado local, elas dependem da matriz para seu desenvolvimento. As empresas internacionais têm sistemas sofisticados de monitoramento e controle. Sua força está em sua capacidade de disseminar habilidades desenvolvidas centralmente e usadas globalmente. Bartlett e Ghoshal citam a General Electric ou a Procter & Gamble como exemplo de empresa internacional. Vinculam esse modo de organização a grupos internacionais de origem norte-americana;

– **a empresa global** caracteriza-se pela sua centralização, constituindo as subsidiárias principalmente como canais de distribuição dos produtos desenhados pela matriz. A sede centraliza recursos e responsabilidades, com a atividade das subsidiárias centrada na venda, pós-venda e eventualmente na montagem do produto. A força das empresas globais está em sua capacidade de explorar as economias de escala que podem alcançar em nível global. Bartlett e Ghoshal relacionam esse modelo a empresas japonesas como a NEC ou Matsushita, que experimentaram um forte desenvolvimento na década de 1970.

Essa abordagem complementa o trabalho de Perlmutter sobre a articulação entre culturas locais e culturas organizacionais em grupos internacionais. Também permite destacar as relações implícitas que existem entre as estruturas, os modos de operação e o comportamento das organizações com seu ambiente, seus mercados e seus produtos. Seu trabalho também coloca em perspectiva a importância das culturas organizacionais e seu impacto no desempenho. A análise da evolução dos grupos Matsushita e Philips no século XX é uma brilhante demonstração da dificuldade das organizações em mudar sua cultura: o que hoje é um problema é muitas vezes o que fez o sucesso da empresa ontem (BARTLETT, 1998).

- **Estruturas organizacionais e culturas nacionais**

O surgimento de modelos que permitem caracterizar as culturas corporativas, seja em uma visão organizacional, seja em uma visão nacional, permitiu deduzir modos organizacionais que prevalecem em determinadas culturas.

- **O modelo de O.J. Stevens a partir de Hofstede**

Este modelo é baseado no trabalho de Hofstede e é construído em duas dimensões do modelo de Hofstede: distância hierárquica (Power Distance Index – PDI) e relação com a incerteza. Owen J. Stevens deduz quatro perfis culturais de organizações (HOFSTEDE; HOFSTEDE; MINKOV, 2010):

- **o mercado de aldeia** (baixo UAI, baixo PDI), característico dos países anglo-saxões: descentralização, autonomia dos funcionários, alto nível de delegação, organização por produto ou por mercado, flexibilidade, relações informais, controle final;

- **a máquina bem oleada** (UAI forte, PDI fraco), modo de organização encontrado nos países germânicos: tomada de decisão descentralizada, habilidades técnicas especializadas, importância da especialização, autonomia vinculada ao nível de habilidades, organização por função, coordenação por procedimentos com níveis de controle intermediários;
- **a tribo/família** (UAI fraca, PDI forte) é mais encontrada nas culturas asiáticas: organizações centralizadas, paternalistas. A lealdade é exigida, as relações interpessoais predominam sobre as tarefas, o controle é feito pelo grupo;
- **a pirâmide/a Torre Eiffel** (forte UAI, forte PDI) é o modelo característico dos países latinos: tomada de decisão centralizada, coordenação no nível superior, delegação limitada, especialização, abordagem analítica dos problemas, elitismo, controle inicial.

- **O Modelo de Hampden-Turner e Trompenaars**

A abordagem de Hampden-Turner e Trompenaars é semelhante; a diferença está no uso de diferentes dimensões (TROMPENAARS; HAMPDEN-TURNER, 2012). Partem da premissa de que a cultura corporativa é baseada em três características da estrutura da organização: a relação geral entre os funcionários e a organização, o sistema hierárquico e a visão do pessoal sobre o futuro da organização. Para definir uma tipologia de culturas organizacionais, foram mantidas duas das dimensões: igualdade/hierarquia e orientação para o indivíduo/orientação para a tarefa que ele encontra.

Quatro culturas organizacionais resultam disso:

- **incubadora**: cultura corporativa orientada para a realização. Cultura típica da *startup*, caracteriza-se por uma organização plana, informal, orientada para a criatividade e a espontaneidade;
- **família**: é uma cultura tradicional, do tipo paternalista. É marcada por um respeito à hierarquia que também se mantém muito próximo dos funcionários. O poder é exercido por delegação. As relações entre as pessoas são fortes, enraizadas no longo prazo ("somos leais à empresa"), marcadas pelo "espírito de família";

- **míssil guiado**: esta é uma cultura voltada para a missão a ser cumprida. É igualitária, as relações entre as pessoas são baseadas no objetivo a ser alcançado. É típica de empresas de alta tecnologia;
- **Torre Eiffel**: é uma cultura orientada para o papel e lugar na organização: "Escolhi a Torre Eiffel como símbolo desse tipo de organização porque é muito inclinada, simétrica, estreita no topo e larga na base, estável, rígida e robusta [...]. Há também sua estrutura que é mais importante que sua função". A cultura da Torre Eiffel é caracterizada pelo papel específico de todos os funcionários em uma organização regulamentada e padronizada. Ela respeita a hierarquia, que é distante e poderosa. Seu funcionamento é assegurado por meio de processos, regras e normas.

No entanto, esses resultados devem ser interpretados com cautela. Independentemente de sua localização, as pequenas empresas estão mais próximas do modelo Familiar, enquanto, pelo contrário, as grandes empresas se dividem principalmente entre os modelos de Míssil Guiado e Torre Eiffel. No entanto, essa visualização dos modos de organização e culturas organizacionais favorecidas por certas culturas nacionais constitui uma abordagem interessante.

Mas e a cultura de uma empresa que atua em diferentes países? A maioria dos estudos não questiona o princípio de que uma cultura organizacional pode existir em um cenário internacional. O trabalho que desenvolvemos confirma isso e mostra que os postulados fundamentais da cultura organizacional de um grupo internacional se mantêm nas subculturas organizacionais específicas de cada país, ao mesmo tempo em que são tingidos de características ligadas à cultura nacional desses países (PÉPIN, 2018). A cultura corporativa será, assim, um dos elementos constitutivos essenciais de qualquer universidade corporativa, em particular as universidades corporativas de empresas que operam internacionalmente, das quais constituirá um dos componentes fundamentais.

Cultura corporativa e universidade corporativa

A universidade corporativa tem uma estreita relação com a cultura corporativa com a qual desempenha um triplo papel: é tanto sua reveladora — no sentido químico do termo —, quanto sua difusora e sua geradora.

- **A universidade corporativa como reveladora da cultura corporativa**

Se percebermos rapidamente os aparentes elementos de uma cultura corporativa — pense nos "homens de terno escuro da IBM" descritos por Kotter (KOTTER; HESKETT, 1992) —, não é fácil trazer à tona os postulados fundamentais que condicionarão comportamentos, relacionamentos e tomadas de decisão. Além das ferramentas ou abordagens que serão implementadas e que apresentamos nas páginas anteriores, há a questão de quem pode realizar este trabalho. A universidade corporativa pode desempenhar um papel essencial na caracterização e formalização da cultura corporativa. Muitas universidades corporativas embarcaram nesse trabalho de formalização da cultura organizacional da empresa para definir seu "propósito" ou estabelecer um repositório de habilidades gerenciais. Atividade fundamental no primeiro sentido do termo, permitindo estabelecer e legitimar as atividades e programas que serão então implantados.

- **A universidade corporativa como disseminadora da cultura corporativa**

Este é certamente o papel que a universidade corporativa mais frequentemente desempenha. E muitas vezes estará na origem da constituição de uma universidade corporativa, pelo desejo de seus líderes de compartilhar os valores comuns da empresa com todos os *stakeholders*. Como recordamos na introdução deste capítulo, a disseminação da cultura é o primeiro critério para a criação de programas de formação ao nível das empresas (EBOLI et al., 2014). Essa disseminação da cultura organizacional se refletirá antes de tudo nos programas de integração destinados a novos funcionários: apresentação da organização, atividades e mercados, interação com gestores, aderência aos valores e princípios da empresa. Muitas vezes, encontraremos sistemas híbridos para dar a conhecer os recém-chegados e aderir à cultura corporativa: treinamento assíncrono a distância — às vezes antes de entrar na empresa, treinamento nos primeiros dias no posto de trabalho supervisionado pela gerência, estágio nas semanas ou meses seguintes, reunindo todos os novos recrutas, combinando visitas ao local, sessões de formação com formadores e reuniões de discussão com a gestão.

A disseminação da cultura não para nas ações desenvolvidas com as novas contratações. Muitas vezes, encontraremos nos programas de formação da universidade corporativa momentos dedicados aos componentes fundamentais da cultura organizacional: sessões de reflexão sobre o "propósito", sessões dedicadas à implementação dos princípios e valores expostos em ambiente profissional, reuniões de discussão com a gestão sobre estratégia e cultura etc.

A cultura corporativa pode ser comparada a um cimento que une os diferentes tijolos que são os programas de formação de uma universidade corporativa, mantendo a coesão e a estabilidade do conjunto.

– **A universidade corporativa como geradora de cultura corporativa**

A universidade corporativa também pode mudar a cultura corporativa, trazendo novos elementos para ela, formalizando e expondo os valores e princípios da empresa, reforçando ou fazendo mudanças ou evoluindo os postulados fundamentais que a orientam e sustentam. Voltemos à definição de cultura de Schein: "A cultura de um grupo pode ser definida como tudo o que o grupo aprendeu ao longo do tempo e que foi compartilhado por todos os seus membros para resolver seus problemas...". Se tomarmos a definição de SEC de Eboli (2004), podemos supor que o aprendizado permanente e contínuo promovido pelo Sistema de Educação Corporativa integra o que o grupo aprendeu ao longo do tempo para resolver esses problemas. De fato, o Sistema de Educação Corporativa contribui para gerar a cultura corporativa, para fazê-la evoluir por meio das novas atitudes e comportamentos que promoverá. O Sistema de Educação Corporativa também desempenha um papel importante na transformação da cultura organizacional, por meio das mudanças que introduz em comportamentos e práticas que de fato modificam os postulados fundamentais que os sustentam.

A sucessão de crises que vivemos acelerou o ritmo de profundas mudanças na sociedade e no mundo do trabalho, levando as empresas a reverem suas estratégias e modelos de negócios. A universidade corporativa está no centro dessas transformações. A formalização da cultura da empresa e a sua divulgação constituem um primeiro passo para a sensibilização de todos para o enquadramento em que a empresa opera, para as alavancas e os constrangimentos que a cultura pode representar na implementação da estratégia escolhida. Se a universidade corporativa cumprir plenamente o seu papel de desenvolver competências críticas e de ser um elemento-chave na criação de vantagens competitivas (EBOLI et al., 2014), naturalmente trabalhará para alinhar práticas e estratégias com os grandes postulados fundamentais da cultura empresarial. Mais do que nunca, a universidade corporativa deve ser esse cadinho da cultura corporativa onde ela se desenvolve, consolida e é compartilhada.

Referências Bibliográficas

BARTLETT, C. Philips and Matsushita: Growth of two global companies. In BARTLETT, C.; BEAMISH, P. W. *Transnational management*. 4th Ed. Boston: McGraw Hill, 1998. p. 355-371.

BARTLETT, C. A.; GHOSHAL, S. (1998). *Managing across borders* – The transnational solution. 2nd Ed. Boston: Harvard Business School Press, 1998.

BROMS H; SAMBERG H. *Semiotics of management*. Ensy Offset Ky, 1987.

BUSINESS WEEK. Corporate culture: The hard to change values that spell success or failure. *Business Week*, October 27th, 1980.

CAMERON, K. S.; QUINN, R. E. *Diagnosing and changing organizational culture*. 3rd Ed. San Francisco: Jossey-Bass, 2011.

D'IRIBARNE, Ph. *La logique de l'honneur*: Gestion des entreprises et traditions nationales. Préface pour l'édition de poche, Paris: Le Seuil,1993.

______. The usefulness is an ethnographic approach to the international comparison of organizations. *International Studies of Management & Organization*, v. 26, n. 4, p. 30-47, 1997.

______. *Cultures et mondialisation*: Gérer par de-là les fronteires. Paris: Le Seuil, 1998.

EBOLI, M. *Educação corporativa no Brasil*: Mitos e verdades. São Paulo: Gente, 2004.

EBOLI, M. et al. *Educação corporativa*. São Paulo: Atlas, 2010.

EBOLI, M. et al. *Educação corporativa*: Muitos olhares. São Paulo: Atlas, 2014.

HOFSTEDE, G. Culture and organization. *International Studies of Management & Organization*, v. 10, n. 4, 1980.

HOFSTEDE, G.; HOFSTEDE, G. J.; MINKOV, M. *Cultures and organizations*: Software of the mind. New York: Mc Graw Hill, 2010.

HOWARD-GRANVILLE, J. How to sustain your organization's culture when everyone is remote. *MIT Sloan Management Review*, Cambridge, 2020.

JUNG, T. et al. Instruments for exploring organizational culture: A review of the literature. *Public Administration Review*, v. 69, n. 6, p. 1087-1096, 2009.

KOTTER, J. P.; HESKETT J. L. *Corporate culture and performance*. New York: Free Press Ed., 1992.

MORRILL, C. Culture and organization theory. The Annals of the American Academy of Political and Social Science, v. 619, Sept. 2008

PÉPIN, D. *Caractérisation de la culture organisationnelle d'une entreprise multinationale*: le cas du Groupe Saint-Gobain, 2018. Thèse (Doctorat en Économie) - Université Panthéon-Assas.

PERLMUTTER, H.V. The multinational firm and the future. The Annals of the American Academy of Political and Social Science, v. 403, 1972.

SACKMANN, S. Uncovering culture in organizations. *Journal of Applied Behavioural Science*, v. 27, n. 3, p. 295-317, 1991.

______. *Success factor, corporate culture*: Developing a corporate culture for high--performance and long-term competitiveness: Six best practices. German: Bertelsmann Foundation, 2006.

______. *Corporate culture and performance* – Assessment, evaluation, improvement: Success through corporate culture. German: Bertelsmann Stiftung, 2010.

SCHEIN E. H.; SCHEIN, P. *Organizational culture and leadership*. 5th Ed. San Francisco: J. Wiley & Son, 2017.

THÉVENET, M. *La culture d'entreprise*. 6ème éd. Paris: PUF, 2013.

TROMPENAARS, F.; HAMPDEN-TURNER, C. *Riding the waves of culture*: Understanding diversity in global business, 3ème éd. New York: McGraw Hill, 2012.

2.6 Gestão da mudança: novos tempos, novas competências

Sergio Nery

O correr da vida embrulha tudo,
a vida é assim: esquenta e esfria,
aperta e daí afrouxa,
sossega e depois desinquieta.
O que ela quer da gente é coragem.
O que Deus quer é ver a gente
aprendendo a ser capaz
de ficar alegre a mais,
no meio da alegria,
e ainda mais alegre
ainda no meio da tristeza!...
Guimarães Rosa

Considerações iniciais

O mundo inteiro estava relativamente em sua zona de conforto, claro que sempre com uma crise aqui e acolá, mas todos seguindo suas rotinas. No Brasil, tudo muito igual! Escolas funcionando normalmente, as viagens nacionais e internacionais a todo vapor, os eventos culturais sempre com casas lotadas, *shows* de *rock*, concertos, bailes *funk*, casas noturnas lotadas de gente! A vida fervilhando como sempre. Nas empresas, tudo muito normal:

reuniões e mais reuniões, treinamentos, eventos corporativos, visitas a clientes, negócios sendo fechados, novos produtos sendo lançados, corre-corre daqui e dali. Nas grandes cidades brasileiras, trânsito caótico (como sempre). Transportes públicos lotados, carros de aplicativos, táxis, veículos particulares indo e vindo o tempo todo. Aglomerações, tumultos. Restaurantes lotados, sobretudo nos finais de semana (filas para encontrar mesa). Sem falar nas festas: casamentos, aniversários; Natal para os católicos (alguns nem tanto), reunião familiar, com muitos presentes (ou poucos dependendo do bolso do Papai Noel), fartura na comida (para quem pode, certamente) festa de *Réveillon*: milhões de pessoas juntas, reunidas celebrando a chegada do novo ano, celebrando a vida, desejando que o ano 2020 chegasse com muita saúde, paz e a alegria reinasse em todos os corações, boas energias, todos juntos. Abraços e muitos abraços. *Champagne* ou qualquer outra bebida possível para celebrar!

Da simples comunidade às mansões mais luxuosas, cada qual teve o *Réveillon* que podia, de acordo com suas posses. Alguns bem chiques e elegantes com mesa farta e *champagne* francês, e outros mais simplesinhos. Festa de final de ano nas praias lotadas. Na cultura brasileira, nesse dia, é comum todo mundo usar roupa branca para atrair paz e sossego ou outra cor de sua preferência, e todas elas têm determinada simbologia: por exemplo, o vermelho que auxilia no aspecto material do ser humano. Portanto, usar vermelho, na virada atrai conquistas para o ano que virá. O tom também impulsiona e estimula a realização de novos planos. O vermelho também está associado à paixão, sensualidade e autoconfiança por ser uma cor da vitalidade e da energia; a cor verde representa a vida, confiança, esperança e saúde; usar amarelo no Réveillon não atrai apenas riquezas, mas também inteligência e prosperidade, afirmam "especialistas"; violeta/roxo é a cor da intuição, da transformação e do autoconhecimento. E por aí vai.

E sempre uma recomendação — além de todos os pedidos e oferendas —, nada de comer nenhum tipo de ave que cisque para trás, pois isso atrai mau agouro, é como se algo nos aprisionasse ao passado, justamente quando se quer uma vida diferente, uma vida nova, acreditam alguns. Mas, tudo muito bem! Todo mundo feliz, como sempre ocorre nessas ocasiões.

Janeiro é normalmente um mês de férias, praias lotadas, todo mundo querendo pegar "aquele bronze". E como diz a canção, "em fevereiro tem Carnaval". Uma das maiores festas no Brasil. Alegria por todos os cantos. Olinda/Recife com seu frevo, Salvador em seus trios elétricos, Manaus, São Paulo com seus blocos de rua lotando todos os bairros e os desfiles no Sambódromo e no Rio de Janeiro? Ah, o Rio de Janeiro é um caso à parte..., "a maior festa do planeta", além dos blocos de rua — (são mais de 500) abarrotados de pessoas, alguns chegando a reunir duzentas mil, como o Cordão da Bola Preta e tantos outros com mais de cem mil foliões comemorando. Existe o grande desfile das escolas de samba no Sambódromo! Doze escolas de samba formam a elite do Carnaval, o Grupo Especial. Fora as pequeninas, as mais simples que são do grupo de acesso.

Celebridades chegam de todos os lugares do mundo para "prestigiar a festa" em troca de algumas centenas de dólares. Ingressos caríssimos esgotam-se rapidamente. As arquibancadas ficam lotadas. Se a pessoa é uma "celebridade" ou se tem alguma conexão importante, consegue um espacinho nos camarotes, com tudo incluído, em geral patrocinados por empresas de cerveja.

Um evento que precisa de muito investimento, mas em contrapartida, gera alguns bilhões para a economia da cidade.

Os desfiles no Rio de Janeiro foram realizados entre os dias 21 e 29 de fevereiro de 2020 (com o vírus já ciscando na área). A Unidos do Viradouro venceu o Grupo Especial, conquistando seu segundo título na elite da folia carioca e quebrando o jejum de 23 anos sem ganhar o carnaval.

E assim "caminhava a humanidade...", cada qual em seu quadrado.

Eis que de repente chega uma notícia bombástica!

Em uma cidade chinesa que pouca gente conhecia chamada Wuhan, surge um misterioso novo coronavírus, que causa a infeção da Covid-19.

Segundo dados das Nações Unidas para 2018, a população dessa cidade é de 8,9 milhões de pessoas — mas outras fontes falam em até 11 milhões. Wuhan é conhecida coloquialmente como a "panela da China" por suas altas temperaturas, sobretudo no verão. Construída no curso intermediário do rio Yang Tsé — que, com quase 6,4 mil quilômetros é o maior rio da Ásia e o terceiro do mundo —, também tem um importante porto, com navios que se conectam a Xangai, no leste, ou à Chongqing, no oeste. Justamente o tamanho e a importância econômica de Wuhan explicam em parte por que o vírus viajou tão rapidamente do sudeste da Ásia e chegou aos Estados Unidos e à Europa. Em resumo: o vírus se espalhou assim porque muitas pessoas entram e saem de Wuhan. Isso desencadeou uma pandemia que, não só interrompeu a vida, mas também criou um ponto de inflexão para as pessoas e organizações redefinirem o que querem ser e para onde querem ir.

Uma pandemia, e agora?

A pandemia da Covid-19 no Brasil teve início em 26 de fevereiro de 2020, após a confirmação de que um homem de 61 anos, de São Paulo, que retornara da Itália, testou positivo para o SARS-CoV-2, causador da Covid-19.

Aparentemente, pouca gente prestou atenção. Mas, algo transformaria totalmente nossas vidas!

Começa uma certa apreensão, ninguém sabia direito do que se tratava! Alguns achavam que isso seria contido rapidamente... Outros pensavam que era uma simples gripe.

A Covid-19 revelou que o curso das coisas não está em nossas mãos, que a qualquer momento eventos jamais imaginados podem acontecer e colocar em xeque ideias, planejamentos, ações e estruturas.

Primeiras providências

Da noite para o dia o mundo inteiro começa uma nova rotina, e no Brasil não foi diferente.

O contágio está associado ao contato próximo e prolongado, desse modo, foi proposto como medida o distanciamento social por meio do isolamento.

Pela Portaria MS n.º 188 (BRASIL, 2020a), o Ministério da Saúde declarou emergência em saúde pública em decorrência da infecção humana pelo novo coronavírus. Já a Lei n.º 13.979 (BRASIL, 2020b), que dispõe sobre medidas para o enfrentamento da Covid-19, incluiu a "quarentena: restrição de atividades ou separação de pessoas suspeitas de contaminação das pessoas que não estejam doentes, ou de bagagens, contêineres, animais, meios de transporte ou mercadorias suspeitos de contaminação, de maneira a evitar a possível contaminação ou a propagação do coronavírus". Sendo assim, ficar em casa foi também uma das medidas recomendadas pela Organização Mundial da Saúde (OMS), imposta à maioria das atividades econômicas.

É sabido que muitas empresas, por exemplo, eram totalmente contrárias ao trabalho em *home office*, teletrabalho ou qualquer outro tipo de atividade que não fosse a presencial.

Não houve escolha! Não foi o dono da empresa, o CEO, o diretor de inovação que tomou essa decisão! Foi o pavor, o pânico de um vírus invisível e letal.

A aceitação desse novo modelo virtual para os trabalhadores começou lentamente no princípio e gradativamente foi aceita por todas aquelas funções nas quais essa modalidade era permitida. Certamente os serviços considerados essenciais continuaram operando de forma presencial.

Além do distanciamento social, pequenas mudanças de hábitos foram recomentadas às pessoas em virtude do espantoso aumento dos casos, tais como uso de álcool em gel/líquido para melhor higienização das mãos e o uso de máscaras de proteção.

Os naturais apertos de mãos, beijos e abraços tão comuns na cultura brasileira foram abolidos, inclusive com familiares, o que ocasionou nas pessoas muito estranhamento e certo desequilíbrio emocional.

Em princípio, muitos acreditavam que essa situação terminaria rapidamente: alguns meses e todos poderiam voltar novamente às suas atividades cotidianas.

Como medida de precaução e para evitar qualquer aglomeração, os restaurantes, cafés, casas noturnas, salas de espetáculo, teatros, *shopping centers*, cinemas foram fechados. Os eventos que haviam sido programados — sem exceção — foram postergados ou cancelados. As pessoas que haviam agendado suas viagens de férias tiveram que adiar ou cancelar.

E o bordão que se repetia em uníssono: fique em casa!

Poucas pessoas eram vistas nas ruas. A não ser entregadores de comida, de supermercado e de outros serviços que eram solicitados via *internet*, além, é claro, de trabalhadores que não podiam ficar em casa.

Uma mudança nas rotinas diárias

Famílias inteiras começaram a conviver 24 horas por dia juntas. O que em princípio parecia ser algo extremamente agradável, pois muitos pais reclamavam desse distanciamento de seus filhos no cotidiano quando iam trabalhar em suas empresas, fábricas, escritórios e só podiam ter um pequeno contato quando chegavam a casa à noite ou nos finais de semana. Isso então já não era mais problema! Mas pensem em um casal com dois ou três filhos, por exemplo, e todos em fase escolar? E essa família de cinco pessoas trabalhando ou estudando em *home office*? E na maioria dos casos em pequenos espaços sem a menor infraestrutura tecnológica.

Muitas mudanças ao mesmo tempo. Além de trabalharem em casa, também deveriam cuidar de algumas atividades domésticas: lavar, cozinhar, cuidar da casa etc.

Assim como também existiam os casos das pessoas que viviam sozinhas. E estavam em distanciamento social. Como fazer? De repente não tinham mais contato presencial com seus colegas de trabalho nem com seus familiares, o que também acarretava nessas pessoas uma sensação de perda, isolamento e melancolia.

Em ambos os contextos a situação ficou complexa demais! Algumas pessoas convivendo com muita gente ao mesmo tempo e outras completamente sozinhas.

E quase ninguém estava preparado para isso. As empresas não haviam se preparado, as pessoas não haviam se preparado.

Segundo o pensamento da psiquiatra suíça Elisabeth Kübler--Ross (1985), a "curva da emoção" é uma metodologia de gestão da mudança que se originou de um estudo com o objetivo de ajudar as pessoas a lidarem com o luto, as perdas e os traumas. Esse conceito foi adaptado para outras situações de grandes mudanças e tornou-se muito conhecido e utilizado no mundo corporativo. Essa metodologia pode ser utilizada nessa situação. Demonstraremos por esse gráfico o momento em que algumas pessoas podem estar perante toda essa mudança causada a partir da pandemia (Figura 1). Além das mudanças na rotina de trabalho, muitas pessoas estão lidando com o luto literal, pois perderam pessoas muito próximas. Várias pessoas estão ainda se perguntando "o que aconteceu?", muitas estão no "vale das lágrimas", no entanto, há aquelas que agiram mais rápido e já foram para a fase de experimentação, e outras já estão vivendo "uma nova realidade", adaptadas a um novo momento. Entender esse processo, como funciona, auxiliará as pessoas e as empresas a passar pelo momento atual e entrar no chamado "novo normal" como protagonistas e não como coadjuvantes levados pelas mudanças.

Figura 1: Como as pessoas tipicamente respondem à mudança

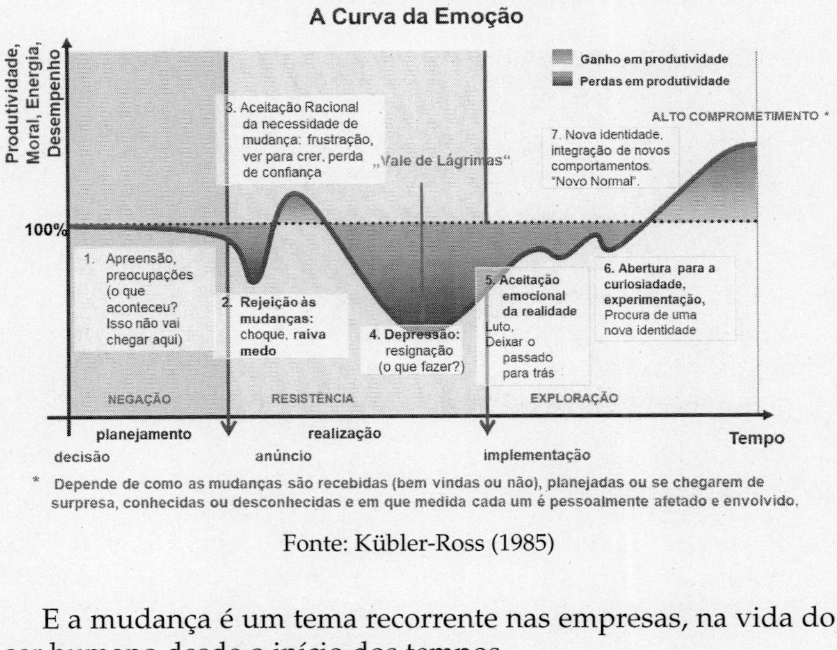

Fonte: Kübler-Ross (1985)

E a mudança é um tema recorrente nas empresas, na vida do ser humano desde o início dos tempos.

Aqui surgem as resistências e as dúvidas... e as dificuldades para superar mudanças.

Podemos acentuar o aspecto natural da mudança, significa dizer: toda mudança acontece apenas pela urgência de equilíbrio, incremento ou potencialização de uma estrutura.

Mudar significa ajustar-se, despertar para novas possibilidades.

Não mudar significa paralisar-se, fechar-se, conservar hábitos já conhecidos, velhos caminhos, mesmas situações que já não funcionem tão bem.

Todavia, como perceber que esse modelo que utilizava e funcionava tão bem pode, para esse novo momento, já não funcionar mais?

Manter nossa percepção constantemente renovada é fundamental. Admitirmos que a mudança e o novo são parte da rotina nos ajuda a estarmos atentos ao novo tanto quanto ao já conhecido.

Foi preciso reinventar-se! Descobrir o novo. Tentar outras alternativas.

Para mudar é preciso também ter coragem, ousadia, mesmo diante de dúvidas e incertezas. Nos tempos atuais — mais do que nunca —, pensar rigidamente talvez não seja a melhor alternativa.

O pensamento flexível (MLODINOW, 2018) é o que nos confere a capacidade de resolver novos problemas e superar as barreiras neurais e psicológicas que nos impedem de enxergar para além da ordem existente.

Assim, embora nos faça exigência sem precedentes, na verdade, nossa era atual somente nos pede que exploremos uma característica que sempre tivemos — uma das características que nos torna humanos. Nossa capacidade e nosso desejo de nos adaptar, de explorar e gerar novas ideias.

O conceito resiliência, já quase desgastado, foi colocado à prova mais do que nunca.

Pessoas e organizações devem aproveitar esse momento para transformar ambiguidade em oportunidade em seu trabalho, força de trabalho e local de trabalho. Para ter sucesso no futuro do trabalho, o tempo para a mudança é agora.

Quando falamos em mudanças, logo pensamos em dificuldades, em perdas, em desafios a serem enfrentados. É certo que uma mudança nos desafia a aprender algo novo ou a nos adaptar a determinada situação. Neste momento, ter uma gestão de mudanças eficaz nos prepara para lidar com os desafios, tendo o menor custo ou perda possível.

Fazer gestão hoje depende de estar preparado para encarar cada vez mais situações desconhecidas, que devem ser enfrentadas com conhecimento (FALCONI, 2017).[1]

Assim sendo, se fizeram rápidas adaptações.

Mundo VUCA e mundo BANI, o que representam em tempo de pandemia

O conceito de mundo VUCA surgiu no final dos anos 1980, em um cenário pós-Guerra Fria e, ao mesmo tempo, de forte ascensão da globalização e interconectividade. Diante disso, o *Army War College* dos Estados Unidos introduziu o acrônimo, que significa *Volatility, Uncertainty, Complexity* e *Ambiguity* (em português, Volatilidade, Incerteza, Complexidade e Ambiguidade).

O termo, que foi cunhado para direcionar estratégias militares, rapidamente se espalhou e começou a ser adotado por empresas de diversos setores. Ele serviu para nortear as táticas a serem adotadas para lidar com questões da época e o então novo panorama de inexatidão e disrupção. Em 2018, o futurista e antropólogo Jamais Cascio (2020) apresentou o conceito de mundo BANI, que refletiria melhor a realidade das sociedades no momento atual.

A pandemia acelera a transição de um mundo VUCA para um mundo BANI.

O mundo BANI marca a passagem da Volatilidade para a "Fragilidade", da Incerteza para a "Ansiedade", da Complexidade para a "Não linearidade" e da ambiguidade para a "Incompreensão" e nos ajuda a entender e reagir rapidamente a mudanças que serão cada vez mais dinâmicas e instáveis. Em um mundo

1 Vicente Falconi (Niterói, 1940), consultor em gestão e escritor

extremamente incerto, esperar por mais transformações é a única certeza. O conceito BANI traz uma espécie de lupa para quem busca um norte sobre quais são os próximos passos como profissional ou organização, e o que podemos perceber é que lidar com esse cenário será cada vez mais desafiador. Além de flexibilidade, gestão do tempo, liderança remota e autonomia, também devemos desenvolver mais resiliência, empatia, atenção plena, inteligência emocional, entre tantas outras competências fundamentais para obter sucesso daqui em diante.

Frágil (Brittle)

Se no mundo VUCA a volatilidade é predominante, no mundo BANI isso atingiu um grau tão extremo que basicamente tudo é muito frágil e sem solidez. Em outras palavras, a impermanência é marcante neste momento. Pessoas sentem medo de perder o emprego do dia para a noite, empresas trabalham com planejamentos menos robustos e longos e a maioria das pessoas parece compreender que tudo pode ruir a qualquer instante.

Ansioso

Com certeza, em 2020 e 2021, a ansiedade foi um ponto de atenção para muitas pessoas. Afinal, as incertezas do mundo VUCA se tornaram cada vez mais avassaladoras, gerando um cenário de medo, insegurança e impotência diante das mudanças. Assim, a ansiedade pelo que "vai acontecer" tornou-se latente e predominante para a maioria dos profissionais, fazendo com que muitos se sentissem constantemente perdidos. No mundo BANI, essa ansiedade acarreta medo de tomadas de decisão, barreiras a iniciativas novas e acaba impactando profundamente a busca por novas soluções.

Não linear

A complexidade do mundo VUCA tornou-se a não linearidade, marcada especialmente pela desconexão entre causa e efeito. A crise do coronavírus e as mudanças climáticas são dois exemplos desse sistema. É o mundo onde pequenas decisões podem trazer grandes resultados, enquanto um enorme esforço colocado numa variável importante pode gerar a total ausência de resposta.

Incompreensível

Ambiguidade dá lugar a um momento de profunda incompreensão, que surge principalmente pelo excesso de informações.

No mundo BANI, as informações correm com tanta frequência e rapidez, que muitos simplesmente não sabem como agir. A capacidade de analisar os fatos e compreender o que faz ou não sentido parece estar em crise neste momento. Pessoas e profissionais estão constantemente sem resposta.

O relatório *The Future of Jobs (WEF, 2020)* concluiu que a Covid-19 fez com que o mercado de trabalho mudasse mais rápido do que o esperado. A pesquisa divulgada em 21/10/2020 pelo Fórum Econômico Mundial indica que o que antes era considerado o "futuro" já chegou.

Figura 2: Habilidades que estarão em alta até 2025

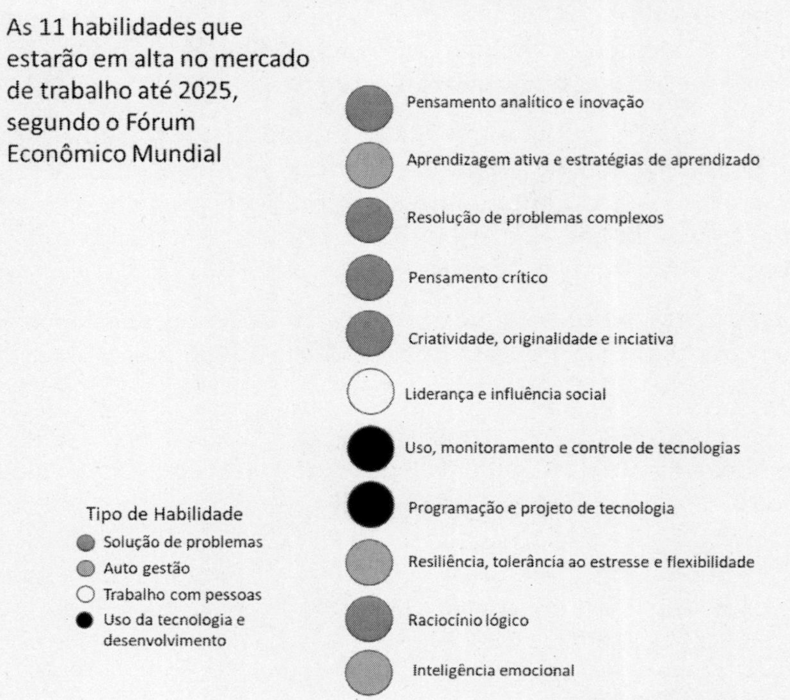

Fonte: Future of Jobs Report 2020. World Economic Forum

Em 2025, a automação e uma nova divisão do trabalho entre humanos e máquinas impactarão 85 milhões de empregos em todo o mundo, em empresas de médio e grande porte, em 15 setores e 26 economias.

As funções em áreas como entrada de dados, contabilidade e suporte administrativo estão diminuindo sua demanda à medida que a automação e a digitalização no local de trabalho aumentam. Mais de 80% dos executivos de negócios estão acelerando os planos para digitalizar processos de trabalho e implantar novas tecnologias; e 50% dos empregadores esperam acelerar a automação de algumas funções em suas empresas. Em contraste com os anos anteriores, a criação de empregos desacelerou, enquanto a redução de empregos está acelerando.

Novo senso de urgência para a revolução da requalificação.

À medida que a economia e os mercados de trabalho evoluem, 97 milhões de novas oportunidades e novos papéis emergirão nas indústrias de tecnologia 4.0, como inteligência artificial, nos campos de desenvolvimento de conteúdo, na *care economy* etc. As tarefas em que os humanos devem manter suas vantagens comparativas, incluem: gerenciamento, aconselhamento, tomada de decisão, raciocínio, comunicação e interação.

Haverá também um aumento na demanda por trabalhadores que possam preencher vagas na economia "verde", funções na vanguarda da economia de dados e inteligência artificial, bem como novas funções em engenharia, computação em nuvem e desenvolvimento de produtos.

Para os trabalhadores que devem permanecer em suas funções nos próximos cinco anos, quase 50% precisarão de requalificação para suas habilidades essenciais.

Apesar da atual crise econômica, a maioria dos empregadores reconhece o valor de requalificar sua força de trabalho. Uma média de 66% dos empregadores pesquisados esperam ver um retorno sobre o investimento na qualificação e requalificação dos funcionários atuais dentro de um ano. Eles também esperam realocar 46% dos trabalhadores em sua própria organização. "*No futuro, veremos que as empresas mais competitivas são aquelas que investiram pesadamente em seu capital humano — nas habilidades e nas competências de seus funcionários*", disse Saadia Zahidi, diretora do Fórum Econômico Mundial.

Considerações finais

O que as empresas devem esperar do mundo pós-pandemia?

Antes mesmo da pandemia, já eram esperadas várias mudanças no mercado de trabalho. Porém, com a crise sanitária, algumas delas já se tornaram reais antes mesmo do surgimento de um método eficaz para a cura do coronavírus.

Leia sobre cada uma a seguir!

Novos modelos de trabalho

Com a chegada da crise sanitária, a necessidade de isolamento e distanciamento social tornou-se essencial para que o vírus não se propagasse cada vez mais.

Com isso, novos modelos de trabalho, como o *home office* ou híbrido (presencial e *home office*), tornaram-se uma necessidade para todos no país.

A partir desse cenário, os colaboradores tiveram que se adaptar a esses modelos e enxergar novas realidades em relação à produtividade e à mudança de local de trabalho.

Flexibilização de horários

Com a ascensão do *home office*, consequentemente a flexibilização no horário de trabalho também melhorou.

A Lei n.º 13.467 (BRASIL, 2017) trouxe várias adequações importantes às relações de trabalho, dentre elas o regime de teletrabalho (*home office*). Sendo assim, os funcionários que se enquadram nessa modalidade contam com a possibilidade de cumprir a carga horária toda ou parte dela em casa, evitando o tempo gasto em deslocamentos.

Líderes e colaboradores

Com a mudança do espaço físico de trabalho, a relação entre os líderes e os colaboradores também sofreu modificações, fazendo com o que líder assumisse um papel diferente na rotina dos colaboradores.

Agora, mais do que nunca, os líderes tendem a desenvolver uma postura mais incentivadora e aberta com os colaboradores.

Ele não será mais apenas uma figura que pede resultados, mas que incentiva os funcionários a entregarem cada vez mais resultados melhores.

Esse é um exemplo de liderança já executada antes da pandemia, mas que agora ganhou mais adeptos.

Frente a isso, a postura do colaborador também mudou nesse cenário. Agora, muitos já são mais protagonistas e administradores dos próprios horários, tarefas e resultados.

Menos é mais

A crise financeira provocada pela pandemia tornou-se um motivo para que as pessoas economizassem mais e revissem hábitos de consumo.

Sendo assim, a ideia de que "menos é mais" seguirá o pensamento de consumidores daqui para frente.

O novo coronavírus trouxe para o contexto dos negócios e para o contexto pessoal a necessidade de revisitar as prioridades. Sendo assim, as empresas também revisarão todas as suas.

Busca constante por conhecimento

Em um mundo de rápidas e constantes transformações, atualizar conhecimentos é uma questão de sobrevivência no mercado.

Sendo assim, o que já é uma tendência hoje, será uma rotina no futuro, uma vez que o interesse por aprender coisas novas ou a capacitação para o mercado de trabalho no pós-pandemia cresceu muito.

Afinal, com o fechamento de muitos empregos e algumas atividades ganhando espaço, a capacitação e a busca por conhecimentos novos tornaram-se essenciais para quem deseja se recolocar no mercado ou receber uma promoção.

Como se preparar para esse mundo de transformações?

O mercado está passando por constantes mudanças digitais. E, com a pandemia, algumas mudanças previstas para daqui a alguns anos já estão acontecendo.

Além disso, até 2026, a tecnologia deverá extinguir algumas vagas de emprego, alterando totalmente o mercado. Mas não se preocupe! Ao mesmo tempo em que a tecnologia cresce, novas vagas e oportunidades surgem.

Por isso, as empresas devem começar a questionar alguns postos de trabalho e estar preparadas para agregar novos profissionais e novas tecnologias em seus espaços.

E os funcionários também devem se preparar para esse mercado cada vez mais tecnológico e competitivo.

Quais foram os impactos disso nos negócios?

Nunca foi tão difícil, tanto em nível pessoal quanto profissional, ponderar perguntas relacionadas ao futuro. "Como você se vê daqui a cinco anos?" parece uma questão impossível de responder com segurança. No mundo BANI, o que entendemos é que nada é definitivo, e nada é para todo o sempre.

Afinal, com o fechamento de muitos empregos e algumas atividades ganhando espaço, a capacitação e a busca por conhecimentos novos tornaram-se essenciais para quem deseja se recolocar no mercado ou receber uma promoção.

Algumas tendências para o trabalho pós-pandemia

Há ainda muita incerteza para o futuro que vem chegando. Não será possivel retornar para um passado que já não existe mais. Muitas pessoas e empresas estão reavaliando seus modelos de trabalho.

1. Redefinição do trabalho

É sabido que nem todo trabalho poderá ser remoto. Não é possível generalizar. Gestores controladores já não se adequam em teletrabalho ou *home office*. Alguns questionamentos surgem: como controlar a produdividade? Como manter o colaborador engajado a distância? Como o trabalho realizado em casa pode garantir uma boa qualidade de vida? Como fazer equilíbrio entre vida profisional e vida pessoal?

2. Teletrabalho e/ou *home office* entra na agenda financeira

Muitas empresas perceberam rapidamente que trabalho remoto funciona também e muito bem e com isso podem otimizar seus custos com espaços, mobiliários e pessoas.

3. Gestores mais próximos, ainda que distantes

Ainda sem muitas pesquisas formais nessa área, percebe-se nitidamente que muitos líderes tiveram de se aproximar mais de suas equipes para melhor orientar, delegar atividades e muitas vezes criar a necessidade de fazer sessões de *feedback* e *coaching* mais frequentes do que as conhecidas avaliações de final de ano.

4. Mundo digital

Foi uma descoberta para muitos profissionais das mais diversas áreas: de repente descortina-se o universo da tecnologia! O que antes era do conhecimento de alguns, passa agora a ser de domínio público; caso contrário, não há possibilidade de conexão.

5. Um "novo" profissional

O cenário agora pede um colaborador, um gestor mais capacitado em *soft skills.* Empatia e capacidade de relacionar-se ganham mais espaço. Os *fuzzies* trazem um pouco de humanidade para a tecnologia, ao mesmo tempo que os *techies* criam soluções práticas para os problemas humanos; uns trazem a criatividade; outros a inovação. A ciência está a serviço das necessidades humanas (HARTLEY, 2017).

6. Bem-estar e vida mais saudável

Muitos profissionais perceberam rapidamente que trabalhar em casa é muito bom também. Além de não precisarem enfrentar longas horas no trânsito, principalmente nos grandes centros urbanos, podem estar mais próximos de seus familiares e trabalhar em local de forma mais descontraída.

O perfil do profissional pós-pandemia

Quais são as características que farão a diferença para um profissional após essa grande mudança? Qual é o perfil do profissional pós-pandemia?

Recapacitar-se continuamente — Somos todos aprendizes de um novo tempo?

Nunca se falou tanto em desaprender, em reaprender novos modelos. É preciso coragem e disposição para abandonar novas velhas certezas que deram certo no passado.

Uma nova mudança para ser enfrentada: voltar ou não voltar para o ambiente presencial?

Um novo dilema no mundo empresarial: a resistência à volta ao escritório.

Com o avanço da vacinação, empresas dos EUA e da Europa planejam o retorno à normalidade, mas enfrentam uma tendência entre os funcionários.

Voltar ou não voltar a trabalhar no escritório? Eis uma questão que movimenta o mundo empresarial agora que as infecções por Covid-19 têm diminuído e o índice de vacinação cresce na maior parte dos países. Nos Estados Unidos, o Google anunciou que até setembro vai desmobilizar o sistema de teletrabalho e adotar um modelo considerado híbrido. O que parecia ser um retorno ao velho normal — ou seja, à sede da empresa — ganhou ares de resistência, com alguns funcionários se recusando a encarar a antiga rotina. Em casos extremos, há quem prefira a demissão. O movimento é observado em diversos países e põe em xeque a intransigência de empresas que exigem dos profissionais que trabalhem como antes.

A Alphabet, controladora do Google, encerrou o primeiro trimestre com 140.000 funcionários diretos. O CEO Sundar Pichai explicou em comunicado interno como pretende conduzir a transição para um modelo híbrido. Ele espera que cerca de 60% da equipe trabalhe no escritório "alguns dias por semana"; 20%

poderão se mudar para instalações da empresa mais perto de suas casas; a quinta parte restante poderá se candidatar a trabalhar em casa em tempo integral.

Uma pesquisa realizada recentemente pela consultoria Morning Consult confirma a tendência entre os americanos: 87% dos entrevistados que adotaram o teletrabalho durante a pandemia desejam continuar no regime pelo menos uma vez por semana. Alguns executivos, no entanto, não querem nem ouvir falar em propostas desse tipo e permanecem fiéis aos velhos modelos. David Solomon, CEO da Goldman Sachs, chamou o *home office* de "aberração que vamos corrigir o mais rápido possível", embora o banco tenha registrado 7 bilhões de dólares em lucros no primeiro trimestre de 2021.

No Brasil, uma pesquisa feita em março pela Fundação Dom Cabral (FDC) em parceria com a EM Lyon Business School e a consultoria Grant Thornton mostra que o modelo híbrido adotado por um número de empresas tem se revelado como a melhor solução. A percepção geral é de que a produtividade no *home office* aumentou, embora as preocupações com a carga de trabalho, a deterioração das relações pessoais e a perda do convívio ainda tenham peso grande.

Diversas razões explicam o desejo dos profissionais de continuar em casa. A primeira delas é o maior

Figura 3: Pesquisa da Fundação Dom Cabral e EM Lyon Business School

Fonte: Fundação Dom Cabral/EM Lyon Business School/Grant Thornton

convívio familiar. Quem, afinal, não gosta de almoçar com os filhos em pleno dia útil? Outro motivo destacado nas pesquisas é a possibilidade de ficar livre do trânsito infernal das grandes cidades. Para as empresas, o que interessa mesmo é outro aspecto: no lar, por mais surpreendente que possa parecer, as pessoas são mais produtivas.

O estudo da Dom Cabral indica isso: 58% dos pesquisados acreditam que sua produtividade aumentou e encaram o trabalho remoto como uma vantagem. Na edição anterior da pesquisa, em 2020, o índice ficou em 44%. "*Os funcionários que podem trabalhar de casa descobriram novos princípios e valores para a vida deles*", diz Fabian Salum, um dos autores da pesquisa GIANNINI, 2021). "*Como consequência, muitos deles estão ansiosos, aflitos e curiosos para saber se essa condição se manterá depois que a taxa de vacinação no país atingir o patamar de 70%, quando será possível flexibilizar as regras de distanciamento social.*"

A pesquisa da FDC mostra ainda que a maior parte dos funcionários concordou com a conversão para o teletrabalho durante a pandemia. Por experiência própria, em conselhos de empresas ou em sala de aula, Salum diz que há organizações que são contrárias ao *home office* e empresas que são favoráveis ao regime. Quando houver uma flexibilização das regras sanitárias, como ocorre nos EUA e na Europa, será necessário abrir um diálogo. "*A minha aposta é que vingarão os modelos híbridos, mais flexíveis e adequados tanto às empresas quanto aos profissionais*", conclui ele. Seja como for, ao que tudo indica, o mundo do trabalho mudou para sempre.

Referências Bibliográficas

BRASIL. Lei n. 13.467, de 13 de julho de 2017. Altera a Consolidação das Leis do Trabalho.... Brasília: DOU, 2017.

______. Portaria n. 188, de 3 de fevereiro de 2020. Declara Emergência em Saúde Pública de Importância Nacional (ESPIN) em decorrência da Infecção Humana pelo novo Coronavírus (2019-nCoV). Brasília: DOU, 2020a.

______. Lei n. 13.979, de 6 de fevereiro de 2020. Dispõe sobre as medidas de enfrentamento da emergência de saúde pública de importância internacional decorrente do coronavírus responsável pelo surto de 2019. Brasília: DOU, 2020b.

BRASIL. Lei n. 13.467, de 13 de julho de 2017. Altera a Consolidação das Leis do Trabalho.... Brasília: DOU, 2017.

______. Portaria n. 188, de 3 de fevereiro de 2020. Declara Emergência em Saúde Pública de Importância Nacional (ESPIN) em decorrência da Infecção Humana pelo novo Coronavírus (2019-nCoV). Brasília: DOU, 2020a.

______. Lei n. 13.979, de 6 de fevereiro de 2020. Dispõe sobre as medidas de enfrentamento da emergência de saúde pública de importância internacional decorrente do coronavírus responsável pelo surto de 2019. Brasília: DOU, 2020b.

CASCIO, J. Facing the age of chaos. *Medium*, Apr. 29, 2020.

FALCONI, V. A Gestão no Ambiente de Transformação Acelerada – Como Estimular a Inovação. Fórum A Revolução do Novo – YouTube, 22 de março de 2017. Disponível em: https://youtu.be/2cnLErcmGZ0. Acesso em: 30 jul. 2021.

GIANNINI, A. Um novo dilema no mundo empresarial: a resistência à volta ao escritório. *Veja*, São Paulo, edição n.º 2742, jun. 2021. Disponível em: https://veja.abril.com.br/edicoes-veja/2742/. Acesso em: 30 jul. 2021.

HARTLEY, Scott. *O fuzzy e o techie*. São Paulo: BEI, 2017.

MLODINOW, L. *Elástico*. Como o pensamento flexível pode mudar nossas vidas. Rio de Janeiro: Zahar, 2018.

WORLD ECONOMIC FORUM. *The future of jobs*. Report 2020. 2020 World Economic Forum. Oct. 2020. Disponível em: http://www3.weforum.org/docs/WEF_Future_of_Jobs_2020.pdf. Acesso em: 30 jul. 2021.

PARTE III

EDUCAÇÃO CORPORATIVA E APRENDIZAGEM: CONCEITOS, PRÁTICAS E AVALIAÇÃO

3.1 Educação corporativa no cenário pós-pandemia

Clara Castro de Moraz e Marisa Eboli

Introdução

A pandemia trazida pelo novo coronavírus escancarou o que de pior temos no país em termos de desigualdade social, de saúde, de saneamento básico e de educação. Mas, como toda crise, trouxe também oportunidades e alavancou práticas modernas de gestão. Nesse cenário de pandemia da Covid-19, todos aprendemos a trabalhar remotamente, ainda que de forma involuntária.

Empresas de todos os setores e tamanhos precisaram adaptar suas dinâmicas de trabalho às exigências do isolamento social. Sem outras opções, adotaram o trabalho remoto, que, até então, existia em diferentes proporções para 51% das companhias brasileiras. Com a educação corporativa não foi diferente. Se algumas empresas relutavam em adotar a Educação a Distância, esta foi a única opção viável para dar continuidade às ações educacionais. Em termos de Gestão de Pessoas e Educação Corporativa, tudo precisou ser revisto e reestruturado para assegurar eficiência e eficácia de forma totalmente remota.

Ela também acelerou a necessidade de as empresas tirarem a transformação digital do papel e de fato a incorporarem em suas estratégias, o que fez surgir mais uma dificuldade: encontrar pessoas com as competências técnicas requeridas para lidar com as novas tendências e os desafios do mercado, colocando o País numa situação contraditória: de um lado, cerca de 10,6 milhões de desempregados; de outro, as empresas sem conseguir preencher vagas essenciais devido à escassez de talentos, em especial na área de tecnologia.

Paralelamente, surge como uma grande novidade, o conceito de *employer U* ou *employer university* (na tradução livre, universidade conectada ao empregador) descrito pelo especialista em educação Brandon Busteed. O objetivo seria criar programas de formação que integrassem o aprendizado ao trabalho, na tentativa de ampliar a qualificação profissional e atrair talentos. E daí vem a pergunta: trata-se realmente de um conceito novo? Certamente, não. No máximo, poderíamos encarar como um selo de reconhecimento do mercado àquelas empresas que estão investindo em Educação, seja para o seu público interno, seja para o externo.

Há mais de 20 anos trabalhando com o conceito de Educação Corporativa (EC) ou Universidade Corporativa (UC), aqui entendidos como termos equivalentes, podemos afirmar que nada disso é novidade nem muito menos um conceito novo.

Jeane Meister já apontava em seu livro *Corporate Universities: Lessons in Building a World-Class Work Force* (1998) os dez objetivos e princípios de sucesso das Universidades Corporativas, dentre os quais destacamos dois: 1) elaborar um currículo que incorpore os três Cs: Cidadania Corporativa, Estrutura Contextual e Competências Básicas; 2) treinar a cadeia de valor e parceiros, inclusive clientes, distribuidores, fornecedores, comunidade, assim como universidades que possam fornecer os trabalhadores de amanhã. Parece claro que a proposta de Busteed não é absolutamente nova, mas tudo que estimula a importância da educação é sempre bem-vindo!

Ao longo desses mais de 20 anos trabalhando com o tema Educação Corporativa nas várias frentes — pesquisa, cursos, publicações e consultoria —, surpreendemo-nos ao ver como o assunto ganhou notoriedade no Brasil, tanto no mundo corporativo (público e privado) quanto no acadêmico. A partir de 2000, tornou-se expressivo o crescimento de casos de UCs no Brasil, e o atual contexto tem demonstrado que tal crescimento se ampliou. No mundo acadêmico, já não conseguimos mais acompanhar o número de dissertações e teses de doutorado abordando questões pertinentes sobre o tema.

Sem dúvida, todo esse movimento reflete a relevância que a EC adquiriu na gestão empresarial, sendo desnecessário afirmar que não se trata apenas de mais um modismo na área de Administração, tendo evoluído para uma real consciência da importância da educação como condição para a competitividade.

Valiukenas e Adami (2012) identificaram que a universidade corporativa seria um possível indicador do estágio em que uma empresa se encontra na preparação de suas equipes para a competição empresarial. Com esse escopo de atuação, carrega uma nova postura que a afasta da proposta original das antigas áreas de treinamento e desenvolvimento nas organizações.

O investimento das organizações em ensino e educação não é uma prática nova, mas vem crescendo e ficando cada vez mais abrangente e sofisticada. Tal fato corrobora as conclusões do trabalho realizado por Spada e Forte (2018), que elaborou cenários prospectivos para as universidades corporativas no Brasil para os anos de 2017 a 2030. Foram identificadas 16 variáveis, das quais 15 pertencem ao cenário otimista e/ou realista e apenas uma ao cenário pessimista. Dentro do cenário otimista, foi possível verificar a apresentação de 87,5% dos eventos (14 de 16), grande parte dos quais (57,1%) também foi observada no Cenário Realista (8 de 14). Já o cenário pessimista possui apenas 6,25% dos eventos levantados (1 de 16). Os autores destacam o Evento 21 – "Desenvolver as lideranças da Empresa" – e o Evento 27 – "Contemplar o uso de tecnologia *mobile* aplicadas no aprendizado" – como imprescindíveis para o futuro das Universidades Corporativas.

Assim sendo, o objetivo deste capítulo não é resgatar e esgotar conceitualmente o que é um Sistema de Educação Corporativa (SEC) — já fizemos isso em várias outras publicações (EBOLI, 2004, 2010, 2014; EBOLI et al., 2010) —, mas relembrar apenas alguns conceitos centrais, estimular uma reflexão sobre a educação corporativa frente aos novos desafios que se colocam principalmente no que diz respeito aos aspectos tecnológicos e comportamentais: as novas formas do trabalho; competências socioemocionais na educação para o trabalho; ampliação da educação a distância; novas metodologias, abordagens e inovação na educação etc.

Para tanto, recorreremos aos resultados da *5.ª Pesquisa Nacional de Práticas e Resultados da Educação Corporativa*, realizada em 2021 pela equipe de pesquisadores da FIA Business School sob coordenação da Prof.ª Marisa Eboli. Ela traz um panorama nacional sobre a Educação Corporativa e procura identificar não só tais inovações, como também as políticas e práticas vigentes nas organizações atuantes no Brasil e dá continuidade às pesquisas conduzidas em 2009, 2012, 2015 e 2018, o que permite realizar análises comparativas sobre a evolução do tema no contexto brasileiro.

Relembrando conceitos fundamentais

O modelo de Universidade Corporativa, segundo Meister (1999), é baseado em competências e interliga aprendizagem às necessidades estratégicas de negócios. Ou seja, a UC é um sistema de desenvolvimento de pessoas pautado pela gestão de pessoas por competências. O que faz com que seu objetivo principal seja o desenvolvimento e a instalação das competências estratégicas consideradas críticas para o sucesso dos negócios. Em outras palavras, consiste na definição dos direcionadores de negócios e das competências individuais para garantir um desempenho organizacional superior e competitivo.

Portanto, a essência, que é ser um sistema de formação de pessoas pautado pelas competências estratégicas que devem ser desdobradas em competências individuais para daí, sim, serem desenhadas as soluções de aprendizagem, não muda no cenário pós-pandemia. O que provavelmente acontecerá é que serão ampliados os formatos e as metodologias de entrega dessas soluções, com apropriação dos benefícios da transformação digital e das experiências advindas da pandemia.

A experiência tem demonstrado que um diagnóstico das competências organizacionais (DUTRA; FLEURY; RUAS, 2008), ou estratégicas, ou empresariais, ou essenciais, aqui entendidas como termos similares, conduzido cuidadosamente em conjunto com a alta administração, pode contribuir de maneira significativa para definir as necessidades das empresas e, consequentemente, as necessidades das pessoas em termos de preparação e qualificação.

Como resultado desse diagnóstico das competências organizacionais (que, em síntese, são aquilo que a empresa sabe fazer melhor — ou deveria saber para garantir sua competitividade no futuro), devem ser definidos os principais "eixos de competências" para a empresa, que são as principais vertentes da estratégia competitiva do negócio.

Ao conceber, estruturar e sistematizar intencionalmente todas as soluções de aprendizagem (ações formais ou informais) do SEC, devem ser contemplados sempre os eixos de competências organizacionais definidos. Dessa forma, garante-se o alinhamento desses eixos com as estratégias do negócio da empresa. Sempre que houver um reposicionamento estratégico da empresa, deverão ser rediscutidos e revistos os eixos de competências organizacionais que darão sustentação às principais academias ou escolas do SEC (EBOLI, 2014).

Resumidamente, as academias, as escolas ou os centros de formação das universidades corporativas são o conjunto de soluções de aprendizagem oferecidas pela organização com o objetivo de desenvolver nas pessoas as competências individuais (EBOLI et al., 2010) exigidas para sustentar os eixos de competências organizacionais.

Para que a educação corporativa não seja apenas um novo rótulo, ela deverá atender a dois propósitos: ser um diferencial competitivo e um fator de mudança cultural e organizacional. E lógico, tudo isso harmonizado com processos e ferramentas de gestão de pessoas que contemplem o modelo de gestão de pessoas por competências bem definido (DUTRA, 2002).

De acordo com o relatório *Comitê de Pessoas de Assessoramento ao Conselho: Orientações Práticas*, do Instituto Brasileiro de Governança Corporativa – IBGC (2021), os principais desafios dos comitês de pessoas, resumidamente, são: (1) ganhar uma orientação mais especialista e consultiva sobre temas de pessoas; (2) desenvolver uma capacidade de antecipar tendências e de provocar inovações em gestão; (3) ampliar seu protagonismo, firmando-se como um órgão relevante de assessoramento dos conselhos e norteador dos negócios das empresas; (4) buscar o equilíbrio entre o resultado para os negócios e o cuidado com as pessoas, tendo em vista o legado, a cultura e o propósito da organização.

Todos esses desafios apontados acima podem ser muito facilitados com uma atuação bem articulada da UC com a área de gestão de pessoas e, certamente, com a definição de um modelo de governança também para a UC, envolvendo CEO e demais líderes na nobre tarefa de desenvolver pessoas.

Os sete princípios de sucesso

A finalidade básica de um SEC em uma organização é, no nosso entender (EBOLI, 2004), fomentar "o desenvolvimento e a instalação das competências organizacionais e individuais consideradas críticas para a viabilização do sucesso de negócios", de forma sistemática, estratégica e contínua.

Os SEC apresentam (EBOLI, 2004) sete princípios de sucesso, que dão um enfoque conceitual e metodológico para a concepção, a modelagem, a implementação e a análise de projetos de educação corporativa realizados nas organizações de modo geral. Resumidamente, esses princípios são:

1. **competitividade**: valorizar a educação como forma de desenvolver o capital intelectual dos colaboradores, transformando-os efetivamente em fator de diferenciação da empresa frente aos concorrentes, ampliando assim sua capacidade de competir;

2. **perpetuidade:** entender a educação não apenas como um processo de desenvolvimento e realização do potencial existente em cada colaborador, mas também como um processo de transmissão da herança cultural, ou até mesmo de transformação, a fim de perpetuar a existência da empresa;

3. **conectividade**: privilegiar a construção social do conhecimento, estabelecendo conexões, intensificando a comunicação empresarial e favorecendo a interação com o público interno e externo (fornecedores, distribuidores, clientes, comunidade etc.) que propiciem gerar, compartilhar e transferir os conhecimentos considerados críticos para o negócio;

4. **disponibilidade**: oferecer e disponibilizar atividades, recursos e soluções educacionais de fácil uso e acesso, propiciando condições favoráveis para que os colaboradores realizem a aprendizagem "a qualquer hora e em qualquer lugar", estimulando-os assim a se responsabilizarem pelo aprendizado contínuo, autodesenvolvimento e protagonismo;

5. **cidadania**: estimular o exercício da cidadania individual e corporativa formando atores sociais, ou seja, sujeitos capazes de refletir criticamente sobre a realidade organizacional, de construí-la e modificá-la continuamente, imprimindo assim qualidade superior na relação com sua cadeia de valor e sociedade;

6. **parceria**: entender que desenvolver continuamente as competências dos colaboradores é tarefa complexa e audaciosa, exigindo que se estabeleçam relações de parceria tanto no âmbito interno (líderes) quanto externo (universidades, instituições de nível superior, provedores etc.) com ideal e interesse comuns na educação desses colaboradores;

7. **efetividade**: ser um centro gerador de resultados para a empresa, buscando agregar sempre valor ao negócio. Pode significar também buscar fontes alternativas de recursos que permitam um orçamento próprio e autossustentável.

A partir dessas colocações e da experiência adquirida ajudando várias empresas na idealização de suas UCs, propomos utilizar esses princípios como norteadores filosóficos para a concepção, modelagem e implementação de um SEC, adotando sempre boas práticas que lhes deem sustentação.

Educação corporativa: resultados de pesquisa

Muitos setores foram impactados pela pandemia da Covid-19, e a educação não ficou de fora. Mas como será que esse triste evento mudou a educação corporativa? A 5.ª *Pesquisa Nacional de Práticas e Resultados da Educação Corporativa* — elaborada de três em três anos pela Fundação Instituto de Administração (FIA) — traz um panorama nacional sobre a educação corporativa e procura identificar não só inovações como também as políticas e práticas vigentes nas organizações atuantes no Brasil.

Como ela dá continuidade às pesquisas conduzidas em 2009, 2012, 2015 e 2018, isso permite realizar análises comparativas sobre a evolução do tema no contexto brasileiro, nesta edição com 63 organizações respondentes. Levando em conta o atual cenário educacional e econômico brasileiro, bem como seus impactos no Sistema de Educação Corporativa, há destaques a serem considerados.

Seguindo a tendência das edições passadas, nota-se a continuidade da diversidade dos setores e do perfil, privado e de capital nacional, de grande porte das organizações respondentes. Dos setores, os que mais se destacaram foram energia (10%), financeiro (10%), transporte e logística (8%) e varejo (8%).

Questão incluída por causa da pandemia, 80% dos respondentes consideram que os programas educacionais são uma importante ferramenta para o autodesenvolvimento e para a promoção da saúde e bem-estar, sendo alcançado o resultado esperado inicialmente.

A pesquisa também trouxe resultados importantes sobre a educação a distância nas universidades corporativas. A seguir, ressaltamos os principais.

Nessa edição da pesquisa, 97% dos SEC respondentes, ou seja, 61 deles, afirmaram ter prática de educação a distância. O percentual de SEC que desenvolvia práticas de educação a distância era de 80% em 2015 e 83% em 2018. Esse aumento de mais 10% em 2021 pode ser explicado principalmente pela pandemia da Covid-19, que colocou todos em isolamento social.

A pandemia da Covid-19 foi o principal motivo apontado pelos respondentes para adoção do EaD, conforme ilustra o Gráfico 1. Com o mesmo percentual (77%), aparece ampliar a base geográfica atendida, que foi o principal motivo indicado na pesquisa realizada em 2018.

Gráfico 1: Motivos para a utilização de programas de educação a distância

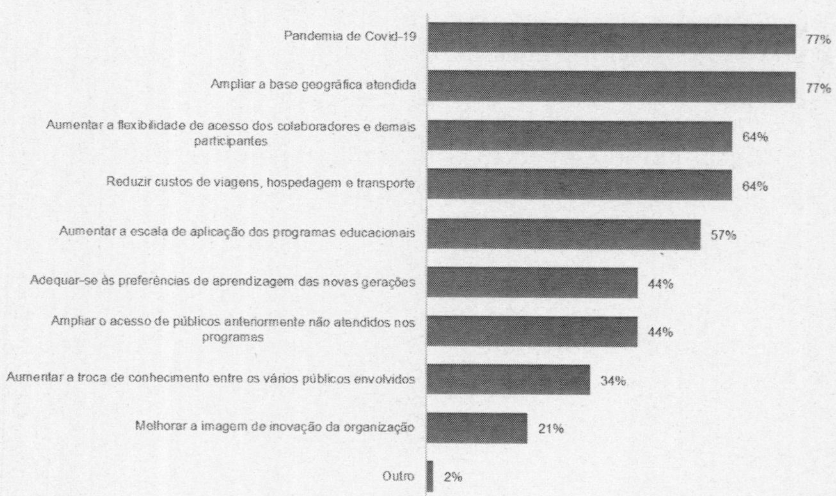

Fonte: Pesquisa Nacional de Práticas e Resultados da Educação Corporativa, 2021.

Procurou-se ter uma visão da proporção entre programas educacionais presenciais e a distância antes, durante e depois do pico da pandemia da Covid-19. Em relação às cargas horárias dos programas, em 2019, mesmo nas organizações que utilizavam práticas de EaD, ainda preponderavam os programas exclusivamente presenciais. De acordo com o Gráfico 2, 68% da carga horária dos programas educacionais era exclusivamente presencial; 24%, exclusivamente a distância; e apenas 8% eram semipresenciais, os também denominados *blended learning*, mistos ou híbridos (presenciais e a distância).

Gráfico 2: Proporção entre os programas educacionais presenciais e a distância

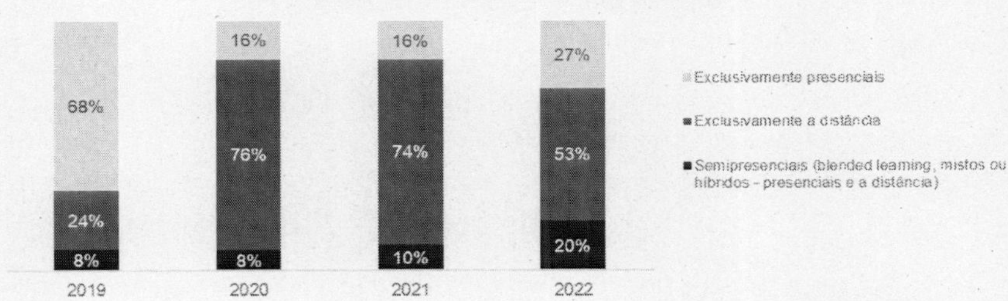

Fonte: Pesquisa Nacional de Práticas e Resultados da Educação Corporativa, 2021.

Em 2020, auge da pandemia, houve uma significativa mudança: 16% da carga horária dos programas educacionais era exclusivamente presencial, uma queda de 52%, em comparação a 2019; os programas exclusivamente a distância cresceram na mesma proporção, atingindo o percentual de 76%; a carga horária dos programas semipresenciais manteve-se igual em comparação com 2019, 8%. Em 2021, ano em que a pandemia ainda estava forte, mas que já começávamos a ver uma melhora com a chegada da vacinação no segundo semestre, os números mantiveram-se praticamente os mesmos de 2020, conforme o Gráfico 1.

Foi solicitada uma projeção para o ano de 2022, e com a expectativa de superação da crise sanitária, o percentual de programas exclusivamente a distância tende a cair, mas não voltará aos patamares pré-pandemia. Nota-se que o percentual de cursos exclusivamente presenciais cairá drasticamente, aumentando assim a proporção de cursos semipresenciais e exclusivamente a distância.

É evidente que a pandemia impulsionou o ensino a distância, mas a pesquisa mostra que essa modalidade vai se consolidar mesmo com o fim das restrições sanitárias.

Os programas a distância podem ser classificados em síncronos ou assíncronos, ou seja, atividades que acontecem em tempo real ou não. Ou ainda em híbridos, que misturam as duas modalidades. De acordo com a pesquisa, há um percentual maior de cursos exclusivamente síncronos, 46%; os programas exclusivamente assíncronos correspondem a 38%; já os programas híbridos (síncronos e assíncronos) respondem por 16%.

Os conteúdos e a interação dos programas educacionais tendem a ocorrer em sistemas de gestão de aprendizagem (*Learning Management System* – LMS), também conhecidos como ambientes virtuais de aprendizagem (AVA).

A pesquisa revela que o uso de ambientes virtuais vem crescendo ao longo dos anos. Apenas 10% dos respondentes não utilizam AVA, em 2018 esse percentual era de 25%, resultado em muito decorrente do impacto da pandemia da Covid-19, como já citado.

A pesquisa procurou observar também se os respondentes utilizam uma *Learning Experience Platform* (LXP), a qual pode analisar o comportamento dos usuários e, com o auxílio da inteligência artificial, desenvolver atualizações que aumentem a satisfação com seu uso. Essas plataformas digitais que combinam ferramentas de avaliação direcionadas, materiais de desenvolvimento direcionados e currículos de treinamento orientados oferecem oportunidades para identificar e desenvolver competências em alunos e funcionários (VALDIVIEZO; CRAWFORD, 2020).

Ainda é baixo o número de organizações que utiliza a LXP, apenas 24% dos respondentes. Com a preocupação com a experiência do usuário/aluno, espera-se que a utilização de LXP cresça nos próximos anos.

Algumas das práticas que as plataformas têm viabilizado dentro dos produtos e processos educacionais são: gestão do conhecimento (70%), aproximação e integração entre os participantes (67%), avaliação de resultados (60%) e avaliação de desempenho (57%).

Um ponto de atenção tem sido a baixa abrangência da tutoria (suporte didático e de conteúdo) nos programas a distância; em 2021 esse porcentual era de apenas 34%.

Sobre o momento em que os participantes podem ter acesso aos programas a distância, 67% dos respondentes disseram disponibilizar tempo durante ou fora do horário de expediente para os obrigatórios e 89% para os opcionais. Significativa mudança com relação à pesquisa de 2018, quando esses porcentuais eram 42% e 63%, respectivamente; naquela edição, os maiores porcentuais estavam na disponibilização somente no horário de trabalho.

Entre as companhias respondentes, há as que já observam efeitos externos positivos da implantação do SEC, tais como melhoria na qualidade dos produtos, serviços e atendimento (90%); melhoria da imagem institucional (84%); atração de talentos (73%); e expansão dos negócios da empresa (51%).

No Simpósio Internacional de Educação Corporativa de 2021, que contou com o apoio da Universidade do Cacau e da Uniazul, que sediaram os dois dias do evento, além de serem apresentados os resultados preliminares da pesquisa, também foram realizados riquíssimos painéis de debate. Entre eles, um painel discutiu os *Impactos da Pandemia da Covid-19 na Educação Corporativa: Experiências e Aprendizados*.

Entre as experiências trazidas pelos representantes das UCs da Azul, Cacau Show, Bradesco, Hospital Israelita Albert Einstein e Santander, participantes do painel, foi destacado por Elisabete Antunes que a tecnologia nos permitirá ensinar em qualquer lugar, mas é importante questionar qual será o percentual perfeito entre presencial e *on-line*. Simone Azevedo e Ricardo Bretas também destacam a importância da tecnologia com foco na personalização da aprendizagem.

Além disso, foi apontado que a pandemia e a utilização da EaD proporcionou uma redução de custos significativa para a universidade, fato alinhado aos resultados apresentados na pesquisa.

No depoimento por vídeo de Thierry Bonetto, dirigente do Clube de Universidades Corporativas da França, um país cujo sistema formal de educação é muito forte e isso se reflete também nas organizações, pudemos notar que os desafios enfrentados pelas empresas francesas durante a pandemia foram praticamente os mesmos.

É evidente o quanto a pandemia impulsionou o uso de tecnologias e ferramentas que viabilizam a educação a distância, mas é essencial ter em mente, como mencionado por Simone, que a "transformação é digital, mas a conexão é humana".

No que diz respeito a desafios e tendências, verificou-se que a avaliação e a mensuração de resultados (51%) e a atuação estratégica (43%) ainda se mantêm no topo dos principais desafios a serem enfrentados pelos SEC. A promoção do autodesenvolvimento dos colaboradores (38%) ficou em quarto lugar, cedendo a terceira posição para o desafio do *lifelong learning* (40%).

Como principais tendências, foram apontadas: *blended learning*/híbrido (56%), seguida por aprendizagem adaptativa e análise da aprendizagem - *learning analytics* (54%), cultura de inovação (54%), aprendizagem por meio de dispositivos móveis - *tablets* e celulares (48%) e *lifelong learning* (46%).

A maioria dessas tendências já havia sido mencionada na pesquisa de 2018, e inclusive a transformação digital aparecia com o maior número de menções. Ou seja, muitos temas e práticas que foram exaltados pela pandemia não são novos, mas ela teve esse papel crucial de colocar definitivamente na agenda das organizações: cultura de inovação, mudança, estratégias de negócios, experiência do cliente, educação a distância, tecnologia exponencial, transformação digital e metodologias ágeis. Tudo junto e misturado precisará ser abordado com seriedade e profundidade pela educação corporativa nos próximos anos para bem servir aos negócios.

Tecnologias, humanidades e educação: casamento possível

"A arte existe porque a vida não basta"

Ferreira Gullar, poeta

Ficou evidente que o novo contexto do mundo do trabalho exigirá uma boa educação, formação técnica e em humanidades e capacidade de aprendizagem constante das pessoas. Para que um jovem recém-chegado ao mercado de trabalho seja bem-sucedido na carreira, universidades e empresas devem priorizar, além da formação técnica, o desenvolvimento pessoal de cada aluno ou funcionário. De um lado conhecimentos e competências técnicas, como *analytics*, programação, aplicação de robótica, inteligência artificial, IoT, nos negócios, segurança da informação, cultura digital etc. De outro, atitudes e posturas: adaptabilidade, atitude empreendedora, aprendizado contínuo, criatividade, ética, flexibilidade cognitiva, inteligência emocional, propósito, resiliência, valores etc.

Tradicionalmente, esses dois polos sempre existiram: (1) os cursos curtos e específicos sobre técnicas ou uma formação técnico-científica sólida; (2) os cursos nas áreas de humanidades e cultura geral. Em tempos idos, o adolescente estudante deveria optar entre por ir para o "clássico" ou "científico".

Impossível não trazer à tona as colocações feitas por C. P. Snow, professor de Cambridge, em seu livro *As Duas Culturas* (1995), que discorre acerca da distância cultural entre os dois mundos que frequentava: o da ciência e o da literatura, pois ele era professor de física e também autor de ficção, e constatava que cientistas e escritores pensavam de formas tão radicalmente diferentes que não conseguiam conversar.

Quanto mais falamos sobre educação a distância, tecnologias exponenciais e transformação digital, mais tais assuntos aumentam a importância de também colocarmos no radar as Humanidades, incluindo-se aí a Filosofia, as Artes em geral, a Literatura, a Música, o Cinema, a Dança etc. (EBOLI, 2022b).

O que chamamos de Humanidades é esse repertório das experiências e das reflexões dos gigantes, de todas as áreas, que nos precederam ou com os quais convivemos. No cotidiano da vida executiva, uma boa parte dos assuntos tratados não estão nos livros-texto de gestão, mas na grande literatura. A vida pulsa na *Odisseia*, de Homero, em Shakespeare, em Cervantes, em Saramago, em Neruda, em García Márquez, em Vargas Llosa, em Eça de Queiroz, em Machado de Assis, em Drummond, em Nelson Rodrigues, em Rachel de Queiroz, em Lygia Fagundes Telles... Impossível não se emocionar só de mencioná-los. E impossível citar todos os que compõem esse universo extraordinário da literatura.

Como bem disse René Descartes: "A leitura de bons livros é como ter uma conversa com os homens mais ilustres dos séculos passados, ou seja, os seus autores".

Certamente, não trazem diretamente respostas aos nossos problemas de gestão empresarial. Não obstante, permitem-nos um distanciamento do cotidiano, assim obtendo uma visão muito mais abrangente da situação. Nas grandes e pequenas decisões do mundo corporativo, tanto conta o conhecimento técnico que as lideranças aprenderam na faculdade como o que dizem os clássicos da literatura. Lá estão todos os dramas humanos, toda a nobreza de uns e a canalhice de outros. As fraquezas estão presentes, a inveja, a mentira, a intriga, a pequenez, a arrogância, a ânsia de poder, as dúvidas, os riscos. E as atitudes edificantes e exemplares também. Não há tropeço ético ou ato de coragem que não esteja em algum livro imperecível.

Mas parece que o futuro do trabalho apresenta novas perspectivas para a formação profissional: não se trata mais de vias alternativas e que é preciso escolher entre uma delas.

Este configura-se como o maior impasse para o futuro da Educação, seja ela acadêmica, seja corporativa: reconciliar esses dois mundos. Preparar pessoas que saibam lidar bem tanto com questões e problemas técnicos como com ambiguidades, julgamentos, valores, característicos das humanidades. Não será mais o mundo do "OU" e sim do "E".

Considerações finais

Conceber e modelar um SEC a partir da noção de competência organizacional, garantindo direcionamento estratégico, busca de vantagem competitiva e disseminação da cultura organizacional, é o que realmente diferencia a EC de um Centro Tradicional de Treinamento & Desenvolvimento. O advento desses sistemas educacionais estratégicos rompe a separação entre tempo e espaço de aprendizagem e de trabalho, exigindo que se lide simultaneamente com a formação via cursos (presenciais ou a distância) e via prática, propondo desafios às pessoas no seu cotidiano de trabalho.

Tais reflexões evidenciam a urgência de se relacionar sistemas de educação e aprendizagem nas empresas com um competente modelo de gestão de pessoas por competência, no qual os líderes desempenhem efetivamente seus papéis de líderes educadores e formadores de pessoas (EBOLI, 2014).

Nossa vivência profissional e os resultados da pesquisa da FIA permitem afirmar que as UCs brasileiras consolidam-se como importante ferramenta de gestão empresarial. A maioria está crescendo e seus orçamentos se expandem. Parece que já passaram no teste da perenidade, podendo-se afirmar que a universidade corporativa é uma das poderosas ferramentas para expandir o horizonte de aprendizado das pessoas! Mas novos tempos sempre colocam novos desafios. Há muito trabalho pela frente...

Mas não podemos deixar de destacar aqui o papel do Estado, a formação básica deve ser prioridade do governo. As organizações privadas desenvolvem competências técnicas e comportamentais em seus funcionários e *stakeholders* no geral, e de certa forma atuam no enfrentamento do problema da educação no país. No entanto, isso de forma alguma tira a reponsabilidade do Estado, afinal, além de ser um direito individual, a educação deve ser um componente essencial em qualquer política econômica e social que almeje avanços significativos e duradouros.

Referências Bibliográficas

DUTRA, J. S. *Gestão de pessoas:* Modelo, processos, tendências e perspectivas. São Paulo: Atlas, 2002.

DUTRA, J. S.; FLEURY, M. T. L.; RUAS, L. *Competências:* Conceitos, métodos e experiências. São Paulo: Atlas, 2008.

EBOLI, M. (org.). *Coletânea Universidades Corporativas*: Educação para empresas no século 21. São Paulo: Schmukler Editores, 1999.

______. *Educação corporativa no Brasil*: Mitos e verdades. São Paulo: Gente, 2004.

______. *Educação corporativa*: Muitos olhares. São Paulo: Atlas, 2014.

______. (coord.). 4ª *Pesquisa nacional práticas e resultados da educação corporativa.* São Paulo: Fundação Instituto de Administração, 2018.

______. (coord.). 5ª *Pesquisa nacional práticas e resultados da educação corporativa.* São Paulo: Fundação Instituto de Administração, 2021.

______. Educação corporativa ganha novos horizontes com a pandemia e EAD. *O Estado de S.Paulo*, São Paulo, 4 mar. 2022. Radar do emprego. 2022a.

______. Humanidades e artes são condições essenciais para a formação da liderança. *O Estado de S.Paulo*, São Paulo, Radar do emprego. 2022b.

EBOLI, M.; DUTRA, J. S. *Gestão de pessoas*: Modelo, processos, tendências e perspectivas. São Paulo: Atlas, 2002.

EBOLI, M. et al. (orgs.). *Educação corporativa*: Fundamentos, evolução e implantação de projetos. São Paulo: Atlas, 2010.

INSTITUTO BRASILEIRO DE GOVERNANÇA CORPORATIVA – IBGC. *Comitê de pessoas de assessoramento ao Conselho: Orientações Práticas*. São Paulo, SP: IBGC, 2021.

MEISTER, J. C. *Corporate universities*: Lessons in building a world-class work force. Boston: McGraw-Hill, 1998.

______. *Educação corporativa*: A gestão do capital intelectual através das universidades corporativas. São Paulo: Makron Books, 1999.

SNOW, C. P. *As duas culturas e uma segunda leitura*. São Paulo: Edusp, 1995.

SPADA, E.; FORTE, S. H. A. C. Cenários prospectivos das universidades corporativas no Brasil – 2030. *Future Studies Research Journal*. São Paulo, v. 10, n. 2, p. 188-213, maio/ago. 2018.

VALDIVIEZO, A. D.; CRAWFORD, M. Fostering soft-skills development through Learning Experience Platforms (LXPs). In: ALLEN, S.; GOWER, K.; ALLEN, D. K. (eds.). *Handbook of teaching with technology in management, leadership, and business*: research handbooks in business and management series. Cheltenham: Edward Elgar, 2020. Chap. 30, p. 312-321.

VALIUKENAS, C; SANTOS, E. A. P. Universidade corporativa: Uma metáfora contemporânea. *Estratégia*, v. 10, n. 2, dez. 2010.

3.2 Educação corporativa: uma revisão sistemática e bibliométrica da produção científica internacional

Alessandra Quintella Nunes Dutra e Marisa Eboli

Tendo em vista o crescente interesse pelo tema Educação Corporativa, tanto no mundo corporativo quanto no mundo acadêmico, acreditamos ser bastante útil conhecer como tem evoluído sua produção científica. Este é o objetivo deste capítulo, apresentar um panorama da produção científica internacional dos últimos 30 anos referente à temática da Educação Corporativa. Realizou-se uma pesquisa de natureza exploratória e descritiva, com abordagem quantitativa por meio de revisão sistemática da literatura e análise bibliométrica utilizando a base de dados *Scopus*, com auxílio do *software VOSviewer.* Foi analisado: redes de cocitação e redes de acoplamento bibliográfico por autor. Quando dois documentos são citados por um documento ao mesmo tempo, estabelecem uma relação de cocitação, indicando que possuem semelhanças uma vez que são citados em conjunto por possuírem determinada linha de pesquisa próxima. Por meio da análise de cocitação, é possível identificar linhas de pesquisas seminais, autores e trabalhos mais influentes. Já o acoplamento bibliográfico é capaz de complementar a análise de cocitação, uma vez que ocorre quando há ao menos uma referência em comum entre eles. Os resultados revelaram que os 11 autores mais influentes nessa área de pesquisa formam três *clusters*. Meister, J. é a autora com maior força de *link* e seu trabalho mais citado é o livro *Corporate Universities*. Verificou-se que há um destaque para os autores de instituições europeias.

Introdução

Em um sistema global como o atual, caracterizado pela imprevisibilidade e complexidade, muitos são os desafios que as pessoas e as organizações precisam enfrentar para lograr êxito. Questões como a velocidade das mudanças, os avanços da tecnologia, a globalização e diversos outros desafios exigem uma abordagem reflexiva e holística.

Hoje em dia, somos invadidos por grande sensação de desorientação face à velocidade impressionante da disrupção tecnológica. Os saberes tornam-se obsoletos em pouquíssimo tempo, o que até pouco tempo atrás poderia ser considerado um porto seguro, a pedra filosofal do desempenho profissional, no instante seguinte perde completamente sua utilidade.

Já não é mais nenhuma novidade que a tecnologia mudou e continuará mudando o mundo. A mudança sempre existiu, mas a velocidade com que essas mudanças acontecem atualmente acelera-se exponencialmente, trazendo desafios sem precedentes às pessoas e organizações. Os contornos do novo mundo do trabalho da atual revolução tecnológica estão rapidamente tornando-se uma realidade vivida por milhões de trabalhadores. É nesse contexto que se tem assistido a um crescente questionamento em relação à qualidade e à adequação dos serviços educacionais às demandas do mercado atual.

Os parâmetros de consumo, produção e emprego que são criados pela revolução tecnológica que vivenciamos exigem uma adaptação proativa por parte de empresas, governos e indivíduos. A maior parte das ocupações está passando por uma fundamental modificação. Alguns trabalhos são ameaçados pela redundância, outros crescem e atualizam-se rapidamente. Os trabalhos existentes também estão passando por uma mudança no conjunto de competências necessárias para desempenhá-los.

Diversos questionamentos surgem com o objetivo de identificar quais competências são necessárias ao sucesso e como é possível desenvolvê-las. Questões relativas ao desenvolvimento de competências vinculadas às estratégias organizacionais surgem como fatores propulsores do sucesso.

Dessa maneira, é essencial que as empresas assumam um papel ativo no desenvolvimento da sua força de trabalho por meio de programas de formação continuada e que os indivíduos adotem uma abordagem proativa para com a sua aprendizagem ao longo da vida. Assim, a Educação Corporativa consolida-se cada vez mais como o sustentáculo da excelência e competitividade das modernas organizações.

Dada a importância do tema, este artigo tem como objetivo mapear e apresentar um panorama da produção científica internacional dos últimos 30 anos referente à temática da Educação Corporativa. Para isso, realizou-se uma pesquisa de natureza exploratória e descritiva, com abordagem quantitativa por meio de revisão sistemática da literatura e análise bibliométrica utilizando a base de dados *Scopus*, com auxílio do software *VOSviewer*. Será analisado: redes de cocitação e redes de acoplamento bibliográfico por autor.

Referencial teórico

Nos dias atuais, caracterizados pela complexidade, imprevisibilidade e interdependência, fica evidenciado o imperativo de preparar pessoas com as competências adequadas. Sendo essas competências não apenas de caráter técnico, mas também de caráter pessoal e relacional que possibilitem a sua adaptação ao contexto atual. Assim, a temática envolvendo Educação Corporativa vem ganhando notoriedade. A Educação Corporativa representa uma evolução em relação aos antigos departamentos de "treinamento e desenvolvimento", que foram substituídos em parte pelas Universidades Corporativas, que proliferam nas organizações pelo fato de alinharem as necessidades de desenvolvimento humano às estratégias das organizações.

Com a revisão das práticas organizacionais relacionadas ao Treinamento e Desenvolvimento (T&D) impulsionadas pela Sociedade da Informação,[1] a Educação Corporativa vem se consolidando

1 De acordo com Crawford (1983, *apud* Coutinho; Lisbôa, 2011), um dos primeiros autores a referir o conceito de Sociedade da Informação (SI) foi o economista Fritz Machlup, no seu livro publicado em 1962, *The Production and Distribution of Knowledge in the United States*. No entanto, o desenvolvimento do conceito deve-se a Peter Drucker que, em 1966, no *best-seller The Age of Discontinuity*, fala pela primeira vez numa sociedade pós-industrial em que o poder da economia – que, segundo o autor, teria evoluído da agricultura para a indústria e desta para os serviços – estava agora assente num novo bem precioso: a informação.

como importante instrumento de vantagem competitiva organizacional. Tendo seu objetivo fundamentado na transformação de organizações tradicionais para organizações capazes de aprender a aprender estrategicamente e por competências (EBOLI, 2002; MEISTER, 1999). A Educação corporativa emergiu como uma nova perspectiva do T&D capaz de responder ao novo contexto mais exigente em que se faz necessária a disseminação mais ágil e eficaz de conhecimentos (EBOLI, 1999, 2004b).

No contexto da indústria 4.0[2], competitivo e ávido por inovação, a sobrevivência das organizações advém da sua capacidade em aprender rapidamente, antever e adaptar-se às mudanças por meio da incorporação de competências às suas práticas de negócio. Assim, é impreterível impulsionar a inteligência organizacional. É preciso ter uma força de trabalho altamente qualificada. E essas qualificações estão diretamente ligadas ao conhecimento, às habilidades e às competências profissionais fundamentais para que o trabalhador se adapte às novas tecnologias e mudanças que afetam o ambiente de trabalho (TONI; ALVARES, 2016).

Para Canavarro (2019), historicamente a educação e as competências dos cidadãos em geral não acompanharam as primeiras revoluções industriais. Nas mais recentes, contudo, essa aproximação foi mais observada. Sendo essa uma aproximação requerida e necessária ao sucesso das mudanças.

A quarta revolução está muito ancorada nos processos de educação e de transferência de conhecimento, em um grupo de competências adquiridas formalmente e informalmente e em uma capacidade de autoaprendizagem desenvolvida pelos indivíduos. Todo esse conjunto pode de certa forma controlar e garantir o sucesso das transformações requeridas. Desse modo, as demandas por educação contínua obtêm importância primordial atraindo os holofotes dos gestores das modernas organizações por despontar como a "tábua de salvação" para sua sobrevivência. As formas de organização do trabalho tendem a evoluir para aspectos que consideram variáveis mais próximas das pessoas e das suas interações, como a cultura empresarial e a gestão do conhecimento ou aprendizagem organizacional (CANAVARRO, 2000).

---

2 A Indústria 4.0 pode ser definida como um novo estágio de evolução industrial em que há uma integração entre os processos produtivos das manufaturas e tecnologias que possibilitam a comunicação e a troca de informações (DALENOGARE; BENITEZ; AYALA; FRANK, 2018).

Nessa conjuntura, a Educação Corporativa ergue-se como o caminho para habilitar as organizações com o *know-how* necessário ao alcance de seus propósitos, isto é, para desenvolver e aprimorar a competência individual e organizacional (MEISTER, 1999; TERRA, 2000; ALLEN, 2002; EBOLI, 2004b; ALLEN, 2007). Para Canavarro (2019), o novo contexto econômico, científico e sociocultural estabelece desafios à Educação, uma vez que exige dos sujeitos o domínio de competências complexas que lhes permitam ser bem-sucedidos e prosperar. Consequentemente, ao longo dos anos, as universidades corporativas ganham destaque e proliferam de forma vultosa em muitos países.

Na década de 1990, no Brasil, cerca de dez empresas constituíram universidades corporativas. Em 2005, eram aproximadamente 150 organizações (EBOLI, 2005). Segundo Eboli (2009, *apud* MORAES, 2012), em 2009 existiam 300 organizações. Em 2016, a estimativa era de que cerca de 500 empresas adotavam o conceito e os princípios de educação corporativa. Essas empresas entenderam que quanto mais pessoas qualificadas em seus quadros, mais competitivas seriam (TONI; ALVARES, 2016).

Para Meister (1999), a educação corporativa tem por objetivo educar e desenvolver funcionários de todos os níveis, inclusive os principais integrantes da cadeia de valor, nas competências voltadas às estratégias dos negócios para que a empresa possa operar, com sucesso, em contextos de alto desempenho e competitividade.

Castro e Eboli (2013) entendem que no Brasil o desafio da qualificação profissional é ainda maior devido às falhas do sistema de ensino. Para os autores, as universidades corporativas brasileiras, além de aprimorarem a competência profissional, também necessitam corrigir lacunas resultantes do sistema tradicional de ensino.

"A educação corporativa se configura em uma dinâmica de aprendizagem contínua com foco no desenvolvimento das competências necessárias à organização e ao repasse dos conhecimentos" (TONI; ALVARES, 2016, p. 242). Para as autoras, isso subentende que a empresa deve utilizar o conceito de competência para articular e integrar suas políticas e práticas de gestão de pessoas, aderindo as competências individuais às competências basilares da organização.

A organização que se responsabiliza com educação opera sobretudo conforme três aspectos: (i) aprendizagem formal, oferecendo atividades de treinamento, desenvolvimento e educação em consonância com sua estratégia e necessidades de aprendizagem; (ii) aprendizagem informal, incentivando o processo de autodesenvolvimento e a coletivização de competências; e (iii) ambiente de trabalho, desenvolvendo um contexto profissional facilitador e encorajador da aprendizagem e da utilização de competências no trabalho (BRANDÃO, 2011). A Educação Corporativa retrata um processo no qual as pessoas aprendem continuamente, partilhando inovações e melhores práticas para solucionar problemas organizacionais. Desse modo, a criação e a transferência de conhecimento são atividades centrais. A educação nas empresas é uma ferramenta de mudança na cultura institucional que favorece as atividades de gestão do conhecimento e insere o aprendizado da organização nas práticas do negócio (TARAPANOFF, 2004 *apud* TONI; ALVARES, 2016).

Assim, a transmissão da cultura e a condução de mudanças em toda organização é o eixo central da educação no mundo corporativo, sustentando e atendendo a um paradigma em que a aprendizagem contínua, o conhecimento e as competências são elementos geradores de valor (TONI; ALVARES, 2016).

De acordo com Canavarro (2000), no quadro organizacional, deixou-se de falar do homem certo no lugar certo, de burocracia, de adaptação ao meio. Fala-se de cultura, de poder, de criação de saber, de aprendizagem organizacional, de gestão do conhecimento, conceitos que representam melhor a atualidade do pensamento organizacional.

Para Eboli (2004), educação é um tema que interessa a todos os setores da sociedade e é uma das preocupações de todas as empresas empenhadas em aumentar sua competitividade. A autora discorre que a literatura alude a três formas básicas de produção do conhecimento: ideológica, institucional e tecnológica.

Em linhas gerais, pode-se dizer que a Escola Clássica dirige-se à formação das classes dominantes, dando ênfase à transmissão da ideologia vigente (modo de ser e pensar), enquanto a Escola Profissionalizante, voltada às classes instrumentais e dominadas, privilegia os aspectos técnicos e operacionais (modo de fazer) (EBOLI, 2004b).

Nessa perspectiva, as universidades corporativas surgem no final do século 20 mesclando os dois enfoques e buscando desenvolver, nos diversos públicos com os quais interage, tanto os componentes ideológicos quanto os tecnológicos. Assim, o surgimento das Universidades Corporativas é o grande marco de transição do tradicional Centro de Treinamento & Desenvolvimento para uma preocupação mais ampla e abrangente com a educação de todos os colaboradores. Constituindo importante instrumento de renovação dos conhecimentos e de construção da competitividade empresarial alicerçada na aprendizagem. É com o seu advento que vem à tona a nova modalidade de Educação Corporativa (EBOLI, 2004a; TONI; ALVARES, 2016). Para Allen (2010), a educação corporativa propicia para a empresa o desenvolvimento de competências indispensáveis, além de contribuir para o robustecimento da cultura organizacional.

Método de pesquisa

Com o objetivo de mapear a produção científica internacional sobre Educação/Universidade Corporativa e apresentar um panorama dessa produção dos últimos 30 anos, realizou-se uma pesquisa de natureza exploratória e descritiva, com abordagem quantitativa. Foi realizada uma revisão sistemática da literatura e análise bibliométrica utilizando a base de dados *Scopus*, com o auxílio do *software VOSviewer*, visando demonstrar o perfil apurado dos estudos.

Para Tranfield, Denyer e Smart (2003), a revisão da literatura na pesquisa em Administração é uma ferramenta-chave para tratar a diversidade de conhecimento em uma área acadêmica específica, e as revisões sistemáticas diferem das tradicionais revisões narrativas ao adotar um método replicável, um processo científico transparente, ou seja, um protocolo detalhado que visa minimizar o viés por meio de ampla pesquisa bibliográfica. A revisão sistemática da literatura auxilia os pesquisadores na compreensão mais aprofundada a respeito de determinado tema na medida em que integra diversos artigos que abordam o assunto em estudo (SAMPAIO; MANCINI, 2007).

De acordo com Kitchenham (2004), uma revisão sistemática da literatura é um meio de identificar, avaliar e interpretar todas as pesquisas disponíveis relevantes para uma questão de pesquisa específica ou área de interesse. Nesse tipo de revisão, são definidos critérios de busca e seleção das publicações e os dados obtidos são analisados e interpretados (SUÁREZ; CALVO-MORA; ROLDÁN; PERIÁÑEZ-CRISTÓBAL, 2017). A revisão da literatura para ser efetiva e não tendenciosa precisa ser sistemática e basear-se em um processo estruturado e transparente, de modo a ser replicável, permitindo assim que as decisões e conclusões do pesquisador possam ser verificadas (RIDLEY, 2012; TRANFIELD et al., 2003).

A análise bibliométrica foi aplicada à base de artigos definida por meio da revisão sistemática da literatura.

O princípio da bibliometria constitui-se em analisar a atividade científica ou técnica pelos estudos quantitativos das publicações. Ou seja, os dados quantitativos são calculados de contagens estatísticas de publicações ou de elementos que reúnem uma série de técnicas estatísticas, buscando quantificar os processos de comunicação escrita (SILVA; HAYASHI; HAYASHI, 2011, p. 112).

De acordo com Araújo (2006), a bibliometria surge no início do século 20 como sintoma da necessidade do estudo e da avaliação das atividades de produção e comunicação científica. Desenvolve-se inicialmente a partir da elaboração de leis empíricas sobre o comportamento da literatura, estando entre os principais marcos de seu desenvolvimento o método de medição da produtividade de cientistas de Lotka, de 1926, a lei de dispersão do conhecimento científico de Bradford, de 1934, e o modelo de distribuição e frequência de palavras num texto de Zipf, de 1949.

A bibliometria foi originalmente conhecida como "bibliografia estatística", termo cunhado por E. W. Hulme em 1923 (ARAÚJO, 2006). Entretanto, o termo "bibliometria" foi criado por Paul Otlet em 1934 em sua obra *Traité de Documentation*. Contudo, o termo apenas se popularizou em 1969, a partir de um artigo de Alan Pritchard que discutia a polêmica: "bibliografia estatística ou bibliometria?" (VANTI, 2002; ARAÚJO, 2006; MEDEIROS; VITORIANO, 2015).

Para Café e Bräscher (2008), a bibliometria consiste em um conjunto de leis e princípios aplicados a métodos estatísticos e matemáticos que visam ao mapeamento da produtividade científica de periódicos, autores e representação da informação. Nesse sentido, pode-se utilizar respectivamente para cada um desses campos de estudos padrões de análise de dados oriundos das três leis fundamentais: Lei de Bradford ou Lei de Dispersão, Lei de Lotka ou Lei do Quadrado Inverso e Lei de Zipf ou Lei do Menor Esforço.

A Lei de Bradford permite estimar o grau de relevância de periódicos que atuam em áreas do conhecimento específicas, possibilitando obter noções sobre a sua produtividade e sobre quais autores e investigações se destacam ao pesquisar um tema em particular. A Lei de Lotka propõe que um número restrito de pesquisadores produz muito em determinada área de conhecimento, enquanto um grande volume de pesquisadores produz pouco. Essa lei diz respeito à produtividade dos autores, e pode ser medida pela relação entre a quantidade de pesquisadores e o número de publicações de sua autoria. A Lei de Zipf consiste em medir a frequência do aparecimento das palavras no texto científico, gerando uma lista ordenada de termos mais frequentes de determinada disciplina ou assunto (VANTI, 2002; ARAÚJO, 2006; MACHADO JUNIOR; SOUZA; PARISOTTO; PALMISANO, 2016).

Bufrem e Prates (2005) sinalizam que a aplicação das leis bibliométricas mais comumente utilizadas e relacionadas à produtividade científica (Lei de Lotka), à dispersão da produção científica (Lei de Bradford) e à ocorrência de palavras no texto (Lei de Zipf) foram aperfeiçoadas e suas aplicações originais foram cedendo lugar a modificações e incorporações, estruturando-se em um corpo teórico que justificou o *status* de ciência ao conjunto de conhecimentos que então se configurava em torno do objeto informação. E a partir desse aspecto científico, passa a se destacar sob perspectivas teóricas ou práticas diferenciadas. E seus resultados, amplamente divulgados, referem-se a indicadores de características da literatura, de suas tendências e evolução.

De acordo com Araújo (2006), a análise de citações é a abordagem mais importante da bibliometria, por viabilizar a caracterização e o diagnóstico de padrões na produção do conhecimento científico. Sendo ela um conjunto de referências bibliográficas que evidenciam elos entre indivíduos, instituições e áreas de pesquisa, uma vez que mostram o relacionamento de uma publicação com outra. Podendo a análise de citações ser definida como a parte da bibliometria que investiga as relações entre os documentos citantes e citados, que são considerados como unidades de análise, no todo ou em suas diversas partes.

A técnica de contar referências foi utilizada pela primeira vez em 1927 por P. Gross e E. Gross, depois em 1929 por Allan e em 1931 por Gross e Woodford. Com o computador, a técnica ganha novo fôlego, com o ano de 1963 sendo considerado o seu grande marco, com o surgimento do primeiro índice de citações, o *Science Citation Index* (SCI), desenvolvido por Eugene Garfield, fundador do *Institute of Scientific Information* (ISI). A bibliometria acabou se apropriando do conceito para a análise de autores, trazendo assim o fator de impacto como outra noção importante da bibliometria, sendo mensurado pela divisão do número de citações recebidas por um autor pelo número de trabalhos que foram citados pelo menos uma vez (ARAÚJO, 2006).

Para Hjørland (2013), a análise de citação constitui uma abordagem que se caracteriza por sua natureza histórica, social e dinâmica e a sua estreita dependência da literatura acadêmica. Glänzel (2003) diz que a análise de citações nos permite identificar os grupos de cientistas, suas publicações e evidenciar os pesquisadores de maior impacto em um domínio. As citações indicam o domínio (SMIRAGLIA, 2011).

Assim, a citação pode ser considerada como um indicador objetivo da comunicação científica, que evidencia as relações entre documentos e seus autores. As análises de citação constituem procedimentos relevantes para avaliar a interlocução entre os pesquisadores e seu papel nos diferentes domínios científicos, na medida em que contribuem para a visualização do processo comunicativo e interativo, assim como da estrutura subjacente do domínio em análise (GRÁCIO, 2016).

Para Araújo (2006, p. 18), a análise de citações permite a identificação e a descrição de uma série de padrões na produção do conhecimento científico. Com os dados retirados das citações, é possível descobrir: autores mais citados, autores mais produtivos, elite de pesquisa, frente de pesquisa, fator de impacto dos autores, procedência geográfica e/ou institucional dos autores mais influentes em determinado campo de pesquisa; tipo de documento mais utilizado, idade média da literatura utilizada, obsolescência da literatura, procedência geográfica e/ou institucional da bibliografia utilizada; periódicos mais citados, *core* de periódicos que compõem um campo.

De acordo com Grácio (2016), os estudos de citação e seus indicadores se baseiam em dois tipos de análise: universais e relacionais. Nesta pesquisa, foram realizadas análises de acoplamento bibliográfico, análise de cocitação e coocorrência de palavras-chave. Análises do tipo relacional.

As análises relacionais nos permitem conhecer as relações estruturais de conectividade teórico-metodológica de um domínio, a proximidade, a vizinhança, a associação e a interlocução estabelecida entre os documentos, pesquisadores, periódicos, entre outros, como reconhecidos pela comunidade científica. Para isso, levam em conta a observação simultânea de duas referências, ou seja, sustentam-se em medidas que observam a distância ou proximidade entre dois documentos, autores, periódicos, entre outros (GRÁCIO, 2016, p.83).

Para Marshakova (1981), existem dois métodos principais de análise relacional: a análise de acoplamento bibliográfico e a análise de cocitação, que são indicadas para mapear a proximidade temática, teórica e metodológica entre autores, artigos, periódicos, países ou outras unidades de análise. Tais métodos, apesar de alguma semelhança, apresentam importantes diferenças.

O acoplamento bibliográfico, elaborado por (KESSLER, 1963), mede a relação entre dois artigos com base no número de referências em comum citadas pelos dois artigos. Ele ocorre quando dois artigos referenciam pelo menos uma publicação em comum, estabelecendo-se desse modo uma conexão entre eles ao utilizarem as mesmas referências. Assim, ao existir uma referência comum entre dois artigos, há consequentemente, um acoplamento bibliográfico. Para Kessler (1965), o agrupamento de referências utilizado pelos autores revela o ambiente intelectual que investigam e, se dois artigos utilizam bibliografias parecidas, existe uma relação entre eles, o que evidencia a proximidade teórica e/ ou metodológica. Segundo Egghe e Rousseau (2002), esse método de análise possibilita a investigação sobre o desenvolvimento e a identificação de linhas e de núcleos de pesquisa, de pesquisadores e dos trabalhos mais importantes de ramos específicos da ciência.

Por outro lado, Small (1973) expôs a análise de cocitação como outra medida para estabelecer relações entre trabalhos, fundamentando-se em identificar a frequência na qual dois trabalhos da literatura são citados juntos pela literatura posterior. Assim, a análise de cocitação mede a relação entre dois artigos com base no número de publicações em que estes aparecem citados ao mesmo tempo. Esse processo resulta em redes de relações entre os autores por intermédio da criação e disseminação do conhecimento e a citação de autores seminais colabora na explicação de padrões de associação entre eles, acompanhando também as transformações nas correntes intelectuais com o passar do tempo (NERUR; RASHEED; NATARAJAN, 2008). A análise de cocitação e o acoplamento bibliográfico são indicadores de proximidade temática e apresentam padrões substancialmente diferentes no que diz respeito à estrutura de um domínio científico (SMALL, 1973).

Este estudo optou pela investigação de documentos disponíveis na base de dados *Scopus* para a revisão sistemática da literatura, pois, de acordo com Silva, Ablanedo-Rosas e Rossetto (2019), abrange um conjunto mais amplo de periódicos e artigos quando comparada com a *Web of Science*. Posteriormente, os artigos foram analisados por meio do *software VOSviewer*, que utiliza dados bibliométricos para criar redes de publicações (*clusters*) e identifica periódicos, pesquisadores, países, órgãos de pesquisa, termos ou palavras-chave (SILVA et al., 2019).

Resultados e discussão

A busca na base de dados Scopus com a *string* de busca (TITLE("educação corporativa") OR TITLE("universidad* corporativ*") OR TITLE("corporate education") OR TITLE("corporate universit*")) AND PUBYEAR > 1989 AND PUBYEAR < 2021 AND (LIMIT-TO (DOCTYPE,"ar")) AND (LIMIT-TO (SUBJAREA,"SOCI") OR LIMIT-TO (SUBJAREA,"BUSI")) AND (LIMIT-TO (SRCTYPE,"j")) AND (LIMIT-TO (LANGUAGE,"English") OR LIMIT-TO (LANGUAGE,"Portuguese")) resultou em 146 artigos. Esses artigos foram avaliados com o auxílio do software *VOSviewer* em que a construção de cada artigo foi estudada para analisar redes de cocitação por autor e redes de acoplamento bibliográfico por autor. Os resultados obtidos são analisados a seguir.

a. Redes de cocitações por autor

A análise de cocitações é uma forma de analisar a ligação entre dois documentos que se baseia no estudo da frequência com que esses documentos são citados juntos (GRÁCIO, 2016). Para Small (1973), cocitação é a citação conjunta de dois artigos em uma literatura posterior, assim, para dois documentos serem fortemente cocitados, um grande número de autores deve citar os dois trabalhos simultaneamente. Ao se medir a força de cocitação entre dois trabalhos, é evidenciado o grau de associação entre esses documentos de acordo com a compreensão da comunidade de autores citantes.

Nesse tópico, verificamos os autores mais frequentemente cocitados pelo grupo de trabalhos que estamos estudando. Essa análise é interessante para entendermos quais são os autores e trabalhos utilizados como referência em nossa base de dados. Também é interessante para sabermos quais são os métodos e os conceitos utilizados com maior frequência.

A divisão em *clusters* por cores normalmente mostra que esses artigos são citados conjuntamente, revelando linhas de pesquisas mais seminais. Normalmente, esses autores são citados em conjunto por possuírem determinada linha de pesquisa próxima. Assim, é possível verificar os autores e trabalhos mais influentes que embasaram o portfólio de 146 artigos dessa base de dados. Ao analisar as cocitações, é possível identificar os autores e trabalhos mais influentes que embasaram os trabalhos selecionados.

Para esse tópico de análise, foi feito um *thesaurus* de autores. De acordo com Cavalcanti (1978, *apud* JESUS, 2002, p. 27), "tesauro é uma lista estruturada de termos associados empregada por analistas de informação e indexadores para descrever um documento com a desejada especificidade, em nível de entrada, e para permitir aos pesquisadores a recuperação da informação que procuram". Assim, foi realizado previamente à análise dos dados no software *VOSviewer*, um arquivo de sinônimo de autores visando sanar eventuais problemas de divergência de grafia que pudessem prejudicar a qualidade da apuração dos resultados. Com a aplicação do *thesaurus*, os 3.942 autores constantes na base de dados foram reduzidos para 3.758.

Na Tabela 1, são exibidos os autores mais citados do total de 3.910 referências dos 146 artigos incluídos nesta análise. Foram definidos os seguintes critérios: método de contagem fracionária; número mínimo de 15 citações por autor. Dos 3.758 autores mencionados nas referências, 13 cumprem os limites estabelecidos. Desses 13, dois autores foram excluídos por possuírem as menores forças de *link*, o que prejudicaria a visualização da rede de cocitações.

Tabela 1 – Análise de cocitação por autor

Autor	Citações	Força Total do *Link*
Meister, J.	69	5.555
Dealtry, R.	99	4.076
Prince, C.	49	4.008
Stewart, J.	35	3.100
Allen, M.	33	2.657
Blass, E.	26	2.465
Li, J.	27	2.348
Walton, J.	24	2.232
Rademakers, M.	23	2.035
Andresen, M.	18	1.360
Eboli, M.	17	860
Giroux, H.A.	20	629
Giardina, M.D.	16	529

Fonte: Elaborada pelas autoras

Os 11 autores mais influentes nessa área de pesquisa formam três *clusters*, como apresentado na Figura 1, a seguir, que evidencia a rede de cocitação entre os autores. A composição dos *clusters* foi formada da seguinte forma: *cluster* 1 (vermelho): Allen, M., Andresen, M., Blass, E., Li, J. e Rademakers, M.; *cluster* 2 (verde): Dealtry, R., Prince, C., Stewart, J. e Walton, J.; *cluster* 3 (azul): Eboli, M. e Meister, J.

Os círculos são rotulados pelo nome do primeiro autor do artigo, a cor do círculo refere-se ao *cluster* ao qual o autor pertence e delimita o espaço no qual ele está relacionado. O tamanho dos círculos indica a quantidade de citações que cada autor recebeu e a espessura das linhas representa a intensidade da força dos *links* de cocitações.

Figura 1 – Rede de cocitação por autor

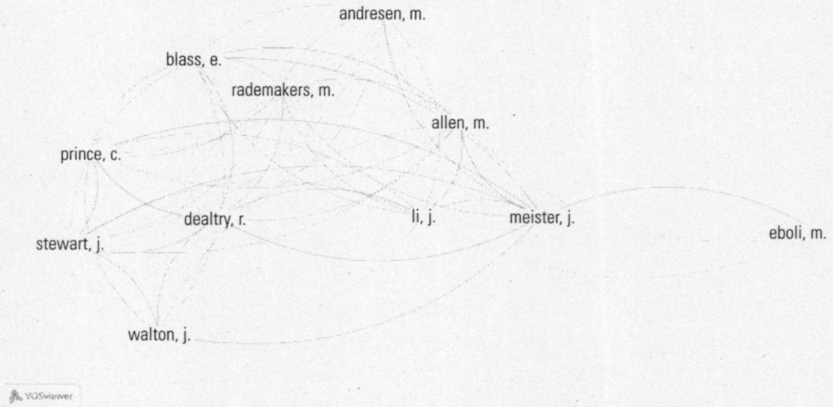

Fonte: Elaborada pelas autoras no *VOSviewer*

O *cluster* vermelho agrupou cinco autores, sendo o mais relevante Allen, M. com 33 citações. Seu trabalho mais citado intitula-se *The Corporate University Handbook: Designing, Managing, and Growing a Successful Program* (ALLEN, 2002). De acordo com Vargas (2003), o livro tem como objetivo examinar o fenômeno das universidades corporativas abrangendo todos os aspectos que envolvem a sua criação, gestão e crescimento. Nele, são discutidas várias questões importantes para quem quer conhecer, estruturar ou administrar uma universidade corporativa. Autores de diferentes nacionalidades e procedências (universidades, empresas de consultoria e grandes organizações) contribuíram na elaboração dos seus 12 capítulos. Trata-se de uma obra séria, com capítulos bem estruturados e os diferentes *backgrounds* dos autores agregam uma visão ampla e diversificada ao estudo do tema (VARGAS, 2003).

O *cluster* verde agrupou quatro autores, sendo Dealtry, R. o mais citado com 99 citações. Seu trabalho mais citado intitula-se *Case Research into the Evolution of a Corporate University Development Process* (DEALTRY, 2000). O artigo avalia a dinâmica de desenvolvimento de uma universidade corporativa de uma grande empresa pública por meio de um estudo de caso. A metodologia de análise é baseada em um modelo progressivo do processo que destaca o desenvolvimento das principais vertentes de decisões que são essenciais para o seu sucesso.

No *cluster* azul, Meister, J. tem 69 citações. Seu trabalho mais citado é o livro *Corporate Universities: Lessons in Building a World-Class Work Force* (MEISTER, 1998). Trata-se de uma edição revista e atualizada do livro *Corporate Quality Universities: Lessons in Building a World-Class Work Force* (MEISTER, 1994). O livro foi publicado no Brasil em 1999 com o título *Educação Corporativa* (MEISTER, 1999). De acordo com a autora, as corporações estão acordando para uma nova realidade na qual aprender a gerenciar o seu conhecimento está se tornando uma atividade vital para o seu sucesso. A obra aborda o modelo de educação corporativa orientado para o mercado no século 21 e inclui pesquisas em 100 universidades corporativas de diversas partes do mundo. É da autora uma das definições mais citadas em artigos sobre universidades corporativas no Brasil em que define Educação Corporativa como: "um guarda-chuva estratégico para desenvolver e educar funcionários, clientes, fornecedores e comunidade a fim de cumprir as estratégias empresariais da organização" (MEISTER, 1999, p. 29).

Ainda no *cluster* azul, temos Eboli, M., única autora brasileira na lista de autores mais cocitados. Seu livro intitulado *Educação Corporativa no Brasil: Mitos e Verdades* é o seu trabalho com mais citações (EBOLI, 2004b).

De acordo com Sousa Toledo e Domingues (2018), em seu estudo bibliométrico sobre educação corporativa no Brasil, foi a autora com mais artigos publicados no período pesquisado. Sendo também a autora mais citada nos artigos publicados que foram investigados pelos autores quando se trata de Educação Corporativa.

Os documentos mais citados dos autores mais cocitados constam na Tabela 2.

Tabela 2 – Documentos por autor

Documento	Citações
Meister, J. C. (1998). *Corporate Universities: Lessons in Building a World-Class Work Force*. McGraw-Hill Education.	31
Prince, C., & Stewart, J. (2002). Corporate Universities - an Analytical Framework. *The Journal of Management Development, 21*(9/10), 794–811.	18
Rademakers, M. (2005). Corporate Universities: Driving Force of Knowledge Innovation. *Journal of Workplace Learning, 17*(1–2), 130–136.	15

Documento	Citações
Allen, M. (2002). *The Corporate University Handbook: Designing, Managing, and Growing a Successful Program.* Amacom Books.	13
Blass, E. (2001). What's in a Name? A Comparative Study of the Traditional Public University and the Corporate University. H*uman Resource Development International, 4*(2), 153–172.	13
Walton, J. (1999). *Strategic Human Resource Development.* Prentice Hall.	13
Dealtry, R. (2000). Case Research into the Evolution of a Corporate University Development Process. *Journal of Workplace Learning, 12*(8), 342–357.	12
Blass, E. (2005). The Rise and Rise of the Corporate University. *Journal of European Industrial Training.*	11
Dealtry, R. (2001). Configuring the Corporate University - Managing a Portfolio of Thinking Schools. *Journal of Workplace Learning, 13*(1), 30–38.	10
Dealtry, R. (2001). How to Configure the Corporate University for Success. *Journal of Workplace Learning, 13*(2), 73–79.	10
Abel, A. L., & Li, J. (2012). Exploring the Corporate University Phenomenon: Development and Implementation of a Comprehensive Survey. *Human Resource Development Quarterly, 23*(1), 103–128.	10
Andresen, M., & Lichtenberger, B. (2007). The Corporate University Landscape in Germany. *Journal of Workplace Learning, 19*(2), 109–123.	9
Meister, J. C. (1999). *Educação Corporativa.* Makron Books.	7
Prince, C., & Beaver, G. (2001). The Rise and Rise of the Corporate University: the Emerging Corporate Learning Agenda. *The International Journal of Management Education, 1*(2), 17–26.	7
Walton, J. (2005). Would the Real Corporate University Please Stand Up? *Journal of European Industrial Training, 29*(1), 7–20.	7
Eboli, M. (2004). *Educação Corporativa no Brasil: Mitos E Verdades.* Editora Gente.	7
Meister, J. C. (1994). *Corporate Quality Universities: Lessons in Building a World-class Work Force.* American Society for Training and Development.	6

Documento	Citações
Wang, G. G., Li, J., Qiao, X., & Sun, J. Y. (2010). Understanding the Corporate University Phenomenon: A Human CapitalTheory Perspective. *International Journal of Human Resources Development and Management, 10*(2), 182–204.	6
Alagaraja, M., & Li, J. (2015). Utilizing Institutional Perspectives to Investigate the Emergence, Rise, and (Relative) Decline of Corporate Universities. *Human Resource Development International, 18*(1), 4–23.	5
Prince, C. (2003). Corporate Education and Learning: The Accreditation Agenda. *Journal of Workplace Learning, 15*(4), 179–185.	4
Stewart, J., Brotherton, C., & Brotherton, C. (2001). Employee Development Practice. *Gender, Work and Organization, 8*(1), 119–121.	4
Stewart, J., & McGoldrick, J. (Eds.). (1996). *Human Resource Development: Perspectives, Strategies and Practice.* Pitman.	4
Prince, C., & Stewart, J. (2000). The Dynamics of the Corporate Education Market and the Role of Business Schools. *The Journal of Management Development, 19*(3/4), 207–219.	4
Allen, M. (2010). Corporate Universities 2010: Globalization and Greater Sophistication. *The Journal of International Management Studies, 5*(1), 48–53.	4
Allen, M. (Ed.). (2007). *The Next Generation of Corporate Universities: Innovative Approaches For Developing People and Expanding Organizational Capabilities.* John Wiley & Sons.	4
Rademakers, M. (2014). *Corporate Universities: Drivers of the Learning Organization.* Routledge.	4
Rademakers, M., & Huizinga, N. (2000). How Strategic is your Corporate University. *The New Corporate University Review, 6*(6), 18–23.	4
Eboli, M., Fischer, A. L., Moraes, F., & Amorim, W. (2010). *Educação Corporativa: Fundamentos, Evolução e Implantação de Projetos. Atlas.*	3

Fonte: Elaborada pelas autoras

Cabe destacar ainda os trabalhos de Prince e Stewart (2000) e Rademakers (2005) com 18 e 15 citações, respectivamente. O primeiro intitulado *Corporate Universities - an Analytical Framework* tem como objetivo oferecer uma contribuição para permitir a compreensão do conceito de universidade corporativa. Essa contribuição assume a forma de um quadro conceitual, baseado nos conceitos de gestão do conhecimento, da aprendizagem organizacional e da organização da aprendizagem. A estrutura resultante (roda da universidade corporativa) representa o que os autores denominam de um "tipo ideal" de estratégia de desenvolvimento de recursos humanos baseada na universidade corporativa.

Já o artigo intitulado *Corporate Universities: Driving Force of Knowledge Innovation* ajuda a explicar por que as universidades corporativas evoluíram como uma resposta ao desafio de competir em uma economia baseada no conhecimento. No artigo, quatro formas principais de inovação são identificadas e combinadas com o conceito de universidade corporativa.

b. Redes de acoplamento bibliográfico por autor

De acordo com Jarneving (2007), o acoplamento bibliográfico é um método de reunião de trabalhos com foco de pesquisa semelhante que é capaz de nos proporcionar um mapeamento da ciência, complementando a análise de cocitação. Uma vez que o acoplamento bibliográfico entre dois documentos ocorre quando há ao menos uma referência em comum entre eles, deduz-se que existe uma conexão entre os documentos ao se utilizarem das mesmas referências (GRÁCIO, 2016).

Nesse tópico de análise, foram definidos os seguintes critérios: método de contagem fracionária; número mínimo de dois documentos e zero citação por autor. Na Tabela 3, apresentam-se os *clusters* formados pelo acoplamento bibliográfico. Dos 226 autores, 26 cumprem os limites estabelecidos. Desses 26, apenas 24 autores estão conectados na rede formando seis *clusters*, como apresentado na Figura 2, e a seguir na tabela 3.

Tabela 3 – Acoplamento bibliográfico por autor

Autor	Número de Artigos	Citações	*Cluster*	Cor do *Cluster*
Blass E.	2	62	1	vermelho
Budiastuti D.	2	0	1	vermelho
Dealtry R.	16	126	1	vermelho
Li J.	4	44	1	vermelho
Lui Abel A.	2	24	1	vermelho
Qiao J. X.	2	15	1	vermelho
Sandelands E.	2	13	1	vermelho
Beaver G.	2	3	2	verde
Ghomi H.	2	4	2	verde
Prince C.	7	68	2	verde
Ryan L.	3	19	2	verde
Stewart J.	2	49	2	verde
Williamson B.	2	49	2	verde
Dandolini G.A.	2	7	3	azul
Eboli M.	2	4	3	azul
Sá Freire P.	3	8	3	azul
Silva S.M.	2	7	3	azul
Souza J.A.	2	7	3	azul
Cappiello G.	2	19	4	amarelo
Pedrini G.	2	19	4	amarelo
Gardoni M.	2	10	5	roxo
Rhéaume L.	2	10	5	roxo
Homan G.	2	79	6	azul claro
Macpherson A.	2	79	6	azul claro

Fonte: Elaborada pelas autoras

Figura 2 – Rede de acoplamento bibliográfico por autor

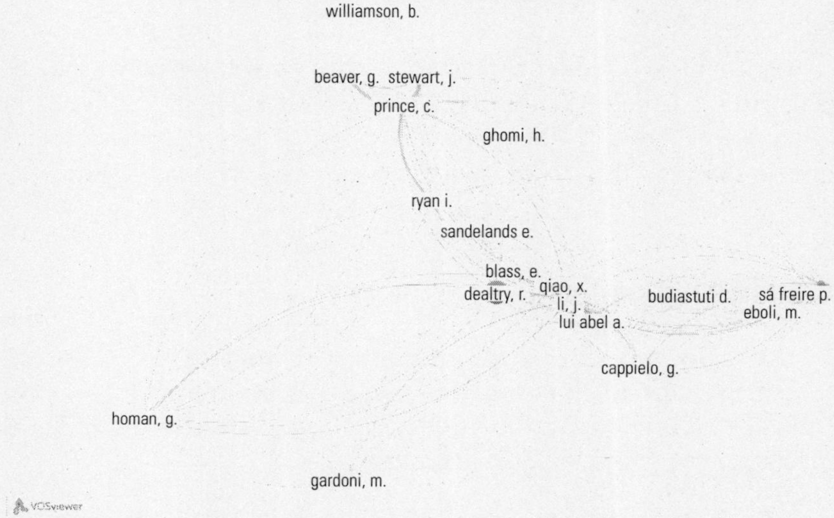

Fonte: Elaborada pelas autoras no *VOSviewer*

No primeiro *cluster,* foram agrupados dois autores associados a instituições do Reino Unido, três dos Estados Unidos, um da China e um da Indonésia. Lui Abel A. (EUA), Li J. (EUA) e Qiao J. X. (China) publicaram trabalhos em coautoria, e os dois primeiros pertencem à *University of North Texas*. No segundo *cluster,* foram agrupados quatro autores associados a instituições do Reino Unido, um do Iran e um da Austrália. Beaver G. (Reino Unido), Prince C. (Reino Unido), Stewart J. (Reino Unido) e Ryan L. (Austrália) publicaram trabalhos em coautoria, e os três primeiros estão associados a *The Nottingham Trent University*. O terceiro *cluster* reuniu cinco autores associados a instituições brasileiras, quatro deles publicaram trabalhos em coautoria, sendo associados à *Universidade Federal de Santa Catarina* (Dandolini G.A., Sá Freire P., Silva S.M. e Souza J.A.). No quarto *cluster,* foram reunidos dois autores associados à instituição italiana *University of Bologna* que publicaram em coautoria e a mesma quantidade de documentos na amostra. No quinto *cluster,* foram agrupados dois autores associados à intituição canadense *École de Technologie Supérieure, Montreal,* que também publicaram em coautoria e a mesma quantidade de documentos na amostra. No sexto *cluster,* foram agrupados dois autores associados à instituição *Manchester Metropolitan University*

Business School, que publicaram em coautoria e a mesma quantidade de artigos.

Verificou-se que há um destaque para os autores com associações em instituições europeias (principalmente do Reino Unido), que possui 39 dos 71 documentos acoplados. Cabe ainda destacar que 16 documentos acoplados são de autoria de Dealtry R.

Considerações finais

Este artigo procurou apresentar um panorama da produção científica internacional dos últimos 30 anos referente ao tema da Educação Corporativa, objetivando oferecer aos pesquisadores um norteador para pesquisas futuras.

Para isso, foi realizada uma pesquisa de natureza exploratória e descritiva, com abordagem quantitativa por meio de revisão sistemática da literatura e análise bibliométrica. A pesquisa teve como fonte a base de dados *Scopus*. Utilizou-se também do *software VOSviewer.* Os seguintes itens foram analisados: redes de cocitação e redes de acoplamento bibliográfico por autor.

Optou-se pela análise de cocitação por possibilitar a identificação de linhas de pesquisas seminais, assim como também a identificação de quais são os autores e os trabalhos mais influentes na base estudada. Uma vez que, quando dois documentos são citados por um documento ao mesmo tempo, estabelecem uma relação de cocitação, indicando que possuem semelhanças já que são citados em conjunto por possuírem determinada linha de pesquisa próxima.

Em seguida, foi analisado o acoplamento bibliográfico, uma vez que este é capaz de complementar a análise de cocitação, visto que ocorre quando há ao menos uma referência em comum entre eles.

Os resultados revelaram os 11 autores mais influentes na temática da Educação Corporativa e seus respectivos trabalhos. Foram formados três *clusters,* evidenciando-se a rede de cocitação entre os autores. A composição dos *clusters* foi formada da seguinte forma: *cluster* 1 (vermelho): Allen, M., Andresen, M., Blass, E., Li, J. e Rademakers, M.; *cluster* 2 (verde): Dealtry, R., Prince, C., Stewart, J. e Walton, J.; *cluster* 3 (azul): Eboli, M. e Meister, J.

Meister, J. é a autora com maior força de *link* e seu trabalho mais citado é o livro *Corporate Universities*. Verificou-se que há um destaque para os autores com associações em instituições europeias (principalmente do Reino Unido), que possui 39 dos 71 documentos acoplados. Cabe ainda destacar que 16 documentos acoplados são de autoria de Dealtry R.

Como este artigo tem um caráter exploratório, há algumas limitações. Uma delas é o fato de analisar o tema da Educação/Universidade Corporativa com informações extraídas de uma única base de dados e, assim, de um número limitado de artigos. Dessa forma, é sugerido que futuras revisões sistemáticas da literatura incluam outras bases de dados. Outra limitação é que uma vez que a pesquisa é feita com base na combinação de palavras-chave, é possível que algum artigo não tenha sido contemplado devido à falta de utilização de outras palavras que estejam relacionadas à temática.

Uma sugestão para futuras pesquisas é aprofundar a análise por meio de uma análise qualitativa dos trabalhos e autores mais influentes, que permitirá um maior entendimento do tema.

Este estudo trouxe contribuições para a literatura sobre Educação/Universidade Corporativa ao elaborar um panorama da produção acadêmica do tema. Espera-se que a revisão sistemática da literatura e análise bibliométrica feita nesta pesquisa ofereça *insights* para trabalhos futuros sobre essa temática tão importante, mas que ainda possui muitas lacunas de estudos a serem exploradas.

Referências Bibliográficas

ALLEN, M. *The corporate university handbook*: Designing, managing, and growing a successful program. New York: Amacom Books, 2002.

______. *The next generation of corporate universities*: Innovative approaches for developing people and expanding organizational capabilities. San Francisco: Pfeiffer, 2007.

______. Corporate universities 2010: Globalization and greater sophistication. *The Journal of International Management Studies*, v. 5, n. 1, p. 48-53, 2010.

ARAÚJO, C. A. Bibliometria: Evolução histórica e questões atuais. *Em Questão*, v. 12, n. 1, p. 11-32, 2006.

BRANDÃO, H. P. Aprendizagem e desenvolvimento de competências: Conceitos, pressupostos e práticas. In TARAPANOFF, K. *Aprendizado organizacional*: Contexto e propostas. 2. ed. Curitiba: Ibpex, 2011. Vol. II.

BUFREM, L.; PRATES, Y. O saber científico registrado e as práticas de mensuração da informação. *Ciência da Informação*, v. 34, n. 2, p. 9-25, 2005. Doi: https://doi.org/10.1590/S0100-19652005000200002.

CAFÉ, L. M. A.; BRÄSCHER, M. Organização da informação e bibliometria. *Encontros Bibli: Revista Eletrônica de Biblioteconomia e Ciência da Informação*, v. 13, n. 1, p. 54-75, 2008. Doi: https://doi.org/10.5007/1518-2924.2008v13nesp1p54.

CANAVARRO, J. M. P. *Teorias ou paradigmas organizacionais*. Coimbra: Quarteto, 2000.

______. Indústria 4.0, educação, competências, emprego e trabalho. In MÓNICO, L.; CARVALHO, C.; DIAS, D.; PARREIRA, P. (ORGS.). *Capital psicológico, estratégia e gestão na diversidade das organizações*. Coimbra e Lisboa: FPCE-UC, ESEnfC e ISCSP, 2019. p. 215-233.

CASTRO, C. de M.; EBOLI, M. Universidade corporativa: Gênese e questões críticas rumo à maturidade. *Revista de Administração de Empresas-RAE*, v. 53, n. 4, p. 408-414, 2013.

COUTINHO, C.; LISBÔA, E. Sociedade da informação, do conhecimento e da aprendizagem: Desafios para a educação no século XXI. *Revista de Educação*, v. 18, n. 1, p. 5-22, 2011.

DALENOGARE, L. S.; BENITEZ, G. B.; AYALA, N. F.; FRANK, A. G. The expected contribution of industry 4.0 technologies for industrial performance. *International Journal of Production Economics*, v. 204, p. 383-394, Oct. 2018. Doi: https://doi.org/10.1016/j.ijpe.2018.08.019.

DEALTRY, R. Case research into the evolution of a corporate university development process. *Journal of Workplace Learning*, v. 12, n. 8, p. 342-357, 2000. Doi: https://doi.org/http://dx.doi.org/10.1108/13665620010378840.

EBOLI, M. Universidade corporativa: Ameaça ou oportunidade para as escolas tradicionais de Administração? *RAUSP Management Journal*, v. 34, n. 4, p. 56-64, 1999.

______. O desenvolvimento das pessoas e a educação corporativa. In EBOLI, M. *As pessoas na organização*. São Paulo: Gente, 2002. p. 185-216.

______. (2004a). Educação corporativa no Brasil: da prática à teoria. In: ENCONTRO DA ASSOCIAÇÃO NACIONAL DOS PROGRAMAS DE PÓS-GRADUAÇÃO EM ADMINISTRAÇÃO, 2004, Curitiba. *Anais*... Paraná: ANPAD, 2004a.

______. *Educação corporativa no Brasil*: Mitos e verdades. São Paulo: Gente, 2004b.

______. O papel das lideranças no êxito de um sistema de educação corporativa. *Revista de Administração de Empresas-RAE*, v. 45, n. 4, p. 118-122, 2005.

EGGHE, L.; ROUSSEAU, R. Co-citation, bibliographic coupling and a characterization of lattice citation networks. *Scientometrics*, v. 55, p. 349-361, Nov. 2002.

GLÄNZEL, W. *Bibliometrics as a research field: A course on theory and application of bibliometric indicators*. Brussels, 2003.

GRÁCIO, M. C. C. Acoplamento bibliográfico e análise de cocitação: Revisão teórico-nonceitual. *Encontros Bibli: Revista Eletrônica de Biblioteconomia e Ciência da Informação*, v. 21, n. 47, p. 82, 2016. Doi: https://doi.org/10.5007/1518-924.2016v21n47p82.

HJØRLAND, B. Citation analysis: A social and dynamic approach to knowledge organization. *Information Processing and Management*, v. 49, n. 6, p. 1313-1325, 2013. Doi: https://doi.org/10.1016/j.ipm.2013.07.001.

JARNEVING, B. Bibliographic coupling and its application to research-front and other core documents. *Journal of Informetrics*, v. 1, n. 4, p. 287-307, 2007. Doi: https://doi.org/https://doi.org/10.1016/j.joi.2007.07.004.

JESUS, J. B. M. de. Tesauro: Um instrumento de representação do conhecimento em sistemas de recuperação da informação. IN: SEMINÁRIO NACIONAL DE BIBLIOTECAS UNIVERSITÁRIAS, 12., 2002, Recife. *Anais*... Pernambuco, 2002.

KESSLER, M. M. Bibliographic coupling between scientific papers. *American Documentation*, v. 14, n. 1, p. 10-25, 1963.

______. Comparison of the results of bibliographic coupling and analytic subject indexing. *American Documentation*, v. 16, n. 3, p. 223-233, 1965.

KITCHENHAM, B. Procedures for performing systematic reviews. *Keele*, UK, Keele University, v. 33, p. 1-26, 2004.

MACHADO JUNIOR, C.; SOUZA, M. T. S. de; PARISOTTO, I. R. dos S.; PALMISANO, A. As leis da bibliometria em diferentes bases de dados científicos. *Revista de Ciências da Administração*, v. 18, n. 44, p. 111-123, 2016. Doi: https://doi.org/10.5007/2175-8077.2016v18n44p111.

MARSHAKOVA, I. v. Citation networks in information science. *Scientometrics*, v. 3, n. 1, p. 13-25, 1981. Doi: https://doi.org/10.1007/BF02021861.

MEDEIROS, J. M. G. de; VITORIANO, M. A. V. A Evolução da bibliometria e sua interdisciplinaridade na produção científica brasileira. *Revista Digital de Biblioteconomia e Ciência da Informação-RDBCI*, v. 13, n. 3, p. 491-503, 2015. Doi: https://doi.org/10.20396/rdbci.v13i3.8635791.

MEISTER, J. C. *Corporate quality universities*: Lessons in building a world-class work force. New York: American Society for Training and Development, 1994.

______. *Corporate universities*: Lessons in building a world-class work force. New York: McGraw-Hill Education, 1998.

______. *Educação corporativa*. São Paulo: Makron Books, 1999.

MORAES, F. C. C. *A educação corporativa na gestão dos bancos no Brasil*: um estudo sobre os valores disseminados e as competências desenvolvidas pelos programas de formação gerencial. 2012. Tese (Doutorado) – Universidade de São Paulo, São Paulo, 2012. Doi: https://doi.org/10.11606/T.12.2012.tde-26062012-162129.

NERUR, S. P.; RASHEED, A. A; NATARAJAN, V. The intellectual structure of the strategic management field: An author co-citation analysis. *Strategic Management Journal*, v. 29, n. 3, p. 319-336, 2008.

PRINCE, C.; STEWART, J. The dynamics of the corporate education market and the role of business schools. *The Journal of Management Development*, v. 19, n. 3-4, p. 207-219, 2000. Doi: https://doi.org/http://dx.doi.org/10.1108/02621710010318783.

RADEMAKERS, M. Corporate universities: Driving force of knowledge innovation. *Journal of Workplace Learning*, v. 17, n. 1-2, p. 130-136, 2005. Doi: https://doi.org/http://dx.doi.org/10.1108/13665620510574513.

RIDLEY, D. *The literature review*: A step-by-step guide for students. 2nd ed. London: Sage, 2012.

SAMPAIO, R. F.; MANCINI, M. C. Estudos de revisão sistemática: Um guia para síntese criteriosa da evidência científica. *Revista Brasileira de Fisioterapia*, v. 11, n. 1, p. 83-89, 2007.

SILVA, M. R. da; HAYASHI, C. R. M.; HAYASHI, M. C. P. I. Análise bibliométrica e cientométrica: Desafios para especialistas que atuam no campo. InCID: *Revista de Ciência da Informação e Documentação*, v. 2, n. 1, p. 110-129, 2011. Doi: https://doi.org/10.11606/issn.2178-2075.v2i1p110-129.

SILVA, J. T. M.; ABLANEDO-ROSAS, J. H.; ROSSETTO, D. E. A longitudinal literature network review of contributions made to the academy over the past 55 years of the IJPR. *International Journal of Production Research*, v. 57, n. 15-16, p. 4627-4653, 2019. Doi: https://doi.org/10.1080/00207543.2018.1484953.

SMALL, H. Co-citation in the scientific literature: A new measure of the relationship between two documents. *Journal of the American Society for Information Science*, v. 24, n. 4, p. 265-269, 1973.

SMIRAGLIA, R. P. ISKO 11's Diverse bookshelf: An editorial. *Knowledge Organization*, v. 38, n. 3, p. 179-186, 2011. Doi: https://doi.org/10.5771/0943-7444-2011-3-179.

SOUSA TOLEDO, G.; DOMINGUES, C. R. Produção sobre educação corporativa no Brasil: Um estudo bibliométrico. *Revista de Gestão e Secretariado-GeSec*, v. 9, n. 1, p. 108-127, 2018. Doi: https://doi.org/10.7769/gesec.v9i1.755.

SUÁREZ, E.; CALVO-MORA, A.; ROLDÁN, J. L.; PERIÁÑEZ-CRISTÓBAL, R. Quantitative research on the EFQM excellence model: A systematic literature review (1991-2015). *European Research on Management and Business Economics*,

v. 23, n. 3, p. 147-156, 2017. Doi: https://doi.org/https://doi.org/10.1016/j.iedeen.2017.05.002.

TERRA, J. C. C. *Gestão do conhecimento*: O grande desafio empresarial: uma abordagem baseada no aprendizado e na criatividade. São Paulo: Negócio, 2000.

TONI, K.; ALVARES, L. Educação corporativa na perspectiva da inteligência organizacional. *Informação & Informação*, v. 21, n. 3, p. 228-257, 2016. Doi: https://doi.org/10.5433/1981-8920.2016v21n3p228.

TRANFIELD, D.; DENYER, D.; SMART, P. Towards a methodology for developing evidence-informed management knowledge by means of systematic review. *British Journal of Management*, v. 14, n. 3, p. 207-222, 2003.

VANTI, N. A. P. Da bibliometria à webometria: Uma exploração conceitual dos mecanismos utilizados para medir o registro da informação e a difusão do conhecimento. *Ciência da Informação*, v. 31, n. 2, p. 152-162, 2002.

VARGAS, M. R. M. The corporate university handbook: Designing, managing, and growing a successful program. *Revista de Administração Contemporânea-RAC*, v. 7, n. 1, p. 215-217, 2003. Doi: https://doi.org/10.1590/S1415-655

3.3 Governança, papéis e responsabilidades na gestão de um sistema de educação corporativa

Clara Castro de Moraz e Marisa Eboli

Introdução

Este capítulo pretende discutir aspectos gerais da operação de um Sistema de Educação Corporativa (SEC), tais como seu modelo de governança e os papéis e responsabilidades daqueles que seriam os responsáveis diretos pelo seu funcionamento. A análise é feita de forma a se contemplar o que há na literatura disponível sobre os temas e pretende dar indícios de como as organizações brasileiras têm lidado com essas questões. Destaca-se a importância da responsabilidade compartilhada: o gestor da Educação Corporativa (EC) ou *chief learning officer* e seu *staff* e os líderes empresariais atuando de forma integrada, todos sob a égide de um adequado modelo de governança.

Assim sendo, na primeira parte deste capítulo serão abordados aspectos gerais com relação à governança. Em seguida, trataremos de pontos relativos aos papéis, responsabilidades e competências do *chief learning officer*. Na última parte, o foco será dado à importância de os líderes empresariais se envolverem efetivamente com o SEC, para que ele seja bem-sucedido.

Por que adotar um modelo de governança?

As Universidades Corporativas (UCs) ou Sistemas de Educação Corporativa (SEC), aqui entendidos como termos equivalentes, têm se tornado um forte instrumento para a efetivação da estratégia organizacional, além de ser uma das formas de promover a gestão do conhecimento (VON KROGH et al., 2000). Vejamos algumas contribuições:

- atua como reforço para o conceito de autodesenvolvimento, protagonismo e *lifelong learning* dos colaboradores;
- desenvolve as pessoas para atender à estratégia das empresas (MEISTER, 1999) concebendo as soluções de aprendizagem a partir do alinhamento das competências individuais com as competências estratégicas da empresa (EBOLI, 2004);
- atua como complemento no processo educacional da população, tanto intra como extramuros organizacionais, trazendo uma contribuição à sociedade (EBOLI, 2004).

Desde 1999, temos tido a oportunidade de aprimorar a metodologia de concepção e modelagem de um SEC, aprendendo sempre e muito com a experiência dos vários projetos nos quais trabalhamos ao longo desses anos.

Para que o modelo do SEC ou da UC esteja realmente vinculado aos objetivos estratégicos da empresa, é crucial que seja realizado um cuidadoso diagnóstico das competências estratégicas da organização, conduzido com a alta administração e demais elementos importantes na estrutura organizacional. A partir desse diagnóstico das competências organizacionais — que incluiriam as várias dimensões das competências necessárias à organização em análise (HAMEL; PRAHALAD, 1995; MILLS et al., 2002), podem ser definidos os principais "eixos de competências" para a empresa, ou seja, as principais vertentes que constituem a estratégia competitiva do negócio. Tais eixos de competências e suas subdivisões constituem o que geralmente são chamadas de "academias, escolas e pilares de formação" dos SEC.

De acordo com Wheeler (2005), a orientação estratégica de uma UC terá consequência direta na sua estruturação e consequentemente na hora de definir o *staff* que dela fará parte. Montar a equipe, identificar os perfis de competências das pessoas necessárias, encontrá-las e desenvolvê-las torna-se o desafio definitivo do gestor da UC e um dos pontos que mais nos questionam nos projetos de consultoria.

O fundamental é, a partir da orientação estratégica definida para a UC, trabalhar com os comitês de governança e decidir, ao menos de maneira preliminar, qual o *mix* de competências desejado para as pessoas da equipe. Além disso, a estrutura e toda a organização de uma UC devem respeitar e se ajustar à cultura e à própria estrutura organizacional (BARLEY, 2002).

O objetivo principal de definir um modelo de governança do SEC é prover clareza e transparência para os processos decisórios relacionados à sua operação, garantindo o alinhamento estratégico e cultural, a qualidade do sistema e o nível de comprometimento dos líderes e empregados. Para tanto, sua definição requer a identificação dos principais participantes/agentes e a definição dos seus papéis, atribuições e responsabilidades.

Um modelo genérico de governança do SEC que temos observado segue representado, a seguir, na Figura 1.

Figura 1: Exemplo de modelo de governança

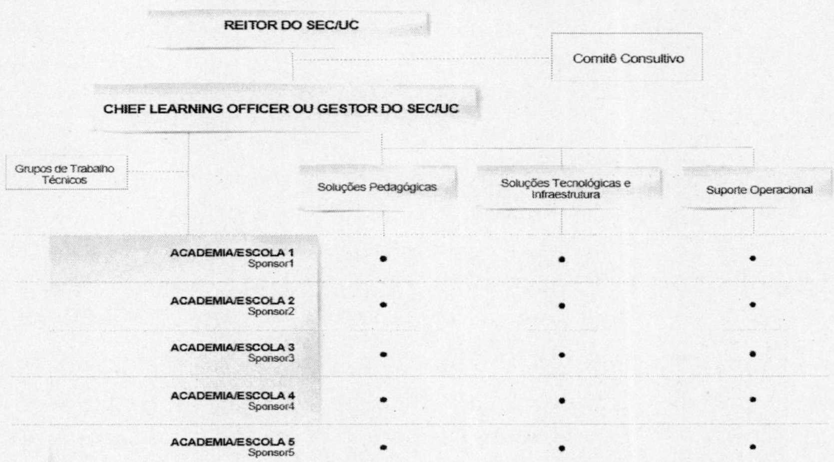

Fonte: Elaborada pelas autoras

De modo geral, o principal papel de um **Reitor** (ou Embaixador) de uma UC é atuar como guardião da aderência estratégica, cultural e acadêmica do projeto. Entre as principais atribuições estão: aprovar plano de ação anual; zelar pelo alinhamento com a cultura da organização; assegurar alinhamento entre estratégias e demais políticas organizacionais; reger os valores acadêmicos e institucionais perante a comunidade e a sociedade etc.

Cabe ao **Comitê Consultivo** o papel de guardião do futuro e da inovação.

O ***Chief Learning Officer* (CLO)** ou gestor do SEC tem o papel de ser o guardião do modelo e da operação da UC e de coordenar os trabalhos dos responsáveis pelas soluções pedagógicas, pelas soluções tecnológicas e pelo suporte operacional que dá apoio aos participantes das soluções de aprendizagem, sejam elas presenciais, sejam a distância

Os ***Sponsors*** ou Gestores das Academias/Escolas devem exercer o papel de guardiões do alinhamento dos trabalhos da academia/escola aos desafios estratégicos da organização.

O **Grupo de Trabalho Técnico** tem o papel de ser o guardião dos programas educacionais, das soluções, das trilhas de aprendizagem etc.

Certamente, há inúmeras outras possibilidades de modelo de governança, papéis e atribuições, mas acreditamos que o modelo apresentado seja inspirador para o desenho de outros mais completos e customizados a cada realidade organizacional.

Com o objetivo de mapear quais as práticas de governança adotadas pelas organizações pesquisadas (existência de comitês, participação de membros externos à área de EC e outros) e identificar os processos de mudança e de aperfeiçoamento (e seus fatores) dos SEC no decorrer do tempo, dedicamos parte da *5.ª Pesquisa Nacional sobre Práticas e Resultados da Educação Corporativa – 2021* ao tema.

Como é possível observar no Gráfico 1, em 2021, 49% dos SEC respondentes da pesquisa afirmaram utilizar um modelo de governança com a atuação de comitês, um aumento se comparado à edição de 2018, mas uma diminuição em relação às edições de 2015, 2012 e 2009. Se a existência dos comitês é considerada uma das boas práticas em termos de governança do SEC, a situação parece preocupante quanto aos efeitos que essa ausência pode causar, principalmente pelo não envolvimento dos líderes e da alta administração com educação e aprendizagem.

Gráfico 1: Modelo de governança com atuação de comitês

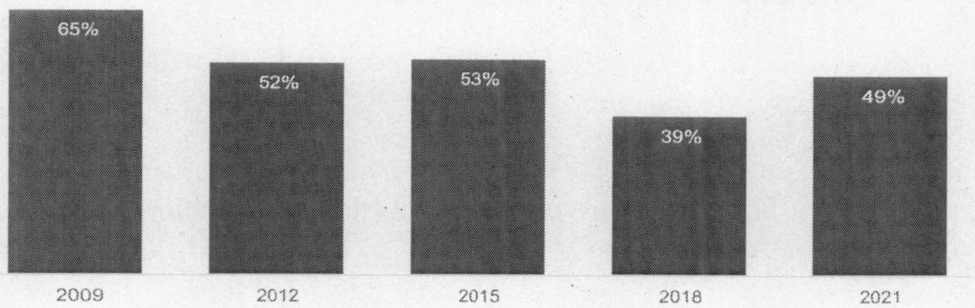

Fonte: Pesquisa Nacional de Práticas e Resultados da Educação Corporativa, 2021.

Um aspecto importante a considerar é que, em 87% dos comitês dos SEC respondentes, há participação dos líderes representantes das áreas de negócios da organização, o que garante maior proximidade com a estratégia empresarial, conforme exposto no Gráfico 2.

Gráfico 2: Participação dos líderes representantes das áreas de negócio nos comitês

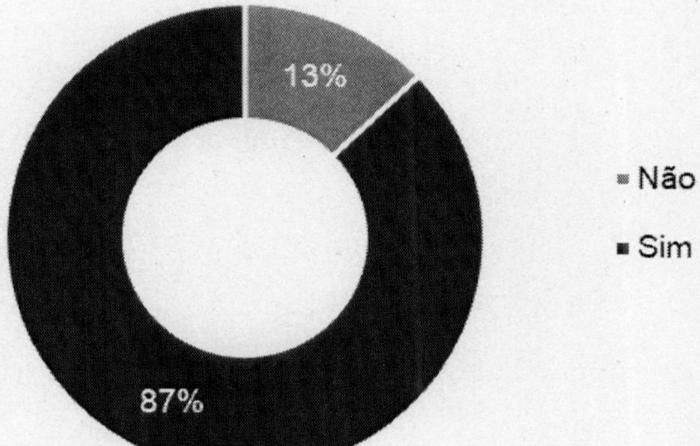

Fonte: Pesquisa Nacional de Práticas e Resultados da Educação Corporativa, 2021.

No Gráfico 3, apresentam-se os resultados sobre as principais funções dos comitês. As UCs respondentes que possuem comitês (31 do total de 63 respondentes) afirmaram que as principais funções desse órgão são decidir sobre políticas e procedimentos (77%) e decidir sobre investimentos (52%). Duas empresas apontaram funções diferentes daquelas relacionadas no instrumento de coleta de dados e destacaram que os comitês atuam também na decisão sobre temas prioritários e na curadoria de conteúdos trabalhados na universidade.

Gráfico 3: Principais funções dos comitês de Educação Corporativa

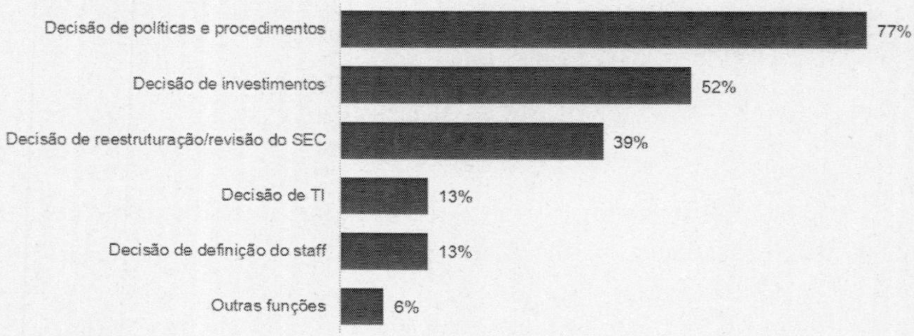

Fonte: Pesquisa Nacional de Práticas e Resultados da Educação Corporativa, 2021.

Sintetizamos a seguir algumas recomendações gerais para o bom andamento do modelo de governança:

- envolvimento e comprometimento da liderança;
- integração e sintonia fina com as estratégias e políticas da empresa;
- proximidade e comunicação intensa entre os membros do modelo de governança;
- constante alinhamento com a estratégia e cultura organizacional;
- reconhecimento pela organização dos membros como "representantes com credibilidade" e "integradores";
- reconhecimento pela participação;
- disciplina a um ciclo anual de trabalho com reuniões predefinidas e sempre que possível, aproveitando reuniões já previstas no calendário dos executivos.

Em geral, um adequado modelo de governança do SEC é crucial para que haja o comprometimento dos executivos com a educação e aprendizagem, garantindo ao projeto alinhamento aos objetivos e decisões estratégicas e à cultura organizacional (NUNES, 2010).

Chief Learning Officers – CLOS: Papéis, Responsabilidades e Competências

A relevância estratégica da Educação Corporativa para a organização deve ser representada pelo menor distanciamento dela para com o principal executivo. Dessa forma, uma aproximação com relação aos principais executivos e ao CEO (*Chief Executive Officer*) reforçaria a posição de CLO (*Chief Learning Officer)*, com reporte direto ao CEO e consolidaria a EC como crítica para a organização.

Qualquer que seja a opção de estrutura e reporte organizacional identificada, o responsável pela condução das atividades de Educação Corporativa passa a ser o *Chief Learning Officer* (BARLEY, 2002). Para Barley (2002), o papel do CLO é participar da direção da empresa de forma estratégica, na determinação dos condutores de aprendizado e sua integração por toda a organização.

O primeiro CLO identificado pela literatura foi Steve Kerr, da General Electric, na metade da década de 1990 (LYNCH; SUGRUE, 2006). Destaque-se também que a GE tornou-se referência mundial no desenvolvimento de talentos e formação de líderes, e sua universidade corporativa (Crotonville) fundada em 1956, pelo então presidente Ralph Cordiner, é a primeira de que sem tem registro no mundo (BARTLETT; MCLEAN, 2005).

Na *5.ª Pesquisa Nacional sobre Práticas e Resultados de Educação Corporativa – 2021*, procuramos identificar a posição do condutor responsável pelo SEC. Destaca-se a posição de gerente com 44% das respostas. A segunda colocação, assim como na edição anterior, foi ocupada pela posição de diretor (21%). Esses percentuais podem evidenciar que a área de Educação Corporativa está assumindo um papel mais estratégico nas organizações, conforme ilustrado no Gráfico 4.

Gráfico 4: Posição do principal responsável pelo SEC

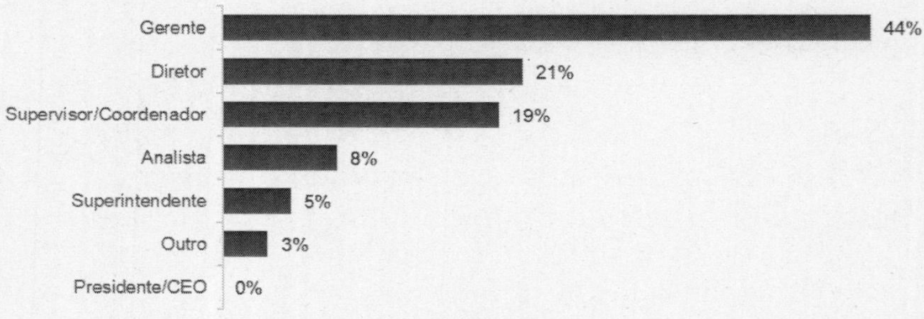

Fonte: Pesquisa Nacional de Práticas e Resultados da Educação Corporativa, 2021.

Considerando-se que o CLO deveria estar no conhecido *C-Level* das organizações, é fácil concluir que uma de suas atribuições é defender a importância de investir em conhecimento junto aos demais tomadores de decisão. Sendo assim, para determinar se, de fato, o SEC está se tornando mais estratégico, é importante identificar a posição hierárquica do responsável na organização. Foi o que procuramos identificar com a questão formulada na pesquisa anteriormente citada. No Gráfico 5, observa-se que 68% dos responsáveis estão em até dois níveis abaixo do CEO da organização. Nos demais (32%), o SEC ainda está mais distante do CEO.

Gráfico 5: Posição do principal responsável pela Educação Corporativa na organização

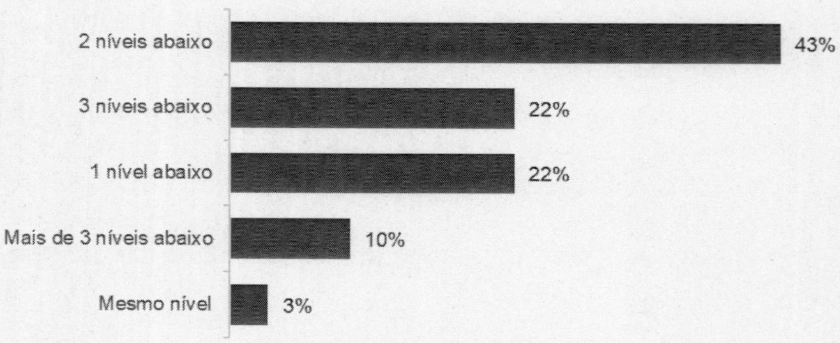

Fonte: Pesquisa Nacional de Práticas e Resultados da Educação Corporativa, 2021.

Fica evidente que ainda há desafios a serem superados para aqueles que se posicionam três níveis ou mais abaixo do CEO, para que sejam realmente capazes de conduzir a estratégia corporativa, de alinhar o desenvolvimento das pessoas com os objetivos de negócios da organização e de ter sua atuação focada na construção de uma visão de aprendizagem e no estabelecimento de parcerias externas (CORPORATE UNIVERSITY XCHANGE, 2004).

O que faz um CLO? Quais seus papéis, responsabilidades e competências?

No início do ano de 2007, estávamos estruturando o Curso de Extensão em Gestão da Educação Corporativa da FIA – Fundação Instituto de Administração, que seria lançado no primeiro semestre de 2008. Hoje, ele transformou-se em um curso de pós-graduação (*lato sensu*), mantendo sua característica inicial: 70% a distância.

O interessante é que à época, com o curso praticamente estruturado e pronto para ser divulgado, em setembro do mesmo ano saiu uma matéria na revista *ISTOÉ* (n. 1976 – Ano 30, 12 de setembro/2007) sobre as *Profissões do Futuro*, na qual se destacavam as principais carreiras e áreas de atuação em alta: professor(a), diretor(a), consultor(a) educacional, educação corporativa e educação a distância. Enfatizava inclusive que a relação aluno-professor sofreria mudanças, principalmente em função do digital. Bingo! Para mim, essa matéria foi um reforço de que eu estava na direção certa com o projeto do curso que visa principalmente a formar um(a) *Chief Learning Officer*.

O que faz um(a) CLO? Quais seus papéis e responsabilidades? Quais competências deve ter? Como desenvolvê-las? Pesquisas realizadas em UCs nos Estados Unidos apontam que existem muitos papéis possíveis para os seus responsáveis.

É interessante observar que, no Brasil, ainda que não se aplique tal terminologia pomposa, pode-se verificar a existência de uma função similar à de CLO nas organizações, embora com uma variedade muito grande de posições para o(a) responsável pelos Sistemas de Educação Corporativa: reitoria, diretoria de educação corporativa, gerência de educação corporativa, gerência de unidade de negócios educação, gerência-executiva da universidade corporativa, supervisão da escola corporativa etc. — viva a liberdade! Porém, a grande maioria dessas posições está dois níveis abaixo do(a) CEO da empresa, conforme observado nos resultados da pesquisa apresentados anteriormente. Ou seja, não tem acesso imediato ao alto escalão. Portanto, está distante da estratégia empresarial. Na medida em que os programas oferecidos devem instrumentar os objetivos estratégicos de negócio da empresa, isso se configura como uma falha considerável.

Adaptando e sintetizando os principais autores sobre o assunto (BARLEY, 2002; CORPORATE UNIVERSITY EXCHANGE, 2004; WHEELER, 2005;ELKELES; PHILLIPS, 2006; ALLEN, 2007; MEISTER; MULCAHY, 2017) que pesquisaram e escreveram sobre o perfil de CLO, temos basicamente seis grandes blocos de competências, que são:

(1) ser visionário(a) e entender do negócio, da estratégia e da cultura organizacional;

(2) liderar a gestão do conhecimento integrada à aprendizagem organizacional;

(3) dominar o desenvolvimento, a aplicação e a avaliação dos programas/soluções de aprendizagem dos mais diversos tipos e para os mais diversos públicos;

(4) ser construtor(a) de alianças e parcerias tanto internas (alavancagem dos relacionamentos com os líderes do negócio e influenciadores por toda a organização) quanto externas (estabelecimento de parcerias com instituições externas e contratação de provedores);

(5) operar a unidade de educação como um negócio: gerenciando a marca, a infraestrutura, os recursos, as bibliotecas etc.; e

(6) promover a inovação e o planejamento da tecnologia de aprendizado, envolvendo a educação a distância e o *e-learning*, IA (inteligência artificial), RV (realidade virtual), *big data*, transformação digital etc.

Jeanne Meister, que publicou com pioneirismo o livro *Corporate Universities: Lessons in Building a World-Class Work Force* (1998), é uma das fundadoras e atualmente está à frente do *The Future Workplace*, uma organização que procura orientar empresas no seu preparo para o ambiente de trabalho do futuro. Tem organizado eventos para discutir os papéis e desafios de CLO. Eu, Marisa, tive a oportunidade de participar de dois desses eventos intitulados *CLO INSIGHT SUMMIT*, em Nova York, em 2017 e em 2019.

Recordo-me bem dos temas que foram exaustivamente discutidos em 2017: trabalho remoto (o que sua empresa está fazendo para fornecer suporte para trabalhadores remotos?), liderança de equipes mistas compostas de humanos e robôs e interseção da IA nos processos de Gestão de Pessoas. E os termos que mais escutei durante os dois dias foram: inteligência artificial, educação digital, conveniência, espaço educacional *omnichannel*, transformação digital, realidade virtual, *microlearning*, *gamification* etc.

Tão enfatizada foi a questão da tecnologia digital, a ponto de no dia do encerramento ser colocada a questão pela organizadora do evento: "será *Chief Learning Officer* ou *Chief Digital Officer*?".

O que sempre me pergunto é por quê, com tanto conhecimento e discussão sobre as práticas e competências requeridas na Gestão da Educação Corporativa, tantas empresas de grande porte e com bons Sistemas de Educação foram pegas de surpresa na pandemia do coronavírus no que diz respeito à transformação digital? Tão propalada em várias delas, e nem sempre praticada... Agora, com muita dor, angústia, perplexidade e senso de urgência, as lições começam a ser aprendidas e executadas.

Note-se que mais de 250 pessoas das universidades corporativas ou atuantes na área fizeram o curso que coordeno. Que desde a primeira turma, operava 70% a distância.

É notório que o ensino corporativo já é muito diferenciado em relação ao ensino acadêmico no que diz respeito à adoção da aprendizagem mediada por tecnologia digital. Mas com certeza ainda há espaço para avanço, principalmente no tocante à incorporação e à integração de técnicas mais sofisticadas como realidade virtual, realidade aumentada, *Big Data* etc. Não obstante, algumas poucas instituições deram um *show* de modernidade, competência e agilidade em termos de ensino eficaz, em pleno "olho do furacão" em que a pandemia as colocou. Um ótimo exemplo entre elas é a Sociedade Beneficente Israelita Brasileira Hospital Albert Einstein.

Enfim, as mudanças requeridas para a Gestão da Educação Corporativa e Gestão de Pessoas pós-pandemia não são novas, embora carreguem novos desafios e implicações sob a ótica jurídica. O que é novo de fato é que agora elas terão de sair do discurso e ser aceleradas. Adotar novas orientações no painel de aprendizado e da experiência de trabalho, incluindo *home office*, usando as mais recentes e sofisticadas tecnologias digitais. Por mais incerto e confuso que pareça ser o futuro, é essencial enfrentá-lo e antecipá-lo.

Liderança Educadora: Papéis, Responsabilidades e Desafios

Várias pesquisas enfatizam a relação entre as melhores práticas de Gestão de Pessoas adotadas pelas empresas, que as ajudam a atrair, manter e desenvolver os profissionais mais talentosos e o sucesso que têm alcançado.

Um tema ainda considerado relativamente recente na literatura e também na prática das organizações, a EC é um dos sistemas de destaque em Gestão de Pessoas. Ele está atrelado à estratégia da organização, influencia a motivação e o comprometimento das pessoas e, consequentemente, o desempenho organizacional. Qual o papel dos líderes nesses processos? Fundamental!

Muito se tem falado em novas metodologias e ferramentas no mercado de Educação Corporativa. E frequentemente tenho sido perguntada sobre o que uma organização precisa fazer para tornar suas ações mais efetivas.

De fato, há muita novidade em termos de metodologias de aprendizagem. Temos ouvido muito sobre as tais metodologias ativas: utilização de fórmulas como sala de aula invertida, *Problem Based Learning* (PBL), *peer learning*, pré-aula, método da descoberta. Aula ativa é colocar em prática isso tudo, e tudo isso é muito bem-vindo, com certeza. Só há um detalhe, como já alertou o especialista em educação Claudio de Moura Castro: tais citações e práticas fundamentam-se nas teorias de estudiosos como Pestalozzi, Froebel, John Dewey e outros, todos do século XIX! Então não são exatamente novas... A novidade é tentar colocar em prática! Então, por que foi e é tão difícil colocar tudo isso em prática?

O propalado modelo 70/20/10 surgiu na segunda metade da década de 1990 do trabalho feito por pesquisadores do *Centre for Creative Leadership*, Morgan McCall, Robert Eichinger e Michael Lombardo (JENNINGS; WARGNIER, 2014). Esse modelo ressalta que 70% do aprendizado se dá pela experiência (*on the job*, desafios, projetos, estágios etc.), 20% pela aprendizagem social, pelos relacionamentos (*feedback*, *coaching*, *mentoring*, comunidades de prática etc.) e apenas 10% pela aprendizagem formal (cursos — presenciais ou a distância — palestras, congressos etc.). No entanto, é importante perceber que sem um papel ativo das lideranças, atuando como líderes educadores, dificilmente vai ocorrer de maneira adequada a aprendizagem pela experiência e pelo relacionamento. E se os líderes não forem bem preparados na aprendizagem formal (com uma boa matriz de formação), provavelmente não desempenharão bem seus papéis para viabilizar os 70% e os 20%.

O grande divisor de águas entre um SEC bem-sucedido e um projeto que não sai do papel é justamente o envolvimento da área de Gestão de Pessoas e dos líderes empresariais de modo geral, os quais devem ser capazes de se apropriar desse sistema como uma ferramenta poderosa para viabilizar a estratégia empresarial. A EC deve permear toda a cultura organizacional e fazer parte do cotidiano da organização, e a atuação das lideranças empresariais é crucial nesse sentido, afinal, educação é, também, prática. Assim, como se estabelece uma relação entre o líder dentro da organização e um SEC? A atuação do líder reforça a formação dos indivíduos e/ou ele é fortalecido pela formação e capacitação destes? Como é a participação das lideranças em um SEC?

Os sete papéis do líder educador

Várias práticas adotadas em todo o mundo têm produzido ótimos efeitos. Uma delas é envolver os principais líderes do alto escalão desempenhando tanto o papel de aprendizes como o de acadêmicos. Usar as competências dos *Chief Executive Officer* para traçar os programas a serem seguidos pelos colaboradores é uma prática que também pode funcionar. Um número crescente de *Chief Learning Officer* está se reportando hoje diretamente ao CEO para estabelecer as direções que devem ser seguidas na área da educação, com o objetivo de ajudar a aliar a educação às metas do negócio.

Meister (2001) evidencia basicamente sete papéis a serem desempenhados pelos executivos para que eles atuem efetivamente como lideranças educadoras e construam de fato uma *learning organization*. São eles:

visionário: apontar a direção do SEC, traduzindo competências estratégias em competências individuais requeridas;

patrocinador: promover o encorajamento dos colaboradores;

controlador/avaliador: participar ativamente no controle do desenvolvimento de competências;

especialista: idealizar e desenvolver novos programas educacionais;

professor: ensinar nos programas educacionais e no cotidiano de trabalho;

aprendiz: mostrar também sua vontade de aprender, frequentando cursos e participando de soluções educacionais;

comunicador: divulgar e promover interna e externamente a importância estratégica do SEC.

Como um dos pontos-chave para o sucesso do SEC é o envolvimento da liderança com a Educação Corporativa, este foi um dos blocos temáticos da *5.ª Pesquisa Nacional sobre Práticas e Resultados de Educação Corporativa – 2021*, ou seja, quais os papéis que os líderes podem assumir para construir uma *Learning Organization*, como preconiza Meister.

Como demonstrado no Gráfico 6, os resultados apontam que o papel do líder comunicador, aquele que divulga e promove o desenvolvimento contínuo da educação na organização, apareceu em primeiro lugar com 79% de concordância dos respondentes das empresas participantes da pesquisa, seguido pelo de aprendiz (75%), de patrocinador (75%) e de especialista (65%). Por outro lado, o papel que representa menor nível de concordância é o de controlador (49%), seguido pelo de visionário (51%) e o de professor (56%).

Gráfico 6: Os sete papéis dos líderes na Educação Corporativa

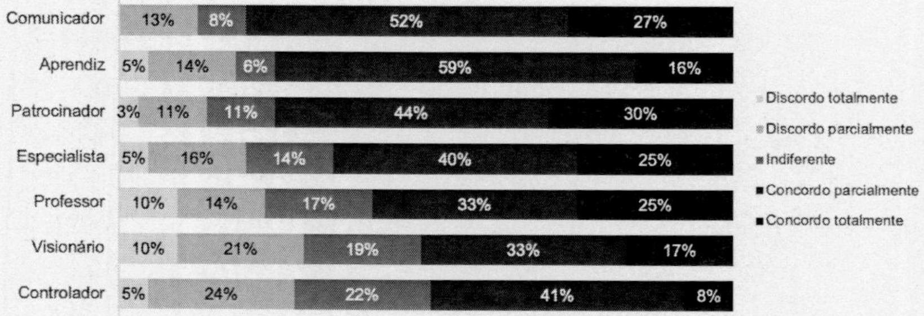

Fonte: Pesquisa Nacional de Práticas e Resultados da Educação Corporativa, 2021.

Na tabela a seguir, comparamos as avaliações referentes às três últimas edições da *Pesquisa Nacional sobre Práticas e Resultados de Educação Corporativa*, que é trienal.

Tabela 1: Os sete papéis dos líderes na EC – comparativo 2015, 2018 e 2021

2015		2018		2021	
Papéis do líder	**Concordância(*)**	**Papéis do líder**	**Concordância(*)**	**Papéis do líder**	**Concordância(*)**
Patrocinador	81%	Comunicador	82%	Comunicador	79%
Comunicador	70,6%	Patrocinador	78%	Patrocinador	75%
Especialista	65,3%	Aprendiz	78%	Aprendiz	75%
Visionário	63,1%	Professor	69%	Especialista	65%
Aprendiz	62,1%	Visionário	69%	Professor	56%
Professor	55,8%	Especialista	66%	Visionário	51%
Controlador/ Avaliador	49,5%	Controlador/ Avaliador	51%	Controlador/ Avaliador	49%

(*) Concordância parcial + total

Assim como em 2018, em 2021 os papéis de comunicador, de patrocinador e de aprendiz aparecem como os percebidos que são mais desempenhados pelos líderes na organização, obtendo os maiores níveis de concordância. Nota-se que de 2015 para 2018 houve uma mudança positiva na percepção da atuação dos líderes. Uma pequena variação para menos na edição de 2021. O papel percebido como menos desempenhado pelos líderes, nas três edições da pesquisa, foi o de controlador. Este nos parece um ponto preocupante, uma vez que esse papel, de participar ativamente no controle do desenvolvimento de competências, é crucial para viabilizar aprendizagem pela experiência (*on the job*, desafios, projetos, estágios etc.) e aprendizagem pelos relacionamentos (*feedback*, *coaching*, *mentoring* etc.).

É essa harmonia entre aprendizagem formal, por relacionamentos e pela experiência que fomenta a gestão de empresas reconhecidas pela formação de pessoas. Para tanto, a atuação das lideranças educadoras é mandatória. E claro, os líderes devem ser preparados para que possam exercer com galhardia tais papéis.

Além de assimilarem bem o conceito de educação, as metodologias de aprendizagem, é fundamental que tenham um bom exemplo do(a) CEO e políticas específicas que favoreçam sua atuação.

O papel dos líderes é vital, pois é por meio de seu exemplo que eles são percebidos como lideranças educadoras, cujo modelo de comportamento deve ser seguido e buscado.

Por isso também perguntamos na pesquisa como eram percebidos esses aspectos, cujos resultados apresentamos no Gráfico 7.

Gráfico 7: Relação entre o Sistema de Educação Corporativa e a liderança

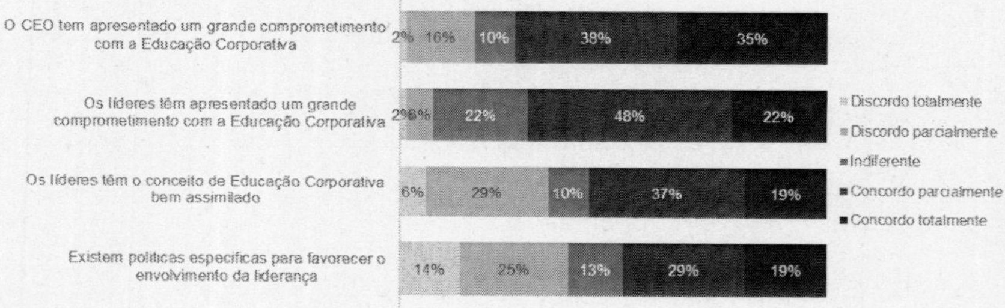

Fonte: Pesquisa Nacional de Práticas e Resultados da Educação Corporativa, 2021.

Analisando-se os dados, é possível inferir que, em termos gerais, há a percepção de que os líderes querem atuar com relevância, mas ainda necessitam de maior estruturação, de políticas definidas e específicas e de assimilação e disseminação de conhecimento sobre Educação Corporativa.

O gestor que criar um ambiente de trabalho em que a equipe perceba uma legítima preocupação com seu progresso certamente construirá um excelente lugar não apenas para trabalhar, mas também para aprender e educar.

Entre outras estratégias, os líderes devem desafiar, colocando atribuições que requeiram prática deliberada em situações crescentes de complexidade. E os funcionários aprimoram sua prática pela repetição e recebendo *feedback* construtivo em tempo real. Ou seja, executivos devem exercer diariamente seus papéis de educadores, uma vez que: comprometem-se com o processo de desenvolvimento de suas equipes; reforçam a mentalidade de aprendizagem contínua; orientam a necessidade de formação e acompanham o desempenho; e avaliam, avaliam, avaliam..., pois só assim se consolida a meritocracia.

É extremamente importante o papel do líder educador, que atua desde a concepção e o diagnóstico das competências a serem trabalhadas até a implementação e o acompanhamento dos resultados. As lideranças devem favorecer o compartilhamento do conhecimento entre seus colaboradores.

Liderança educadora remota: Prepare-se!

Ultimamente, tem sido uma constante ler artigos questionando o futuro do trabalho, ou mais especificamente, o futuro dos escritórios. Vemos isso também nos grupos de WhatsApp, em debates e nas diversas redes sociais ou na mídia em geral. As matérias trazem manchetes como: *Home office e híbrido são mais comuns para quem tem renda alta*; *Na classe A, 55% estão no remoto*; *Funcionários remotos são mais felizes e saudáveis*; *Trabalho remoto é mais eficaz e produtivo*; e por aí vai... Enfim, todos estão tateando em busca de conclusões. Mas talvez, ainda precipitadas. A pergunta que não quer calar: trabalho remoto veio para ficar? Se veio, qual o futuro dos escritórios?

Sem sombra de dúvida, a pandemia da Covid-19 forçou um experimento sem precedentes que reformulou o trabalho de muita gente e o transformou em remoto. Mas agora vem outra etapa difícil, que caminho tomar daqui para frente? Muitos funcionários querem continuar trabalhando remotamente, e a maioria quer pelo menos ter a opção de trabalhar ocasionalmente em casa. E para os empregadores, quais seriam as vantagens? A solução seriam as abordagens híbridas? Como em qualquer decisão, há vantagens e desvantagens, seja qual lado for. O que fazer?

Se você também tem se feito essa pergunta, seja na condição de empregado, seja na de empregador, sugiro a leitura do mais recente livro de Peter Cappelli: *The Future of the Office: Work from Home, Remote Work, and the Hard Choices We All Face* (2021).

Entre outras questões importantes, gostaríamos de destacar um ponto que nos parece crucial nas reflexões de Cappelli: se você quer fazer carreira, não abandone o escritório! Pode ser injusto, mas é verdadeiro, e enfatiza: "Quem optar pelo *home office*, vai sair perdendo". E exemplifica: "Se sou um gestor chefe tentando selecionar candidatos para promoção, procuro sinais de quem está mais motivado e quem está mais comprometido com a organização. Alguém se esforça para estar conosco no escritório, seu amigo não. Pode ser um sinal tendencioso e injusto de motivação e interesse, mas é algo que a maioria dos líderes achará difícil de rejeitar". E complementa, argumentando que o engajamento e o comprometimento dos funcionários com a organização são construídos em grande parte por laços pessoais com colegas e líderes, algo que acontece com mais naturalidade no ambiente de um escritório.

O que devemos fazer? Como enfrentar a questão sobre o futuro do escritório? Como não há consenso sobre qual será o melhor modelo a ser adotado, o autor recomenda que o mais importante é tratar tudo como um experimento.

Nota-se mais uma vez a relevância do protagonismo das lideranças para trabalhar com essas questões e desafios complexos. Mais uma vez o tema da liderança vem à tona para lidar com o futuro nas organizações, seja nos escritórios, no trabalho remoto, seja no modelo híbrido. E vale também quando se trata de dar vida e dinâmica a um Sistema de Educação Corporativa (SEC). Afinal, educação é prática! Por isso discutimos como estabelecer uma relação produtiva entre os líderes e um SEC. O papel do líder reforça a formação dos indivíduos e/ou é reforçado pela formação e capacitação destes. Como será a participação das lideranças em avaliar e orientar o desenvolvimento das pessoas de sua equipe num ambiente remoto?

O *home office* ou trabalho remoto certamente irá requerer novas competências, tanto dos líderes quanto dos funcionários. Definitivamente, não caberá mais o estilo "supervisão cerrada", um dos pilares da Administração Científica estabelecida por Taylor. O que muda em termos de liderança em cada estilo? O que não muda? Extrapolando para os tempos presentes, quais são as maiores diferenças ou desafios em liderar a distância? Quais os medos? Quais são as regras para que funcione bem?

Não é objetivo deste capítulo aprofundar essas reflexões, mas não poderíamos nos omitir. Para quem quiser respostas para essas questões, outro livro que recomendamos é *The Long-Distance Leader: Rules for Remarkable Remote Leardership* (2018), escrito por Kevin Eikenberry e Wayne Turmel. Ambos são *experts* em liderança, de renome mundial, e nos últimos anos têm se concentrando nos aspectos relativos aos ambientes remotos e virtuais. Apontam o que precisa ser feito para desenvolver as competências requeridas para preparar os líderes para essa nova maneira de trabalhar.

Algumas regras para a liderança remota notável propostas pelos autores:

- pense primeiro em liderança e, em segundo, no local;
- use a tecnologia como ferramenta, não como uma barreira ou desculpa;
- tenha foco nos resultados, nos outros e em você mesmo;
- concentre-se em alcançar metas, não apenas em defini-las;
- treine e desenvolva sua equipe efetivamente, independentemente de onde eles trabalhem;
- comunique-se da maneira que funciona melhor para os outros e não pelas suas preferências pessoais;
- entenda o que as pessoas estão pensando, não apenas o que estão fazendo;
- busque e dê *feedback* para melhor atingir os resultados;
- prepare líderes remotos notáveis.

A pergunta que deixamos: Você está preparado? Está formando sua equipe para essa realidade?

Referências Bibliográficas

ALLEN, M. Why is a corporate university, and why should an organization have one? In: ALLEN, M. *The corporate university handbook*: Designing, managing, and growing a successful program. New York: Amacom, 2002.

______. *The next generation of corporate universities*: Innovative approaches for developing people and expanding organizational capabilities. San Francisco: Pfeiffer, 2007.

BARLEY, K. Corporate university structures that reflect organizational cultures. In: ALLEN, M. *The corporate university handbook*: Designing, managing, and growing a successful program. New York: Amacom, 2002.

BARTLETT, C. A.; MCLEAN, A. N. GE's talent machine: The making of a CEO. Boston: Harvard Business School Publishing, 2006. Disponível em: https://www.hbs.edu/faculty/Pages/item.aspx?num=30482. Acesso em: 19 jun. 2022.

CAPPELLI, Peter. The future of the office: Work from home, remote work, and the hard choices we all face. Wharton School Press, 2021.

CORPORATE UNIVERSITY XCHANGE. *Sixth Annual Benchmarking Report*. New York: Corporate University Xchange, 2004.

EBOLI, M. (org.). Coletânea Universidades Corporativas: Educação para empresas no século 21. São Paulo: Schmukler Editores, 1999.

______. *Educação corporativa no Brasil*: Mitos e verdades. São Paulo: Gente, 2004.

______. (coord). *Pesquisa Nacional Práticas e Resultados de Educação Corporativa 2015, 2018 e 2021*. Relatórios.

ELKELES T, P. J. J. *The chief learning officer*: Adding clue to the organization. Dallas: American Society for Training & Development; 2006.

EIKENBERRY, K.; TURMEL, W. *The long-distance leader*: Rules for remarkable remote leadership. Oakland, CA: Berrett-Koehler, 2018.

HAMEL, G.; PRAHALAD, C. K. *Competindo pelo futuro*. Rio de Janeiro: Campus, 1995.

JENNINGS, C.; WARGNIER, J. *70:20:10* – Explorando os novos territórios de aprendizagem. s.l.: CrossKnowledge, 2014.

LYNCH, D; SUGRUE, B. *Learning executive profile*: Research results. Pennsylvania: American Society for Training & Development; 2006. Disponível em: http://www.astd.org/NR/rdonlyres/7EA9365D-709D-4C25-BDC8-42F55C2EC360/12320/UPenn_free.pdf. Acesso em: 25 maio 2010.

MEISTER, J. *Corporate universities*: Lessons in building a world-class work force. Boston: McGraw-Hill Education, 1998.

______. *Educação corporativa*: A gestão do capital intelectual através das universidades corporativas. São Paulo: Makron Books, 1999.

______. Building a learning organization: 7 Lessons to involve your CEO. Lincoln: iUniverse.com, 2001.

MEISTER, J.; MULCAHY, K. The future workplace experience. *Soundview Executive Book Summaries*, 2017.

MILLS, J. et al. *Competing through competences*. Cambridge: University Press, 2002.

NUNES, L. H. Governança da educação corporativa. In EBOLI, M.; FISCHER, A. L.; MORAES, F. C. C.; AMORIM, W. A. C. (Orgs.). *Educação corporativa*: Fundamentos, evolução e implantação de projetos. São Paulo: Atlas, 2010.

VON KROGH, G. et al. *Enabling knowledge creation*: How to unlock the mystery of tacit knowledge and release the power of innovation. Oxford University Press, 2000.

WHEELER, K. *The corporate university workbook*: Launching the 21st century learning organization. San Francisco: Pfeiffer, 2005.

3.4 Pensar educação com os clássicos

Alessandro Cesar Bigheto

Introdução

As ideias educacionais exploradas neste capítulo foram fundamentadas em três grandes filósofos da educação, que viveram séculos antes de nós, especificamente Jam Amós Comenius (1592-1670), Jean-Jacques Rousseau (1712-1778), Johann Heinrich Pestalozzi (1746-1827), herdeiros de uma tradição educacional humanista do Ocidente. Por que, entretanto, recorrer a esses "velhos" educadores quando "novas" maneiras de levar o ensino aos alunos desafiam professores e instituições que precisam se reinventar e inovar tecnologicamente frente a um cenário pandêmico tão desafiador do ponto de vista educacional?

Não podemos nos esquecer de que no campo da educação e da filosofia, o distanciamento no tempo não pode ser critério para desqualificar uma obra ou um pensador como ultrapassado — mesmo num período em que conhecimentos e tecnologias inovadoras parecem ser uma realidade educacional irreversível. Há inúmeros exemplos de teóricos e de filósofos que produziram em contextos históricos longínquos que podem ser considerados extremamente atuais. Se tomarmos os critérios geralmente aceitos para a incorporação de pensadores e autores na lista de clássicos, como, por exemplo, a riqueza do pensamento, a amplitude dos temas tratados, a profundidade do enfoque, as marcas deixadas no tempo, eles não podem ficar fora dela. Ítalo Calvino (1993, p. 15) expressa isso muito bem: "É clássico aquilo que persiste como rumor mesmo onde predomina a atualidade mais incompatível".

Embora, distantes no tempo, numa análise de suas propostas, seria difícil não reconhecer ainda hoje o valor e mesmo a urgência pedagógica de suas reflexões.

Educar o potencial humano

Reale (1999, p. 79) identifica entre os problemas do nosso tempo uma exagerada preocupação com o progresso científico e tecnológico que se expressa no seio da sociedade numa eufórica visão de que esses conhecimentos bastariam para levar a um bom termo o desenvolvimento humano: "O praxismo e o tecnologismo constituem as manifestações mais evidentes do mal-estar atual, que parece ter alcançado o nível de uma verdadeira convulsão". Vemos como um reflexo disso todo um processo de educação formal na contemporaneidade tender a privilegiar as capacidades humanas ligadas à formação tecno-científica, em detrimento a uma realização humana de maior amplitude.

Com isso, não quero dizer que o desenvolvimento de conhecimentos e de capacidades tecno-científicas não sejam fundamentais à formação e à vida humana, e por razões óbvias, sem elas o engrandecimento humano fica prejudicado, pois não há progresso econômico, social, educacional e profissional. A crítica de Reale (1999), e nisso concordo com ele, refere-se à excessiva valorização de tal dimensão presente em nossas sociedades, o que muitas das vezes ocasiona uma perspectiva reducionista do ser humano e, consequentemente, uma prática educacional unidimensional. E ele encontra em Edgard Morin o pensamento de que necessita para continuar sua reflexão: a unidimensionalidade simplista leva a sociedade quase sempre a uma espécie de cegueira quanto à finalidade humana e ao objetivo da educação: "A tragédia do desenvolvimento e o subdesenvolvimento do desenvolvimento, a corrida desenfreada da tecnociência, a cegueira produzida pelo pensamento fragmentado e redutivo(...)" (MORIN *apud* REALE, 1999, p. 83).

Toda essa discussão está diretamente ligada a Comenius, Rousseau e Pestalozzi, pois cada um a seu modo debruçou-se sobre a complexidade humana para captar aquilo que ela tem de mais profundo e propor meios de realizá-la em sua plenitude e não apenas como peça de uma engrenagem social mais preocupada em produzir coisas. Comenius (2001) e Pestalozzi(2001) compreendem o ser humano como um microcosmo, síntese do universo, que carrega em si implicitamente todas as coisas que se encontram no macrocosmo: "No homem, enquanto microcosmos, existem todas as coisas, não sendo necessário senão introduzir-lhe uma luz para que ele veja imediatamente." (COMENIUS, 2001, p. 96) Nesse sentido, consideravam o ser humano em sua integralidade: como um ser físico — em sua materialidade biológica e natural; social e político — capaz de viver e conviver com os outros; mas principalmente espiritual — capaz de realizar a sua natureza divina de pensar, sentir, agir e comunicar. A esse respeito, Pestalozzi (2003, p. 113, tradução nossa) escreveu: "Se eu te declaro animal no envoltório do teu nascimento, não coloco o objetivo da tua perfeição nos limites do invólucro de tua origem. Vejo o interior do teu ser divino (...)".

Dentro do espírito ocidental greco-cristão, chamaram a atenção para a importância de valorizar o ser humano naquilo que tem de divino, como herdeiro da divindade presente no universo, e espiritual, capaz de compreender e manifestar a sua interioridade profunda. A expressão dessa divindade está acima de tudo na moralidade (capacidade de pensar, sentir e agir no bem), portanto, centrar na realização moral — individual e coletiva — é proporcionar o que há de mais elevado no ser humano. Explica ele (2003, p. 115, tradução nossa) na mesma obra: "O princípio de que o bem do homem e o direito do homem repousam inteiramente na subordinação das minhas exigências animais e sociais à minha vontade moral (...)". A moralidade na visão desses filósofos não é somente um processo de adequação a regras e valores impostos pela sociedade e cultura ao ser humano, mas principalmente trazer à tona o que todos têm de mais profundo e nobre no interior do seu ser.

Apesar da ênfase na moralidade, nenhuma das dimensões humanas pode se desenvolver isolada do resto, mas sempre em conexão viva entre as partes, num todo ordenado e harmônico. Assim, para o ser humano se desenvolver em plenitude, é imprescindível uma apreensão global. Novamente Pestalozzi (2003, p. 55, tradução nossa):

> Aquela (educação) que afeta o homem só unilateralmente, quer dizer, em apenas uma de suas capacidades, seja a do coração, da mente, seja a da capacidade de arte, destrói e obstaculiza o equilíbrio de nossas faculdades e faz com que os meios educativos não sejam naturais, o que tem como consequência uma má educação geral e fazer do gênero humano algo artificioso.

Para alcançar o pleno desenvolvimento do potencial humano, se concordarmos com os princípios humanistas desses pensadores da educação, é preciso questionar e superar os modelos educacionais focados apenas em uma dimensão, no caso das sociedades modernas e contemporâneas, a tecno-científica. E, realmente, construir uma educação e uma sociedade que contemplem a formação total da pessoa, nas suas capacidades físicas, sociais e espirituais. Ainda que alguém possa discordar dos fundamentos espirituais de suas filosofias, seria difícil não reconhecermos a importância de uma educação preocupada com a realização completa do ser humano, em toda a sua riqueza e complexidade.

Educação integral da humanidade

Como consequência de seus postulados filosóficos está a perspectiva de educação direcionada à inteireza humana. Comenius (2014), num texto dedicado à reforma social, política e espiritual por meio da educação, em pleno século XVII — quando a maioria das pessoas era analfabeta e as mulheres não recebiam educação igual à dos homens — propõe uma educação plena para toda a humanidade:

> Nosso primeiro desejo é que todos os homens sejam educados plenamente, em sua plena humanidade, não apenas um indivíduo, não alguns poucos nem mesmo muitos, mas todos os homens, reunidos e individualmente, jovens e velhos, ricos e pobres, de nascimento elevado e humilde — numa palavra, qualquer um cujo destino é ter nascido ser humano; de forma que afinal toda a espécie humana seja educada, homens de todas as idades, todas as condições, de ambos os sexos e de todas as nações. Nosso segundo desejo é que todo homem seja educado integralmente, formado corretamente, não num objeto particular ou em alguns ob-

> jetos ou mesmo em muitos, mas em tudo o que aperfeiçoa a espécie humana; (...) para falar sabiamente sobre tudo, com qualquer um, quando necessário, e não ser estúpido em nenhum assunto e finalmente para lidar com as coisas, com os homens e com Deus, em todos os sentidos, racionalmente e não precipitadamente e assim nunca se afastando da meta da felicidade. (...) verdadeiramente abençoados tanto aqui, quanto na eternidade (COMENIUS, 2014, p. 39).

Trata-se de proporcionar uma educação universal e igualitária de todo gênero humano — a Pampédia nos termos comenianos —, pois somente pela educação a pessoa pode atingir a plenitude do seu ser e o gênero humano pode se humanizar plenamente. Uma educação que aconteça em todas as etapas da vida, para crianças, jovens, adultos e velhos, iniciando-se antes mesmo de a mãe engravidar e indo até a preparação para a morte. Ela compreende toda a dimensão da vida como um processo de aprendizado contínuo: "Do mesmo modo que o mundo inteiro é uma escola para todo o gênero humano, desde o começo até o fim dos tempos, assim também, para cada homem, cada idade da sua vida é uma escola, desde o berço até o túmulo" (COMENIUS, 2014, p. 93). Como consequência disso, propõe escolas para todas as idades: escola pré-natal, escola infantil e puerícia, escola da juventude e da idade adulta e a escola da velhice.

Apresenta para elas um amplo programa educativo, cujo objetivo é a formação integral. A **escola pré-natal** deve preparar os pais para saberem cuidar dos filhos, a mãe para aprender a amamentar, pai e mãe para servirem de exemplos de honestidade e virtude e terem esperança nas capacidades educativas dos pequeninos. A **escola infantil** (do nascimento até os seis anos) deve ser predominantemente papel dos pais. Nela, as crianças devem iniciar o aprendizado da linguagem, desenvolver o gosto pela leitura, treinar os sentidos e a memória; cultivar valores morais e religiosos; aprender elementos matemáticos, desenvolver o gosto pelo brincar, cantar e dançar; conviver com os outros. A **escola puerícia** (dos seis aos doze anos), que tem por objetivo desenvolver a agilidade do corpo, a perspicácia dos sentidos, a profundidade da inteligência e a capacidade investigativa pelas ciências e filosofias, o senso estético pelas artes, a vivência da moralidade e da convivência e o sentimento religioso. A **escola da juventude** (dos doze anos até por volta dos vinte anos), que tem por finalidade continuar desenvolvendo todos os elementos da escola anterior, com o acréscimo de algumas propostas: debates temáticos, disputas filosóficas, demonstrações científicas, aperfeiçoamento do uso da linguagem escrita e falada, noções de administração (família, escola, Estado), escolha e formação profissional, viagens para aprender diversas culturas e a felicidade da convivência. A **escola da idade adulta**, essa fase escolar deve desenvolver o pleno vigor das forças e capacidades humanas, promover uma educação para o exercício intelectual e moral, proporcionar a prática profissional e do trabalho, meditar nos caminhos vividos e na trajetória para a velhice e aprender a lidar com as dificuldades e os dramas desse caminhar. E, por fim, a **escola da velhice**, que deve promover uma velhice sadia e sábia, no sentido de aprender a retidão moral, a pensar e repensar o sentido da vida, de desfrutar uma boa vida já vivida e das alegrias da eternidade num ligar-se cada vez mais a Deus, que prepare para a morte.

Como se vê, na educação comeniana, não basta a ciência, a profissão, a técnica (saber fazer), são necessárias a arte, a comunicação, a filosofia, a moralidade, a religião, e mais necessário ainda, tudo isso num conjunto harmonioso deve promover uma sabedoria de vida que conduza as pessoas ao entendimento de si mesmas, ao conhecimento e ao cuidado das coisas terrenas, à busca da virtude e do bem, ao encontro com a divindade, de modo que haja uma iluminação da alma humana e da humanidade para que todos possam conduzir a vida com bons governos, conviver pacificamente uns com os outros e atingir a meta da felicidade. E no fundo, dentro da sua perspectiva religiosa, para viver (viverem) bem na eternidade, que é a meta final da existência.

Na mesma linha de Comenius, seguem Rousseau (1995) e Pestalozzi (2003) ao defenderem uma educação integral, promotora de todas as dimensões humanas, articulando-se em todas as etapas da vida para as pessoas atingirem a autonomia, o equilíbrio espiritual e viverem sabiamente. Pestalozzi explica (2003, p. 72, tradução nossa): "A nossa natureza consiste no equilíbrio das faculdades moral, mental e física, significa o mesmo que o equilíbrio de nosso coração, de nossa inteligência e do nosso saber fazer". Ele retoma essa discussão em outra obra (2008, p. 36, tradução nossa) ao afirmar que somente pelo equilíbrio das faculdades as pessoas podem atingir a plenitude, "para que consigam ter a capacidade de sabedoria e de amor e uma existência satisfatória em todos os aspectos".

Para eles, a educação (família, escola, universidade) e o conhecimento produzido e acumulado historicamente (ciência, filosofia, arte, religião, tecnologias...) em suas variadas formas devem propiciar uma educação integradora de todas as capacidades. Com isso, afastam-se do ideal civilizatório da sociedade ocidental moderna preocupada em elevar a ciência e a tecnologia ao patamar de únicos guias seguros do desenvolvimento humano. E, ao mesmo tempo, criticam uma educação produzida por esse ideal por privilegiar a formação científica e tecnológica, esquecendo-se de contemplar a complexidade das dimensões humanas. Em suas concepções, ciência e produção de coisas são indispensáveis ao aperfeiçoamento humano e às conquistas sociais, mas seria inconcebível imaginar uma civilização em que isso estivesse acima da sabedoria e da moralidade. Porque o ideal humano não pode ser apenas saber, mas antes saber viver e saber ser. Por isso enfatizaram a subordinação do conhecimento científico e suas realizações a uma sabedoria de conduta moral, iluminadora das nossas vidas, da convivência com os outros, das relações com o mundo, das realizações profissionais, das conquistas científicas e tecnológicas.

Conexão dos saberes

Desde o tempo dos nossos filósofos da educação, o princípio norteador da civilização científica e tecnológica é a fragmentação e a compartimentalização do saber, que consequentemente conduziu e ainda conduz a um conhecimento e a uma educação desintegrados em disciplinas especializadas sem conexão com a totalidade humana e do real. Lembremos que tanto para Comenius quanto para Pestalozzi, o todo do universo (macrocosmo) reflete-se na totalidade da pessoa (microcosmo), por isso, o ser humano é uma integralidade física, social e espiritual, um sujeito unitário. Encontramos a seguinte passagem em Pestalozzi (2006, p. 106, tradução nossa): "Certamente há de se dividir em uma educação elementar moral, intelectual, física etc., porém na pessoa e na vida mesmo nunca há tal divisão em partes, pois elas sempre se interpenetram na unidade da natureza humana".

Agora, no entender deles, encontrava-se por toda parte uma educação reducionista em que a realidade e o ser humano estão cindidos em categorias disciplinares desconectadas da perspectiva do todo. Consideravam grandes o prejuízo de uma apreensão fragmentada das coisas: 1) nos impediria de compreender a realidade na sua inteireza, 2) a compreensão da relação do todo com as partes fica prejudicada, quando focamos só as partes, 3) o ser humano seria visto e formado de maneira reduzida e distorcida, nunca em sua inteireza, 4) os laços que nos unem ao todo do real e ao todo coletivo (a humanidade) se enfraquecem e 5) no fundo, isso conduziria a perspectivas estreitas de mundo, o que poderia ocasionar uma doença da alma humana.

Em razão disso, Comenius (2014) compreende a necessidade dos diversos modos de conhecer conectados para uma apreensão global da realidade. Dá ao seu projeto o nome de pansofia — proporcionar à humanidade a sabedoria do todo, e insere nela a pampédia —, o ensino do todo. Baseado nisso, deseja ensinar tudo a todos. Não pretende fazer de todos os seres humanos enciclopédias vivas, mas de tornar qualquer aprendizagem e conhecimento conectados com essa realidade una, para elevar o conhecimento ao patamar de uma sabedoria pansófica, que deveria proporcionar um saber articulado das coisas essenciais — como descrito no tópico anterior:

> *Desejamos que todos os homens se tornem pansófos, isto é: I. entendam as articulações das coisas, dos pensamentos e das palavras; II. entendam os fins, os meios e os métodos de agir em todas as coisas (das suas e das dos outros); III. nas ações (assim como nos pensamentos e nas palavras), que se difundem e confundem de vários modos, saibam distinguir as coisas essenciais das acidentais* (...) (COMENIUS, 2014, p. 42).

A pansofia, disseminada pela pampédia, iluminaria as mentes humanas na trajetória rumo à educação total do ser: "(...) o caminho aplanado através do qual a luz pansófica se difunde pelas mentes, pelas palavras e pelas ações dos homens" (COMENIUS, 2014, p. 42). Para isso, aponta a necessidade da criação de instituições educacionais que encarnem esse propósito, "(...) porque devem ser educados: I. todos os homens, haverá, portanto, necessidade de escolas universais, como oficinas de cultura, para educar a todos. Para isso, servir-nos-emos do termo Panscolia" (COMENIUS, 2014, p. 90). Nessas escolas, os professores devem ser formados e estar imbuídos dos princípios da sabedoria pansófica, "III. serão necessários, portanto, professores universais que saibam inculcar em todos, todas as coisas, totalmente. Para isso, servir-nos-emos da designação Pandidascália" (COMENIUS, 2014, p. 90). Os livros teriam um papel essencial nessa proposta, o de conter conteúdos de todas as coisas a serem ensinadas, "II. (...) serão necessários, portanto, instrumentos universais de cultura, quero dizer livros que contenham todas as coisas. Utilizaremos para isso, a expressão Pambiblia" (COMENIUS, 2014, p. 90).

A aspiração de Comenius, assim como a de Rousseau e de Pestalozzi, não foi a do homem científico unilateral nascente no seu tempo, mas a do homem sábio, "(...) o bem-estar (humano) é o único digno das pesquisas de um homem sábio e, por conseguinte, de uma criança que desejamos tornar tal" (ROUSSEAU, 1995, p. 174). Nesse sentido, capaz de realizar a plenitude do seu ser, iluminar a sua existência e a dos outros com a sabedoria de vida, que se constrói por via de um amplo processo educacional ao longo da vida que conecte harmonicamente tudo e todos.

O método

Essa realização plena do ser humano requer instituições educacionais e educadores imbuídos de um novo método. O incômodo deles recaía sobre as instituições educacionais do seu tempo, que tinham métodos excessivamente artificiais e duros, indo na contramão das necessidades humanas. Dentro de tais lugares, são unânimes em criticar uma maneira de ensinar em que a alma e a mente das pessoas e das crianças eram reduzidas a recipientes vazios a serem preenchidos por algum tipo de matéria ou conteúdo, privilegiando o acúmulo. Temos em Rousseau (1995, p. 147) essa crítica à escola tradicional: "Em vez de nos fazerem encontrar as demonstrações, ditam-nas; em vez de nos ensinar a raciocinar, o professor raciocina por nós e só exercita a nossa memória". E, continua ele, dizendo que na maioria das vezes era um saber desconectado entre si e da vida como um todo. As pessoas aprendiam a receber informações, repeti-las como papagaios, usando as informações e as palavras sem profundidade e sabedoria: "damos demasiada importância às palavras, com nossa educação tagarela, não fazemos senão tagarelas" (ROUSSEAU, 1995, p. 192). Tudo o que era ensinado aos alunos dependia de uma disciplina extremamente severa, com castigos que mais propiciavam medo, tédio, tristeza e o detestar de qualquer forma de educação.

Eles propunham um caminho mais leve de educação, menos artificial, que respeitasse a natureza humana em seu ímpeto de desenvolvimento, em sua liberdade de ação e proporcionasse a educação total. O método deve ir ao auxílio das forças de crescimento presentes na pessoa. Pestalozzi esclarece (2008, p. 40, tradução nossa): "O objetivo proposto pelo método é de tocar, vivificar e fortificar o que há de verdadeiramente humano, espiritual e moral na criança". A fecundidade do método está em adaptar-se a isso, assim, deve ser concebido como uma resposta às necessidades de crescimento total humano, para a vida e pela vida, continua ele (2008, p. 41, tradução nossa): "As capacidades desenvolvidas pelo método tornam habitual à criança pensar, amar e agir, orar e trabalhar, bem como a cooperação comunitária de todas as capacidades essenciais da natureza humana".

Assim, o mais importante, no método, não é criar técnicas melhores para a aquisição do conhecimento, mas proporcionar o desenvolvimento das capacidades humanas físicas, sociais, espirituais, morais rumo à autonomia, à liberdade e à sabedoria. Pestalozzi (2003, p. 57, tradução nossa) diz que elas se desenvolvem pelo uso e pela ação: "O essencial de cada uma dessas faculdades particulares se desenvolve unicamente pelo simples meio de seu uso". Ou nos termos de Rousseau (1995, p. 287) de forma ativa, *"pondo todas as lições aos jovens em ações e não em discursos; que nada aprendam nos livros do que a experiência lhes pode ensinar"*, e não passiva, com pessoas e crianças predominantemente sentadas ouvindo falar, como era comum naquela época. Comenius, na *Didática Magna* (2001), afirma o mesmo.

Todos falaram em contemplação (aplicação da mente em meditação e reflexão) em suas obras como uma dimensão fundamental, no entanto, o ser humano desenvolve de um modo natural o fundamento de sua vida moral, do pensamento, do amor e de sua fé, pelo exercício dessas capacidades. De igual maneira, as faculdades da linguagem, do fazer e das profissões desenvolvem-se fazendo uso delas. Segundo Pestalozzi (2003, p. 57, tradução nossa), "o homem se vê impulsionado pela própria natureza de cada uma dessas faculdades ao fazer uso delas. O olho quer ver, o ouvido quer ouvir, o pé quer andar e a mão quer levar. E do mesmo modo, o coração quer crer e amar. A mente quer pensar". Com isso, temos como foco principal de todo método o respeito às forças ativas em germe no ser humano, no sentido de facilitar o emprego e o exercício delas no processo de desenvolvimento educacional.

Conclusão

Séculos depois das propostas dos nossos filósofos, mais precisamente em 1996, a UNESCO — que foi uma idealização de Comenius — promoveu uma ampla reflexão sobre os elementos fundamentais para uma educação no século XXI, cujo produto foi sintetizado num relatório intitulado *Educação, um Tesouro a Descobrir.* O documento expondo os diversos desafios do futuro humano chega à seguinte consideração: "A educação surge como um trunfo indispensável à humanidade na sua construção dos ideais da paz, da liberdade e da justiça social" (DELORS et al., 1998, p. 11). Ao longo dele, evidencia-se a necessidade de focar uma aprendizagem que ultrapasse: 1) a forma desintegrada das disciplinas e 2) as propostas unilaterais que desenvolvam apenas um aspecto humano. Rumo à uma nova concepção de educação que permita: 1) o conhecimento global, conectado e complexo, o desenvolvimento das capacidades totais humanas, 2) o aprendizado ao longo da vida, possibilitando o desenvolvimento do indivíduo de forma plena, 3) uma cultura de paz e colaboração integradora da humanidade, 4) uma proposta participativa e ativa, 5) uma formação moral e ética, ensinada por meio de exemplos e ações e 6) um conhecimento técnico-científico, com consciência humana. No fundo, uma educação que favoreça o amplo desenvolvimento humano em quatro dimensões, aprender a conhecer, aprender a fazer, aprender a viver juntos e aprender a ser, como uma via que conduza "a um desenvolvimento humano mais harmonioso, mais autêntico, de modo a fazer recuar a pobreza, a exclusão social, as incompreensões, as opressões, as guerras..." (DELORS et al., 1998, p. 11).

Como vemos, o que a educação do século XXI precisa foi proposto e realizado — nas diversas experiências educacionais — há séculos por esses grandes educadores da humanidade, que *"permaneceram como rumor na atualidade"* e nos ensinaram que, por meio da educação, do conhecimento, dos métodos, das técnicas e tecnologias, o nosso compromisso acima de tudo é formar o ser humano plenamente, para lidar sabiamente consigo mesmo, com o outro, com o mundo e com o divino.

Referências Bibliográficas

CALVINO, I. *Por que ler os clássicos*. São Paulo: Companhia das Letras, 1993.

COMENIUS, J. A. *Didática magna*. Lisboa: Fundação Calouste Gulbenkian, 2001.

______. *Pampédia*. São Paulo: Comenius, 2014.

DELORS, J. et al. *Educação*: Um tesouro a descobrir. São Paulo: Cortez, 1998.

PESTALOZZI, J. H. *La velada de un solitario y otros escritos*. Barcelona: Herder, 2001.

______. *El canto del cisne*. Barcelona: Laertes Ediciones, 2003.

______. *Mis investigaciones*. Madrid: Machado Libros, 2003.

______. Sobre la idea de educación elemental. Barcelona: PPU, 2006.

______. *Opiniones, experiencias y medios para fomentar un estilo de educación adecuado a la naturaleza humana*. Barcelona: PPU, 2008.

REALE, G. *Saber dos antigos*: Terapia para tempos atuais. São Paulo: Loyola, 1999.

ROUSSEAU, J.-J. *Emílio ou da Educação*. Rio de Janeiro: Bertrand Russel, 1995.

3.5 Transformação digital na educação *on-line*: tendências em métodos e plataformas

Edgard Charles Stuber

Introdução

O conceito de mudança é muito antigo para a humanidade e vem sendo discutido pela filosofia desde a era pré-socrática. O filósofo Heráclito afirmava que a mudança era um processo fluido e constante. Em contraposição a seu contemporâneo Parmênides, que não acreditava na mudança, tal dicotomia remonta a mais de 2.500 anos.

A história demonstrou que Heráclito estava correto e que a pandemia da Covid-19 apenas acelerou mais o processo de mudança, que ganhou impulso inexorável. Atualmente, o debate acerca da mudança torna-se secundário se comparado aos questionamentos sobre a capacitação e preparação das pessoas, a fim de que se adaptem com mais rapidez a ambientes cada vez mais incertos e ambíguos. Provavelmente, as futuras gerações entenderão que 2020 representou mais um ponto de inflexão na história da humanidade.

O intuito deste capítulo é entendermos como a transformação digital afeta a educação corporativa *on-line*. Por isso, ao analisarmos a evolução cultural da espécie humana, é notório que a revolução científica, por meio dos seus métodos, foi o motor da geração e da expansão do conhecimento.

A ciência é o maior empreendimento humano que opera na incerteza. O cientista, por sua vez, quando quer explicar um fenômeno, utiliza um processo investigativo a partir de uma pergunta, que norteará uma pesquisa, seguida de experimentos, os quais poderão corroborar ou refutar as hipóteses geradas para a resposta da pergunta.

Já a tecnologia se apropria desse conhecimento e encontra aplicações práticas que visam facilitar nossas vidas. Um exemplo disso é o período de grande desenvolvimento tecnológico ocorrido ao longo da Revolução Industrial (RI), que teve sua primeira fase viabilizada por meio de máquinas a vapor. Tal aplicação tecnológica teve origem a partir do conhecimento científico adquirido para explicar os processos termodinâmicos.

Subsequente às máquinas a vapor, em sua segunda fase, outra grande revolução tecnológica do período da RI foi a aplicação e o aperfeiçoamento dos conhecimentos já adquiridos, a fim de explicar os fenômenos eletromagnéticos, conceito este que viabilizou as máquinas elétricas e, posteriormente, a linha de montagem de Henry Ford.

Já a terceira fase da RI, ocorrida na década de 50 do século passado, foi promovida pelos computadores, o que possibilitou a transformação digital e, atualmente, a quarta revolução, a qual envolve inteligência artificial.

O fato é que todos esses avanços tecnológicos também aceleraram as mudanças da estrutura social e criaram ondas migratórias do campo para as cidades (êxodo rural). A capacitação das pessoas que migraram do campo para as cidades foi uma necessidade, a qual só foi suprida por meio do desenvolvimento do sistema de educação que perdura até os dias atuais.

A pandemia demandou novos modelos de trabalho e de estudo, em um experimento de escala global, sem precedentes, expondo a fragilidade do sistema educacional, obrigando o mundo a repensar os antigos modelos analógicos ao forçar uma rápida migração para o mundo digital.

O processo cognitivo

De acordo com Hess (2014), muitas organizações de sucesso baseiam seus modelos de negócios na excelência operacional e na inovação. Entretanto, o que possibilita esse tipo de diferencial competitivo é o aprendizado dos colaboradores daquele negócio. Ambientes de alta complexidade, ambiguidade e constante mudança requerem exploração, invenção, experimentação e adaptação, isso tudo só é alcançado por meio da aprendizagem.

A velha metáfora da "empresa como um mecanismo" não tem mais validade, é necessário compreender a organização como um organismo vivo, que se adapta rapidamente às mudanças de seu meio. Uma abordagem da biologia da cognição, proposta por Maturana (2011), assume a vida como um ativo processo de construção do conhecimento e de aprendizagem, advinda das interações entre os indivíduos e o meio ambiente, pelo estabelecimento de uma dinâmica circular, onde um afeta o outro.

Para Maturana e Varela (2011), as condutas que os organismos apresentam têm um componente inato, composto pelos instintos e pela intuição, e outro que pode ser aprendido por meio das dinâmicas sociais a que os indivíduos estão expostos.

A pesquisa mais recente do *World Economic Forum* destacou as dez competências que serão valorizadas no futuro, dentre elas a capacidade de analisar criticamente e de resolver problemas; a capacidade de mostrar iniciativa, inovação e criatividade; e a capacidade de ser flexível, tolerante e resiliente. Quase todas as competências exigidas pelo mercado, ou seja, o meio ambiente, são socioemocionais. Dessa forma, as exigências transcendem o foco exclusivo nas competências técnicas do passado.

Hansen (2021), em artigo publicado pela *Harvard Business Review* (HBR), revela que o sistema educacional dos EUA não está preparando alunos que estejam com as habilidades e as capacidades necessárias para enfrentarem os desafios contemporâneos. O atual sistema de ensino está se provando cada vez menos eficiente às demandas reais da contemporaneidade. É fundamental que, de tempos em tempos, seja feita uma reavaliação das metodologias educacionais a fim de manter em sintonia a educação e a evolução cultural do ser humano.

Por outro lado, os empregadores precisam ajustar a forma como avaliam os candidatos e os pré-requisitos do trabalho. Uma pesquisa realizada com estudantes que se formaram em universidades nos últimos cinco anos, promovida pela Cengage, editora internacional que oferece soluções de aprendizagem adaptadas pelo mundo, apontou que 19% dos jovens relataram que suas experiências com a educação universitária não lhes forneceram habilidades necessárias para realizar seu primeiro trabalho.

Além disso, 53% desses graduados não se candidataram a um emprego de nível básico em sua área porque se sentiram desqualificados, e 42% desses jovens foram desqualificados por não possuírem todas as habilidades listadas na descrição do trabalho. Desde o início da pandemia, o número de vagas de emprego para iniciantes no mercado de trabalho caiu 45%, apontando para o fato de que os empregadores querem candidatos que tenham mais habilidades e experiência no mundo real.

Nos Estados Unidos, por exemplo, 65% das vagas de emprego ainda exigem um diploma de nível superior, o que inviabiliza as carreiras de milhões de estadunidenses. Por conta disso, algumas empresas estão oferecendo outras opções de educação como, por exemplo, a IBM, que criou seu *Pathways in Technology Early College High School* (*P-TECH*) para ajudar os alunos a adquirirem habilidades digitais.

Já o *Google*, por sua vez, anunciou recentemente novos programas de certificação destinados a encontrar funções que correspondam à experiência e educação dos candidatos. Outras gigantes da tecnologia, como *Microsoft*, *Apple* e *Amazon*, também estão desenvolvendo soluções alternativas para a educação tradicional.

Além dessas iniciativas do mundo corporativo, diversas *startups* fazem uso intensivo de plataformas tecnológicas para suprir lacunas de competências específicas. Há também cursos de curta duração, como a *Coursera*, *edX* e *Udemy*, que têm melhorado suas ofertas e permitido que o próprio aluno defina o ritmo de sua aprendizagem.

As empresas, por sua vez, precisarão considerar potenciais funcionários que seguiram um caminho de aprendizado diferente do convencional, caso contrário, isso impedirá a diversidade, a equidade, a oportunidade e a produção significativa de força de trabalho preparada para as demandas atuais e futuras.

Novos modelos com inteligência artificial têm transformado insurgentes em unicórnios (*startups* que valem mais de 1 bilhão de dólares) pelas propostas de valor que prometem entregar ao mercado.

Transformação digital na educação *on-line*

A terceira onda da RI teve início no final da década de 1950 e início de 1960, em um processo composto por três fases: começou com a digitização de dados e informações disponibilizados, até então, apenas de forma analógica. A segunda fase foi a digitalização, que consiste no uso de dados digitais viabilizando o trabalho com processadores de texto e planilhas *excel*. A consolidação desse processo ocorre com a terceira fase, a transformação digital, que ainda representa um desafio para muitas empresas do mercado atual.

Três leis fundamentais possibilitaram o desenvolvimento das tecnologias digitais:

- Lei de Moore - o poder de processamento dos computadores dobra a cada 18 meses;
- Lei de Butter - a velocidade de comunicação dobra a cada nove meses;
- Lei de Kryder - o aumento da capacidade de armazenamento dobra a cada 13 meses.

Essas tecnologias digitais permitiram que a educação migrasse do modelo tradicional, analógico e presencial para um modelo virtual, descentralizado e remoto. Tal ação permitiu às empresas que continuassem o trabalho durante a pandemia, porém de forma remota, e também promovessem mais acesso à educação e qualificação profissional a seus colaboradores.

Diversas plataformas digitais surgiram para solucionar o ensino a distância, em que é possível promover momentos síncronos e assíncronos para que os grupos avancem na resolução de um problema selecionado, e ao longo do processo é possível fazer aportes de conceitos e ferramentas que promovam o aprendizado.

No artigo *Educação em Redes: Tendências Tecnológicas e Pedagógicas na Sociedade em Rede*, os autores abordam as mudanças na educação e as denominam como um fenômeno da "educação em rede" (NUNES; ROSA; SOUZA; SPANHOL, 2016). Eles ainda pontuam que tal fenômeno está incluso em um contexto ainda mais amplo, denominado sociedade em rede, uma estrutura social em que as redes transformam diversos processos, incluindo os culturais.

Os pesquisadores enfatizam a importância de identificar e mapear as mudanças sociais pela perspectiva da educação, a fim de construir modelos educacionais inovadores. Uma educação em rede pode representar mais acessibilidade, não se limitando ao mundo virtual, necessariamente, "permitindo a criação de ambientes inovadores, pois o caminho do virtual se converge em um modelo híbrido, ou seja, uma educação que não distingue 'educação presencial' e 'educação a distância'", pontuam os autores (NUNES et al., 2016, p. 200).

Tendências tecnológicas

Durante a evolução cultural de nossos ancestrais, desde a invenção das primeiras ferramentas de pedra lascada, a espécie humana busca formas e caminhos de lidar com as necessidades cotidianas. Por isso, sempre ousou contra o impossível e desafiou as próprias limitações. Ao longo do século XXI, observamos o maior salto de desenvolvimento tecnológico à medida que a sociedade também experimenta novas formas de pensar, aprender, trabalhar e interagir com a tecnologia.

De um modo geral, a humanidade caminha instintivamente a uma melhora, de acordo com as necessidades da época. Quanto mais necessidades surgiam, mais ações e medidas as acompanhavam, visando ao progresso de todos. A tecnologia, com certeza, mostra-se como a expressão máxima do ser humano quando se trata de inovação e solução de problemas.

Com a chegada da pandemia, foi possível observar com mais clareza a ascensão da tecnologia e das redes dentro de diversas áreas da vida humana; desde o trabalho e a educação, até relações interpessoais e afetivas. A realidade aumentada (*augmented reality*, em inglês) e a realidade virtual (*virtual realit*y, em inglês) foram protagonistas e continuarão sendo fundamentais a essa fase virtualmente imersiva.

A realidade virtual diz respeito ao mundo digital. Nessa realidade, imagens e sons ao redor do usuário são substituídos por conteúdos virtuais, gerados e monitorados por computadores, construídos por meio de códigos de programação. Já a realidade aumentada, por sua vez, apenas sobrepõe a real, ela insere elementos gráficos dentro de uma realidade já existente.

Com o objetivo de emular a realidade, é possível envolver o usuário em um ambiente virtual de 360 graus, em três dimensões e promover navegabilidade dentro desse espaço. Ou seja, o usuário pode ter a mesma perspectiva que a nossa realidade e até mesmo navegar e interagir com o ambiente criado. A intenção dessa tendência tecnológica é recriar, ou chegar próximo, as sensações reais, em tempo real, porém com objetos virtuais e sem conexão física.

De acordo com um levantamento da Infobase (s. d.), empresa integradora de Tecnologia da Informação no Brasil, 70% das empresas no mundo devem implementar tecnologias imersivas para o mercado consumidor e corporativo até o fim de 2022. Umas dessas tecnologias é a combinação entre RA e RV, originando o metaverso que, segundo informações publicadas no portal InfoMoney (METAVERSO, 2021), já representa um mercado bilionário, podendo alcançar os R$ 4,5 trilhões até 2024.

Em uma feliz explicação do conceito de metaversos, as pesquisadoras Luciana Backes e Eliane Schlemmer (2014) apontam que esses espaços são *softwares* que viabilizam a criação e construção de Mundos Digitais Virtuais Tridimensionais (MDV3D), que podem ser e-habitáveis por avatares, representações digitais virtuais de uma pessoa no mundo digital. Tais representações foram elaboradas para interagir "por meio da utilização da linguagem textual, oral, gestual e gráfica, potencializando, dessa forma, as representações das percepções e o sentimento de imersão" (BACKES; SCHLEMMER, 2014).

Mais do que necessário se adaptar às tecnologias, é sua implementação que, por meio de métodos disruptivos e absolutamente inovadores, promovem acesso ao conhecimento sem barreiras de ambientes ou assuntos. Isso proporciona uma amplitude ímpar e uma revolução sem precedentes no comportamento humano, em que uma visão mais genuína e criativa propicia ideias mais inovadoras e estratégicas.

Projetos *on-line* de educação corporativa

Um projeto educacional que envolve colaboradores enfrentando rotinas exaustivas de trabalho, com um número crescente de reuniões nos ambientes *on-line*, precisa ser eficaz e interessante, como uma forma de engajar os participantes e disputar agendas compostas por crescentes cargas de trabalho do mundo contemporâneo.

Tradicionalmente, as escolas de administração aplicam os estudos de casos, um método pedagógico introduzido pela universidade de Harvard, que visa ajudar os alunos a entenderem as decisões tomadas por gestores de organizações a partir de determinadas condições contextuais.

Outra alternativa é o uso da Aprendizagem Baseada em Problemas (ABP), em que o ensino e a aprendizagem ocorrem a partir de problemas, preferencialmente problemas reais da organização. Essa abordagem teve origem em escolas de medicina no Canadá, na Universidade de MacMaster, e na Holanda, na Universidade de Maastricht, como uma alternativa mais pragmática ao unir entrega de resultados reais à organização e possibilitar que os colaboradores sejam capacitados, trabalhando em grupos no contexto do seu dia a dia.

A ABP parte do pressuposto de a aprendizagem ser um processo ativo, integrado e construtivo, influenciado por fatores sociais e contextuais (BARROWS, 1996). Por meio desse método, é possível oferecer uma experiência de aprendizagem por meio da resolução de problemas bem definidos ou mesmo de problemas complexos de uma organização, incentivando os colaboradores a trabalharem em grupos.

A fim de promover a capacitação na resolução de problemas dentro de uma corporação, é fundamental que os grupos sejam heterogêneos. Promover um ambiente de trabalho com mão de obra culturalmente diversa proporciona inúmeros benefícios às empresas. Tal pluralidade cultural e de conhecimento proporciona uma latente vantagem competitiva, dada as diferentes perspectivas que os participantes trazem para resolução de problemas.

Esse tipo de abordagem pedagógica advém de um extenso histórico de pesquisas sobre o processo cognitivo. Kolb (1984, s.p.), por sua vez, extraiu de muitas teorias de aprendizagem o que ele chamou de "teoria da aprendizagem experiencial". Nela, o autor define aprendizagem como "o processo em que o conhecimento é criado por meio da transformação da experiência" e afirma que o processo de aprendizagem aplica os quatro passos: experimentar, refletir, pensar e agir, de maneira muito interativa.

Tal modelo justapõe duas abordagens para abarcar a experiência: experiência concreta e conceituação abstrata; e duas abordagens para transformar a experiência: observação reflexiva e experimentação ativa. Kolb (1984) dispôs em um gráfico (representado pela Figura 1, a seguir) essas dicotomias, definindo quatro estilos de aprendizagem: divergente, assimilador, convergente e acomodador.

Figura 1 – Estilos de aprendizado

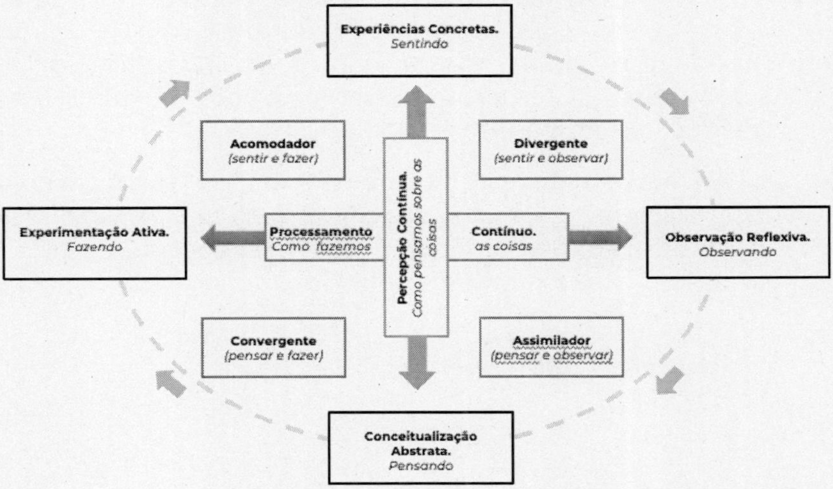

Fonte: Adaptado de Kolb (1984)

As pessoas apresentam mais de um estilo de aprendizagem, entretanto, as que têm predominantemente um estilo divergente de aprender são boas em atividades de geração de ideias, enquanto os adeptos do estilo convergente preferem tarefas técnicas àquelas relacionadas a questões sociais ou interpessoais.

Em contrapartida, aqueles que apresentam o estilo assimilador mostram-se aptos a absorver grande quantidade de informações e ordená-las de maneira lógica, ao passo que os que se inclinam ao estilo acomodador são mais práticos, preferindo arregaçar as mangas e aprender orientados pela ação.

As preferências individuais de estilos de aprendizagem derivam do tipo de personalidade, graduação, carreira profissional, emprego atual e a tarefa ou problema específico no qual a pessoa está trabalhando no momento. É importante salientar que estilo de aprendizagem não é um traço fixo do indivíduo, mas sim "deriva de padrões consistentes de transação entre o indivíduo e seu ambiente [...], as pessoas criam-se a si mesmas por meio da escolha das reais situações de se viver" (KOLB, 1984, s.p.).

Para Kolb (1984), o aprendizado é o processo no qual o conhecimento é criado pela transformação de experiências. O primeiro aspecto dessa definição enfatiza que os processos são de adaptação e aprendizado, em oposição ao conteúdo ou resultado, característicos dos estudos de casos. Como o conhecimento é um processo de transformação, a segunda constatação é que ele deve ser continuamente criado e recriado, não podendo ser encarado como uma entidade a ser adquirida ou transmitida. O terceiro aspecto, por sua vez, diz respeito ao fato de que o aprendizado transforma experiências nas formas objetivas e subjetivas.

Finalmente, para entender o aprendizado, o autor afirma que precisamos compreender a natureza do conhecimento e vice-versa. Nesse sentido, adaptado de Kolb (1984), na Figura 2, a seguir, apresenta-se o processo de aprendizado.

Figura 2 – Processo de aprendizado

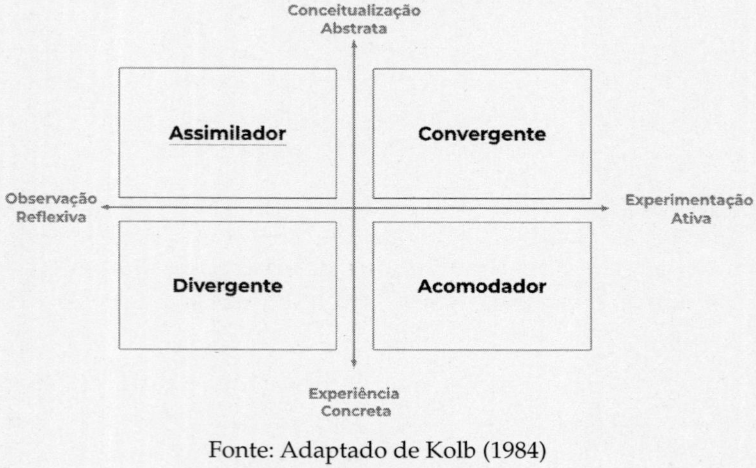

Fonte: Adaptado de Kolb (1984)

As plataformas digitais permitem que a empresa desenhe programas personalizados de acordo com as necessidades de cada colaborador. Para tanto, é fundamental entender as necessidades dos colaboradores por meio da jornada de trabalho e das dificuldades que ele está enfrentando. As necessidades explícitas, de fácil verbalização, e as implícitas, que podem ser tácitas ou latentes dos colaboradores, podem ser descobertas por meio de técnicas de entrevistas etnográficas, provenientes da antropologia.

Há três tipos de necessidades:

- funcionais – tarefas a serem realizadas;
- sociais – percepção que os demais têm do colaborador;
- emocionais – sentimentos expressados pelo colaborador.

Realizada essa pesquisa qualitativa, é importante conversar com outros públicos de interesse que interagem com o colaborador para, então, entender o contexto em que ele está inserido.

Considerações finais

De acordo com Gleiser (2014), "aprender requer coragem e tolerância, já que pode levar a uma profunda e dolorosa mudança de perspectiva". A humanidade evoluiu temendo a mudança e a incerteza, agora estamos diante de ambientes que serão cada vez mais complexos, dados movimentos geopolíticos, o envelhecimento da população, a devastação do meio ambiente, as novas pandemias e diversos outros fatores que o ser humano terá de enfrentar.

O grande diferencial da transformação digital na educação corporativa é a possibilidade de hiperpersonalização de programas específicos, criados com a intenção de preencher lacunas de competências ou capacitar os colaboradores para desempenharem novas funções.

O aprendizado integrado ao trabalho com recursos digitais que permitam estágios virtuais e mentoria remota com profissionais do setor continua sendo o grande desafio das organizações.

Existem diversas plataformas tecnológicas, entretanto, o sucesso de um programa de educação corporativa depende do profundo entendimento das necessidades dos envolvidos, seja do colaborador, da equipe, seja da empresa, para um desenho de programa personalizado e situacional. Ainda é cedo para afirmarmos qual será o futuro do trabalho e da educação, mas já observamos a tendência de modelos híbridos, presenciais e remotos.

Devemos também considerar o uso de múltiplos canais, que podem ser o celular, o *desktop* ou o presencial. É preciso termos a omnicanalidade[1], garantindo a mesma experiência de aprendizagem para os colaboradores, independentemente do canal utilizado.

De acordo com o *site* da *Holoniq*, governos, empregadores e consumidores, juntos, gastarão em educação e treinamento, até 2025, a quantia de US$ 7,3 trilhões, o que representará 6,6% do PIB global, e US$ 404 bilhões em *EdTechs*, totalizando 5,5% do PIB global em gastos digitais.

Inteligência artificial, aprendizado de máquina e *blockchains* descentralizados (banco de dados público e descentralizado) são considerados, por muitos, como ameaças e oportunidades para o avanço do potencial humano. A velocidade e o modo de impacto vão remodelar fundamentalmente os principais aspectos do sistema educacional e, talvez, a própria forma como o aprendizado ocorre.

O que podemos fazer para preparar os colaboradores e gestores das organizações é capacitá-los para que consigam enfrentar mudanças que ocorrerão cada vez mais rápido. A mesma tecnologia que possibilita o acesso a treinamentos mais interessantes e que despertem a curiosidade das pessoas mudará também a topografia do mercado de trabalho. A automação e a inteligência artificial trarão grandes desafios para o futuro do trabalho, e apenas com aprendizagem constante conseguiremos municiar os colaboradores para um futuro.

A ampla transformação digital da educação ainda está em sua infância, assim como novos modelos e novos *players* que procuram a evolução do aprendizado impulsionando mais financiamento, consolidação e inovação.

---

1 Deriva de *omnichannel*, uma tendência do varejo baseada na convergência de todos os canais utilizados por uma empresa: integrado e sincrônico. Refere-se à possibilidade de fazer com que o consumidor não veja a diferença entre o mundo *on-line* e o *off-line*, buscando oferecer uma vivência consistente em todos os canais.

Referências Bibliográficas

BACKES, L.; SCHLEMMER, E. O processo de aprendizagem em Metaverso: Formação para emancipação digital. *DESENVOLVE: Revista de Gestão do Unilasalle*, v. 3, n. 1, p. 53, mar. 2014. Disponível em: https://svr-net15.unilasalle.edu.br/index.php/desenvolve/article/view/1387/1031. Acesso em: 25 fev. 2022.

BARROWS, H. S. Problem-based learning in medicine and beyond: A brief overview. In: WILKERSON, L.; GIJSELAERS, W. H. (eds.). *Bringing problem-based learning to higher education*: Theory and practice. California: Jossey-Bass, 1996. p. 3-12. Experiência Imersiva. in: Infobase. s. d. Disponível em: https://infobase.com.br/infografico-experiencias-imersivas/. Acesso em: 25 fev. 2022.

GLEISER, M. *A ilha do conhecimento*: Os limites da ciência e a busca por sentido. Rio de Janeiro: Record, 2014.

GLOBAL EDTECH UNICORNS. in: Holon IQ. Disponível em: https://www.holoniq.com/edtech-unicorns/. Acesso em: 25 fev. 2022.

HANSEN, M. The U.S. education system isn't giving students what employers need. *Harvard Business Review*, n. 18, May 2021. Disponível em: https://hbr.org/2021/05/the-u-s-education-system-isnt-giving-students-what-employers-need. Acesso em: 25 fev. 2022.

HESS, E.D. *Learn or die*: Using science to build a leading-edge learning organization. New York: Columbia University Press, 2014.

KOLB, D. *Experiential learning*: Experience as the source of learning and development. New Jersey: Englewood Cliffs, 1984.

MATURANA, H. R.; VARELA, F. J. *A árvore do conhecimento*: As bases biológicas da compreensão humana. São Paulo: Palas Athena, 2011.

METAVERSO: Tudo sobre o mundo virtual que está chamando a atenção dos investidores. *InfoMoney*, 21 dez. 2021. Disponível em: https://www.infomoney.com.br/guias/metaverso/. Acesso em: 25 fev. 2022.

NUNES, L. L. da S. T.; ROSA, L. Q. da; SOUZA, M. V. de; SPANHOL, F. J. Educação em redes: Tendências tecnológicas e pedagógicas na sociedade em rede. *EmRede – Revista de Educação a Distância*, v. 3, n. 2, p. 197-212, 22 nov. 2016. Disponível em: http://www.br-ie.org/pub/index.php/sbie/article/view/7549. Acesso em: 25 fev. 2022.

3.6 Avaliação de resultados em educação corporativa – resgate e tendências

Carolina Aparecida de Freitas Dias

Introdução

Avaliar o intangível é uma preocupação que vem tirando o sono de gestores há algumas décadas. A busca por eficácia e eficiência são a base da gestão e, para orientar a organização no alcance dos resultados esperados, é preciso monitorar constantemente seu curso de ação para mudar o rumo na direção correta o mais rápido possível.

A avaliação de resultados em educação corporativa insere-se nesse contexto. Para que o Sistema de Educação Corporativa (SEC) tenha a tão almejada atuação estratégica, é preciso que ela seja gerida de forma a ajudar a organização a criar valor para os seus *stakeholders*. É com esse espírito que o presente capítulo foi escrito! O intuito foi apontar caminhos que possibilitem a atuação estratégica da Educação Corporativa (EC) por meio da demonstração de resultados relevantes.

O capítulo inicia-se com o conceito de desempenho organizacional e formas de mensurá-lo são apontadas, tanto por meio de relatos de indicadores, quanto pela descrição de um dos sistemas de mensuração mais conhecido: o *Balanced Scorecard* (BSC). Também foram indicados pontos de atenção ao se utilizar o BSC em Recursos Humanos (RH), destacando a importância de sua adoção pela própria Universidade Corporativa (UC). Além disso, dois modelos tradicionais de avaliação de programas educacionais foram brevemente relatados. Por fim, a gestão por meio de métodos ágeis também tem influenciado as formas de mensurar o desempenho organizacional e, por consequência, a avaliação em EC, por isso, os *Objectives and Key Results* (OKRs) e o *Net Promoter Score* (NPS) são as tendências que se apresentam aos profissionais de educação corporativa.

Desempenho organizacional

O desempenho organizacional é um conceito complexo e multidimensional que vem mudando ao longo do tempo e, desse modo, não há um consenso sobre sua definição. Entretanto, pode-se destacar que, de forma geral, o desempenho organizacional consiste em uma forma de medir o sucesso da organização, o qual pode se traduzir em sua capacidade em alcançar seus objetivos, por meio do uso eficiente de seus recursos (JASHAPARA, 2003; SUREKA et al., 2020). A partir desse conceito, evidenciam-se duas importantes dimensões em desempenho organizacional: eficiência e eficácia. A eficiência pode ser compreendida como a produtividade, ou seja, a utilização mínima de recursos em um processo. Já a eficácia refere-se à adequação dos resultados do processo aos objetivos pretendidos pela organização (SUREKA et al., 2020).

Tradicionalmente, o desempenho organizacional é medido por meio de indicadores financeiros, todavia, outras medidas têm sido cada vez mais utilizadas, tais como aspectos relacionados a recursos humanos, ao funcionamento da organização, ao seu valor de mercado (DYER; REEVES, 1995) e, por fim, aos interesses dos diferentes *stakeholders* (CAPPIELLO; PEDRINI, 2017). Este último aspecto, a propósito, tornou-se um verdadeiro frenesi no mundo dos negócios, visto que os investidores têm utilizado parâmetros relativos às questões ambiental, social e de governança, o conhecido ESG (*Environmental, Social and Governance*) em suas decisões de investimento de forma a torná-las mais responsáveis. Assim, a mensuração do desempenho organizacional é de suma importância para as organizações avaliarem se os objetivos e as metas estratégicas estão sendo alcançados, reorientando o curso de ação, quando necessário.

Para medir a influência do desenvolvimento de pessoas no desempenho organizacional, alguns indicadores têm sido utilizados (FREITAS-DIAS, 2017):

- organizacionais: produtividade (p. ex., vendas/empregado); qualidade (p. ex., % de produtos de alta qualidade); tempo de comercialização de produtos; nível de satisfação do cliente (aqui podemos encaixar o tão utilizado NPS – *Net Promoter Score*);
- financeiros: ROA – Retorno sobre Ativos; ROI – Retorno sobre o Investimento; custo por transação; e lucro;
- recursos humanos: rotatividade (*turnover*); clima organizacional (nível de satisfação; nível de comprometimento dos empregados etc.);
- mercado de capitais: crescimento no valor das ações.

A partir dessa breve contextualização sobre desempenho organizacional, é perceptível que sua mensuração não é trivial e envolve diferentes aspectos, dentre os quais buscou-se elucidar os principais. É importante destacar que, ao medir o desempenho de uma organização, devem-se buscar múltiplos indicadores para alcançar uma visão mais ampla desse nível de resultados. Nesse sentido, um sistema de avaliação de desempenho organizacional muito utilizado e que contribui com essa multiplicidade de indicadores é o *Balanced Scorecard*, metodologia desenvolvida por Robert Kaplan e David Norton e estudada por Becker e Huselid para ser aplicada especificamente em Recursos Humanos.

Avaliação de resultados em gestão de pessoas

A avaliação de resultados em gestão de pessoas não é fácil de ser realizada devido, principalmente, à intangibilidade dos resultados de GP, ou seja, por ser uma área meio é difícil verificar sua influência nos resultados organizacionais. Entretanto, há alguns caminhos possíveis, prova disso é a importância crescente do *People Analytics* dentro das organizações.

A atuação estratégica de GP, e seu consequente reconhecimento pela organização, passa pela compreensão e colaboração da área de GP no desenvolvimento das estratégias de negócios. Todavia, os indicadores normalmente utilizados para mensurar e avaliar os resultados de GP são operacionais e não se relacionam à estratégia da organização (BECKER; HUSELID; ULRICH, 2001). O *Balanced Scorecard* de Recursos Humanos (RH) tem o intuito de minimizar esse descompasso, buscando avaliar o impacto de RH no desempenho organizacional. Para tanto, a ferramenta auxilia no alinhamento interno, ou seja, entre as práticas de RH, e no alinhamento externo, que compreende o alinhamento do sistema de RH à estratégia da organização.

É importante destacar que o alinhamento interno entre as práticas de RH é de suma importância para o alcance dos resultados organizacionais, pois estudos indicam que é mais efetivo aprimorar os elementos do sistema de GRH de forma conjunta do que cada elemento de forma individual (BECKER; HUSELID, 1998; OLIVEIRA; OLIVEIRA, 2011).

O *Balanced Scorecard*, traduzido como modelo equilibrado de mensuração de desempenho, é uma forma de traduzir a estratégia em ações. Para desenvolver a estratégia do negócio, a organização e seus gestores precisam compreender como ela gera valor e, a partir daí, será possível definir um sistema de mensuração que reflita essa realidade. Nesse processo, algumas definições importantes são:

- amplitude: a empresa precisa ir além da definição de medidas financeiras, é preciso identificar os vetores de desempenho que antecedem esses resultados;
- fluxo causal: para que os gestores valorizem os aspectos não financeiros, é necessário que eles compreendam o fluxo causal entre aspectos financeiros e não financeiros, apropriando-se desse referencial;
- definição dos indicadores: consiste em estimular que os gestores definam critérios de mensuração à base conceitual de criação de valor pela empresa. Nesse sentido, os indicadores financeiros são conhecidos como indicadores consequentes, pois olham para o passado, o que já aconteceu. Já os indicadores antecedentes avaliam os fatores críticos de sucesso que impulsionam a implementação da estratégia (BECKER; HUSELID; ULRICH, 2001).

A visualização do *Balanced Scorecard* ocorre por meio da criação do mapa estratégico que compreende as relações de causa e efeito entre os componentes da estratégia de uma organização, fornecendo uma maneira consistente e uniforme de descrever a estratégia (KAPLAN; NORTON, 2017). O BSC apresenta quatro diferentes perspectivas, quais sejam: financeira, clientes, processos internos e aprendizado e crescimento. Estabelecem-se os objetivos na perspectiva financeira e, nas demais, são elencados os fatores críticos de sucesso necessários ao alcance desses objetivos. Criam-se as conexões entre os objetivos das diferentes perspectivas, estabelecendo-se o fluxo causal entre eles. A partir da criação dessa base conceitual, são definidos os indicadores de mensuração que vão aferir o alcance do desempenho esperado, ou seja, as metas a serem alcançadas em determinado período.

A partir da elaboração do *Balanced Scorecard* da organização, são identificados no mapa estratégico os produtos de RH fundamentais para a criação de valor desejado pela organização. Em seguida, o sistema de RH (recrutamento e seleção, treinamento e desenvolvimento, desenvolvimento organizacional, remuneração etc.) deve ser estruturado para fornecer os produtos de RH necessários à implantação da estratégia. A partir dessas definições, parte-se para a construção do sistema estratégico de mensuração de RH, ou seja, a definição dos indicadores de mensuração dos produtos de RH. Destaca-se nesse ponto a importância de incluir os produtos de RH no mapa estratégico da organização para que estes sejam aceitos pelos demais gestores, o que abrirá caminho para a correta mensuração do impacto de RH sobre o desempenho organizacional. Nesse sentido, recomenda-se o uso de indicadores que já são monitorados pelo negócio (BECKER; HUSELID; ULRICH, 2001).

Modelos e medidas de avaliação em educação corporativa

Os modelos de avaliação utilizados em educação corporativa remontam aos modelos utilizados para avaliar os programas de treinamento individualmente, como são os desenvolvidos internacionalmente por Donald Kirkpatrick e Jack Phillips, modelos mundialmente famosos e muito utilizados pelas organizações. Esses modelos são importantes para que a universidade corporativa (UC) realize a gestão de seus programas, entretanto, não são suficientes. Assim, desenvolver medidas que auxiliam a UC na gestão de seu sistema como um todo torna-se necessário e, nesse sentido, alinhar o sistema de avaliação da UC ao sistema de avaliação em GP é um princípio para criar o chamado alinhamento externo ou vertical, o qual contribuirá para o alcance dos resultados organizacionais.

É necessário destacar que a avaliação de resultados é uma importante etapa de um processo mais amplo, e o intuito da avaliação é avaliar a eficácia dos programas educacionais. Nesse sentido, tanto Kirkpatrick quanto Phillips ressaltam a importância de um bom processo de planejamento e a implantação de programas usando a avaliação como uma das etapas desse processo. Seguindo essa lógica, propõem que os objetivos a serem alcançados pela ação educacional sejam estipulados já no início desse processo, ou seja, começando com a definição dos resultados que se deseja alcançar por meio do estabelecimento dos comportamentos esperados para o alcance dos resultados e a definição das atitudes, dos conhecimentos e das habilidades que proporcionarão os comportamentos desejados.

Donald Kirkpatrick desenvolveu seu modelo de avaliação de treinamentos na década de 1950 em sua tese de doutorado e as divulgou em um conjunto de artigos publicados na revista *Training and Development*, da antiga *American Society for Training and Development* (ASTD), (KIRKPATRICK; KIRKPATRICK, 2010). Esse modelo ficou mundialmente conhecido e é o mais adotado pelas organizações, devido ao seu pioneirismo e ao fácil entendimento. Ele é composto por quatro níveis de avaliações sequenciais, iniciando-se no nível individual e finalizando no nível organizacional. Não é obrigatória a aplicação de todos os níveis, entretanto, ao se aplicar um nível mais avançado, é preciso que os demais sejam apurados, pois, caso seja identificado em alguma etapa que o programa não gerou os resultados desejados, é preciso investigar onde foi que o problema ocorreu.

Reação (nível 1): avalia-se a satisfação do treinando com o programa, pois a motivação é um componente fundamental para que a aprendizagem ocorra. A satisfação positiva não garante a aprendizagem, porém a insatisfação pode minimizar que ela ocorra.

Aprendizagem (nível 2): busca-se verificar se houve mudança de atitude, aumento de conhecimento ou melhora de habilidade do participante. É preciso que haja mudança em, pelo menos, um desses aspectos.

Comportamento (nível 3): nesse nível, o intuito é verificar se os conhecimentos, as habilidades e/ou as atitudes aprendidas na ação educacional estão sendo manifestadas no comportamento do participante no trabalho. O ambiente de suporte é fundamental para permitir que o participante manifeste o que aprendeu em seu dia a dia de trabalho e, nesse sentido, o papel do gestor é determinante, pois ele deve estimular e não criar obstáculos para a aplicação do que foi aprendido. O uso de recompensas também é recomendado para estimular o uso dos conhecimentos e das habilidades, tais como elogio e vantagens financeiras.

Resultados (nível 4): investigam-se os resultados gerados pela participação do treinando no programa. Alguns exemplos de resultados que podem ser obtidos são aumento nas vendas, redução de acidentes, redução de custos, aumento da produção, redução da rotatividade e/ou absenteísmo, aumento do lucro e/ou retorno, entre outros.

Figura 1: Níveis de avaliação de Kirkpatrick e o respectivo âmbito de impacto

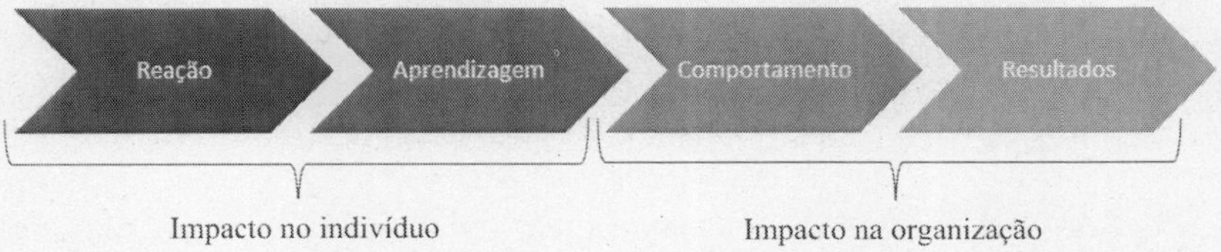

Jack Phillips traz o que alguns chamam de quinto nível de avaliação que consiste na mensuração do retorno sobre o investimento realizado nas ações educacionais. Para ele, mais do que a mensuração em si, a área de treinamento deve ser orientada por resultados, e essa postura é parte importante da estratégia de avaliação. Em sua obra *Handbook of Training Evaluation and Measurement Methods*, de 1991, ele propõe um modelo de avaliação orientado por resultados que busca colocar a avaliação no centro do processo de desenvolvimento de programas educacionais, assim, propõe 18 etapas que envolvem desde a concepção até a comunicação dos resultados do programa, sendo que, dessas, 11 etapas referem-se diretamente à avaliação.

A avaliação para ele é um processo sistemático e, para ser bem-sucedido, precisa ser planejado desde o início do processo de diagnóstico das necessidades educacionais. Desse modo, destaca que os objetivos nessa etapa inicial devem ser elaborados com o intuito de sanar uma deficiência de desempenho. Nas etapas posteriores, especial atenção é dispensada aos cuidados necessários para realizar a avaliação, tais como a identificação do propósito da avaliação; a definição do que e como avaliar, por meio do estabelecimento da base de dados e seleção do método e estratégia de avaliação; estimativa dos custos/benefícios do programa; construção dos instrumentos de avaliação; coleta de dados na etapa adequada; análise e interpretação dos dados; e, por fim, o cálculo do Retorno sobre o Investimento (ROI). O cálculo em si é simples: consiste em dividir o valor monetário dos resultados do programa pelos custos dele decorrentes, tanto diretos quanto indiretos. Entretanto, a dificuldade reside em obter esses valores, por isso, o processo criterioso de avaliação permeando as etapas de desenvolvimento do programa torna-se necessário.

$$\text{ROI} = \frac{\text{Valor Monetário dos Resultados}}{\text{Custos do Programa}}$$

A cultura de avaliação é algo que influencia fortemente a sustentabilidade de um modelo de avaliação, por isso, Kirkpatrick e Phillips enfatizam que a avaliação esteja presente na própria concepção do programa.

Até aqui, foram descritas formas de avaliar os programas educacionais individualmente. Entretanto, a gestão do SEC deve se pautar não somente pela avaliação de seus programas, mas também medir como ela auxilia a organização a alcançar seus objetivos. Desse modo, formas de avaliação sistêmicas são necessárias e um caminho possível é o uso do BSC pela Universidade Corporativa.

Em estudo conduzido junto a 60 organizações, foi identificado que há relação entre o uso do BSC e a utilização dos níveis de avaliação de Kirkpatrick e Phllips. Foi constatado que o uso dos níveis mais avançados de avaliação está associado à utilização do BSC pela organização e, principalmente, pela área de educação corporativa, trazendo uma orientação para resultados em EC que muda a natureza da avaliação de operacional para uma proposta mais estratégica e sistêmica (HOURNEAUX JUNIOR; FREITAS--DIAS; EBOLI, 2013). Além disso, identificar entre os produtos de RH, no mapa estratégico da organização, aqueles que se relacionam à educação corporativa poderá contribuir de forma mais eficaz para que a UC consiga mensurar sua contribuição para o desempenho organizacional almejado.

Tendências

A onda de *startups* trouxe consigo uma forma de gestão que busca mais agilidade. Assim surgem os métodos ágeis que têm influenciado muito a gestão das organizações, impactando, inclusive, os processos de avaliação. É assim que surgem os *Objectives and Key Results* (OKRs) e o *Net Promoter Score* (NPS) como formas de medir o desempenho organizacional e, consequentemente, o impacto de educação corporativa.

O método OKRs foi desenvolvido por Andy Grove, ex-CEO da Intel, porém ficou conhecido ao ser adotado pelo Google. Outras empresas do Vale do Silício também já adotaram a metodologia como LinkedIn, Twitter, Spotify e Dropbox. No Brasil, a abordagem já é aplicada pelo Grupo Tigre, Leão Alimentos e Bebidas, Locaweb e Universidade Federal de Pernambuco (MACIEL; ARCOVERDE, 2017; SIMÕES, 2018).

O OKR consiste em desenvolver poucos objetivos, cerca de três ou quatro, traduzidos em resultados relevantes e mensuráveis de curto prazo, em geral, trimestrais. Esse método se contrapõe aos tradicionais *Key Performance Indicators* (KPIs) no prazo de apuração, pois os KPIs são aferidos anualmente, e na quantidade de indicadores, visto que há organizações que apuram até 350 indicadores-chave de desempenho. O intuito do OKR é falhe rápido e mais barato (SIMÕES, 2018). Para conhecer a metodologia, recomenda-se o livro *Avalie o que Importa,* escrito por John Doer, o responsável pela implantação da metodologia OKR no Google.

Em linha com as formas ágeis e simplificadas de medir desempenho, o uso do NPS pelas organizações tem alcançado também a educação corporativa. Já há relatos de organizações que utilizam o NPS como avaliação de reação em seus programas educacionais ou que o utilizam como medida de desempenho organizacional para averiguar os efeitos da capacitação.

O NPS é um indicador desenvolvido por Frederick F. Reichheld e divulgado em 2003 por meio de artigo publicado na *Harvard Business Review*. É uma medida que busca identificar a satisfação do cliente por meio de sua resposta a uma única pergunta: "Você indicaria a nossa empresa a um amigo ou conhecido?". A resposta pode ser escolhida em uma escala de 0 a 10, cada número representando um significado, os quais são descritos a seguir: 0 (em hipótese alguma, nunca), 1 (não, com muitos comentários negativos), 2 (não, com comentários negativos normais), 3 (não com poucos comentários negativos), 4 (não), 5 (talvez), 6 (sim, com muitas restrições), 7 (sim, com restrições normais), 8 (sim com poucas restrições), 9 (sim) e 10 (certamente). Os clientes que respondem 10 e 9 são considerados leais à organização e são chamados de promotores; já os que atribuem 8 e 7 são considerados como satisfeitos passivos; por fim, os demais que respondem entre 6 e 0 são considerados detratores (REICHHELD, 2003).

Considerações finais

A avaliação de resultados em educação corporativa não é algo trivial, porém é possível e há caminhos para sua implantação. Neste capítulo, buscou-se desenvolver uma visão geral sobre o tema, abordando os aspectos principais. Entre eles, destaca-se a avaliação no nível estratégico por meio de formas de avaliar o desempenho organizacional. Algumas métricas utilizadas nesse nível foram descritas e o sistema de avaliação de desempenho mais conhecido e utilizado, o *Balanced Scorecard*, foi descrito. Além disso, os modelos para avaliação de programas individuais de Kirkpatrick e Phillips, amplamente conhecidos e tradicionalmente os mais utilizados pelos profissionais de educação corporativa, também foram sucintamente esclarecidos, ressaltando que a adoção dos níveis mais avançados, em geral, é facilitada quando a organização e a UC utilizam o BSC para a gestão e implementação de sua estratégia. Por fim, mas não menos importante, foram cotejadas algumas tendências no tema, relacionadas ao *mindset* ágil que tem dominado o mundo dos negócios: os OKRs e o NPS, formas simplificadas de mensuração do desempenho organizacional.

Referências Bibliográficas

BECKER, B. E.; HUSELID, M. A.; ULRICH, D. *The HR scorecard*: Linking people, strategy, and performance. Boston: Harvard Business School Press, 2001.

______. Gestão Estratégica de Pessoas com "Scorecard": Interligando Pessoas, Estratégia e Performance. Tradução de Afonso Celso da Cunha Serra, Rio de Janeiro: Elsevier, 2001.

BECKER, B. E.; HUSELID, M. A. High performance work systems and firm performance: A synthesis of research and managerial implications. *Research in Personnel and Human Resources Management*, v. 16, p. 53-101, 1998.

CAPPIELLO, G.; PEDRINI, G. The performance evaluation of corporate universities. *Tertiary Education and Management*, v. 23, n. 3, p. 304-317, 2017. Doi: https://doi.org/10.1080/13583883.2017.1329452.

DYER, L.; REEVES, T. Human resource strategies and firm performance: What do we know and where do we need to go? *The International Journal of Human Resource Management*, v. 6, n. 3, p. 656-670, 1995. Doi: https://doi.org/10.1080/09585199500000041.

FREITAS-DIAS, C. A. de. *Desenvolvimento estratégico de recursos humanos e suas relações com o desempenho organizacional*: Uma análise dos fatores contingenciais. 2017. Tese (Doutorado em Administração) – Faculdade de Economia, Administração e Contabilidade, Universidade de São Paulo, São Paulo, 2017.

HOURNEAUX JUNIOR, F.; FREITAS-DIAS, C. A. de; EBOLI, M. P. Avaliação de resultados em educação corporativa: Análise dos níveis de avaliação de Kirkpatrick-Phillips e sua relação com o balanced scorecard. In: ENCONTRO DA ANPAD – ENANPAD, 37., 2013. Rio de Janeiro. Anais... Rio de Janeiro: ANPAD, 2013.

JASHAPARA, A. Cognition, culture and competition: An empirical test of the learning organization. *The Learning Organization*, v. 10, n. 1, p. 31-50, 2003. Doi: https://doi.org/10.1108/09696470310457487

KAPLAN, R.S.; NORTON, D. P. Mapas estratégicos: Convertendo ativos intangíveis em resultados tangíveis. Tradução de Afonso Celso da Cunha Serra. Rio de Janeiro: Alta Books, 2017.

KIRKPATRICK, D. L.; KIRKPATRICK, J. D. *Como avaliar programas de treinamento de equipes*: Os quatro níveis. Tradução José Henrique Lamensdorf. Rio de Janeiro: Senac Rio, 2010.

MACIEL, T. M. M.; ARCOVERDE, D. Gestão por objetivos e resultados com OKR. In: WORKSHOP DE TECNOLOGIA DA INFORMAÇÃO E COMUNICAÇÃO DAS INSTITUIÇÕES FEDERAIS DE ENSINO SUPERIOR, 11., 2017, Recife. *Anais...* São Paulo, 2017.

OLIVEIRA, A. M. B. DE; OLIVEIRA, A. J. de. Gestão de Recursos Humanos: Uma metanálise de seus efeitos sobre desempenho organizacional. *Revista de Administração Contemporânea – RAC*, v. 15, n. 4, p. 650-669, 2011. Doi: https://doi.org/10.1590/S1415-65552011000400006.

PHILLIPS, J. J. *Handbook of training evaluation and measurement methods*. 2nd ed. London: Kogan Page, 1991.

REICHHELD, F. F. The one number you need to grow. *Harvard Business Review*, v. 81, n.12, p. 46-54, 2003.

SIMÕES, Márcio. O Que é OKR. *Você RH*, São Paulo, edição 59, dez. 2018-jan. 2019.

SUREKA, R.; KUMAR, S.; KUMAR MANGLA, S.; HOURNEAUX JUNIOR, F. Fifteen years of International Journal of Productivity and Performance Management (2004-2018). *International Journal of Productivity and Performance Management*, v. 70, n. 5, p. 1092-1117, 2020. Doi: https://doi.org/10.1108/IJPPM-11-2019-0530.

PARTE IV

EDUCAÇÃO CORPORATIVA NA PRÁTICA: DEZ CASOS NOTA DEZ

APRESENTAÇÃO

Marisa Eboli

Nesta parte do livro objetiva-se ilustrar os conceitos e as melhores práticas em Educação Corporativa, apresentando "dez *cases* nota dez" de empresas atuantes no país. São eles: Centro de Ensino e Pesquisa do Hospital Albert Einstein, Escola Corporativa Fiocruz, Hamburger University, UniBrad, Universidade Corporativa Leroy Merlin, Universidade Corporativa Sabin, Universidade Corporativa Sicoob, Universidade do Cacau, Universidade do Varejo (GPA)e Universidade Petrobras.

A qualidade das UCs ou SECs das empresas atuantes no Brasil é inquestionável. Tal fato tem inclusive tido reconhecimento em várias premiações internacionais.

Como vimos em capítulo anterior, os SECs apresentam sete princípios de sucesso, que dão um enfoque conceitual e metodológico para a concepção, a modelagem, a implementação e a análise de projetos de educação corporativa realizados nas organizações de modo geral. Relembrando, esses princípios são:

1. **competitividade**: valorizar a educação como forma de desenvolver o capital intelectual dos colaboradores, transformando-os efetivamente em fator de diferenciação da empresa frente aos concorrentes, ampliando assim sua capacidade de competir;

2. **perpetuidade**: entender a educação não apenas como um processo de desenvolvimento e realização do potencial existente em cada colaborador, mas também como um processo de transmissão da herança cultural, ou até mesmo de transformação, a fim de perpetuar a existência da empresa;
3. **conectividade**: privilegiar a construção social do conhecimento, estabelecendo conexões, intensificando a comunicação empresarial e favorecendo a interação com o público interno e externo (fornecedores, distribuidores, clientes, comunidade etc.) que propiciem gerar, compartilhar e transferir os conhecimentos considerados críticos para o negócio;
4. **disponibilidade**: oferecer e disponibilizar atividades, recursos e soluções educacionais de fácil uso e acesso, propiciando condições favoráveis para que os colaboradores realizem a aprendizagem "a qualquer hora e em qualquer lugar", estimulando-os assim a se responsabilizarem pelo aprendizado contínuo, autodesenvolvimento e protagonismo;
5. **cidadania**: estimular o exercício da cidadania individual e corporativa formando atores sociais, ou seja, sujeitos capazes de refletirem criticamente sobre a realidade organizacional, de construí-la e modificá-la continuamente, imprimindo assim qualidade superior na relação com sua cadeia de valor e sociedade;
6. **parceria**: entender que desenvolver continuamente as competências dos colaboradores é tarefa complexa e audaciosa, exigindo que se estabeleçam relações de parceria tanto no âmbito interno (líderes) quanto externo (universidades, instituições de nível superior, provedores etc.) com ideal e interesse comum na educação desses colaboradores;
7. **efetividade**: ser um centro gerador de resultados para e empresa, buscando agregar sempre valor ao negócio. Pode significar também buscar fontes alternativas de recursos que permitam um orçamento próprio e autossustentável.

Costumo dizer que é possível avaliar a qualidade de um SEC com base nesses sete princípios de sucesso. Todos eles podem ser observados com práticas muito consistentes nos casos de Educação

Corporativa apresentados a seguir. Não necessariamente todos os princípios estão igualmente fortes em todos os casos, mas sempre há, no mínimo, um ou dois princípios muito fortes em cada um deles. Sem dúvida, são modelos inspiradores para todos os interessados em Educação Corporativa.

Convido o leitor a fazer esta reflexão: quais os princípios mais fortes identificados em cada caso?

4.1 Centro de Ensino e Pesquisa do Hospital Albert Einstein: educação como valor e pilar estratégico | SBIB Albert Einstein

Simone Azevedo

Fundada em 1955, a Sociedade Beneficente Israelita Brasileira Albert Einstein (SBIBAE) é uma sociedade civil sem fins lucrativos e atua na saúde privada e na saúde pública em todas as etapas de assistência, ensino e educação, consultoria, pesquisa e inovação e responsabilidade social. Tem sede em São Paulo (SP) e desenvolve atividades na cidade de São Paulo, no interior paulista, nos estados do Rio de Janeiro, Goiás, Minas Gerais e Paraná. Além de iniciativas e parcerias em projetos no Brasil, na América Latina, na Europa e na América do Norte.

Propósito, Visão, Missão e Valores

Propósito: Entregar vidas mais saudáveis, levando uma gota de Einstein para cada ser humano.

Visão: Ser líder e inovadora na assistência à saúde, referência na gestão de conhecimento e pelo comprometimento com a responsabilidade social.

Missão: Oferecer excelência de qualidade no âmbito da saúde, da geração do conhecimento e da responsabilidade social, como forma de evidenciar a contribuição da comunidade judaica à sociedade brasileira.

Valores: Boas Ações (Mitzvá), Assistência à Saúde (Refuá), Educação (Chinuc) e Justiça Social (Tsedaká).

Fonte: https://www.einstein.br/sobre-einstein/relatorio-sustentabilidade

Educação como valor e pilar estratégico

Chinuch, significa Educação em hebraico, e é um dos quatro preceitos judaicos que orientaram a estruturação da Sociedade Beneficente Israelita Brasileira Albert Einstein.

Dessa forma, desde sua fundação, o Einstein tem como um dos seus pilares estratégicos o Ensino e a Educação e possui como missão melhorar a saúde da população, a qualidade da assistência e da gestão em Saúde, difundindo conhecimento e educando pacientes e a sociedade. São os conhecimentos, as competências e as experiências acumulados nessa trajetória que permitem ao Einstein ser referência em outra área de atividade: o Ensino.

Disseminar conhecimento entre os profissionais de saúde de todo o país e além-fronteiras é parte da missão do Einstein no pilar estratégico de Ensino e Educação. Para ajudar a impulsionar o desenvolvimento dos sistemas de saúde, a área disponibiliza cursos em diferentes modalidades, com o apoio de ferramentas e propostas pedagógicas inovadoras. As atividades de ensino são realizadas por meio do Centro de Educação em Saúde Abram Szajman (CESAS), criado em 2004. Em 2022, a estrutura de educação do Einstein inaugurou uma nova sede física desenvolvida para estimular a geração e o compartilhamento de conhecimento, o Centro de Ensino e Pesquisa Albert Einstein – *Campus* Cecília e Abram Szajman. Equipado com avançadas tecnologias de suporte ao aprendizado, reúne todos os requisitos para ser reconhecido como referência nacional e internacional na área.

Estratégia de recursos humanos alinhada à formação e ao desenvolvimento de pessoas

A partir das diretrizes estratégicas atuais e futuras do Einstein, são definidas as premissas que norteiam a estratégia de recursos humanos da Instituição, entre elas, destacamos algumas que estabelecem o foco da educação corporativa na nossa Instituição:

- garantir a disponibilidade de profissionais qualificados para as necessidades atuais e futuras;
- assegurar que os profissionais sejam efetiva e eficazmente treinados técnica e comportamentalmente para o exercício de suas atividades;
- desenvolver mecanismos que estimulem o desenvolvimento das competências para a carreira técnica e reforcem a integração entre a aquisição de conhecimento e a prática profissional;
- promover ações de preservação da cultura, valores e princípios;
- estimular e implementar programas que apoiem o desenvolvimento de carreira dos profissionais.;
- integrar a formação, a qualificação e o desenvolvimento nas diferentes áreas de atividades.

A gestão de pessoas no Einstein é ampla e complexa, considerando toda a abrangência e as diferentes áreas de atuação desempenhadas no Sistema Einstein de Saúde. A diversidade na composição da força de trabalho, bem como especificidades quanto à capilaridade da instituição, traz *inputs* importantes para a compreensão e o aprofundamento sobre as *nossas personas*. Outro fator predominante é o entendimento das áreas de atividades e suas necessidads específicas atuais e futuras. A todos esses fatores somam-se as diretrizes estratégicas da Instituição para agregar o desenho das soluções, programas e políticas da área de Recursos Humanos.

Contamos com um conjunto de iniciativas que integram a estratégia de desenvolvimento, formação e capacitação das pessoas alinhado ao que já apresentamos no inicio de capítulo. A estruturação é suportada por um modelo operacional robusto composto pela estrutura organizacional e funcional, políticas, processos, tecnologia e pessoas.

De forma sistêmica, as iniciativas são conduzidas para o público interno e externo.

- **Programas de Formação:**
  - **Formação Interna:** iniciado em 2012, o programas de formação é uma fonte de recrutamento e empregabilidade do Einstein, desenvolvido pela área de Recursos Humanos, líderes das áreas e escola técnica.
  - **Programa de Empregabilidade com foco em grupos minorizados específicos e/ou Formação com foco em ação afirmativas da estratégia do Programa de Diversidade e Inclusão**: os programas são desenvolvidos pela área de recursos humanos com o Ensino Einstein ou parceiros especializados de mercado.
  - **Núcleo de Capacitação Profissional do PECP:** com a missão de promover a justiça social nas comunidades assistidas, por meio de ações socialmente responsáveis e fundamentadas em princípios, valores de ética e cidadania, o Programa Einstein na Comunidade de Paraisópolis (PECP) existe desde 1998, oferecendo aos moradores da comunidade atividades relacionadas à saúde e à educação de forma integrada (www.voluntarios.einstein.br).
- **Políticas de Incentivo Educacional**
  - Curso de Formação: pós-doc, doutorado, mestrado, MBA
  - Eventos e Cursos de Atualização: simpósios, congressos, eventos e cursos de atualização – nacionais e internacionais
- **Programas de *Onboarding*:** Institucional e Setorial
- **Programas de Treinamento Admissional:** por grupo profissional
- **Programas de certificação legais e/ou obrigatórios:** organizados em mais de 13 cursos
- **Programa de certificação de habilidades técnicas**
- **Programas de validação e habilitação em urgências e emergências**
- **Programas de estágio e *trainee***
- **Programas de capacitação de mentores, multiplicadores, facilitadores**
- **Programa de mentoria para líderes e médicos**

- **Programa de aprendizagem entre pares**
- **Programas de *on the job trainning***
- **Programas de desenvolvimento de novos e futuros líderes**
- **Programas de capacitação em liderança e gestão**
- **Programas e projetos aceleradores de desenvolvimento**
- **Encontros e eventos nacionais e internacionais**
- **Comunidades de práticas**
- **Trilhas de aprendizagem:** institucional, profissional, setorial e individual – atendendo a todos os profissionais da Instituição, de acordo com o *pipeline* e nível organizacional.

Detalharemos como exemplo o modelo das trilhas de aprendizagem para ilustrar sua composição de forma prática.

Trilhas de aprendizagem Einstein

A elaboração das trilhas de aprendizagem no Einstein foi definida seguindo o modelo de construção baseada em competências e indicadores, metodologia inovadora e estratégias híbridas, gerenciamento de tempo, priorização e efetividade.

O modelo foi definido conforme segmentação a seguir (Figura 1). Seu conteúdo e objetivos educacionais são renovados anualmente ou a cada circunstância para responder à necessidade da instituição.

Figura 1 – Trilhas de aprendizagem

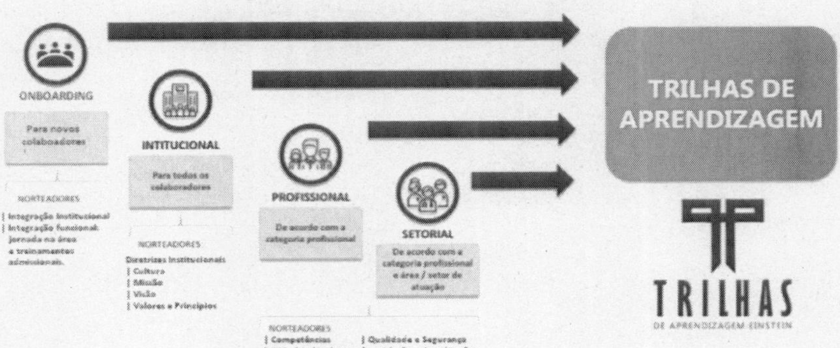

Fonte: interna

Na finalização do ciclo anual, são analisados os resultados para o planejamento de um novo ciclo. O acompanhamento e a análise dos indicadores institucionais são parâmetros para avaliar as trilhas e seu impacto para a instituição e para os profissionais.

Programas de formação interna e externa

Os programas são considerados como uma fonte estratégica de recrutamento, seleção, empregabilidade, ações afirmativas para a diversidade, inclusão e desenvolvimento de profissionais para atender às necessidades das áreas nas quais existem déficits de competências ou estejam em desequilíbrio entre a oferta e a demanda de competências e profissionais.

Estratégias e metodologia de aprendizagem utilizadas no Einstein

Treinamentos presenciais

Todos os programas preconizam a utilização de metodologias ativas de aprendizagem de forma a permitir a aprendizagem prática e experiencial, atendendo a objetivos educacionais e transferência do aprendizado para o contexto. Podemos destacar algumas modalidades presenciais e/ou híbridas: ensino baseado em problemas (PBL), aprendizagem baseada em equipes (TBL), aprendizagem baseada em jogos, simulação realística, mapas mentais, aprendizagem entre pares, *one minute paper*, *role play*, *Corners*, *Escape room*, gamificação, estações práticas, entre outras.

Aprendizagem mediada por tecnologia

A aprendizagem mediada por tecnologia é utilizada desde 2013 no Einstein.

Alguns exemplos das estratégias utilizadas:

- **Microlearning e do Aprendizado Just-in-time**
- **Gameficação:** *Game* virtual construído de forma integrada com a equipe do SCIH (Serviço de Controle de Infecção

Hospitalar) e Ensino Digital, como parte da campanha de higiene de mãos da instituição e que teve como objetivo resgatar os principais conceitos e práticas de prevenção e controle de infecção, como a higiene das mãos de forma colaborativa, interativa e motivadora

- **Validação de procedimento prático por vídeo: Utilização de câmera GoPro**
- **Telessimulação**

As metodologias são utilizadas para os diferentes públicos e objetivos educacionais para o desenvolvimento e treinamento das habilidades técnicas e/ou socioemocionais. Todos eles aplicando aprendizado integrado ao trabalho.

Plataformas e canais de aprendizagem

- LMS | Portal de Gestão de Pessoas
- Aplicativo Sou Einstein
- Rede Social Interna
- Assistente Virtual: Tina
- TV Corporativa
- Comunidade de Práticas
- Assistente e Serviço de voz Alexa (Amazon) para interação e treinamentos pré-auditorias

Os canais também são estruturados de forma a atender às necessidades externas dos profissionais de saúde, nos cursos abertos e gratuitos, nos programas de formação e atualização e nas soluções corporativas, ofertadas por meio de um portfólio do Ensino Einstein. Consolidando, assim, a missão e um dos pilares estratégicos do Einstein.

A estratégia de dados e *analytics* aplicadas à educação corporativa

Na Era *Analytics*, os dados têm apoiado o entendimento do cenário a partir de sua **coleta, estruturação e análise para melhorar a tomada de decisão**, antecipando demandas e impactos, com o propósito de agregar valor à instituição. Seja para o especialista responsável pela gestão dos dados, seja para um líder da equipe, os dados são fontes para a tomada de decisão.

A incorporação da análise dos dados de capacitação e a estruturação de *dashboards* ágeis, publicados diariamente para munir as lideranças com informações, subsidiar a tomada de decisão, nortear e antecipar novas ações na capacitação.

O papel da liderança no desenvolvimento e capacitação das equipes

A liderança por sua vez é envolvida no processo de aprendizado organizacional por meio de mecanismos e ferramentas que apoiem a gestão e o acompanhamento das informações, como, por exemplo, alvos de qualificação das equipes acordados em seu plano de metas individual: adesão às trilhas, indicação e desenvolvimento de até três sucessores para as posições-chave, porcentagem de aproveitamento interno, atributos de satisfação com a liderança, além de participação em comitês para discussão contínua do plano de desenvolvimento organizacional por diretoria e grupos profissionais. Os líderes também atuam de forma ativa em iniciativas de compartilhamento de práticas setoriais, sendo embaixadores e facilitadores em suas áreas de atividades para o fortalecimento da cultura de aprendizagem pelas equipes, como, por exemplo, horário protegido para a participação nas iniciativas.

Os programas em sua maioria contam com profissionais e líderes como especialistas, referências e/ou *stakeholder* dos temas-chave, gerando forte impacto para o engajamento dos times.

Impactos e principais desafios em decorrência da pandemia ou tendências antecipadas?

O cenário da pandemia desafiou as organizações nos diferentes segmentos. Dentro do contexto da gestão de pessoas, as demandas antecipadas e emergentes foram inúmeras, mas nos concentraremos nas questões relacionadas à educação corporativa e à aprendizagem para destacar algumas reflexões sobre os desafios, aprendizados e, por que não?, tendências antecipadas:

- **do presencial para o *on-line*:** neste caso, além da tecnologia, por uma necessidade de medida de segurança por meio do isolamento e distanciamento social;
- **aquisição de novos conhecimentos e competências:** cenário mutável com atualizações constantes e aceleradas do conhecimento e competências para a aquisição pelos profissionais. Aliás, novos conhecimentos, sem precedentes. Podemos afirmar que 100% da força de trabalho passou pela tendência do *up skilling e reskilling*;
- **experiência de aprendizagem centrada no contexto e no usuário;**
- **integração de diferentes metodologias e estratégias de aprendizagem;**
- **déficit de profissionais qualificados** em algumas áreas, exigindo revisão da jornada de *onboarding*, treinamento admissional e práticas supervisionadas à beira leito;
- **trabalho remoto**: aculturamento, treinamento das equipes e lideranças na modalidade remota;
- **saúde mental, equilíbrio e bem-estar:** soluções e programas de suporte, sensibilização e treinamento para manejo e gestão das emoções;
- **evitar a sobrecarga cognitiva dos profissionais:** "nem tudo se resolve com treinamento";
- ***mindset* ágil e equipes matriciais**, revisitando estilo de liderança, organização por missões-chave e trabalho colaborativo. No Einstein, reforçamos o modelo de *backup* entre as equipes, já que havia o risco de contaminação e afastamento.

Foi realizada uma matriz de "sucessão e cobertura" para as posições, de forma a garantir a cobertura e o atendimento das demandas.

De fato, acreditamos que muitos aprendizados ocorreram e confirmam que muito do que conhecíamos e estava em curso em nossas práticas favoreceu para sermos ágeis e adaptativos na resposta ao cenário que se apresentava. É possível afirmar também que a pandemia colocou todos à prova daquilo que se mostrava em pesquisas, tendências e futurologia e que já estavam na "agenda" das discussões sobre Educação Corporativa. A reflexão que fica é o que podemos nomear do que experimentamos, aplicamos no enfrentamento à pandemia e que confirma a relevância estratégica da Educação Corporativa.

4.2 Escola Corporativa Fiocruz – uma estratégia para fortalecer a aprendizagem em rede

Ana Paula Bernardo Mendonça, Carla Xavier dos Santos Kaufmann, José Vincent Payá Neto, Luiz Antonio de Assis Ferreira

Fiocruz: uma instituição centenária a serviço da sociedade

A Fundação Oswaldo Cruz (Fiocruz) é uma instituição de ciência, tecnologia e inovação em saúde ligada ao Ministério da Saúde (MS). Tem como objetivos produzir, disseminar e compartilhar conhecimentos e tecnologias voltados para o "fortalecimento e a consolidação do Sistema Único de Saúde (SUS) que contribuam para a melhoria da saúde e da qualidade de vida da população brasileira, para a redução das desigualdades sociais e para a dinâmica nacional de inovação" (FIOCRUZ, 2017).

A Fiocruz, presente em dez estados e no Distrito Federal, possui um importante papel de enfrentamento dos desafios da saúde pública brasileira e busca dar respostas a problemas de saúde em caráter nacional e internacional. Sua atuação na pandemia da Covid-19, com importantes resultados para a sociedade, foi possível graças à ampliação do papel estratégico e às competências acumuladas ao longo dos seus 122 anos, que formaram sua base científica, tecnológica e de inovação. Foram 186 mil doses de vacinas entregues, transferência de tecnologia para a produção do IFA nacional, testes RT-PCR, além de construir e operar, em 50 dias, a segunda maior UTI dedicada à Covid, que permanecerá como legado para o SUS.

É considerada uma organização pluralística, ou seja, identificada como tendo poder difuso, múltiplos objetivos e processos de trabalho baseados em conhecimento. Outra característica marcante nesse tipo de organização, de um modo geral, é responder a diferentes organismos regulatórios e sofrer com a existência de interesses de múltiplos *stakeholders*. Como consequência, há instituições em que a coesão e a integração é difícil de ser alcançada (BERNARDES; FERREIRA; KAUFMANN; FERREIRA, 2020). Em sua obra, Mintzberg (1989) classifica essas organizações como burocracias profissionais e adhocracias, e cita como exemplo hospitais, universidades, agências sociais. Seguindo esse conceito, a Fiocruz pode ser caracterizada como uma adhocracia ou uma instituição pluralística na medida em que possui unidades hospitalares, escolas, fábricas, além de ter um trabalho muito especializado e baseado em conhecimento, bem como responder a diferentes organismos regulatórios e possuir uma gestão participativa e democrática.

É importante observar que "a gestão de organizações pluralistas deve se compor com diferentes desafios: suas estruturas são altamente descentralizadas, preponderando mecanismos de gestão coletiva; a coordenação do trabalho especializado é espontânea; o engajamento com o resultado estratégico é fraco; e a liderança acaba por exercer papel mais de fronteira do que de autoridade" (BERNARDES et al., 2020). Em função dessas características, torna-se difícil o engajamento das pessoas para a busca de resultados estratégicos coletivos. Esses mesmos autores afirmam que em organizações pluralísticas não se pode saber efetivamente como as ações de aprendizagem podem contribuir para aumentar o alinhamento e potencializar a integração em torno de um objetivo comum.

Contexto e histórico de implantação

É no ambiente desafiador apresentado acima que, em outubro de 2015, nasce a Escola Corporativa Fiocruz (ECF), parte de um movimento institucional que percebeu a importância de atingir, na gestão, o mesmo nível de excelência das demais áreas da Fundação. Nesse contexto, a inovação na gestão ganhava força na Fiocruz, sendo um dos eixos de base de seu mapa estratégico.

Apesar dos esforços e investimentos para a capacitação mais estratégica e, portanto, mais efetiva, a cultura da instituição ainda estava muito focada na capacitação como oferta de cursos e participações em congressos e seminários. Duas questões chamaram a atenção: a otimização e priorização de investimentos em capacitação e a disseminação dos conhecimentos gerados no nível individual para os níveis das equipes e da instituição. Sendo assim, foi reconhecida a necessidade na mudança de uma lógica de capacitação voltada para treinamentos para a estruturação de um sistema de educação corporativa capaz de promover um processo contínuo de desenvolvimento de competências e conhecimentos críticos ao desenvolvimento institucional (EBOLI, 2014).

Dessa forma, a Implantação da Escola Corporativa Fiocruz foi elencada pela presidência da Fiocruz como um de seus projetos estratégicos a ser coordenado e monitorado pela Vice-presidência de Gestão e Desenvolvimento Institucional (VPGDI), seguindo o modelo de implantação de projetos do PMI.

Foram mobilizados um grupo de trabalho e investimentos para a geração de conhecimentos nesse campo, com ações de *benchmarking*, grupos de estudo e desenvolvimento de pesquisas em nível *lato* e *stricto sensu*.

A ECF se constitui em uma estratégia para a formação de uma rede de aprendizagem que promova a produção, o compartilhamento e a disseminação de conhecimentos e experiências alinhadas ao desenvolvimento institucional. Sua missão é "oferecer ações educacionais para o desenvolvimento dos talentos humanos e das competências organizacionais, promovendo a geração, assimilação, difusão e aplicação do conhecimento por meio de um processo de aprendizagem ativa e contínua, e gerando resultados", e tem como visão "ser reconhecida pelos dirigentes e trabalhadores da Fiocruz como o principal dispositivo organizacional para dar suporte às estratégias da instituição e promover o crescimento e a valorização profissional dos seus servidores" (ESCOLA CORPORATIVA, 2015).

As atribuições da ECF são: desenvolver programas e práticas educacionais contínuas no plano corporativo que potencializem a realização do plano estratégico da Fiocruz; promover a difusão e a apropriação dos conhecimentos gerados nas práticas de educação corporativa que favoreçam o aprendizado organizacional e promovam a aplicação de soluções conjuntas; coordenar, monitorar e avaliar os planos de capacitação das unidades direcionados ao desenvolvimento das competências necessárias à estratégia organizacional; e realizar consultoria interna para projetos de intervenção na área de desenvolvimento de pessoas.

Modelo estratégico

Na estrutura organizacional, a ECF está ligada à Coordenação--Geral de Gestão de Pessoas (Cogepe). Suas diretrizes são definidas em articulação com a VPGDI e a Vice-presidência de Educação, Informação e Educação (VPEIC). A direção da Escola é exercida por servidor do nível 3 em uma escala de cargos que contempla seis níveis. Tem assento em instâncias decisórias como a Câmara Técnica de Educação e a Câmara Técnica de Gestão e Desenvolvimento Institucional e o Coletivo de Dirigentes da unidade a qual está ligada.

Como direcionadores, foram definidos em seu projeto o Modelo de Gestão de Conhecimento, o Modelo Tecnológico e o Modelo de Avaliação de resultados apresentados a seguir.

Modelo de gestão do conhecimento

O Modelo se expressa em uma arquitetura para a aprendizagem em rede. Tem como premissa a aprendizagem conectada para além da sala de aula, que integre o ambiente de trabalho e as diversas áreas da instituição, além de "atores externos e internos envolvidos nas experiências de gestão da Fiocruz, como instituições e profissionais parceiros, professores, líderes e aprendizes num ambiente de colaboração e troca de experiências" (ESCOLA CORPORATIVA, 2015).

O *input* para toda a dinâmica desse modelo é, em primeira instância, o Plano Estratégico da Fiocruz, e, em segunda, o Sistema de RH da Fiocruz, que estabelecem as diretrizes para o desenvolvimento das competências organizacionais. O *output* gerado pela dinâmica do modelo deverá ser o conhecimento aplicado, gerando novas tecnologias e inovações para o desenvolvimento institucional, além do desenvolvimento dos servidores em suas carreiras. Esses resultados devem retroalimentar tanto a concepção de futuros planos estratégicos da Fiocruz como o planejamento de RH da instituição.

O modelo de arquitetura de aprendizagem em rede contempla três dimensões de redes: a primeira e maior dimensão, a Rede Social da Gestão, integra as duas seguintes. É uma dimensão macro, composta por instituições e atores organizados em estruturas de gestão. A segunda dimensão, a Rede de Conteúdos, representa o compartilhamento de conhecimento e recursos educacionais que serão disponibilizados no Portal da Escola Corporativa e nos repositórios institucionais, entre outros. A terceira dimensão representa a Rede de Ambientes Aprendizes, composta por todos os espaços de aprendizagem: sala de aula presencial/*on-line*, fóruns, rede de práticas, *wikis*, entre outros.

Modelo tecnológico

O modelo tecnológico em rede da ECF está integrado ao *Campus* Virtual Fiocruz (CVF)[1], uma iniciativa da VPEIC, que reúne todas as informações sobre as iniciativas de ensino e oferece as plataformas e suporte tecnológico para toda a instituição. Além de promover o uso comum de ferramentas tecnológicas, oferece um conjunto de diretrizes e especificações capazes de promover a ampliação do fluxo de informações e a democratização do conhecimento gerado no âmbito da ECF para toda a Fiocruz, redes parceiras e para a sociedade, por meio de um modelo compartilhado para a participação e o compartilhamento dos cursos e materiais educacionais em acesso aberto.

As funcionalidades e ferramentas que compreendem o modelo tecnológico inovador da ECF possuem ampla cobertura de tecnologia da informação, comunicação e para a gestão do conhecimento. O modelo utiliza recursos institucionais já estabelecidos na Fiocruz, assim como suporte de infraestrutura de nuvem, sistemas e suporte tecnológico e para usuários, o que representa significativa economia de recursos. Um trabalho colaborativo e em rede representado pelos seus produtos: Portal da Escola Corporativa[2], Ambientes Virtuais de Aprendizagem[3], Repositórios do Conhecimento (Arca[4] e Educare[5]), Sistema de Gestão de Cursos EAD e Infraestrutura física, conforme demonstrados no esquema da Figura 1, a seguir.

1 https://campusvirtual.fiocruz.br/
2 http://escolacorporativa.fiocruz.br
3 http://cursos.campusvirtual.fiocruz.br
4 http://arca.fiocruz.br
5 http://educare.fiocruz.br

Figura 1: Modelo Tecnológico em rede

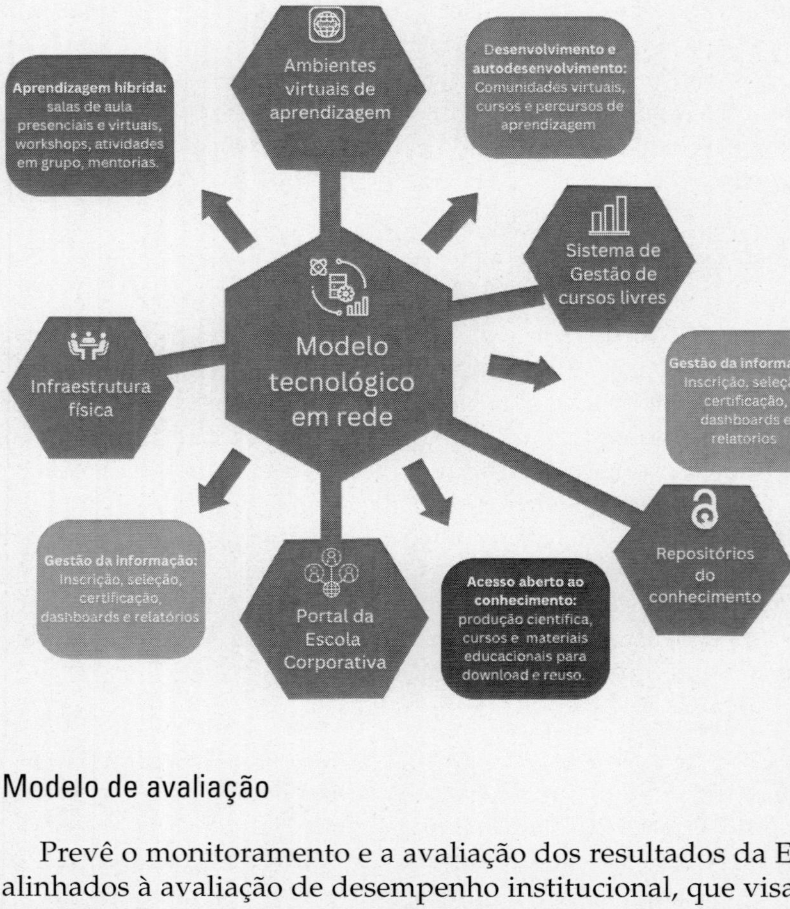

Modelo de avaliação

Prevê o monitoramento e a avaliação dos resultados da ECF, alinhados à avaliação de desempenho institucional, que visa ao acompanhamento sistemático do desempenho das unidades da instituição. Sendo assim, algumas ações sob a responsabilidade da ECF compõem a cesta de indicadores, metas e respectivas pontuações da avaliação institucional.

Modelo de competências

O desenvolvimento de competências ocorre por meio da aprendizagem que engloba a aquisição de conhecimentos, habilidades e atitudes. A aprendizagem pode ser definida como uma mudança relativamente duradoura na capacidade ou no comportamento da pessoa, transferível para novas situações com as quais ela se depara (POZO, 2002, *apud* BRANDÃO; BORGES-ANDRADE;

GUIMARÃES, 2012). Constitui o processo pelo qual se desenvolve a competência, enquanto a expressão de competências representa uma manifestação daquilo que a pessoa aprendeu (FREITAS; BRANDÃO, 2006, *apud* BRANDÃO; BORGES-ANDRADE; GUIMARÃES, 2012).

Os programas da ECF têm como elementos fundamentais as competências (conhecimento e comportamentos) necessárias para o alcance dos objetivos estratégicos e são compostos por um conjunto de projetos e ações de Educação Corporativa. Adotamos o entendimento de que a expressão das competências se dá em três níveis: nível organizacional, nível coletivo e nível individual. Os programas desenvolvidos pela ECF buscam atuar no nível coletivo e individual.

Estrutura

Atualmente, a ECF adota uma estrutura matricial como forma de ganhar agilidade e otimizar recursos para o desenvolvimento e a implementação dos Programas de Desenvolvimento de Pessoas (PDP).

A ECF está organizada pela lógica de programas: Programa de Desenvolvimento Gerencial (PDG), Programa de Desenvolvimento Individual (PDI) e Programa de Desenvolvimento de Pessoas (PDP), que são constituídos por um conjunto de projetos e ações. O PDG tem como objetivo atender a necessidades de desenvolvimento dos gestores nas competências gerenciais definidas para o alcance dos objetivos estratégicos da organização. O PDI tem como objetivo atender a necessidades específicas de desenvolvimento individual do servidor em função de objetivos institucionais. O PDP tem como objetivo a capacitação dos servidores da Fiocruz nos conhecimentos necessários para o alcance dos objetivos estratégicos da organização. Na Figura 2, a seguir, é demonstrado o processo de desenvolvimento de competências adotado pela ECF.

Figura 2: Processo de desenvolvimento de competências

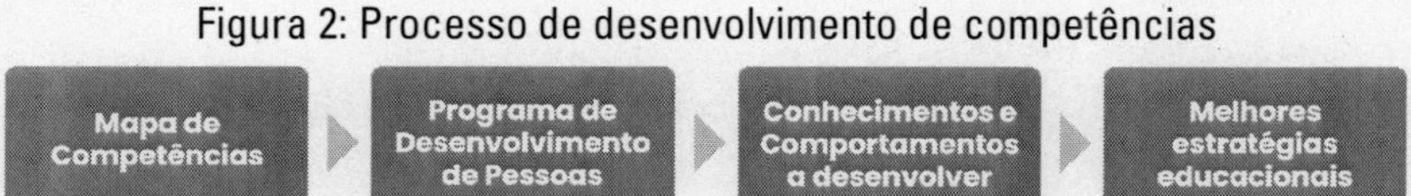

Evolução e desafios: caminhos em constante construção

Desde a sua criação, a ECF se apresenta como um conjunto de programas, com projetos e ações que contemplam diversas soluções na área de Educação Corporativa na direção de um modelo de desenvolvimento de pessoas que esteja alinhado com o desenvolvimento institucional. A ECF se volta para o desenvolvimento de ambientes de aprendizagem presenciais e virtuais que possam também ser espaços de compartilhamento do conhecimento gerado nesse processo.

Os programas são desenvolvidos com o objetivo de contribuir para o desenvolvimento técnico e comportamental das áreas, para a mudança cultural e para o fortalecimento da rede de conhecimento, integrando profissionais das unidades da Fiocruz e identificando possíveis multiplicadores que contribuam com a disseminação de conhecimento.

Na execução de seus programas/projetos, a ECF considera tanto as parcerias internas, com as próprias Unidades da Fiocruz que desenvolvem seus programas de ensino, quanto com instituições externas, como universidades e empresas com tradição na elaboração de programas de Educação Corporativa. As parcerias firmadas com instituições de educação formal para o desenvolvimento de ações de formação *lato* e *stricto sensu* possuem o objetivo de desenvolver competências críticas para o desenvolvimento da carreira dos servidores, de forma alinhada ao desenvolvimento institucional. Em 2021, foram 76 participantes, sendo cinco em mestrados e 71 em doutorados.

A pandemia da Covid-19 apresentou desafios para a continuidade das ações da Escola. Diante da impossibilidade do uso de estratégias prioritariamente presenciais, tornaram-se necessárias a adoção do ensino remoto emergencial e a ampliação das ofertas na modalidade a distância, incorporando iniciativas inovadoras, como os MOOC (cursos *on-line* abertos e massivos), *microlearning* e formação modular. Com o auxílio de plataformas digitais, criou-se a metodologia de Percursos de Aprendizagens (PA), incorporada como uma das ações dos PDP desenvolvidos pela ECF, que funcionam como caminhos constituídos de várias opções de aprendizagem híbrida que objetivam o desenvolvimento em um tema. Diante do contexto da pandemia, os PAs apresentam oportunidades de autodesenvolvimento pessoal, por meio de atividades assíncronas e de desenvolvimento pessoal, com ações síncronas que podem ser realizadas remota ou presencialmente. O desenvolvimento pessoal envolve estratégias de aprendizagem coletivas (presenciais, remotas ou híbridas), tais como palestras, cursos internos, cursos *in company*, webinários, oficinas, mesas de debate, entre outros. O autodesenvolvimento visa complementar as ações de desenvolvimento e envolve estratégias de aprendizagem individuais, tais como indicação de vídeos, cursos autoinstrucionais, indicação de livros e textos, entre outras. Em 2021, as ações da Escola apresentaram um aumento de 12,7% no número de participantes em relação ao período pré-pandemia, demonstrando que as ações empreendidas se mostraram eficazes. Atualmente, a ECF desenvolve o tema Transformação Digital composto por quatro PA no âmbito do PDP do Sistema Integrado de Planejamento. No âmbito do Programa de Desenvolvimento Gerencial (PDG), foi criado o PA com o tema Comunicação.

No processo de autodesenvolvimento, a ECF procura concentrar esforços no desenvolvimento de ações a distância, customizadas para a realidade da instituição. Nesse sentido, como parte do PDG, há a implementação da série com dois cursos MOOC *Os Desafios da Liderança*. Há também desenvolvimento e implementação do primeiro curso desenhado com a metodologia *microlearning*, o curso *Introdução à Integridade de Dados*, com videoaulas curtas, atividades interativas e um estudo de caso para fixação e verificação dos conhecimentos, e a formação modular *Aplicação da Integridade de Dados na Pesquisa Científica*[6].

De 2016 a 2020, a ECF contou com 4.680 participações em suas ações. Em 2021, com sete PDP ativos, contou com um total de 60 ações de desenvolvimento, 1.843 participações e 1.056 trabalhadores capacitados nas ações síncronas, ofertadas de forma remota. Nas ações de autodesenvolvimento, contamos com 479 inscritos (Figura 3). Vale ressaltar que, em seu projeto inicial, o número estimado de profissionais capacitados por ano era de 500.

---

6 Cursos | *Campus* Virtual Fiocruz

Figura 3: Participação nas ações

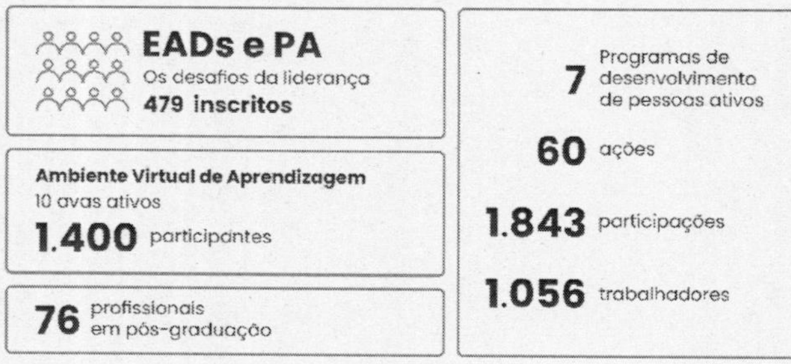

O processo de mensuração de resultados ainda é um desafio para grande parte das Escolas Corporativas, sejam estas públicas, sejam privadas, conforme apontado na *Pesquisa Nacional Práticas e Resultados da Educação Corporativa*, realizada pela Fundação Instituto de Administração (FIA) (SIECB, 2018). Este é também um desafio para a ECF, para que possa mensurar os resultados de sua prática em alinhamento à sua missão, visão e diretrizes. Os indicadores de resultado praticados atualmente, embora alinhados à avaliação de desempenho institucional, ainda são muito tradicionais, mais voltados para avaliações quantitativas. Nesse sentido, a ECF faz investimentos no processo de qualificação de seus profissionais para a geração de conhecimentos que possam contribuir na superação desse desafio. De forma ainda experimental, há a elaboração de instrumentos customizados para a aplicação no âmbito de alguns dos programas. O primeiro esforço no sentido de mensurar os resultados e a aplicabilidade foi realizado junto aos participantes do PDG por meio de um questionário estruturado, aplicado oito meses após a conclusão de um ciclo de desenvolvimento e respondido por 66% dos participantes. O questionário procurou verificar o impacto da capacitação no exercício da liderança. Das cinco perguntas abertas, emergiram quatro categorias de análise: gestão e planejamento, liderança, visão sistêmica e comunicação (BERNARDES; FERREIRA; KAUFMANN; FERREIRA, 2020).

O processo de comunicação também tem sido foco de investimentos. Temos buscado aprimorar esse processo a cada dia. Desde 2021, com o crescimento impulsionado pelo modelo do trabalho remoto na pandemia, foi constituída uma equipe dedicada exclusivamente aos projetos da ECF. A comunicação prioriza a divulgação e a sensibilização dos trabalhadores para as ações de desenvolvimento, sejam elas cursos, oficinas, sejam elas palestras ou percursos de aprendizagem. Também atua na disseminação da educação corporativa e da cultura da aprendizagem. Há muito para avançar. Em uma época com excesso de informação, é preciso investir na comunicação assertiva.

A área de Soluções Educacionais, prevista desde a implantação da ECF, também foi estruturada no período da pandemia para acompanhar a crescente demanda. Hoje, conta com uma coordenação e uma equipe multidisciplinar dedicada integralmente. Com isso, a ECF ganhou mais autonomia, maior capacidade de customização das ações e de inovação no uso das tecnologias educacionais. Temos como grande desafio para essa área o uso sistemático nas soluções de metodologias ativas e a incorporação de tecnologias para proporcionar soluções educacionais cada vez mais híbridas, assim como ampliar as oportunidades de aprendizagem móvel, a acessibilidade dos materiais educacionais e a análise de dados de aprendizagem dessas soluções.

Como maior desafio, a ECF, alinhada à sua missão, visão e valores, deve desenhar e implementar programas capazes de contribuir para a instituição, alçada a um novo patamar após sua atuação na pandemia. A preparação de líderes e da força de trabalho da Fiocruz é peça-chave para a construção da Fiocruz do futuro, capaz de dar respostas rápidas à sociedade em emergências.

Referências bibliográgicas

BERNARDES, M. E. B.; FERREIRA, L. A. A.; KAUFMANN, C. X. S; FERREIRA, V. Alinhamento estratégico em contexto pluralista: Impactos da capacitação de lideranças da Fiocruz. *E&G Economia e Gestão*, Belo Horizonte, v. 20, n. 57, set./dez. 2020.

BRANDÃO, H. P.; BORGES-ANDRADE, J. E.; GUIMARÃES, T. de A. Desempenho organizacional e suas relações com competências gerenciais, suporte organizacional e treinamento. *Revista de Administração*, São Paulo, v. 47, n. 4, p. 523-539, out./nov./dez. 2012.

EBOLI, M. (Org.). *Educação corporativa*: Muitos olhares. São Paulo: Atlas, 2014.

FIOCRUZ. Escola Corporativa Fiocruz. 2015. Disponível em: http://escolacorporativa.fiocruz.br/. Acesso em: 23 jun. 2022.

______. *Relatório de gestão 2016*. Rio de Janeiro: Cogeplan/Fiocruz, 2017. Disponível em: https://portal.fiocruz.br/sites/portal.fiocruz.br/files/documentos/relatorio_de_gestao_2016_fiocruz.pdf. Acesso em: 16 jun. 2022.

______. *Relatório de balanço de gestão 2020/2022*: Atuação da Fiocruz na pandemia da Covid-19. Rio de Janeiro: Cogeplan/Fiocruz, 2022. Disponível em: https://portal.fiocruz.br/documento/balanco-de-gestao-2020-2022-atuacao-da--fiocruz-na-pandemia-de-covid19. Acesso em 16 de junho de 2022.

______. *Relatório de gestão 2021*. Rio de Janeiro: Cogeplan/Fiocruz, 2022. Disponível em: https://portal.fiocruz.br/documento/relatorio-de-gestao-2021. Acesso em: 16 jun. 2022.

MINTZBERG, H. *Mintzberg on management*: Inside our strange world of organizations. New York and London: Free Press/Collier Macmillan, 1989.

SIMPÓSIO INTERNACIONAL DE EDUCAÇÃO CORPORATIVA NO BRASIL – SIECB, 4., 2018, São Paulo. *Anais*... São Paulo: FEAUSP, 2018.

4.3 Hamburger University – Fome de aprendizagem: a receita de educação corporativa da Hamburger University

Josane Simplicio Julião

Educação corporativa está no DNA da Arcos Dorados. A preocupação constante com a evolução pessoal e profissional de nossos colaboradores vem, em primeiro lugar, da própria escala de operação da empresa, responsável pelas unidades do McDonald's em 20 países da América Latina e Caribe. São mais de 2.200 restaurantes e cerca de 80 mil funcionários em toda a região.

Mas o foco na educação corporativa tem a ver, principalmente, com o perfil único de nossos colaboradores: a Arcos Dorados é a maior empregadora formal de jovens em todo o subcontinente. Cerca de 60% de nossos colaboradores têm até 24 anos, e milhares desses profissionais tiveram seu primeiro emprego na companhia. Logo, a valorização, a capacitação e o desenvolvimento dos jovens tornou-se um dos principais pilares estratégicos do nosso negócio e da nossa cultura corporativa.

Apostamos no desenvolvimento dos nossos talentos e na formação de novas lideranças, promovendo um ambiente de trabalho seguro, inclusivo, diverso e respeitoso para que as pessoas sejam capazes de alcançar seu máximo potencial.

A Hamburger University (HU) é um dos principais meios para a concretização desse propósito. Fundada em 1961, a tradicional universidade corporativa do McDonald's é uma iniciativa global, presente hoje em oito países. A unidade gerida pela Arcos Dorados, voltada ao público latino-americano, existe há mais de 25 anos, com sede em São Paulo (SP), e dedica-se a inspirar cada pessoa a se tornar sua melhor versão.

Com atuação global focada no desenvolvimento das pessoas como um facilitador da estratégia do negócio, a Hamburger University São Paulo tem a missão de ser o polo de cultura organizacional da companhia, realizando um processo contínuo de formação à cadeia de valor, capaz de transformar conhecimento em resultados para o negócio.

A universidade corporativa não se limita à sede física na capital paulista ou à sua plataforma de aprendizagem digital (MCampus). Na verdade, seu modelo descentralizado integra uma rede de ambientes educacionais, a começar pelos próprios restaurantes, nos quais ocorrem treinamentos *on the job*. Temos também Centros de Formação Acadêmica (CFAs), que são extensões ou "filiais" da HU nos demais países latino-americanos e caribenhos, além de uma rede social interna (GoMc) e da MCampus Comunidade, plataforma educacional aberta à comunidade externa.

Em todos esses casos, o princípio estruturante da HU é a ideia de formação continuada, com base em metodologias e práticas reconhecidas mundialmente na área de educação corporativa. Estimulamos o aperfeiçoamento pessoal e profissional de cada um, sempre agregando valor ao trabalho dos profissionais, o que, por sua vez, reverte-se em melhores resultados para a empresa.

Esse modo de encarar a educação corporativa pode ser organizado em alguns conceitos-chave, *drivers* estratégicos que funcionam como norteadores da nossa arquitetura de aprendizagem: *Growth Mindset*, o incentivo para que cada colaborador se engaje nos desafios de crescimento do negócio como um todo; *User Centricity*, o protagonismo do estudante em seu processo de evolução; Agilidade, com uma aprendizagem em rede, colaborativa, construída em conjunto; e Facilitação, isto é, não oferecer todas as respostas, mas melhorar a qualidade das dúvidas apresentadas pelos estudantes. Com base nesses pilares, o processo de aprendizagem pode ocorrer por quatro caminhos:

1. integração institucional: cursos voltados a novos colaboradores, permitindo que eles conheçam a cultura da empresa e sua forma de organização;
2. integração funcional: também destinada a novos colaboradores, mas voltada a preencher eventuais lacunas de aprendizagem, provendo conhecimentos básicos que os ajudarão a desempenhar funções no dia a dia;
3. cursos requeridos: formação técnica necessária ao desempenho de um cargo ou função específica (por exemplo, treinamento sobre Segurança do Alimento);
4. programas de aperfeiçoamento: ações educativas personalizadas, oferecidas de acordo com as necessidades individuais, devidamente mapeadas, de cada colaborador.

A oferta acadêmica é democrática, incluindo todos os colaboradores. Ela está agrupada por competências e distribuída em cinco escolas de aprendizagem:

1. Excelência operacional: competências *core* de operações e gestão dos restaurantes;
2. Liderança: competências comportamentais e de gestão de pessoas;
3. Negócio: competências técnicas e/ou funcionais para disciplinas de suporte;
4. Desenvolvimento e Inovação: competências de longo prazo para a expansão da marca e o futuro do sistema;
5. *Digital Academy*: desenvolvimento e fortalecimento da cultura digital.

O modelo de governança da HU inclui a participação de membros da liderança estratégica atuando como *sponsors* das escolas. Eles são responsáveis por oferecer uma visão sistêmica da organização e ajudar a priorizar as ações da UC. Contamos ainda com Especialistas Internos e Externos, que atuam frente a questões técnicas da produção de conteúdo, com Líderes de Operações, Treinamento e Recursos Humanos, responsáveis pela conexão entre as necessidades dos colaboradores e do negócio e, finalmente, com o que chamamos de Super Facilitadores, responsáveis por implementar as ações de aprendizagem internamente, atuando como embaixadores da Hamburger University.

Com base nesse modelo de educação e gestão, a HU ofereceu em apenas um ano mais de 370 mil horas de cursos de formação para colaboradores de diferentes níveis, de acordo com os dados consolidados mais recentes, de 2020. Foram também dois milhões de horas de treinamento *on the job*.

Mesmo com todo esse *know-how* em capacitação profissional, a pandemia foi um momento extremamente desafiador para a HU, que precisou rever conceitos, reorganizar a estrutura de conteúdos de seus cursos e dar uma ênfase inédita ao ensino a distância.

O processo de transformação digital já era uma realidade na Arcos Dorados no momento da chegada da pandemia, mas ele precisou ser rapidamente acelerado para adaptar a empresa ao "novo normal". Consequentemente, nossos colaboradores precisaram se familiarizar com novas ferramentas e desenvolver novas habilidades. Pensemos aqui na digitalização de processos administrativos internos ou, principalmente, na mudança da dinâmica de relacionamento com os clientes — antes, no caixa e no salão do restaurante; depois da pandemia, focada mais no *Delivery* e no *Drive-Thru*.

Foi preciso desenvolver também novas competências socioemocionais para lidar com o distanciamento social e a nova rotina de trabalho. Essas habilidades, ligadas à comunicação e ao trabalho em equipe, também foram essenciais para que a empresa pudesse assimilar as mudanças constantes de regulamentação do setor, que foram acompanhando o agravamento ou abrandamento da situação sanitária do país.

A HU foi essencial para superar esses desafios por meio de um conjunto de ações concretas, a começar pela implementação de um programa de gerenciamento de crises. Toda a equipe de gerência dos restaurantes McDonald's no Brasil recebeu um treinamento para lidar com possíveis cenários críticos, tendo por base, entre outras coisas, a chamada Regra dos 3 Cs (Cuidado, Controle, Compromisso).

O *core curriculum* da HU também foi alterado para contemplar as novas necessidades impostas pela pandemia. Os programas de formação em gestão de restaurantes, por exemplo, passaram a contar com a modalidade 100% virtual, o que permitiu graduar 14 mil novos gerentes entre 2020 e 2021. Além de ter viabilizado a retomada da formação desses profissionais em todos os países latino-americanos, o novo modelo ofereceu uma série de vantagens adicionais: otimização no tempo de deslocamento, economia em custos de viagem e hospedagem, possibilidade de atualização imediata de temas do treinamento e assim por diante.

Durante a pandemia, a Arcos Dorados lançou também o projeto *HU Sessions*, uma série de *webinars* nos quais especialistas, de dentro e de fora da empresa, debateram temas como inteligência emocional, diversidade e inclusão, finanças, sustentabilidade e muito mais. Essa é mais uma ação que nasceu como parte de um plano de contingência, frente à crise da Covid-19, mas acabou incorporada à nossa cultura corporativa, ganhando caráter permanente.

Preocupada em ajudar a democratizar o acesso ao conhecimento durante o período de isolamento social, a HU montou a plataforma *Agile Learning*, com minicursos interativos de até 30 minutos, com entrega de certificado, sobre temas variados, como gestão de negócios, transformação digital, finanças pessoais, saúde e bem-estar. Do início da pandemia até o ano passado, mais de 150 mil pessoas fizeram ao menos um curso dessa plataforma.

Mas talvez o principal marco da HU nesse período tenha sido o lançamento, em 2020, de uma *Digital Academy* em parceria com a renomada empresa de consultoria McKinsey. A *Digital Academy* da HU tem sido peça-chave no processo de transformação digital da Arcos Dorados, mirando, inclusive, o cenário pós-pandemia. Voltadas aos nossos líderes estratégicos, as ações da *Digital Academy* buscam traduzir as principais tendências digitais do mercado de alimentação global e dos QSR (*quick service restaurants*), oferecendo capacitação em temas como *agile mindset*, *data driven*, *UX*, entre outros.

Mais amplamente, a HU tem sido fundamental não apenas para o processo de adaptação dos colaboradores da Arcos Dorados à nova rotina de trabalho. Nos últimos anos, ela também vem ajudando a consolidar valores fundamentais da empresa, como a promoção da diversidade e a rejeição veemente a qualquer forma de discriminação. São esses valores que permitem construir um ambiente de trabalho cada vez mais seguro, respeitoso, inclusivo e diverso.

Na Arcos Dorados, promovemos a expressão pessoal livre e autêntica, como previsto pelo programa Cooltura de Serviço, criado em 2016 para incentivar que as pessoas sejam quem realmente são, com seus gostos, escolhas e individualidades. Para seguir avançando nesse propósito e reforçar nossos compromissos de Diversidade & Inclusão, contamos também com o Comitê SOMOS, que promove, entre outras coisas, ações educativas junto à HU ligadas à temática da diversidade, além de garantir que todas as atividades de aprendizagem da Universidade sejam marcadas por esses saberes transversais.

Cabe destacar algumas das iniciativas recentes ligadas a essa temática:

1. Curso *Derrubando Mitos sobre a Diversidade* (ministrado pelo MCampus em modelo *e-learning*), voltado a todos os colaboradores da Arcos Dorados;
2. *Workshop* sobre vieses inconscientes;
3. Guia de Diversidade e Inclusão, orientando os profissionais de Recursos Humanos a como lidar com cada etapa da trajetória de um colaborador e a realizar processos de seleção e contratação alinhados aos compromissos da companhia;
4. Guia para uma linguagem mais inclusiva e não sexista, com ferramentas para a comunicação, escrita ou oral, livre de estereótipos de gênero e demais formas de expressão que perpetuam desigualdades;
5. Guia de Vieses Inconscientes, que aborda os tipos mais comuns desse tipo de vício de pensamento, bem como táticas para garantir que as decisões no local de trabalho não sejam orientadas por esses vieses;
6. Conteúdos diversos sobre gênero, abordando, por exemplo, as diferenças entre sexo, gênero, expressão de gênero e identidade de gênero, ou ainda os conceitos de "machismo" e "feminismo", bem como os significados de igualdade de gênero, equidade de gênero e paridade de gênero.

Como se pode notar, é um volume grande e variado de materiais, elaborado no âmbito da HU, com anuência de nossos especialistas e consultores em diversidade e inclusão.

Por fim, há que se comentar o papel que a HU vem assumindo não somente perante nosso círculo de colaboradores, mas, de maneira ampla, perante as comunidades em que estamos presentes. Durante a pandemia, nos unimos à consultoria Trendsity e realizamos um amplo estudo para entender os principais anseios dos jovens latino-americanos, com idades entre 16 e 24 anos. Mais de 60% deles disseram acreditar que a formação é essencial para compensar a falta de experiência na busca por um emprego formal; cerca de 45% elencaram educação e/ou capacitação como suas maiores necessidades.

Com base nesses resultados, decidimos tornar o acesso a uma série de cursos da HU livre e gratuito — isto é, aberto a não funcionários. Os cursos escolhidos tratam sobre empreendedorismo, finanças pessoais, saúde e bem-estar durante a pandemia, atendimento ao cliente e vários outros temas.

Com isso, fica evidente que nosso centro de educação corporativa é também parte de uma estratégia mais ampla de responsabilidade social, ancorada nos valores mais fundamentais da empresa. No caso em questão, trata-se de compreender o papel social da Arcos Dorados enquanto maior empregadora formal de jovens em toda a América Latina e Caribe e, portanto, sua capacidade de impactar positivamente cada comunidade e, por extensão, a sociedade como um todo.

Essa talvez seja a principal lição trazida pelo caso bem-sucedido (e em constante evolução, revisão, aperfeiçoamento) da Hamburger University: o setor de educação corporativa não pode ser uma mera "central de cursos", anexa e um tanto alheia às estratégias principais da companhia. Pelo contrário, ele precisa fazer parte de um todo coerente, integrado, norteado por objetivos claros e assentado em uma cultura corporativa que saiba acolher e incentivar o pleno desenvolvimento das potencialidades de cada colaborador.

4.4 Unibrad: compromisso permanente com pessoas e resultados

Elka Jutel Silva

O Bradesco é uma empresa de 79 anos, consolidada no mercado brasileiro e com um quadro funcional que reflete a diversidade, a inclusão e a força do nosso país. Acreditamos na capacidade das pessoas e temos o compromisso de oferecer serviços financeiros de excelência a todos.

Nosso modelo de negócios combina as atividades bancárias e de seguros, oferecendo um vasto portfólio capaz de atender às necessidades dos mais variados perfis. Em 2021, disponibilizamos soluções eficazes, úteis e simples para mais de 74 milhões de clientes.

O nosso propósito é ser a opção preferencial do cliente, tanto no mundo físico quanto no digital, diferenciando-se por uma atuação eficiente e direcionada para todos os segmentos de mercado.

O objetivo é criar oportunidades para a realização das pessoas e o desenvolvimento sustentável mediante a oferta de soluções, produtos e serviços financeiros e de seguros, amplamente diversificados e acessíveis.

As crenças fundamentais, nossos valores, servem de guia para o cumprimento do nosso propósito:

- cliente como razão da existência da Organização;
- ética em todas as atividades e relacionamentos;

- transparência nas informações necessárias às partes interessadas;
- crença no valor e na capacidade de desenvolvimento das pessoas;
- respeito à dignidade e à diversidade do ser humano;
- responsabilidade socioambiental, com incentivo de ações para o desenvolvimento sustentável.

Atuamos de forma responsável, ética e transparente de modo a merecermos o orgulho de nossos funcionários, colaboradores e fornecedores. Trazemos conosco o desejo de incluir, presente desde a nossa fundação, em 1943, na cidade de Marília, interior de São Paulo, onde abrimos as nossas portas para os pequenos comerciantes e imigrantes.

Reconhecemos que a participação dos nossos mais de 80 mil funcionários é fundamental para o sucesso dos nossos negócios. Somos uma organização sólida e em crescimento constante. Nossa cultura de alta *performance* é estimulada por meio da oportunidade de crescimento na carreira e por reconhecimentos concretizados em promoções, remuneração, benefícios e desenvolvimento.

Vivemos em um período de grandes transformações na sociedade e na economia brasileira. Nossa estratégia para acompanhar essas mudanças, e também impulsioná-las, é firmada em quatro pilares: eficiência e inovação, relacionamento com clientes, capital humano e crescimento sustentável com rentabilidade. Esses são considerados pontos fundamentais para o Bradesco se posicionar diante dos desafios do futuro, tornando-se um banco ainda mais diferenciado, quando comparado com os concorrentes.

Nesse sentido, com o objetivo de fortalecer o desenvolvimento de seu capital humano bem como tornar-se referência em formação de competências e lideranças, agregando valor à marca e perpetuidade dos negócios do Bradesco, a Universidade Corporativa Bradesco foi inaugurada em 2013 a partir de uma sólida estrutura que acumulava experiência de mais de 40 anos capacitando e desenvolvendo funcionários da Organização Bradesco, em todo o território nacional.

Desde o início, atua com foco na formação, preparando o funcionário para os crescentes desafios, desenvolvendo competências essenciais, de acordo com a carreira de sua escolha.

Para isso, leva em consideração públicos diversos e apresenta soluções variadas e personalizadas. Dessa forma, disponibiliza trilhas de aprendizagem, cursos, vídeos, soluções presenciais, *workshops*, *games* e demais ferramentas alinhadas com a estratégia da Organização, aprimorando práticas, meios e recursos educacionais, acompanhando as inovações tecnológicas e os meios digitais.

A estrutura da Unibrad é dividida em áreas — Escritório Consultivo de Educação, Escolas de Educação Corporativa, Secretaria, Comunidade do Conhecimento, Ferramentas Educacionais, Unibrad Conexão e Gestão de Resultados.

O Escritório Consultivo de Educação Corporativa trata das demandas de aprendizagem relacionadas às estratégias organizacionais compartilhadas nas Áreas, Segmentos, Fundações e Empresas Ligadas. Ele atua identificando necessidades de capacitação e desenvolvimento por meio do modelo de Diagnóstico de Necessidade de Aprendizagem (DNA), uma importante ferramenta para a compreensão das áreas internas, suas demandas, objetivos estratégicos, comportamentos e levantamento de métricas para a avaliação dos resultados das ações de aprendizagem.

As Escolas de Educação Corporativa asseguram que as ações da Universidade Corporativa estejam alinhadas aos objetivos da Organização. São dez Escolas — Cidadania e Sustentabilidade, Digital, Excelência Operacional, Gente, Identidade Organizacional, Inteligência de Negócios, Liderança, Negócios, Relacionamento com o Cliente e Segurança e Solução Operacional — responsáveis por desenvolver soluções de aprendizagem. Para isso, contam com profissionais especialistas nos assuntos.

Responsável pela estratégia de aplicação de aprendizagem, a área de Secretaria busca os melhores recursos logísticos para garantir uma experiência completa aos funcionários, do convite à sala de aula.

A área Comunidade do Conhecimento é responsável por apoiar e incentivar projetos de Gestão do Conhecimento na Organização, desenvolvendo recursos e atividades que possibilitem mapear, compartilhar, registrar e reter o conhecimento estratégico gerado pelos funcionários. A área auxilia as estruturas corporativas a criar ambientes de troca e implantar metodologias como comunidades de prática, grupos de estudo, *crowdsourcing*, *workshops* e *storytelling*, entre outras atividades.

A Comunidade do Conhecimento também é responsável por programas de MBA, Pós-Graduação e demais parcerias educacionais, firmando convênios com universidades, escolas de idiomas, agências de intercâmbio, entre outras, garantindo condições diferenciadas para funcionários, dependentes e estagiários.

A área de Ferramentas Educacionais é responsável por apoiar a gestão das soluções de aprendizagem dentro das plataformas do Bradesco (integra RH e biblioteca virtual). Suas atividades variam entre dar suporte aos usuários das plataformas, controlar o catálogo de cursos disponíveis, viabilizar novas funcionalidades das plataformas, automatizar a saída de relatórios e apoiar as entregas educacionais da Universidade Corporativa, visando sempre à disponibilização dos cursos no modelo mais acessível possível e centrado no usuário, a fim de potencializar a autonomia, o protagonismo e o autodesenvolvimento dos funcionários.

Com o propósito de levar as soluções de aprendizagem às mais distantes localidades, a Unibrad ultrapassa o objetivo de capacitar seus funcionários. Atuando nessa vertente, temos a área Unibrad Conexão, responsável por promover soluções de aprendizagem voltadas aos *stakeholders* externos à Organização.

A área atinge os setores privado, público e o terceiro setor. Ações como Educação Financeira, Cuidados com a Segurança das Informações, Fraude Financeira e Uso de Mídias Sociais proporcionam a todas as classes sociais a oportunidade de compreender a importância da administração financeira e as características da economia local, o que pode contribuir para reduzir os níveis de inadimplência e construir uma consciência de cidadania e de responsabilidade social.

Fechando o ciclo de desenvolvimento, temos a área de Gestão de Resultados, que tem como propósito mensurar e avaliar as Soluções de Aprendizagem. A metodologia adotada é composta por cinco níveis (Reação, Aprendizagem, Aplicação, Impacto no Negócio e Retorno sobre o Investimento [ROI]), o que possibilita verificar a eficiência e a eficácia das Soluções ao longo das etapas, avaliar se o objetivo proposto foi atingido e sugerir as melhorias necessárias.

Do ponto de vista da capilaridade de seus recursos, a estrutura da Unibrad é composta pelos *campi* regionais, distribuídos em todo o país, que atendem o quadro de funcionários com diversas soluções de aprendizagem. A presença fortalece a cultura que busca atender a todos e todas, inclusive à comunidade externa, e impulsionar sempre a economia local.

Para o desenvolvimento pleno das ações de capacitação e aprendizagem, a Unibrad atua em parceria com instituições de ensino como FIA, Fipe, Fipecafi, FGV, ISE, Insper, Saint Paul, Fiap etc. Certificamos profissionais da Organização em importantes cursos de especialização, voltados para a manutenção da qualidade das informações prestadas e para que a capacitação do quadro esteja alinhada às mais modernas práticas de gestão.

Em 2021, o consolidado Financeiro do Bradesco investiu mais de R$ 85 milhões em educação. Dessa forma intensa e diferenciada, fortalecemos as competências de nossos funcionários, criando condições para que os seus objetivos individuais, coletivos e os resultados da Organização sejam alcançados.

O mundo vem se transformando de modo exponencial, passando por uma era de revoluções tecnológicas e no modo de pensar das pessoas.

Com a incumbência de acompanhar as atualizações e as tendências do mercado e da Organização, a Unibrad está sempre atenta a reinventar sua atuação, de acordo com a estratégia mais adequada, mantendo e fortalecendo sua estrutura de governança.

Um exemplo dessa conexão com o cenário foi a criação da Escola Digital, ao final de 2015, com a missão de abordar as transformações digitais de maneira transversal, impulsionando a cultura e os resultados da Organização em face da era de mudanças que enfrentamos.

A transformação digital também impulsionou as *edtechs*, *startups* focadas no desenvolvimento de soluções tecnológicas para a educação.

Mesmo antes da criação da Unibrad, em 2013, já vislumbrávamos as vantagens desse modelo. Afinal, ela foi construída para apoiar a jornada dos funcionários no desenvolvimento de competências técnicas e comportamentais para o exercício das atividades, considerando *reskiling* e *upskiling*.

Dessa forma, firmamos e ampliamos parcerias com essas empresas, o que tem contribuído para suportar o nosso negócio, trazendo tendências de mercado voltadas ao aprendizado, engajamento de funcionários, curadoria especializada de conteúdos e análises para a tomada de decisão.

Considerando os resultados apresentados ao longo desses anos e como reconhecimento de sua ativa participação e contribuição, a Unibrad recebeu, em Paris, o prêmio internacional *Global CCU Awards 2017*, na premiação do Instituto *Global Council of Corporate Universities*, o qual elege, a cada dois anos, as melhores práticas e programas de educação corporativa no mundo.

A premiação, além de importante para nós, gerou o convite para que a nossa Diretora Executiva e Diretor de RH fizessem parte como membros da Global CCU, mantendo assim um contato permanente com as metodologias e funcionalidades das Universidades Corporativas mundiais.

Como a Unibrad tem o permanente compromisso de estudar e acompanhar as tendências do mercado, e de personalizar suas abordagens, iniciamos este ano a revisão do nosso modelo de governança, além da reavaliação das ferramentas que serão disponibilizadas, com o foco em gerar maior autonomia do aprendizado e atender às necessidades, cada vez mais frequentes, de aprender e desenvolver habilidades com muito mais rapidez, tendo em vista que o novo mundo do trabalho está em constante movimento e mudança.

Em 2020, devido ao avanço da pandemia da Covid-19, promovemos ações para proteger todos os nossos funcionários, entre elas o trabalho remoto, e também cancelamos viagens, palestras, eventos e demais atividades presenciais.

Dessa forma, identificamos a necessidade de expandir rapidamente os meios de desenvolvimento a distância. Como estratégia, investimos em tecnologia, ferramentas, convertemos cursos presenciais ao modelo *on-line* e disponibilizamos na nossa plataforma exclusiva de gestão de carreira — integra rh.

Os desafios foram muitos nesse período, no qual a maioria dos funcionários trabalhou em casa, o que exigiu novas e rápidas soluções que atendessem a necessária continuidade dos negócios, a manutenção dos aprendizados e, principalmente, o cuidado com a saúde.

Especificamente em relação à Unibrad, em 2021, por exemplo, foram registradas aproximadamente dois milhões de participações em seus vários programas e soluções de aprendizagem, evidenciando o interesse e a importância do ensino a distância, especialmente durante a pandemia.

Especialmente no período inicial da emergência em saúde, com a adoção do trabalho remoto, nossas lideranças contaram com uma preparação especial, de modo que pudessem, com estímulo e inspiração, reforçar a interação e a confiança em seus times, gerando credibilidade e engajamento, além de melhores resultados.

Nesse período, a Unibrad se adequou a novos formatos de aprendizagem diante das restrições sociais devido ao coronavírus, e hoje oferece diversas soluções síncronas no formato de videotreinamento (curso ao vivo). Com isso, os participantes podem contar com a possibilidade de se aperfeiçoarem em casa, estabelecendo interações dinâmicas com instrutores e demais participantes, atendendo a diferentes necessidades, como, por exemplo, no caso de funcionários surdos, temos a presença de um intérprete de Libras na sala virtual. Atualmente, temos mais de 600 cursos no modelo virtual síncrono e outras diversas soluções *on-line* assíncronas.

Entre as temáticas, ganharam destaque as soluções de curta duração voltadas a necessidades específicas, como prevenção à Covid-19, saúde mental, trabalho remoto e adaptação de rotinas, com média de 29 horas de atividades investidas por funcionário.

Todas essas ações foram fundamentais para que mantivéssemos — num período que exigia extremos cuidados com a saúde e rápida adaptação a um novo modelo de trabalho — um ambiente de aprendizagem contínua que soube suportar e preparar nossos funcionários, em todos os níveis, para as adversidades, garantindo plenas condições para o trabalho seguro, o desenvolvimento das pessoas e a continuidade de nossos negócios, ou seja, evidenciando a importância estratégica e a eficácia de um sistema de educação corporativa responsável, maleável e adaptável a diferentes momentos.

A experiência exitosa da Unibrad é uma evidência desse princípio e, por meio de seu propósito, estimula os funcionários na construção de suas carreiras baseadas em parcerias, ética, crenças, valores e escolhas, alicerçando para que cada um seja protagonista de sua vida.

4.5 UCLM – Universidade Corporativa Leroy Merlin: O *self-learning* como estratégia de aprendizagem

Léo Carvalho

Sobre a Leroy Merlin

Sempre que estou em contato com o mercado, inicio meus bate-papos e palestras da mesma forma: *"Vocês conhecem a Leroy Merlin?... E alguém aqui já comprou na Leroy Merlin?..."*.

Além de uma bela forma de inflar o ego dos mais apaixonados pela marca, uso essa estratégia para rapidamente ter a percepção "do que" e o "quanto" as pessoas falam de Leroy Merlin por aí, essa gigante varejista multinacional francesa. Em ambas as perguntas meu desejo mais óbvio é que as respostas sejam positivas, e isso — que bom — acontece em 100% das vezes. E não são raras as oportunidades em que ouço respostas como: *"Ah, mas passeio de adulto de verdade é na Leroy Merlin..."*, *"Meu esposo/esposa adora essa loja..."*, *"Toda vez que vou lá fico horas nos corredores..."*. Quer *top of mind* mais real que esse?

Toda essa magia começou a ser construída no Brasil em 1998 quando desembarcamos deste lado do Atlântico vindos da França. Presentes em 12 estados, chegamos em 2022 com 45 lojas físicas, além de nossas plataformas digitais, onde oferecemos uma gama de 100 mil itens, divididos em 15 categorias.

Estruturação da aprendizagem

Muitas vezes me perguntam como foi o processo de aculturamento da aprendizagem dentro da companhia, e sempre devolvo a pergunta com: *"Você tem tempo para ouvir...?"*. Faço essa brincadeira para dizer que essa é uma questão quase secular, pois assim como a Cultura Organizacional, a Cultura de Aprendizagem atual é um reflexo daquilo que "éramos, fazíamos, somos e fazemos". Uma junção dos elementos artefatos, normas, valores e pressupostos básicos, que são fomentados a cada dia, como afirmam Sandro Magaldi e José Salibi Neto no livro *O Novo Código da Cultura* (2019, p. 46).

Em 2016, a Leroy Merlin decide aproximar-se ainda mais da estratégia do negócio, evoluindo de um tradicional Centro de Treinamentos (CT) para uma estrutura de Universidade Corporativa (UC).

Embora o trabalho de construção tenha sido bastante árduo, tínhamos desde sempre no coração da UC o desejo de sermos "um grande guarda-chuva estratégico para a companhia", como de forma bastante cirúrgica apontou Jeanne Meister em seu *best-seller Corporate Universities*, de nome *Educação Corporativa* na versão em português (1999, p. 29), o qual também foi objeto de estudos para a criação dessa estrutura, além da referenciada professora Marisa Eboli com o *Educação Corporativa no Brasil – Mitos e Verdades* (EBOLI, 2004).

Mas o que faz uma UC? Como ela deve posicionar-se diante de seus colaboradores? Surgimos com o objetivo de "desenvolvermos nossos colaboradores, clientes, profissionais e comunidades por meio de uma cultura de aprendizagem que inspira e influencia a estratégia da empresa".

Nosso objetivo principal sempre foi desenvolver talentos para que pudéssemos cada vez mais reforçar nossa liderança dentro de nosso negócio. Para isso, usamos duas estratégias primárias e essenciais para a implantação da estrutura da UC. São elas:

- academias: núcleos estratégicos de aprendizagem que focam as principais dores e necessidades do negócio;
- multiplicadores: agentes que cedem seus "saberes", multiplicando o conhecimento por toda a companhia.

Com uma visão mais histórica, Platão criou em 387 a.C. aquilo que seria o surgimento de uma universidade, cuja estrutura levou o nome de *Akademia* (PAZ, 2015, p. 20). Nesse ambiente de ensino formal, sua composição era de jovens estudantes com diferentes graus de desenvolvimento e membros mais avançados. E perceba que aqui vem a correlação com as Academias UC citadas acima: ambientes de aprendizagem que envolvem diferentes níveis de conhecimentos, e que possuem — como a academia platônica — um mentor capaz de elucidar questões daquela temática. Na UC os chamamos de *heads* de academias.

Nossas academias são fomentadoras de temas relevantes e estratégicos ao negócio. Cada um dos núcleos possui programas que visam atender o público-alvo daquele negócio, como, por exemplo, Programas de Liderança, Programas de Vendas e *Customer Centric*, *Supply Chain*, Programas de *Métier* (o "negócio" da Leroy Merlin), Programas e Feiras de Produtos, entre outros.

Os multiplicadores formam a outra base de implantação, e, se traçarmos uma SWOT, eles aparecerão como uma grande força de nosso negócio, pois são "nossos braços e ouvidos" distribuídos por todas as unidades de negócios (BUs). São eles que fazem verdadeiramente a voz da UC ecoar por toda a companhia. Essas centenas de agentes de mudança são altamente reconhecidos pela empresa, pois eles cedem de forma muito genuína seus saberes e tempo para que a Leroy Merlin continue se desenvolvendo. E um detalhe bastante importante: o Multiplicador é um projeto transversal, e isso significa dizer que nenhum deles recebe uma remuneração ou bonificação por essa atuação. É realmente uma consciência que foca a cocriação e colaboração. Isso é Cultura de Aprendizagem na prática. De forma mais clara, a relação com a academia platônica citada há pouco: diferentes níveis e que possuem a troca como principal instrumento de aprendizado.

A Covid foi o gatilho para a mudança?

A Resposta é sempre um enfático NÃO!

Depois de março de 2020 (início da pandemia), essa é uma pergunta muito recorrente quando apresentamos nossas iniciativas ao mercado.

Depois de quase dois anos de maturação do processo de aprendizagem corporativa após sua implantação em 2016, decidimos pela estratégia de criar o que chamamos de Modernização e Digitalização da Universidade Corporativa – MDUC, que consistia em aumentar o poder de aprendizagem de nossos colaboradores por meio do fomento de tendências, novidades e tecnologia. Veja algumas de maior expressão e que mudaram a forma como fazíamos a educação até aquele momento.

- *Rebranding*

  1. Sabendo que uma das forças motrizes dos negócios é a comunicação, demos nova "cara" à UC, que a partir desse momento começa a ser chamada oficialmente de Universidade Corporativa Leroy Merlin – UCLM.
  2. Todas as nossas academias ganham uma nova roupagem, com logo, *persona*, cores e identidade visual que as torna mais acessíveis, modernas e expositivas.

Figura 1: Exemplo de modernização de *branding* da academia

DE PARA

  3. Criamos a Academia Digital, que aporta todas as iniciativas dessa temática, implantando efetivamente o conceito de Educação Digital/Edtech.

Hoje (2022), a UCLM possui a seguinte estrutura de academias:

- Academia Atendimento e Vendas
- Academia *BackOffice*
- Academia de *Performance*
- Academia Digital
- Academia do Instala
- Academia *Métier* Comercial
- Academia *Supply Chain*

• Parcerias estratégicas

Trouxemos uma série de parceiros de renome em diversas temáticas com foco em *soft* e *hard skills*. O objetivo foi "escancarar" a janela da aprendizagem externa para a comunidade Leroy Merlin, com conteúdos 100% gratuitos que passaram por um grande trabalho de curadoria interna. E como benefício, muitos conteúdos são acessados de forma transparente pelos usuários, pois criamos integrações via *Application Programming Interface* – APIs, às quais "ligamos" os sistemas dos parceiros aos nossos.

• Processos e indicadores

1. Embora bastante atentos às metodologias de aprendizagem, aposentamos o 1.º nível de Kirkpatrick – Avaliação de Reação em nossas experiências de aprendizagem. Precisávamos de uma metodologia que pudesse nos aproximar dos indicadores de negócio, dando a visão real da percepção de nosso cliente – nesse caso "aluno" – sobre suas experiências. Assim chegamos ao *Net Promoter Score* – NPS, modelo criado em 2003 por Fred Reichheld, e que tem como objetivo obter *feedbacks* e mensurar o grau de lealdade dos nossos clientes. No caso da UCLM, entendemos "clientes" como nossos alunos/colaboradores, e aplicamos a metodologia em modelo de "Pesquisa de Satisfação", baseada em uma escala de 0 a 1, que possui a seguinte pergunta como chave: *"De 0 a 10, quanto você indica esse produto/serviço para um colega?"*.

Outro ponto importante foi a forma da aplicação da metodologia, pois não desejávamos mais (apenas) uma "reação", mas uma visão profunda de suas experiências de aprendizagem, em que o colaborador tivesse tempo para aterrissar o conteúdo estudado, refletindo sobre o tema e seus impactos, e depois nos avaliasse. Com essa implantação, o colaborador preencheu a pesquisa ao longo dos dias que sucederam sua experiência de aprendizagem *on-line* ou presencial.

Atualmente, a UCLM possui um NPS acumulado de 83 pontos, o que nos coloca na chamada "Zona de Excelência".

- Educação digital

1. Implantamos o reconhecimento por meio de *badges* validadas pela tecnologia *blockchain* aos participantes de turmas de soluções de aprendizagem presencial ou *on-line* (síncronas ou assíncronas). Com isso, os colaboradores ganham a possibilidade de compartilharem com o "mundo" suas conquistas por meio de suas redes sociais e *e-mail*, além de contarem com a alta segurança e privacidade das informações validadas pela *blockchain*.

Figura 2: Exemplo de *badge* validada por *blockchain*

2. Modernizamos toda a plataforma de *Learning* da Leroy Merlin e lançamos o APP da UCLM nas lojas de aplicativos (Android e IOS). Com essa modernização, implantamos o recurso de "Registro de Presença via QR CODE" em turmas de soluções de aprendizagem diversas (*on-line* e presenciais).

Além de facilitar a experiência dos usuários durante suas sessões de aprendizagem, essa modernização trouxe um benefício ainda mais profundo: o ganho de tempo por parte dos RHs de nossas unidades.

Trocamos o controle de "pilhas e mais pilhas" de listas de presenças físicas por um sistema digital que, inclusive, propicia maior segurança da informação, pois o registro da presença é atribuído de um usuário logado com suas credenciais (LDAP) no APP. Total alinhamento à LGPD (Lei Geral de Proteção de Dados Pessoais).

Enquanto avançamos em uma série de iniciativas, foi a hora de repensar sobre nossa existência: *"Será que com três anos de vida já estamos no auge de nossa maturidade? É isso que estamos fazendo agora que nos levará ao futuro?"*.

Perguntas como essa são sempre inquietantes, e desse incômodo nasce o propósito da UCLM: *"Dar a todos a possibilidade de aprender e de se autodesenvolver, de forma SIMPLES, RELEVANTE e DIVERTIDA"*.

Chegamos ao entendimento de que precisaríamos deixar de fazer o "o quê" para buscarmos o " porquê".

Essa é uma situação bastante profunda, pois, quando entendemos o nosso "porquê", tudo ganha novo significado.

Criamos uma tríade baseada em "simplicidade", "relevância" e "diversão", acessível e palatável ao público interno, mas que por trás tem a presença da metodologia andragógica com seus seis pilares de sustentação. Usamos como inspiração a própria Missão da Leroy Merlin: *"Dar a todos a possibilidade de melhorar os seus lares"*. Simples e objetivo.

Se você for em uma de nossas lojas, talvez encontre alguém que diga algo contrário ao que exponho aqui com grande empolgação. E *"está tudo bem..."*. É sabido que nem sempre nos aproximamos das expectativas de nossos quase 12 mil colaboradores (2022), mas o grande lance aqui é que a UCLM não deixe um só dia de buscar o cumprimento desse propósito. A gente vai errar muitas vezes, mas não deixamos de tentar oferecer soluções baseadas na SRD:

- Simplicidade: aquilo que encontro facilmente. Que tem uma navegação amigável;
- Relevância: aquilo que "mexe ponteiro" no dia a dia. Soluções que mudam resultados;
- Diversão: conteúdo *fun,* leve em sua construção.

O contexto para repensar a mudança

Um desejo de TUDO PARA TODOS... Esse sempre foi um dos grandes motivadores e premissas da UCLM.

Mas, além do provimento de soluções de aprendizagem por parte das empresas, é preciso que seus colaboradores estejam — minimamente — na mesma página que a companhia. É importante que pensemos na equalização de conhecimento por parte dos públicos.

É de suma importância que tenhamos em nosso radar estratégico que as empresas são grandes recortes da sociedade nas quais estão inseridas. E com isso, sofrem os mesmos reveses quando — nesse exemplo — falamos da aprendizagem.

Você já parou para pensar que os colaboradores de hoje, dentro das empresas, são os mesmos alunos que sentaram nos bancos das mais diversas escolas públicas e privadas por todo o Brasil ao longo dos anos? E que nossos próximos colaboradores, de forma também óbvia, virão forjados desses ambientes?

Se aproximarmos a lupa, poderemos perceber que ainda, como consequência desse recorte social citado, muitos desses alunos, hoje colaboradores, não sanaram importantes e relevantes *gaps* educacionais, principalmente quando observamos os domínios de "leitura", "matemática" e "ciências".

Essa afirmação fica bastante clara quando observamos os últimos indicadores do Pisa (2018 – *Programme for International Student Assessment [OECD, 2019]),* um relatório criado e aplicado a cada três anos pela Organização para Cooperação e Desenvolvimento Econômico (OCDE), e que faz apontamentos sobre a situação educacional de países membros dessa organização ou de economias parceiras.

Temos uma impressão quase empírica de que no Brasil a educação não vai bem.

O educador e antropólogo mineiro Darcy Ribeiro (RIBEIRO, 2013, p. 20) disse em uma de suas emblemáticas reflexões que "a crise educacional do Brasil da qual tanto se fala não é uma crise, é um programa".

Amparando-nos em dados do Pisa 2018 (SCHLEICHER, 2019), podemos concordar que o Brasil ainda possui um longo caminho de desenvolvimento em torno da educação basal. No último relatório publicado, o Brasil ocupou a 57.ª posição entre 79 países. Embora um avanço considerável em relação ao último relatório tenha sido registrado, na dominância "Leitura" — que considero essencial para a aquisição de conhecimento —, o Brasil está numa posição bastante ruim — entre a 55.ª e a 59.ª. O Brasil possui 50% dos estudantes posicionados no "pior nível de leitura", e apenas 0,2% em nível máximo de proficiência.

Nesse *ranking* com ordenação do "maior" para o "menor", o topo da lista é ocupado por países asiáticos, como China, Singapura, Macao (China) e Hong Kong (China). Coincidência ou não, a China também figura há anos entre as maiores economias do mundo (2.ª posição em 2021), e entre os países mais inovadores do mundo, ocupando a 12.ª posição em 2021.

Poderíamos ficar no clichê sobre as impressões positivas acerca da inteligência dos orientais, mas os dados apresentados comprovam que o investimento em educação traz resultados significativos para uma sociedade, e por consequência para suas empresas.

Quando olhamos o conceito histórico, a educação no Brasil começou a acontecer da forma como a conhecemos hoje por volta do meio do século XVIII (1759) com as Reformas Pombalinas, lideradas por Marquês de Pombal.

Entre todas as propostas após a expulsão dos jesuítas, umas das mais importantes foi a ruptura com a Igreja e a desvinculação do ensino laico. Na prática, as figuras eclesiásticas ainda operavam ditando a educação, mas o ponto principal que desejo focar é justamente o quanto todas essas influências são percebidas ainda hoje em nosso processo de ensino.

Faça uma breve reflexão e provavelmente você, eu, nossos pais e avós estudaram em modelos educacionais bastantes semelhantes, onde havia pouco ou nenhum espaço para a inovação e cocriação de ideias.

Nossas lembranças mais profundas do período escolar nos apresentam de imediato alguns comportamentos bastante emblemáticos, como:

- um aluno sentado atrás do outro;
- "Não fale fora de hora ou com colegas";
- "Só levante e saia ao som do sinal";
- valia mais o aluno que "dava mais respostas" e não o aluno que "mais perguntava";
- o professor visto como centro do conhecimento, o Oráculo.

Perceba que os traços de "comando e controle" são bastante presentes nesse modelo educacional.

E o mais interessante, é que o *"um aluno atrás do outro"* não nos lembra o mesmo modelo de organização de uma igreja do século XVI ou de um quartel? E a *"disciplina extrema e a necessidade do silêncio"*, não parece que estamos falando do mesmo ambiente? E quanto aos Oráculos, chamados de Professores, que podem ter equivalência com a figura de um Bispo, Padre ou General...? Não assusta pensar que são alunos criados nesses ambientes que receberemos em breve em nossas empresas?

É bem verdade que caminhamos muito na educação brasileira em relação aos exemplos citados.

A Base Nacional Comum Curricular (BNCC), implantada em 2018 pelo Ministério da Educação (MEC, 2018), tem como objetivo normatizar e criar um padrão de aprendizagem para determinados conhecimentos e habilidades aos alunos de escolas públicas e privadas por todo o país. Dadas as devidas críticas e muitas vezes uma inércia em relação ao futuro, esse foi um grande avanço.

Mas quero me ater no substrato desse planejamento educacional: a formação do aluno.

Com todas as questões sinalizadas, assim que recebemos esses "novos colaboradores" em nossas empresas, exigimos comportamentos que por vezes não foram vivenciados por esse indivíduo ao longo de seus quase 15 anos nas carteiras das escolas basais.

É bem verdade que muitas vezes ele faz um *"estágio de vida real"* durante a graduação, mas que mesmo assim tem grande dificuldade em se aproximar da *"vida como ela é"*.

Imagine que recebemos Juracy para iniciar o trabalho em uma empresa fictícia.

Na primeira reunião de time, entre todos os jargões clássicos, Juracy sente a provocação para entrar em uma *squad* e fazer acontecer junto de outras pessoas, e que sua opinião será mais uma entre todas as demais do time.

Ainda nessa reunião, Juracy ouve de seu gestor que precisa *"pensar fora da caixa..."*.

Perceba que esse — ainda — não é seu mundo.

Juracy não foi forjado para pensar em conjunto, tomar decisão colegiada e pensar em inovação.

Para Juracy, quando o gestor citou "a caixa", ele a procurou olhando para os lados... E não achou!

Uso um exemplo radical para dizer que temos dentro das empresas uma grande necessidade — inclusive social — de corrigir *gaps* educacionais. Iniciei com um trecho da frase de Jeanne Meister, e agora a complemento: "A educação corporativa é um guarda-chuva estratégico para desenvolver e educar funcionários, clientes, fornecedores e a comunidade…".

Perceba que temos condições plenas de mudar uma sociedade pelo ensino.

Difícil? Com certeza... Mas com a inspiração do dramaturgo irlandês Bernard Shaw, deixo a provocação: "Why not?".

O efeito positivo da pandemia

O mês é março do ano de 2020.

Você e eu vivemos sentimentos e sensações tão extremas que são impossíveis de medir.

A última vez que uma pandemia em um mundo não globalizado tinha acontecido foi no começo do século XX.

Não sabíamos como agir e pensar. As empresas, aqui com um recorte para os RHs, pensavam *"O que vamos fazer?"*.

Entramos na modalidade *home office* no dia 16.03.20, e já no dia 17.03.20 amanhecíamos na UCLM com nossas agendas com a seguinte pauta: "Reunião Extraordinária".

Diante da maior pandemia do século moderno, a UCLM pensou rapidamente em como poderia se ajustar a esse momento, e nosso primeiro viés, ainda sem confirmação científica ou estatística foi: *"Precisamos cuidar da saúde mental da nossa gente..."*.

E assim iniciamos nossa desafiadora jornada.

Quero extrair os pontos positivos que esse momento trouxe ao nosso negócio e para a UCLM, mas faço questão de registrar nossos mais sinceros votos de solidariedade e condolências a todos que de alguma forma sofreram perdas que nem podemos imaginar. Sintam-se abraçados.

Tínhamos dois caminhos possíveis naquele momento:

1. poderíamos encarar a *persona* de Hardy, uma "simpática" hiena do desenho animado *Lippy & Hardy* (HANNA-BARBERA, 2020), que passa os dias murmurando sua célebre frase *"Oh céus, oh vida, oh azar, isso não vai dar certo!"*, ao lado de seu parceiro Lippy;
2. ou "bolar planos infalíveis" como Lippy, mesmo diante da adversidade.

É óbvio que a resposta foi a alternativa 2, mas claro que o "infalível" não foi nosso objeto de desejo.

Sabíamos que seríamos falíveis, *"e tudo bem..."*. O erro é um importante instrumento de inovação.

Rapidamente tornamos 100% *on-line* todas as nossas soluções de aprendizagem.

A pergunta que trago novamente é: *"A Covid foi o gatilho de mudança da UCLM?"*. E a resposta é não!

Já tínhamos uma estrutura bastante favorável tecnologicamente, pois o projeto MDUC nos deu grandes avanços como a melhoria de nossos ambientes digitais de *Learning* e implantação de *APPs* de aprendizagem.

Naquele momento, estávamos com praticamente todas as nossas equipes em suas residências, as quais se ressignificaram para *lares*. Com o mundo cada vez mais BANI, conceito criado em 2018 pelo futurista e antropólogo Jamais Cascio (TOZZI, 2021), ainda respirávamos as inspirações trazidas pelo *World Economic Forum* (WEF) alguns meses antes.

Como habitual, o encontro em Davos na Suíça trouxe um alerta para as competências exigidas para o futuro.

Já abordei aqui que o *"tudo para todos"* é um conceito baseado na democratização da aprendizagem, em que o aluno pode desenvolver sua jornada de forma autodirigida. E por que não "dar uma mão" nesse processo?

Reunimos uma série de conteúdos pagos e grátis, dividimos em categorias de *expertises* inspiradas nas competências citadas pelo WEF, e criamos algumas "Jornadas de Desenvolvimento".

Disponibilizamos a todos os colaboradores da Leroy Merlin e chamamos esse projeto de **Aprenda Mais**.

Esse projeto que nasce inspirado no futuro e acelerado pela pandemia tem suas raízes fincadas na Heutagogia, que prevê um processo educacional em que o aluno é o único responsável por sua aprendizagem. Ele próprio definirá "o que fazer", "quando fazer" e "como fazer". E um ponto importante da metodologia heutagógica é o uso de tecnologias para mediar essa aprendizagem. Esse é um dos diferenciais do método.

O Aprenda Mais surge como a primeira iniciativa na modalidade *self-learning* da Leroy Merlin, um ambiente digital onde temos como objetivo principal fomentar o comportamento protagonista de nossas equipes e instigar cada vez mais para a aprendizagem contínua, ou como é chamada desde sua criação nos anos 1970, *lifelong learning*.

Bingo... Entendemos exatamente que nossos colaboradores estavam ávidos por conhecimento, mas em seu tempo e com seu ritmo.

Assim lançamos uma série de iniciativas em modelo *self*, com focos diversos entre *soft* e *hard skills*. Veja algumas:

- **Festival da Aprendizagem:** Primeira iniciativa voltada ao cuidado da saúde e bem-estar de nossos colaboradores. Esses eventos ocorriam semanalmente às quartas-feiras pela manhã e eram realizados em sua maioria por figuras especialistas da própria Leroy Merlin. O grande objetivo desse programa era "Cuidar de gente", o qual expandimos para os temas de "Cuidados e organização financeira", "Mudança de *Mindset*", "Perfil dos novos clientes pós-pandemia", "CNV", entre outros. Destaque para um bate-papo super especial onde abordamos os *"Desafios das mães na jornada dupla"*;

- **UC *Talks***: Momento em que convidamos expoentes de vários mercados para um bate-papo aberto. Nossas últimas edições contaram com o professor e filósofo Mário Sérgio Cortella e o economista jornalista e *Top Voice* LinkedIn Ricardo Amorim;
- **Aprenda Mais Métier:** Sessão síncrona de aprendizagem semanal, que foca a estratégia do negócio e que fala da venda, de seus processos e sistemas. Esse é um grande sucesso de audiência, pois é focado — embora *self* — para todas as equipes de comércio, que representam a maior parte do quadro da Leroy Merlin Brasil. Nessa modalidade, contamos com os próprios colaboradores como "multiplicadores", que — como citado — cedem seus saberes para o desenvolvimento do negócio;
- **Aprenda Mais Produtos:** Como o exemplo acima, as sessões são síncronas e semanais, também voltado para equipes de comércio e que focam o conhecimento de nossa gama produtos. Contamos com nossos parceiros e fornecedores para repassarem os conhecimentos acerca de seus produtos;
- **Drops:** *Short learning* de até três minutos, com dicas rápidas sobre algum produto/serviço/processo da Leroy Merlin. Como o objetivo é viralizar esses conteúdos, sua disponibilização ocorre além das ferramentas de social, via WhatsApp. Seu objetivo é "instigar" os colaboradores a quererem mais conteúdos.

Ao final do ano 2020, chegamos a resultados bastante positivos com essas iniciativas:

- desde a implantação, registramos +150.000 conclusões de cursos;
- um de nossos cursos com maior audiência é *Mindfulness*, com 621 pessoas formadas;

- foram geradas +70.000 horas de aprendizagem por meio dessa iniciativa;
- as iniciativas em modelo *self* já representam +30% de todas as soluções de aprendizagem oferecidas;
- as iniciativas *self* possuem um NPS de 95 pontos – zona de excelência.

Imagino que tenham percebido até aqui que a palavra que bem resume a UCLM é "engajamento".

Aumentamos de forma exponencial a quantidade de acessos às nossas soluções de aprendizagem digital, em que registrávamos antes dessas soluções algo em torno de 45% a 50% de acessos às plataformas (ante a base de ativos), e tivemos um *growth* de +180% de engajamento por mês. É certo que estamos atentos ao fato de que a quantidade de acessos não representa necessariamente a aprendizagem, mas pensem comigo que "*quanto mais gente acessa, mais gente conhece. E quanto mais pessoas conhecerem, mais acessarão*". E com isso, potencializamos as chances de gerar a aprendizagem real.

Um apoio bastante importante para a construção desse engajamento foi a adoção da metodologia *communication in learning*, que consiste em mostrar para o "mundo" o que estamos fazendo por aqui. Criamos uma estrutura chamada **Fábrica UCLM**, que funciona em um modelo de esteira de produção, como uma agência de conteúdos e comunicação.

Um time de publicidade e *marketing* voltado para o *Learning*.

Nosso modelo consiste em dar "voz" e "cara" para nossos conteúdos, seja por meio de *teasers*, logos, vinhetas, áudios, *banners* etc. Trabalhamos com a psicologia das cores, em que cada um de nossos programas possui a própria logomarca.

Usamos e abusamos do visual e entendemos que essa é a melhor metodologia de conexão com os milhares de colaboradores.

Como nosso objetivo é facilitar a aprendizagem para todos os colaboradores, repensamos muitas vezes sobre o conceito de "todos".

Sabe quando a vida te dá um grande bofetão, pois é... Foi assim que repensei o conceito de "Todos".

Em certa oportunidade, facilitava uma sessão de aprendizagem a um grande grupo de pessoas, quando em *off* fui abordado por uma colaboradora com uma escrita do português bastante rudimentar questionando a razão de não termos libras naquela experiência. Minha rápida resposta, do alto de minha ignorância sobre o tema foi: *"Não temos libras, mas temos legendas... Legal né?"*.

E foi nesse exato momento que eu entrei em uma zona de aprendizagem. Tive uma AULA de todo o universo surdo. Resumindo a resposta, aprendi que muitos surdos foram letrados em Libras, sua língua-mãe, e que o português — embora a língua oficial do país, é como um segundo idioma para eles. Ou seja, as legendas possuem pouco impacto para esse público.

Veja como é importante estar com o *mindset* voltado ao crescimento, como elucida Carol S. Dweck em seu *best-seller Mindset – A Nova Psicologia do Sucesso* (DWECK, 2016, p.15):

"Não sabia, e aprendi!

Errei, corrigi o gap e não erro mais."

E assim surge um projeto pelo qual temos muito carinho chamado **Mãos do saber**, que é a facilitação de libras em TODAS as experiências de aprendizagem da UCLM, sejam elas síncronas (lives, *webinars* e aulas ao vivo), assíncronas (*e-learnings*, videoaulas) e peças de comunicações.

Recorda-se que falamos que as empresas são recortes da sociedade e que temos a obrigação de sanar *gaps* educacionais?

De acordo com um relatório do Instituto Locomotiva (GANDRA, 2019), o Brasil possui 10,7 milhões de surdos, e dois a cada três indivíduos desse grupo sinalizaram ter enfrentado alguma dificuldade nas atividades cotidianas.

Infelizmente, não é uma novidade, pois 32% desse público — pasmem — não possui nenhuma instrução acadêmica, e 87% desse público total não usa aparelhos auditivos por quaisquer razões.

Hoje, não lançamos nenhuma iniciativa da UCLM sem o recurso de Libras.

A cada dia reforçamos nosso propósito de *"dar a TODOS a possibilidade de aprenderem e de se autodesenvolverem, de forma Simples, Relevante e Divertida"*. TODOS MESMO!

Referências Bibliográficas

BRASIL. Ministério da Educação. *Base Nacional Comum Curricular*. Brasília: MEC, 2018. Disponível em: <http://basenacionalcomum.mec.gov.br/images/BNCC_EI_EF_110518_versaofi nal_site.pdf>. Acesso em: 16 fev. 2022.

DWECK, C.S. *Mindset*: A nova psicologia do sucesso. São Paulo: Schwarcz, 2016.

EBOLI, M. P. *Educação corporativa no Brasil*: Mitos e verdades. São Paulo: Gente, 2004.

GANDRA, Alana. País tem 10,7 milhões de pessoas com deficiência auditiva, diz estudo. Agência Brasil, Rio de Janeiro, 13 out. 2019. Disponível em: https://agenciabrasil.ebc.com.br/geral/noticia/2019-10/brasil-tem-107-milhoes-de--defi cientes--auditivos-diz-estudo. Acesso em: 09 fev. 2021.

HANNA BARBERA. *Lippy the lion & Hardy har har*. In: WIKIPÉDIA: a enciclopédia livre. 2020. Disponível em: <https://pt.wikipedia.org/wiki/Lippy_the_Lion_%26_Hardy_Har_Har>. Acesso em 14 de julho de 2022.

MAGALDI, S.; SALIBI NETO, J. *O novo código da cultura* – Vida ou morte na era exponencial. São Paulo: Gente, 2019.

MEISTER, J. C. *Educação corporativa*. São Paulo: Makron Books, 1999.

PAZ, R. J. *La academia de Platón*. Guatemala: Universidad Francisco Marroquín, 2015.

REICHHELD, Fred. The one number you need to grow. *Harvard Business Review*, Dec. 2003. Disponível em: <https://hbr.org/2003/12/the-one-number-you--need-to-grow>. Acesso em: 20 ago. 2018.

RIBEIRO, D. *Ensaios insólitos*. Rio de Janeiro: Fundação Darcy Ribeiro, 2013.

SCHLEICHER, A. *PISA 2018*. Insights and interpretations. Paris: OECD, 2019. Disponível em: <https://www.oecd.org/pisa/PISA%202018%20Insights%20and%20Interpretations%20FINAL%20PDF.pdf>. Acesso em: 15 out. 2020.

TOZZI, Elisa. Criador do termo BANI explica como sobreviver na era do caos. *Você RH*, São Paulo, 27 jul. 2021.Disponível em: <https://vocerh.abril.com.br/futurodotrabalho/criador-do-termo-bani-explica-como-sobreviver-na--era-do-caos/>. Acesso em: 14 jul. 2022.

4.6 Universidade Corporativa Sabin: inspiração e tranformação na essência

Aline Christianne Silva Vargas, Claudia Roberta Belo de Oliveira, Jefferson da Silva, Karine Hepp Guimarães, Marly Vidal

O Grupo Sabin Medicina Diagnóstica atende hoje quase seis milhões de clientes em todo o país e acolhe 6,5 mil colaboradores. Por trás desse empreendimento de sucesso existe a história de duas mulheres que, com ousadia e visão de futuro, dedicaram-se ao compromisso de transformar e melhorar vidas, a partir de uma gestão humanizada, do investimento constante na excelência e na qualidade dos serviços e do propósito de inspirar pessoas a cuidar de pessoas.

A história começou em 1984, quando Janete Vaz, goiana de Anápolis, e Sandra Soares Costa, natural de Inhapim (MG), transformaram a amizade em sociedade e abriram as portas da primeira unidade do Laboratório Sabin, com a ajuda de apenas três colaboradores. Os desafios eram inúmeros, especialmente em se tratando de liderança feminina, mas a dedicação e a resiliência prevaleceram. As bioquímicas conquistaram a admiração dos colaboradores, o respeito da classe médica e a confiança dos clientes.

Entre 1990 e 2000, a empresa conquistou diversas certificações nacionais e internacionais que atestaram a excelência e a qualidade dos processos corporativos e marcaram a virada tecnológica do Grupo, que então alcançou o posto de maior laboratório de análises clínicas do Centro-Oeste, tornando-se referência por seu modelo de gestão e pelo compromisso na entrega de serviços de saúde com excelência.

Novas acreditações foram conquistadas, e a cultura de inovação e de pessoas no centro da estratégia empresarial foram consolidadas, colocando o respeito, a ética e a valorização das pessoas como parte dos princípios e da filosofia do Sabin.

A empresa tornou-se signatária do Pacto Global e, em 2005, foi fundado o Instituto Sabin — uma entidade sem fins lucrativos que segue com a missão de contribuir para a melhoria da qualidade de vida das comunidades onde o Grupo Sabin atua, nas áreas de saúde, esporte, educação e inovação social.

Em 2010, quando o Laboratório Sabin somava 62 unidades, as fundadoras se depararam com uma grande decisão empresarial: crescer ou ser incorporado por grandes grupos do setor. A escolha foi a primeira opção e iniciou-se assim um ousado processo de expansão. Com o passar dos anos, a empresa chegou às cinco regiões do país e seu portfólio de serviços foi ampliado.

Desde então, em cada cidade onde o Sabin leva sua marca, ele inspira, valoriza e desenvolve seus colaboradores por meio de uma gestão humanizada, para que possam replicar esse cuidado genuíno a cada cliente e a cada pessoa com quem interagem.

Esse desdobramento é norteado, entre outras iniciativas, pelas ações de desenvolvimento humano realizadas pela Universidade Corporativa que realiza a integração, a capacitação e o desenvolvimento de competências técnicas e comportamentais dos milhares de colaboradores em nível nacional, para a conquista dos objetivos estratégicos e de expansão. Isso acontece porque a empresa acredita que seu o sucesso é o reflexo do sucesso de cada pessoa que o compõe.

Hoje, o Grupo Sabin é um dos maiores *players* no setor de medicina diagnóstica do país e também investe em empresas com atuação na área de atenção primária à saúde e gestão de saúde. São 324 unidades de atendimento distribuídas pelo Distrito Federal e nos estados de Amazonas, Bahia, Goiás, Mato Grosso, Mato Grosso do Sul, Minas Gerais, Pará, Paraná, Roraima, São Paulo, Tocantins e Santa Catarina.

Nessa história de quase quatro décadas de dedicação à saúde, a empresa coleciona reconhecimentos e prêmios importantes nas áreas de gestão, pesquisa técnico-científica, sustentabilidade, qualidade e inovação. Conquistas que refletem os programas cuidadosamente estruturados para fortalecer uma cultura organizacional focada no cuidado, no desenvolvimento e na diversidade.

Unisabin e sua história

Universidade Corporativa do Grupo Sabin soma 13 anos de história. Sua criação deu-se em 2009, quando, diante dos desafios do crescimento da empresa e o plano de expandir-se geograficamente, sentiu-se a necessidade de ampliar o modelo de Treinamento e Desenvolvimento para uma universidade corporativa, atendendo à demanda de uma atuação mais ativa e estratégica, voltada para o desenvolvimento de competências essenciais para o crescimento e o futuro do negócio.

Apesar da estrutura de Universidade, a Unisabin nasceu vinculada à área de Recursos Humanos. Em 2014, durante a revisão do planejamento estratégico do Grupo Sabin, um novo passo foi dado. A Unisabin foi considerada uma impulsionadora para o crescimento corporativo e passou a ter sua própria estrutura e gerência, respondendo à Diretoria Administrativa e de Pessoas.

Desde então, sua atuação é voltada para o desenvolvimento integral dos colaboradores, como indivíduos, cidadãos e profissionais, e em consonância com o Planejamento Estratégico, a cultura organizacional e a ideologia do Grupo. Entre suas principais diretrizes, estão:

- foco proativo a partir da antecipação das necessidades, criação de soluções de desenvolvimento e aprimoramento de competências necessárias para o futuro organizacional, alinhada ao planejamento estratégico e visão corporativa;
- ampliação do público, com maior participação de *stakeholders* e demais integrantes da cadeia de valor nos programas de capacitação e desenvolvimento;
- utilização de diferentes metodologias de ensino, abrangendo a andragogia e metodologias ativas de aprendizagem, com especial atenção à modalidade de educação a distância;
- oferecimento de programas, conteúdos e soluções para a melhoria do desenvolvimento individual e organizacional, com foco nos objetivos estratégicos do Grupo.

Com a importante missão de promover o desenvolvimento humano e organizacional e, consequentemente, gerar diferencial competitivo e crescimento sustentável, a Universidade Corporativa adotou a estrutura de academias (modelo templo), desdobradas em trilhas de aprendizagem e cursos que têm como foco o desenvolvimento de competências técnicas e comportamentais específicas. A primeira estrutura de academias da Unisabin, criada em 2009, segue o modelo apresentado na Figura 1.

Figura 1: Estrutura de academias

Em 2019, essa estrutura foi revisitada buscando atender ao nosso modelo de negócio e às necessidades de nossos colaboradores. Hoje, a atuação da Unisabin está segmentada em oito escolas, como mostra o modelo a seguir (Figura 2). Cada uma delas é patrocinada por um *sponsor* — um executivo da organização que colabora com a definição de ações, estimula a participação nos projetos e defende a promoção e disseminação do conteúdo.

Figura 2: As oito escolas

No Quadro 1, a seguir, são apresentados o público-alvo, o objetivo e as competências desenvolvidas em cada uma delas.

Quadro 1: Público-alvo, objetivo e competências das escolas

	Público-alvo	Objetivo	Competências
Institucional	Todos os colaboradores.	Disseminar, fortalecer e renovar a cultura Sabin.	Ética, Integridade, Engajamento, Comunicação, Empatia, Autodesenvolvimento e Cultura Organizacional.
Educadores	Colaboradores que possuem interesse em ser facilitadores e conteudistas.	Formar facilitadores e curadores que auxiliarão no processo de disseminação do conhecimento dentro do Grupo.	Elaboração de conteúdo e práticas pedagógicas.
Clientar	Profissionais da linha de frente, como agentes de recepção, acolhedores, supervisores de unidade, manobristas e apoio.	Disseminar o comportamento humanizado no atendimento e as boas práticas relacionados no relacionamento com o cliente.	Atendimento humanizado.
Negócio	Todos os colaboradores.	Desenvolver competências alinhadas à estratégia do Grupo Sabin, promovendo o crescimento sustentável.	Visão de mercado, visão sistêmica, foco em resultados e capacidade analítica.
Humanizar (liderança)	Todos os líderes.	Desenvolvimento contínuo da liderança em competências técnico-comportamentais, antecipando as necessidades estratégicas do negócio.	Paixão por servir, liderança por valores e propósitos, desenvolvimento de pessoas, composição de equipes de alto desempenho, visão de negócio, inovação, pensamento estratégico e facilitação de mudanças.
Operacional (técnica e científica)	Colaboradores das áreas técnica e científica.	Desenvolvimento de programas de atualização científica nas áreas de atuação do Grupo Sabin.	Competências técnico-operacionais.

	Público-alvo	Objetivo	Competências
Viva Mais	Todos os colaboradores.	Conteúdo sobre saúde, lazer, cultura e cidadania que reforcem o cuidado com as pessoas em sua integralidade.	Autocuidado e conhecimento para saúde integrada.
Inovação	Todos os colaboradores.	Desenvolver competências que impulsionem a cultura de inovação, tecnologia e agilidade dentro do Grupo Sabin.	Inovação, tecnologia e agilidade.

Cada uma dessas escolas traz ações instrucionais específicas que seguem quatro premissas de aprendizagem definidas: excelência, humanização, diversão e aplicabilidade. Elas norteiam as soluções educacionais e orientam a entrega de conhecimento.

1. **Excelência**: qualidade e padronização do ensino com materiais didáticos e planos de aulas bem estruturados.
2. **Humanização**: programas pensados para pessoas diferentes, com necessidades e características individuais.
3. **Diversão**: planos de aulas divertidos e capazes de prender a atenção dos participantes, facilitando o engajamento deles nos programas de aprendizagem.
4. **Aplicabilidade**: garantia do impacto da aprendizagem por meio da mudança de comportamento e melhor desempenho no dia a dia.

Paralelamente, o modelo andragógico adotado pela Unisabin sustenta-se em quatro pilares de aprendizagem.

1. Cultura de aprendizado *on the job* – ação de líderes educadores e acompanhamento por mentores e multiplicadores.
2. Aprendizagem baseada em problemas (PBL) – a partir de um problema proposto, busca-se a entrega do conhecimento por meio do estímulo aos participantes na proposta de soluções e posterior debate.
3. Aprendizagem 70:20:10 – programas que buscam não apenas entregar o conhecimento formal (aprendizagem formal – 10),

mas fomentar a discussão (aprendizagem social – 20) e a experiência prática no ambiente de trabalho (*on the job* – 70).

4. *E-learning* – portal de educação a distância da Unisabin, levando práticas de aprendizagem de forma rápida e efetiva a todos os colaboradores, independentemente da localização geográfica.

Trilhas de aprendizagem personalizadas

A Universidade Corporativa disponibiliza e distribui dentro das diferentes escolas trilhas de aprendizagem com conteúdo relacionado ao cargo/função de cada colaborador. São caminhos e módulos de cursos que podem ser percorridos de maneira simples e acessível.

Ao entrar no portal de educação a distância da Unisabin, o colaborador pode acessar sua trilha de aprendizagem e identificar todo o conteúdo relacionado ao seu cargo atual. Assim, fica claro qual formação que deve ser seu foco de aprendizagem e onde ele deve despender esforços para se desenvolver.

Nos casos de pretensão de mudança de cargo ou promoção, as trilhas de aprendizagem do cargo/função pretendido podem ser disponibilizadas ao colaborador. Esse material é disponibilizado desde que ele tenha concluído a trilha de aprendizagem de seu cargo atual.

Desenvolvimento de conteúdo instrucional

Ao longo dos anos, a estrutura da Universidade Corporativa foi sendo adaptada de acordo com as diferentes necessidades. Com intuito de trazer mais conexão com os objetivos estratégicos da organização e mais rapidez no processo de produção, em 2016, foram feitas revisões na estrutura curricular, na estrutura de produção e na estrutura tecnológica da Unisabin, que hoje seguem o padrão abaixo para o desenvolvimento de conteúdo instrucional.

- **Estrutura curricular:** As demandas são analisadas pelos profissionais da equipe da Universidade Corporativa que desenvolvem ações instrucionais presenciais ou soluções a distância (EaD). O time é composto por um grupo multidisciplinar formado por pedagogos, psicólogos, administradores, biomédicos, *designers* instrucionais e técnicos audiovisuais.

Profissionais do Grupo Sabin apoiam de forma voluntária o corpo de educadores, colaboram com a construção do conteúdo instrucional e participam de ações de entrega de conhecimento. Esse auxílio maximiza a produção de ações alinhadas aos objetivos estratégicos e que geram resultados esperados pela corporação.

Para aumentar a velocidade no processo de fortalecimento da cultura e capacitação de nossos colaboradores, foram desenvolvidos 50 facilitadores em todo Brasil, com *expertise* em temas variados. Essa iniciativa permitiu à Unisabin pulverizar a entrega de ações de desenvolvimento técnico, comportamental e de cultura.

- **Estrutura de produção:** Em um movimento de eficiência operacional, em 2017, a Unisabin adotou a metodologia ADDIE para a produção de conteúdo, que faz com que as demandas sejam construídas a partir de cinco fases distintas:
  - **Análise** – análise e coleta de informações para o entendimento das necessidades, como público, objetivo, prazo, prioridade e periodicidade. Nesta etapa, é feita a investigação da causa-raiz, verificando se há de fato necessidade de desenvolvimento ou de apenas adequação do processo analisado. Para isso, é utilizado o formulário de Análise de Capacitação.
  - ***Design*** – definição de tudo que deverá ser produzido e desenhado para a ação instrucional ou trilha que será desenvolvida, possibilitando levantamento de custos e cronograma. Nesta etapa, é confirmado o formato da ação sugerido na abertura da análise da capacitação. O formato pode ser *e-Learning* (EaD), presencial, remoto ou misto (*blended*).
  - **Desenvolvimento** – as ações são desenvolvidas a partir de diversos recursos como animações, videoaulas, entrevistas etc. O foco é a produção de peças que tragam

o desenvolvimento de forma prática e direta do assunto abordado. Nesta fase, a criação do material, conteúdo, apresentações e ferramentas de avaliação são produzidas seguindo o Formulário de Análise, validado previamente com o cliente interno.

- **Implementação** – na fase de implementação, é colocado em prática tudo o que foi programado para suprir as necessidades dos clientes, por meio do Manual de Implementação.
- **Avaliação (*Evaluation*)** – a avaliação da ação instrucional trabalha as ações da capacitação, baseando-se nos níveis de avaliações propostos por Kirkpatrick (reação, aprendizagem, aplicação e resultados). Nesta fase, a avaliação é feita em maior ou menor nível, a depender da complexidade da ação instrucional.

• **Estrutura tecnológica:** a estrutura tecnológica da Unisabin busca se reinventar a cada ano; trazer formatos ainda não utilizados, como ações em *podcasts* e *videocasts* e fazer uso de ferramentas que permitam a melhor experiência dos usuários nas facilitações (Kahoot, Mentimeter, Word Wall, articulate etc.).

Cenário pós-pandemia

O ano de 2020 foi certamente desafiador para a educação corporativa no Grupo Sabin. O cenário de pandemia exigiu que a área estabelecesse rapidamente um novo direcionamento para as ações planejadas, para que ações sistemáticas pudessem garantir o desenvolvimento contínuo. As ações presenciais foram totalmente adaptadas para ações remotas, e parcerias externas foram firmadas para complementar as capacitações, o que trouxe celeridade na adaptação das ações de desenvolvimento.

Um elemento-chave a partir desse período foi a utilização de facilitadores — instrutores internos com conhecimento de processos, métodos, ideologia e cultura de excelência que pudessem assegurar coerência entre o conteúdo ministrado e as estratégias organizacionais. A partir do levantamento das ações a serem desenvolvidas, os facilitadores passaram a ser selecionados e auxiliar no desenvolvimento do programa, seguindo o modelo de produção descrito.

Paralelamente, por meio da análise dos resultados de avaliações, a Universidade Corporativa passou a fomentar ações de curto prazo, corrigindo ou melhorando a entrega de ações instrucionais. Ações de longo prazo também foram estruturadas a partir de dados que permitiram planejar/ajustar o Calendário de Desenvolvimento Anual do Grupo Sabin.

Uma oportunidade percebida nesse período foi o fortalecimento de parcerias com instituições externas. A partir delas, a Unisabin disponibilizou em sua plataforma de educação a distância um *hub* para excelentes cursos ofertados pelo mercado para que o colaborador continuasse a se desenvolver. Os cursos estão listados por categorias: Contabilidade, Educação e Comunicação Corporativa, Experiência do Cliente, Finanças Pessoais, Inclusão e Diversidade, Inovação, Liderança, Línguas, Pacote Office, Saúde e Bem-estar, Técnico Laboratorial e Tecnologia da Informação.

Transformação

Hoje, a Unisabin oferece em seu portal de ensino a distância mais de 180 diferentes tipos de cursos, além de acesso a conteúdo de mercado para que os colaboradores possam investir em seu desenvolvimento pessoal e profissional. Também são realizadas capacitações presenciais, disponibilização de bolsas de estudos e acesso a descontos em instituições parceiras. Apenas em 2021, foram emitidos mais de 115 mil certificados e a Unisabin promoveu mais de 160 mil horas de capacitações, com satisfação média de 99% na avaliação dos colaboradores.

Todos os esforços da Universidade Corporativa do Grupo Sabin têm em sua essência a transformação pessoal e profissional de cada colaborador. A partir da evolução de cada um, constrói-se um ambiente corporativo mais positivo e de maior valor agregado. Além disso, com o desenvolvimento das habilidades e potencialidades de cada um, promove-se o desenvolvimento da própria empresa.

Ao investir no desenvolvimento humano, a empresa garante que os colaboradores estejam alinhados com seus valores e cultura e que estejam capacitados para executar suas atribuições de acordo com os processos de sua área de atuação. Além disso, a qualificação dos profissionais tem impacto direto na produtividade e alcance dos objetivos estratégicos. Colaboradores capacitados são mais ágeis, produtivos, organizam melhor sua rotina de trabalho e conseguem pensar em melhores soluções para o negócio. Quanto mais conhecimento técnico e teórico o profissional tiver, mais facilidade ele encontrará para desenvolver suas funções. Esse é o nosso compromisso.

Estimular a aprendizagem contínua também é uma forma de atrair e reter os talentos, além de valorizar nossos profissionais. Por meio do estímulo à capacitação técnica, comportamental e da qualificação, os colaboradores se sentem valorizados e essa atenção comprova um comprometimento do Grupo Sabin com o crescimento de suas pessoas.

Capacitar e desenvolver pessoas é uma das vantagens que o Grupo Sabin tem ao dedicar esforços na aprendizagem de seus profissionais. O conhecimento adquirido e compartilhado tem sido um propulsor para a inovação e criatividade, e a Universidade Corporativa tem se provado um instrumento de diferencial competitivo.

4.7 Universidade Corporativa Sicoob — do sonho da implantação da base em princípios cooperativistas ao desafio de execução estratégica

Tatiana Carvalho Lima de Alencar Matos

Introdução

Este resumo apresenta a experiência do Sistema de Cooperativas de Crédito do Brasil — Sicoob na concepção e implantação da sua Universidade Corporativa. Diante das características próprias do cooperativismo financeiro, assim como de seus objetivos estratégicos, a Universidade Corporativa passa a ser um instrumento essencial na gestão do conhecimento organizacional e necessário para garantir a expansão sustentável do negócio.

Portanto, para compreender a estratégia de implantação da Universidade Corporativa, é importante conhecer minimamente a natureza das atividades do Sicoob, sua composição e suas principais diretrizes de atuação no segmento de produtos e serviços financeiros.

O Sicoob é o maior sistema de cooperativas financeiras do Brasil. Sua composição sistêmica está estruturada em três níveis.

O primeiro nível é formado por 352 cooperativas singulares (SICOOB, 2021), que juntas formam uma rede de 3.836 Postos de Atendimentos, distribuídos em 2.051 municípios nas 27 unidades da Federação. Vale destacar que, em 330 municípios, o Sicoob é a única instituição financeira em atividade com presença física (no conceito de agências-dependências amplas e com funcionamento permanente e em tempo integral no horário útil), o que ratifica seu interesse pelo desenvolvimento econômico e social das pessoas e regiões, ora desassistidas por outras instituições financeiras.

Cabe às cooperativas singulares o papel de ofertar o portfólio de soluções financeiras do Sicoob a seus cooperados, bem como garantir a satisfação e o atendimento de suas necessidades.

O segundo nível é composto por 16 Cooperativas Centrais, que representam de forma regional as cooperativas singulares. O papel dessas entidades é atuar na coordenação, suporte a atividades e processos operacionais do dia a dia do negócio.

Por último, o terceiro nível é representado pelo Centro Cooperativo Sicoob – CCS, que é formado por uma Confederação de Cooperativas, um Banco Cooperativo e mais oito empresas de apoio na oferta de serviços e soluções financeiras.

Para a operacionalização dessa grande rede de negócios, o Sicoob conta com 48 mil profissionais e mais de cinco mil dirigentes, totalizando 53 mil pessoas envolvidas. Toda essa estrutura organizacional serve a mais de seis milhões de cooperados[1].

O grande diferencial do cooperativismo financeiro, de acordo com Meinen e Port (2013), é que:

> Na cooperativa, o ser humano é o centro das atenções, enquanto o capital é mero insumo para a construção de soluções de uso compartilhado entre os donos do empreendimento coletivo. A cooperativa é uma organização de pessoas que utilizam o capital a seu serviço, ao passo que a empresa convencional é uma organização de capital que se serve das pessoas. No cooperativismo não se cogita da transferência de renda de desafortunados para abastados, visto que inexiste separação — o antagonismo clássico — entre dono do capital (empresário) e cliente (consumidor). A ação

1 Base de dados Sicoob (02/2022)

> cooperativo-mutualista, ao contrário, cria riqueza e a partilha entre os cooperados na razão do seu protagonismo e da sua fidelidade operacionais. Têm-se num mesmo indivíduo o proprietário e o beneficiário. Em razão disso, não se fala em "lucro". Todos, afinal, como empreendedores cooperativos, prosperam segundo a intensidade de sua cooperação ou de seu trabalho. (...) A cooperação gera progresso de acordo com a aptidão das populações e conforme o potencial da região assistida, pois a instituição cooperativa atua como braço econômico do núcleo social, acentuando o ambiente empreendedor e, ao fim, melhorando a qualidade de vida dos cidadãos lá fixados, associados ou não.

Universidade Corporativa como diferencial estratégico

Visto que a cooperativa é uma organização de pessoas, no universo cooperativista a educação faz parte do seu modelo de negócio como um dos princípios basilares — o cooperativismo é regido por sete princípios universais, sendo o quinto **educação, formação** e **informação**.

O investimento em educação, advindo inclusive de recursos legais, como o Fundo de Assistência Técnica, Educacional e Social (Fates), regulamentado pela lei 5.764 (BRASIL, 1971), demonstra a força vital da educação para o crescimento e desenvolvimento das cooperativas e suas comunidades no Brasil.

Nesse sentido, as cooperativas financeiras têm buscado novas formas para o aprendizado e desenvolvimento de seus dirigentes, profissionais, cooperados e comunidades, com vistas a garantir o aumento de competitividade no mercado em constante evolução e a perpetuidade do negócio.

No contexto de profunda transformação, em um mercado bancário altamente oligopolizado, necessitando de um conjunto claro de novas competências para o melhor aproveitamento das oportunidades do segmento e atendimento às crescentes exigências advindas de momentos como os da pandemia, o modelo de atuação da Universidade Corporativa do Sicoob demonstra-se como um diferencial estratégico.

Surgimento do Sistema de Educação Corporativa no Sicoob

No ano de 2014, foi elaborado o Projeto da Sicoob Universidade por meio de importante diagnóstico realizado com as cooperativas filiadas ao Sicoob, para conhecimento das demandas de desenvolvimento de profissionais e incremento nos portfólios educacionais disponíveis regionalmente.

A partir dessa compreensão, a Universidade Corporativa iniciou sua implementação em 2015, por meio da criação de uma Superintendência Educacional, com o objetivo de sistematizar a educação no Sicoob e gerar ganhos de eficiência no desenvolvimento dos profissionais dispersos por todo o Brasil.

A Universidade Corporativa atua a partir da Missão de apoiar a visão de futuro do Sicoob, viabilizando a integração do Sistema, a expansão dos negócios, e a perpetuação dos valores do cooperativismo. E, em sua implementação, segue as seguintes diretrizes:

- proatividade no desenvolvimento de competências que, além de desenvolver demandas atuais, intenciona antecipar necessidades futuras;
- participação ativa e parceria dos diversos agentes do Sicoob, tanto internos (áreas de educação das cooperativas singulares e centrais; líderes; instrutores internos) quanto externos (Sescoop, DGRV, instituições de ensino, universidades corporativas de outros segmentos);
- liberdade com interdependência, buscando padronização sistêmica, com respeito às diversidades locais das cooperativas;
- conteúdo relevante e prático associado à metodologia educacional adequada e atraente, focada na estratégia de negócio do Sicoob;
- acessibilidade a todos os públicos atendidos, por meio de três plataformas educacionais (dois LMS distintos e um aplicativo);
- agilidade e proatividade no alinhamento da aprendizagem organizacional aos objetivos e estratégias do negócio para o atendimento às demandas organizacionais atuais e futuras.

Os públicos atendidos compreendem os mais diversos tipos, sendo eles: dirigentes (Conselheiros de Administração, Conselheiros Fiscais e Diretores), empregados do Sicoob (Centro Cooperativo Sicoob, Cooperativas Centrais e Cooperativas Singulares), cooperados, não cooperados (comunidade em geral), profissionais terceirizados e prestadores de serviço.

Estratégias de gestão do conhecimento

A estratégia educacional ampara-se em quatro pilares básicos, denominados de Escolas de formação.

1. *Escola de Cooperativismo, Cultura e Sustentabilidade*: fortalece a cultura do Sicoob, dissemina e cultiva os princípios e valores do cooperativismo para os empregados, cooperados e comunidade em geral.
2. *Escolade Liderança e Governança*: forma e reconhece líderes para a profissionalização da gestão e a consolidação da governança corporativa.
3. *Escola de Negócios*: fortalece e incrementa a cultura comercial do Sicoob, assegurando a preferência do cooperado e a inovação do modelo de negócios alinhada aos valores e princípios cooperativistas.
4. *Escola de Excelência Operacional*: otimiza a organização sistêmica e a execução padronizada dos processos com orientação a resultados e adequados aos padrões normativos.

Partindo-se da consciência de que a ação educacional bem desenvolvida gera ações e comportamentos mais eficazes e/ou eficientes, quando planejada e alinhada às competências-chave do negócio, a estratégia educacional da Universidade busca, por meio de suas quatro escolas de formação, produzir experiências capazes de gerar mudanças de comportamento nos profissionais do Sicoob, sempre alinhadas aos princípios e valores do cooperativismo.

Portanto, no planejamento periódico do portfólio educacional disponível, são utilizados critérios fundamentais, como a definição das ações educacionais que serão capazes de:

- sustentar as ações definidas no Mapa Estratégico do Sicoob;
- gerar impacto direto no negócio, por meio do fortalecimento da identidade profissional com o modelo de negócio cooperativo;
- intensificar a atuação sistêmica e a intercooperação;
- inspirar comportamentos profissionais com base na cultura do Sicoob e na compreensão do Propósito de "Conectar pessoas para promover justiça financeira e prosperidade";
- atingir um maior número de profissionais, garantindo a sedimentação da cultura cooperativista;
- produzir impacto na produtividade e no melhor desempenho dos times;
- promover a evolução continuada do profissional, sustentando seu encarreiramento;
- atender à aquisição e ao desenvolvimento de conhecimento obrigatório do segmento financeiro (exigências de supervisão, alterações normativas e orientações/recomendações dos órgãos reguladores e supervisores das instituições financeiras);
- potencializar a cultura comercial cooperativista, criando um ambiente de atendimento proativo e com o foco no cooperado, e não no portfólio de produtos e serviços;
- aumentar a percepção cooperativista dos cooperados na medida em que os verdadeiros diferenciais da cooperativa na indústria financeira são explicitados.

Evolução

Na Universidade Corporativa do Sicoob, a transformação ocorre por conta da evolução do mercado de trabalho; da própria indústria financeira; do crescimento acelerado do Sicoob e, principalmente, por meio do *feedback* dos *stakeholders* responsáveis pelo ecossistema de educação.

Sendo assim, as ações de desenvolvimento e educação evoluíram nos últimos dois anos por meio da aquisição de novos canais educacionais; da publicação de políticas de certificação profissional e do manual de educação corporativa. Este último, com a finalidade de harmonizar continuamente a gestão da capacitação no âmbito das entidades do Sicoob, evidenciando os papéis e as responsabilidades na educação corporativa sistêmica.

Dessa forma, com o objetivo de gerar uma melhor experiência ao profissional do Sicoob, foram criadas Jornadas de Aprendizagem, abarcando diversos tipos de ações educacionais, como trilhas de aprendizagem, programas de formação, programas de desenvolvimento, instrutorias internas, novas certificações profissionais internas e preparatórios para certificação, entre outros.

Outra evolução percebida na estratégia educacional da Universidade foi o incremento da parceria interna no desenvolvimento dos conteúdos próprios do Sicoob (os conteudistas são profissionais das áreas técnicas); parceria com as Centrais na definição e estímulo na realização do portfólio educacional; parcerias externas com instituições de renome, como a Fundação Dom Cabral (FDC) e a Fundação Getulio Vargas (FGV), além da parceria com a Organização das Cooperativas do Brasil (OCB) e o Serviço Nacional de Aprendizagem do Cooperativismo (Sescoop).

Números e resultados de 2021

Atualmente, o portfólio educacional é composto por 318 soluções *on-line* assíncronas, além de programas de desenvolvimento específicos e instrutorias ao vivo.

Nas soluções *on-line* assíncronas, 70% do conteúdo é próprio, desenvolvido internamente pela Universidade com seus parceiros (de maioria internos) e visam a atender aos grandes objetivos de desenvolvimento já citados. Esse ambiente *on-line* assíncrono atingiu, no ano de 2021, 55.583 pessoas (entre usuários ativos e inativos no Sicoob, ou seja, contando com o *turnover* interno), que realizaram 1.364.966 capacitações, uma média aproximada de 20 cursos por pessoa.

Durante a pandemia, para a criação de um ambiente de maior foco na prática e na colaboração, foram inseridas capacitações síncronas no portfólio *on-line* e capacitados 26.974 profissionais ao vivo, por meio das instrutorias de profissionais internos, que compartilharam conhecimento com todo o sistema.

Para o atendimento aos objetivos da Escola de Governança e Liderança e desenvolvimento de uma cultura de liderança cada dia mais humanizada, engajada e profissionalizada, a Universidade firmou parceria com a Fundação Dom Cabral, na qual mais de 1.000 líderes do Sicoob realizaram formação executiva, que foi potencializada durante a pandemia, por ter sido migrada também para o ambiente *on-line*. Outra parceria importante da Universidade é com a FGV Projetos, por meio da Certificação de Dirigentes Sicoob (certificação por exame), na qual 1/3 do público já foi certificado e atualmente conta com a opção de realização do exame em ambiente remoto e homologado.

Outro canal que teve sua utilização reforçada durante a pandemia foi o aplicativo Moob (que conecta o Sicoob diretamente aos cooperados). Nesse canal, foram disponibilizados 35 cursos para educação cooperativista, que alcançaram mais de dez mil alunos.

Desafios

Sutilmente, a formação educacional que recebemos nas escolas nos ensina a competir, e não a colaborar. O sistema de avaliação por meio de notas, *ranking* de melhores posições, reconhecimento aos melhores e vários *inputs* que são dados a um jovem profissional são grandes desafios para o cooperativismo. Afinal, resetar a individualidade da competição para uma colaboração coletiva, na qual todos serão vencedores, não é tarefa fácil.

Sendo assim, desenvolver os profissionais das diversas organizações que compõem o Sicoob, para compreenderem a complexidade da atuação sistêmica, a importância da manutenção do alinhamento estratégico, a busca pela excelência operacional e, ao mesmo tempo, a preservação dos valores e princípios do cooperativismo é um grande desafio da Universidade Corporativa do Sicoob.

Esse desafio torna-se um pouco mais complexo na medida em que o Sicoob recebe, anualmente, um incremento de cinco mil novos profissionais. Para essa amostragem do público interno, é realizado *onboarding* educacional completo, que, no geral, objetiva acelerar a compreensão da cultura cooperativista e os valores sistêmicos, além, é claro, de inserir a cooperação no repertório comportamental dos novos profissionais, como diferencial competitivo.

Mas, além desse desafio no *onboarding*, ainda precisamos, por diversas vezes, apoiar as dificuldades de educação do nosso país, pois vários profissionais ingressam no mercado de trabalho com problemas sérios de base de conhecimento, como dificuldades em interpretação de textos, raciocínio matemático, português e outros. Dessa forma, o portfólio educacional também deve ser capaz de suprir os *gaps* de acesso identificados no processo seletivo, para que esse conhecimento, que chega frágil, não dificulte o desempenho do profissional.

Já um desafio para a educação *on-line* é a escassez de atenção dos profissionais, fenômeno criado a partir de toda a evolução no próprio modelo de educação, que precisa ser cada vez mais dinâmica e menos presa a critérios estáticos, por estar competindo com uma grande quantidade de informação disponível por meio da tecnologia (redes sociais, novas escolas de formação *on-line* etc.). Dessa forma, a Universidade Corporativa busca constantemente evoluir seus formatos de conteúdo, tornando-os atraentes e gerando uma boa experiência ao aluno.

Contudo, o maior desafio atualmente é a compreensão do profissional Sicoob no entendimento das profundas transformações da indústria financeira. Toda a evolução na indústria financeira, com o *openbanking*, pix e outros, gera um grande empoderamento do cooperado em suas escolhas. Esse empoderamento está diretamente relacionado com o nosso Propósito de promover justiça financeira e prosperidade, mas exige do profissional do Sicoob um conhecimento profundo de novas competências de futuro e, principalmente, da essência cooperativista, pois é o que nos diferencia das demais instituições.

Referências Bibliográficas

BRASIL. Lei nº 5.764, de 16 de dezembro de 1971. Define a Política Nacional de Cooperativismo, institui o regime jurídico das sociedades cooperativas, e dá outras providências. Brasília: DOU, 1971.

MEINEN, E.; PORT, M. *Cooperativismo financeiro*: Percurso histórico, perspectivas e desafios. Brasília: Confebras, 2014.

SISTEMA DE COOPERATIVAS DE CRÉDITO DO BRASIL-SICOOB. *Relatório anual*: Exercício de 2021. Disponível em: https://www.sicoob.com.br/documents/2563574/39902379/Relat%C3%B3rio+de+Gest%C3%A3o+2021.pdf/4dcfece5-63bd-b594-b114-35a17d6f5b2f?t=1647021977866. Acesso em: 28 jul. 2022.

4.8 Universidade do Cacau: universidade corporativa apoiando os desafios e o sucesso da empresa

Gerson Cosme Santos

Cacau Show e sua história de sucesso

Hoje, a Cacau Show é a maior rede de chocolates finos do mundo, com mais de 2.800 lojas espalhadas por todos os estados do Brasil. Mas qual a receita de sucesso da marca?

A história da Cacau Show começa na Páscoa de 1988. O jovem Alê Costa, com apenas 17 anos e sempre muito ativo, resolveu criar o próprio negócio e reviver uma marca que sua mãe, Dona Vilma, tinha criado anos antes. Com muita determinação, garra e vontade de aprender coisas novas, foi atrás de reviver esse antigo sonho.

Depois de encontrar um antigo catálogo de Páscoa, o jovem empreendedor realizou a venda de 2.000 unidades de ovos de Páscoa de 50g. Mas, quando foi realizar o pedido no fornecedor, descobriu que esse produto estava fora de linha. Nesse momento, Alê, que tinha todos os motivos para desistir, resolveu não deixar essa situação abalar sua sede de empreender, foi atrás de outras maneiras de cumprir a entrega. Foi até uma loja para comprar chocolates para produzir manualmente os ovinhos de Páscoa. Nesse lugar, encontrou a Dona Cleusa, que, diante da história contada, disse que o ajudaria a produzir os ovos da sua encomenda. E, 24h depois, todos os 2.000 ovos estavam prontos para serem entregues dentro dos prazos das encomendas.

A partir daí, a Cacau Show foi crescendo e se fortalecendo, a princípio no formato de venda direta, em supermercados e pequenas lojas de varejo. Mas, Alê Costa não quis parar por aí, pois via em seus clientes que eles buscavam cada vez mais produtos com excelente qualidade e com ótimo custo-benefício. E o formato de venda usado já não tinha a abrangência necessária para expandir para outras localidades. E assim, em 2001 surgiu a primeira loja da marca, em Piracicaba. Pouco depois a empresa entrou para o *franchising* e expandiu de vez.

Modelos de franquias

A primeira geração de lojas era chamada de Loja Marfim, que atualmente é a **Loja Águia**, que, por estar em sua segunda versão, recebe a denominação de Águia 2.0, o modelo convencional da rede, que contempla todo o *mix* de produtos e tem um faturamento estimado, nos primeiros 12 meses, superior a R$ 1 milhão. O investimento total dessa modalidade é a partir de R$ 200 mil, sem considerar a taxa de franquia. E, aos poucos, mais modelos foram criados de acordo com as necessidades do negócio. Atualmente, estão contemplados na rede os seguintes modelos, além do modelo Águia 2.0.

O **Quiosque** que, de acordo com o espaço disponível, o Quiosque Cacau Show poderá ofertar também serviços ao cliente, como café, gelatos, fondue e sobremesas. Direcionado a *shoppings*, galerias de hipermercados, universidades, áreas comerciais de torres corporativas e terminais rodoviários ou metroviários. O investimento inicial é a partir de R$ 99 mil, sem considerar a taxa de franquia.

E a **Loja Smart**, que contempla o *mix* completo de produtos e possui também vocação para serviços e, além disso, o faturamento anual nos primeiros 12 meses de operação é estimado em até R$ 1 milhão. O investimento inicial é a partir de R$ 145 mil, sem considerar a taxa de franquia.

Dentro desses modelos de lojas, temos também as **Mega Stores** da marca. São modelos mais focados na experiência do consumidor que, além de possuir o *mix* de produtos completo da marca, também têm serviços diferenciados das lojas normais e um conceito inovador de experiência do consumidor. E, em 2020, também foi lançado o modelo de **Super Store**, que tem como conceito a Mega Store, mas agora disponibilizados também em espaços mais compactos.

Além desses modelos, no final de 2020 foi lançado um novo modelo de franquia, pensando no momento de mercado que estamos vivendo, devido à pandemia. É o modelo de **Loja Container** que possui o investimento inferior a R$ 70 mil e é disponibilizada em dois tipos: a partir de R$ 59,9 mil e tem a área interna de 15 m^2, já o modelo de $17m^2$ custa R$ 66,9 mil. Ambos possuem área externa para disponibilização de mesas e cadeiras para consumo no local. Esse novo formato tem previsão de retorno de investimento a partir de sete meses.

Para 2021, a meta da marca é abrir 500 novos negócios entre os modelos listados acima, sendo o Container 44% dessa meta.

Empreendedor do Ano

Em 2011, Alê Costa foi eleito pela Ernst & Young Terco o Empreendedor do Ano. Foi o único brasileiro a representar o País no circuito mundial da premiação, realizada em Monte Carlo, no Principado de Mônaco.

Prêmio internacional

Em outubro de 2013, a Cacau Show recebeu o Prêmio de Varejista do Ano de Mercados Emergentes no *World Retail Awards* (WRA).

A marca concorreu com outras cinco empresas de diferentes países: a brasileira Marisa; The MAP Group, da Indonésia; Max, dos Emirados Árabes Unidos; Mr Price Group, da África do Sul; e Sefam, do Paquistão.

Instituto Cacau Show

O Instituto Cacau Show, criado há mais de dez anos, promove o direito à educação para crianças e jovens na cidade de Itapevi (SP), oferecendo aulas extracurriculares como teatro, musicalização, capoeira, atividades esportivas e linguagens: português e raciocínio lógico. Também atua nas escolas do município com a educação integral e momentos de autoconhecimento, proporcionando uma melhora significativa no processo de aprendizagem. Hoje, 850 educandos são atendidos semanalmente e mais de 15 mil crianças e jovens passaram pelo Innovation Creative Space (ICS) desde 2009.

Fazendas Cacau Show

Em setembro de 2011, Alê Costa adquiriu uma fazenda de cacau em Linhares (ES), chamada Dedo de Deus. As aquisições têm como objetivo suprir a qualidade e a quantidade de produtos da marca, além de continuar buscando inovações e trazendo diferenciais, podendo, assim, aplicá-los desde o manuseio da matéria-prima.

Universidade Corporativa – apoiando essa história de sucesso

Desde 2012, a Cacau Show conta com o apoio da universidade corporativa, chamada Universidade do Cacau, um recurso estratégico desenhado para apoiar o Propósito e Valores da empresa, por meio do conhecimento e da aprendizagem individual e organizacional.

Nosso maior propósito é promover ações para que cada colaborador se qualifique e obtenha conhecimentos e competências necessárias para, vivenciando nossos valores, desenvolver uma atuação assertiva e aprimorada em relação às funções atuais e desafios futuros.

A partir desse princípio, é possível obter mais retenção de conhecimento, valorização do relacionamento interpessoal, aplicabilidade do conteúdo no dia a dia e alcance dos objetivos e resultados pessoais e da empresa.

Para isso, a Universidade do Cacau está dividida em quatro escolas:

- Escola de Cultura & Talentos – cujo objetivo é integrar, receber, acolher, engajar o novo colaborador e, assim, transmitir a cultura Cacau Show e tudo que a compõe;
- Escola de Especialização – cujo objetivo é desenvolver as competências técnicas e comportamentais;

- Escola de Liderança – cujo objetivo é desenvolver e aprimorar as competências de liderança da organização;
- Escola de Negócios – cujo objetivo é capacitar e desenvolver as competências técnicas e comportamentais relacionadas a varejo e *franchising* para assegurar a excelência, sendo referência de mercado.

Entendemos que Educação Corporativa é um organismo vivo, dinâmico e que deve acompanhar a estratégia da empresa. Portanto, estamos sempre buscando novas formas de cuidar da nossa turma, indo além das fronteiras da Cacau Show ao estendermos nossas iniciativas para 100% da rede de lojas franqueadas e próprias, que são mais de 3.000 espalhadas pelo Brasil.

Ao longo do tempo, a Universidade do Cacau passou por algumas adaptações e transformações para se adequar ao mercado e à própria evolução da Cacau Show.

Tivemos alterações no sistema de ensino a distância, ferramenta importante para capacitar toda a nossa rede, na qual optamos por uma plataforma mais amigável e com um *layout* mais atual para conversarmos melhor com o nosso público, que é extremamente jovem, em nossas operações de loja. Também o próprio formato foi se adequando, saindo de conteúdos mais longos e estáticos para o uso de novas tecnologias, tais como videocursos, realidade aumentada, vídeos em primeira pessoa e interativos etc.

Em se tratando de formato e rede de lojas, também fizemos alterações no nosso jeito de ensinar em uma importante trilha de desenvolvimento, a formação de novos franqueados. Essa trilha é responsável por capacitar e desenvolver todos os nossos franqueados que estão em processo de aquisição de uma de nossas franquias. As mudanças que realizamos foi especificamente na didática e no formato. O intuito era melhorar a *performance* inicial na liderança e gestão de lojas, por isso deixamos a trilha mais dinâmica com o uso de metodologias mais práticas. A primeira delas é o modelo de sala de aula invertida. Nosso franqueado, antes de começar o treinamento, passa um dia em uma de nossas lojas com uma atividade guiada, e só depois disso começa o treinamento. Outras alterações realizadas foram o uso de jogos, atividades mais práticas e *cases*.

Obviamente que nesses quase dez anos de existência tivemos outras evoluções, porém uma que foi muito significativa e que nos ensinou a trabalhar melhor com o sistema de trilhas foi a construção da trilha de liderança apoiada pela Fundação Instituto de Administração (FIA) e professora Marisa Eboli.

Nosso objetivo na época era estruturar de uma maneira mais eficaz e estratégica a nossa formação de líderes. E foram meses em estudos com os nossos executivos e turma de Gente e Gestão e *Performance*, como denominamos nossa área de Recursos Humanos, para estruturar uma trilha que fizesse a diferença para a nossa turma e empresa. Essa trilha estava dentro da Escola de Liderança e foi dividida com base nos níveis de liderança, e todos os módulos tiveram como base a metodologia do Ram Charan do *Pipeline* de Liderança. O foco dos módulos era o desenvolvimento das competências organizacionais e o desafio de preparar as pessoas para o futuro desejado de crescimento e expansão da Cacau Show. Com base nisso, a construção foi feita com uso da metodologia 6D, na qual tínhamos claros os objetivos a serem atingidos e uma didática fortemente direcionada para ações práticas e de sustentação do conhecimento e desenvolvimento de competências. No final de quase dois anos, entre preparação e execução, tivemos resultados interessantes de satisfação, novos conhecimentos, mudanças de comportamento e desenvolvimento de competências.

Essas alterações realizadas foram necessárias para acompanhar as mudanças de comportamento dos nossos colaboradores e também para atender ao crescimento exponencial da Cacau Show nesta última década.

Pandemia e novos aprendizados

O período pandêmico trouxe para todos mudanças significativas, e para a área de treinamento de desenvolvimento não foi diferente. Questões que já estávamos trabalhando, como o ensino a distância, ganharam uma proporção gigantesca, quando comparamos o percentual de ações *on-line* que tínhamos antes da pandemia. E como já tínhamos essa prática na Cacau Show, apenas expandimos e contamos com a mudança comportamental e forçada das pessoas em fazerem cursos nesse formato.

Nesse período de pandemia, a Universidade foi fundamental para as nossas lojas, que tiveram que mudar o jeito de vender, saindo de venda presencial nas lojas para vendas realizadas no *e-commerce* e aplicativos de compras *on-line*. O nosso grande desafio era como, em pouquíssimo tempo e com a principal campanha da Cacau Show, a Páscoa, acontecendo, conseguiríamos deixar os franqueados e seus colaboradores preparados para vender diferente. E esse período foi de muita agilidade, usando recursos simples de vídeo, manuais etc. para apoiar e capacitar a rede. E conseguimos passar razoavelmente bem por isso.

Mas o que mudou desde esse período? Atualmente alguns formatos, como a trilha de novos franqueados que mencionei acima, mudamos para o modelo híbrido. Então hoje os franqueados visitam uma loja em sua região de origem, fazem uma semana de módulo *on-line* e ao vivo e depois vêm para a Cacau Show em Itapevi para realizar a outra semana de maneira presencial. Desse modo, houve uma redução nos custos e o franqueado não precisa ficar tanto tempo afastado da família. Deixamos 50% presencial porque algumas habilidades e competências são mais bem desenvolvidas nesse formato e porque acreditamos que o contato e a presença são fundamentais para fortalecer nossas relações com nossas pessoas e para que esses jovens empreendedores possam sentir e vivenciar nosso jeito de fazer as coisas e ser, ou seja, nossa cultura.

A pandemia acelerou um processo em que estamos há anos trabalhando, que é o ensino a distância, e ele trouxe, além da otimização de despesas, um ganho de agilidade e quantidade de conteúdos que disponibilizamos para toda a nossa rede de lojas.

Contudo, podemos dizer que a Universidade Corporativa é um organismo vivo e que precisa se adaptar rapidamente às necessidades do público, da empresa e do mundo para poder ser eficaz e apoiar as empresas. Aqui na Cacau Show, estamos sempre reestruturando nossa Universidade do Cacau para apoiar essa empresa jovem, que é fiel à sua essência e origens, que aproveita oportunidades e que cresce exponencialmente.

4.9 Universidade do Varejo GPA – Grupo Pão De Açúcar

Camila Morales Zanchim

O GPA é um dos maiores grupos de varejo alimentar da América do Sul, uma empresa do Grupo Casino que está presente em diferentes cidades do Brasil, líderes do *e-commerce* alimentar no Brasil.

Também concentramos no GPA as operações do Grupo Casino na Colômbia, Uruguai e Argentina com o Grupo Éxito.

Com um modelo de negócios multiformato e multicanal, reunimos algumas das redes e marcas mais conhecidas e valiosas do varejo, como Compre Bem, Mercado Extra, Pão de Açúcar, além das marcas exclusivas Qualitá, Taeq, Club des Sommeliers, Finlandek, entre outras.

No GPA, alimentamos sonhos e vidas, temos a missão de ser a melhor escolha dos nossos clientes e o orgulho do nosso time. Somos movidos pela paixão em servir e vencer! Para isso, vivemos fortemente os nossos valores: paixão pelo cliente, fazer simples e bem feito, atitude para inovar, juntos pelo resultado hoje e sempre e deixa comigo!

O GPA entende seu papel na sociedade e trabalha para que ela seja um lugar melhor, com mais respeito e diversidade, trabalhando como agente transformador, buscando contribuir para essa construção.

Nosso time é feito de gente protagonista que faz acontecer, o GPA é um lugar em que os colaboradores aprendem e crescem e a Universidade do Varejo GPA é responsável por apoiar esse processo.

Ela é a área de educação do GPA que atende a todos os colaboradores de operação de lojas, CDs e corporação.

Em 2018, passamos por uma grande revisão de estratégia, alinhando os pressupostos andragógicos aos objetivos educacionais, considerando os estilos de aprendizagem no planejamento das escolas e trilhas de desenvolvimento, a incorporação de novos conhecimentos e práticas na gestão do conhecimento do GPA, a redefinição de governança e a implantação do Comitê de Gestão do Conhecimento e Curadoria Pedagógica com foco na atualização constante dos processos e metodologias de treinamento e responsável por manter a gestão do conhecimento da área.

Todo esse processo foi imprescindível para a evolução de uma área de treinamento e desenvolvimento para uma universidade corporativa, que agrega valor ao negócio, é reconhecida internamente e premiada externamente.

A Universidade do Varejo GPA tem como missão promover o desenvolvimento permanente de pessoas no âmbito profissional e pessoal, alinhando sua formação às estratégias do negócio de varejo alimentar para que se tornem protagonistas de suas carreiras e, consequentemente, contribuam para alavancar os resultados da empresa como um todo.

Nossas ações contemplam 100% dos treinamentos aplicados aos colaboradores, desde sua admissão até o seu desligamento. A governança é única e cada área envolvida tem suas responsabilidades para que a prática da política de treinamento seja cumprida e mantida.

Entre os principais objetivos, podemos descrever:

- trabalhar em conjunto com os negócios alinhando as estratégias de aprendizagem da Universidade com as competências, metas e objetivos de empresa;
- promover a capacitação do maior número possível de colaboradores, utilizando metodologias inovadoras e técnicas de aprendizagem que melhorem os resultados do negócio;
- oferecer aos colaboradores uma experiência completa de aprendizagem alinhada ao papel exercido em sua Trilha de Carreira;

- criar percepção de valor sobre o processo de desenvolvimento e carreira aos colaboradores envolvidos.

Como direcionadores estratégicos podemos destacar:

- a implantação de uma cultura de educação colaborativa;
- o incentivo ao autodesenvolvimento e protagonismo de carreira, proporcionando acesso a diversos conteúdos;
- a criação de políticas e diretrizes de treinamento;
- o fortalecimento da cultura de treinamento *on-line* e *lifelong learning* (aprendizado por toda a vida).

Utilizamos um conceito único de capacitação de pessoas, buscando padronizar o formato para os colaboradores.

Entre as metodologias utilizadas, podemos destacar o modelo 70 – 20 – 10, e a metodologia 6 Ds. Dessa forma, buscamos garantir uma experiência completa de aprendizado, desenvolver soluções educacionais que contribuam para a melhor *performance* dos colaboradores, conectar com os Kpis para medir as entregas e resultados, propor soluções por *pipeline* de liderança e ofertar conteúdos segmentados em competências comportamentais, técnicas e de liderança.

O varejo possui muita intensidade, dinamismo, velocidade e uma necessidade constante de adaptações e mudanças, e essa demanda ágil de crescimento e transformações exige profissionais sempre capacitados e em constante desenvolvimento.

Além disso, temos a ambição de ampliar a diversidade de colaboradores de diferentes culturas, gerações e regiões, com um olhar amplo e inclusivo em nossos projetos.

Contamos com uma variedade de formatos, que vão desde palestras até o uso de realidade virtual. Pois cada um aprende de uma maneira diferente. Nossas formações falam dos mais variados temas para que os colaboradores tenham liberdade de escolher o que fará diferença na carreira deles.

Criamos soluções que educam e divertem ao mesmo tempo. O fato de estarmos na Era da Informação ao mesmo tempo facilita e dificulta o processo de adquirir esse conhecimento. Facilita porque ele está mais democrático e acessível do que nunca, e dificulta porque estamos envolvidos por tantos estímulos que fica difícil encontrar tempo e concentração para consumir tudo isso.

Por isso, utilizamos a metodologia *edutainment*, produção de conteúdos educacionais, soluções tecnológicas e métodos de ensino que utilizam valores do entretenimento como uma forma de recuperar o interesse das pessoas pelo conhecimento em um mundo com tantas informações, aumentando o engajamento, o interesse e a absorção de conteúdo.

Atuamos em diversas frentes de desenvolvimento como palestras, trilhas de desenvolvimento, construção de conteúdos internos, programas de capacitação, conteúdos *on-line*, entre outros.

A Universidade do Varejo GPA possui as Escolas de Liderança, *Supply* e Operações de Loja.

Incentivamos a evolução de carreira por meio dos nossos programas, como Programas de Desenvolvimento da Liderança, Programa de Desenvolvimento da Liderança Feminina, Programa de Desenvolvimento de Negros e Negras, Programas de Sucessão, Trilha de Operações, Trilha de *Supply*, Programa Primeiros Passos, Gestão Comercial de Negociação, além de ações de autodesenvolvimento como o Dia e a Semana da Educação, Fórum do Livro, Uniflix, entre outros.

Entre esses, destaco três programas em que fomos premiados:

- **Universidade em Casa**

Prêmio Destaque Gestão de Pessoas ABTD/2020

Prêmio *Excellence in Talent Management Silver - Brandon Hall Group*/2021

A Universidade em Casa nasceu no meio da pandemia global. Nessa nova realidade, surgiram algumas necessidades de adaptação, como trabalhar na modalidade *home office* (no caso do GPA, para muitos colaboradores era a primeira vez), o isolamento social e os colaboradores de lojas e CDs que precisavam sair todos os dias de suas casas para trabalhar, pois somos um serviço essencial à sociedade. Nesse cenário, toda a área de treinamento precisou se reinventar para atender à empresa como já fazia, mas agora 100% *on-line*, cada um da sua casa e de modo que atingisse a todos.

O *on-line* sempre esteve permeando todas as nossas estratégias educacionais, mas ainda não atuávamos com produções próprias.

E, em meio a todo esse cenário de desafios, surgiu mais um: o de competir com as inúmeras *lives* e conteúdos que estavam sendo produzidos nas redes sociais todos os dias.

A nossa ideia foi criar pequenos vídeos, os chamados *microlearnings,* de até cinco minutos, gravados pelos próprios colaboradores da Universidade, das suas casas com os seus *smartphones*. Uma comunicação bem mais jovem e simples no formato utilizado pelos *youtubers*.

Os roteiros tiveram diversos temas, desde assuntos relevantes para a vida pessoal a tópicos para a vida profissional, considerando os desafios desse momento de pandemia, como técnicas de meditação, alimentação saudável, como utilizar a Inteligência Emocional, ser protagonista em meio à crise, gestão de equipes remotas, mundo VUCA, adaptabilidade e muitos outros temas para apoiar e desenvolver os colaboradores naquele período.

Em complemento aos vídeos produzidos pela área de treinamento, foi realizada uma curadoria de conteúdos de fornecedores parceiros.

Além dessa repercussão interna, a Universidade em Casa também foi destaque no jornal *Valor Econômico* e na revista *Você RH*.

Já produzimos mais de 50 vídeos, somando sete horas de conteúdos realizados internamente, que totalizaram mais de 45 mil visualizações.

- **Programa de Sucessão**

Prêmio Destaque Gestão de Pessoas ABTD/2021

O Programa de Sucessão é dedicado a desenvolver futuras lideranças e a suprir a alta demanda de crescimento em nossas operações com a expansão de nossas marcas e a reduzir o *turnover* de colaboradores.

Nossos colaboradores tinham todo o conhecimento técnico e sobre o GPA, além de já vivenciarem a nossa cultura, mas vimos a oportunidade de aprimorar noções sobre gestão de pessoas, visão estratégica de negócios e habilidades comportamentais essenciais para a atuação e de estruturarmos um programa de desenvolvimento de liderança focado em carreira e crescimento que nos ajudasse a superar esses desafios e possibilitasse um processo de desenvolvimento mais assertivo para a nossa gente.

Em 2013, lançamos o Programa de Sucessão GPA proporcionando oportunidades de carreira e sucessão, garantindo a meritocracia de promoções internas, além da formação de um banco de talentos. Ele consolidou-se como o programa de desenvolvimento e carreira de maior visibilidade para a liderança das nossas operações. Muitos sonham em fazer parte e todos sabem que esse é um dos caminhos para crescer na empresa.

Já estamos na décima primeira edição. O Programa vem se renovando e acompanhando as tendências e a evolução dos nossos negócios, sempre com o objetivo de oferecer o modelo ideal e mais aderente às nossas necessidades.

O Programa de Sucessão do GPA está dividido em quatro blocos focados no desenvolvimento de competências comportamentais e técnicas: Gestão de Pessoas, Gestão de Negócios, Carreira e Formação técnica.

Tivemos em todas as edições do Programa de Sucessão, incluindo o ano de 2022, mais de 4.200 participantes desenvolvidos para cargos de sucessores distribuídos em mais de 200 turmas.

- **Trilha de Operações**

Prêmio Destaque Gestão de Pessoas ABTD/2022

Tendo em vista a importância estratégica do time de operações que representa 77% do *headcount* do GPA, criamos uma trilha de desenvolvimento personalizada para apoiar esses colaboradores na caminhada de protagonistas do seu desenvolvimento.

Em formato 100% *on-line*, a Trilha conta com conteúdos leves, totalmente conectados à realidade e cultura do GPA. Como arquitetura do projeto, utilizamos a metodologia de *Design Sprint*, que permite buscar uma solução de maneira ágil, estruturada e colaborativa com fases de Imersão, utilizando o mapa de empatia para a criação das *personas*, e Canvas de experiência de aprendizado.

A construção foi realizada em seis etapas: *kick-off*, diagnósticos e diretrizes, imersão, *design* das jornadas, construção dos conteúdos e lançamento com plano de comunicação.

Utilizamos o Canvas de experiência de aprendizado com detalhamento de cada um dos conteúdos da Trilha, que incluiu a definição dos 41 títulos comportamentais que compõem os cinco níveis divididos em três pilares comportamentais.

O primeiro pilar, chamado de Empoderar, está focado no autoconhecimento, na carreira e no protagonismo e possui conteúdos transversais para todos os níveis de cargos; o segundo é o Conectar e, a partir desse pilar, os conteúdos passam a ser exclusivos para cada nível de cargo, com módulos voltados ao relacionamento com os pares, líderes, liderados e nossos clientes; e o terceiro pilar, chamado de Faz acontecer, contribui para a compreensão dos desafios da rotina dos colaboradores e para o resultado do nosso negócio.

Além disso, existem dois outros pilares com conteúdos que podem ser realizados simultaneamente aos comportamentais: o Executar, dedicado aos conteúdos e ferramentas técnicas; e o Aperfeiçoar, com sugestões de conteúdos e canais da Universidade do Varejo GPA para estimular o autodesenvolvimento e aprimoramento dos colaboradores.

Trabalhamos na construção dos conteúdos, utilizando linguagem simples e divertida em formatos interativos e variados, como vídeos, *podcasts*, infográficos e *one-pages*, a fim de garantir o engajamento dos colaboradores.

Planejamos uma comunicação especial contemplando vídeo explicativo, materiais impressos para as lojas, publicação na *newsletter* da Companhia, um *jingle* exclusivo e, claro, o lançamento oficial que foi realizado na palestra do Dia da Educação, celebrado em 28 de abril, para todo o GPA. Já capacitamos mais de 20 mil colaboradores na Trilha de Operações.

E para completar os reconhecimentos, ainda em 2022, somos uma das cinco empresas finalistas da premiação *Top of Mind RH* na categoria Educação Corporativa com a Universidade do Varejo GPA.

Oferecemos uma plataforma *on-line* que tem como objetivo democratizar o conhecimento por meio de cursos que impactam positivamente nossos colaboradores. Ela contém mais de cinco mil conteúdos, disponíveis 24 horas por dia, sete dias por semana, de qualquer lugar, por computador, *tablet* ou *smartphone*.

Na plataforma, cada negócio tem um canal com treinamentos exclusivos, além de outros canais com conhecimento para todas as áreas, como Canal Lidera, Portal da Diversidade, Canal de Inovação, Viva a Longevidade, Canal Finanças Pessoais, Uniflix, entre outros.

Com o objetivo de fortalecer a Universidade do Varejo GPA, aumentar o engajamento e reconhecer o protagonismo dos nossos colaboradores, lançamos uma ação de gamificação, o Programa Destaques do Mês. Ele reconhece mensalmente os colaboradores de cada negócio que mais consumiram conteúdos *on-line*. Além da divulgação nos meios de comunicação interna do GPA e na plataforma LMS, eles recebem um certificado de reconhecimento, um bóton de #UVLOVER, e tornam-se elegíveis a ações de desenvolvimento diferenciadas, como cursos de especialização em instituições reconhecidas de ensino.

A área de educação corporativa vem passando por um grande processo evolutivo. Vivemos um tempo em que as pessoas têm um destacado senso de urgência, o formato e o ritmo de aprendizagem mudaram e temos que oferecer soluções que atendam a essa nova realidade.

Não podemos falar de universo de *learning* sem comentar sobre o ensino a distância, que foi potencializado na pandemia, mas também estará presente nos próximos anos.

Os formatos *on-line* já vinham em um movimento de crescimento irreversível, o isolamento social apenas impulsionou essa aceleração e ajudou a quebrar a resistência que algumas pessoas tinham com as atividades *on-line*.

A Universidade do Varejo GPA já vinha investindo e continuará, não só em treinamentos *on-line*, mas na jornada de experiências digitais dos nossos colaboradores, inclusive alinhada à Transformação Digital do GPA.

Desde que iniciamos o *home office* devido à pandemia, o time da Universidade Corporativa começou imediatamente as adaptações necessárias e a criação de novas propostas para que tivéssemos o menor impacto possível no desenvolvimento dos nossos colaboradores e nas ações previstas em nosso planejamento estratégico.

Para que elas fossem efetivas nesse novo cenário, adaptamos os planos de aula com ajustes de carga horária, atividades práticas, aplicação de *flipped classroom* (sala de aula invertida) para alguns temas, e a indicação de conteúdos complementares disponibilizados em nossa plataforma de treinamento LMS.

A cultura da educação corporativa é uma construção diária e que não acontece de um dia para o outro. Explorar os diferentes canais de comunicação, a diversificação e, principalmente, a qualidade das soluções educacionais oferecidas pela nossa Universidade têm sido os nossos grandes aliados nesse processo de valorização da educação e do autodesenvolvimento por parte dos nossos colaboradores.

É muito importante que a área de educação corporativa fomente o processo de aprendizagem, fazendo com que ele se torne realidade nas organizações. A aquisição regular de conhecimentos e competências é essencial para o autodesenvolvimento e para a melhora da *performance* profissional.

Democratizar o desenvolvimento de todos os nossos colaboradores é essencial, agregando positivamente aos resultados do negócio, por meio da transmissão e compartilhamento do conhecimento.

4.10 Universidade Petrobras: transformação digital e inovação na Universidade Petrobras

Danilo Garbazza Vieria, Delmir Peixoto de Azevedo Junior

A Petrobras é uma das maiores produtoras de petróleo e gás do mundo, atuando principalmente na exploração e produção, refino, geração e comercialização de energia. A companhia possui uma grande base de reservas provadas, desenvolveu *expertise* em exploração e produção em águas profundas e ultraprofundas como resultado de quase 50 anos no desenvolvimento das bacias *offshore* brasileiras, tornando-se líder mundial nesse segmento.

Desde sua constituição, em 1954, a empresa tem tido grande responsabilidade pelo desenvolvimento da indústria nacional do petróleo, tendo o desenvolvimento dos recursos humanos e a inovação como diferenciais presentes desde sua constituição. Já em 1955, a empresa criou o Centro Nacional de Aperfeiçoamento e Pesquisas de Petróleo (Cenap), com o duplo objetivo de preparar técnicos para as operações da companhia e de criar um corpo docente brasileiro especializado. Ao longo da história da companhia e da incorporação de novas tecnologias em suas operações, a atividade de desenvolvimento de recursos humanos foi evoluindo e se adaptando a cada novo desafio da empresa, ocupando novas posições e possuindo novos nomes na estrutura funcional até chegar à atual Universidade Petrobras (UP), criada em 2005, com a missão de gerir o desenvolvimento dos empregados, focada nas competências críticas para o atendimento às estratégias da organização.

Atualmente, a Universidade Petrobras atua em rede com 14 Academias UP (Quadro 1), que estão nas estruturas das áreas de negócio da companhia. Cada Academia UP é responsável por um domínio de área de conhecimento e é responsável por conceber e ofertar experiências de aprendizagem para atender às necessidades de desenvolvimento de cada área.

Quadro 1: Academias Universidade Petrobras

1	Academia UP Poços	8	Academia UP de Logística
2	Academia UP Sistemas Submarinos	9	Academia UP Financeira
3	Academia UP de Gerenciamento de Projetos	10	Academia de Suprimentos
4	Academia UP - Exploração	11	Academia UP Segurança, Meio Ambiente e Saúde
5	Academia UP Operações e Sistemas de Superfície	12	Academia UP Transformação Digital e Inovação
6	Academia UP Reservatório e Elevação e Escoamento	13	Academia Disseminação da Cultura de Integridade
7	Academia Refino e Gás Natural	14	Academia de Liderança e Competências

Desenvolver o conhecimento na indústria e o de seus colaboradores sempre foi, portanto, um valor na cultura da companhia. A Petrobras é uma das empresas mais inovadoras do Brasil. É a empresa brasileira que mais registrou pedidos de patentes em 2021 e, no ano de 2022, um total de 1.067 patentes ativas, maior número entre as brasileiras.

Atualmente, as empresas enfrentam o desafio das profundas transformações que o acelerado desenvolvimento de novas tecnologias digitais têm promovido nas organizações e sociedade em geral. Observam-se mudanças nas formas de as pessoas se relacionarem e trabalharem. Uma série de inovações disruptivas em processos e até mesmo em modelos de negócio tem exigido uma maior dinâmica para as empresas se manterem competitivas e inovadoras, seja no nível da corporação, seja no nível da carreira pessoal. Nesse cenário, para ser capaz de aproveitar as oportunidades oriundas dos novos desafios da companhia, é necessária uma intensa capacidade de aprendizagem, de contínua requalificação para uma realidade na qual os conhecimentos são mais voláteis.

Ciente de tais desafios, a Petrobras tem criado programas internos como o Mobiliza e o Colabore, que facilitam o trânsito dos profissionais pelas diversas áreas e atividades na companhia, que ilustram, de forma concreta, essa maior fluidez de atuação e necessidade de constante desenvolvimento de novas competências para a atuação em novas atividades. Outra evidência desse processo são as crescentes demandas por requalificação de profissionais para mudanças de atividades ao longo da carreira, que têm redirecionado profissionais para atuação em funções de maior valor, como consequência dos realinhamentos estratégicos.

Na Universidade Petrobras, essa dinâmica é percebida nas crescentes demandas por treinamentos para aperfeiçoamento de competências e para a formação de profissionais para a realização de novas atividades. Ter celeridade na oferta das soluções educacionais, portanto, tem sido um desafio e foco de atuação da educação corporativa da companhia. Tal desafio tornou-se ainda mais intenso no contexto da pandemia, exigindo soluções para a continuidade das capacitações de forma remota.

Nesse contexto de intensa demanda por desenvolvimento de novas competências, o processo de T&D também precisa se atualizar continuamente, viabilizando um desenvolvimento mais ágil e eficaz, que também se beneficie das oportunidades proporcionadas pelas novas tecnologias e que seja condizente com a nova cultura que se estabelece na nova dinâmica de trabalho.

Neste sentido, buscando ampliar sua capacidade de inovação em educação, a Universidade Petrobras criou, no início de 2020, o Laboratório de Experiências de Aprendizagem com Metodologias Disruptivas (EXPAMD Lab), dedicando recursos para prospectar e experimentar novas metodologias e tecnologias educacionais, e até mesmo repensar modelos de desenvolvimento de competências.

O EXPAMD Lab é composto por quatro áreas:

Prospecção: Um espaço destinado à pesquisa e exploração das tendências e inovações disruptivas em educação. Nessa área, são desenvolvidas atividades como exposições e demonstrações de fornecedores de produtos e serviços disruptivos (em especial *startups*); compartilhamentos de práticas internas de inovação em educação e realização de eventos que promovam o valor da aprendizagem em nossa cultura;

Ideação: Espaço destinado às concepções de experiências de aprendizagem a serem testadas. Nele, são utilizadas novas metodologias na concepção de conteúdos, como, por exemplo, *Design Thinking*, UX, DI 4.0 e Metodologias Ativas (PBL, *flipped*, jogos etc.);

Prototipação: Espaço destinado à construção de protótipos nas experimentações, como, por exemplo, realizar gravação de vídeos em novos formatos e com novos recursos de produção. Funciona como um espaço *maker* para o colaborador que deseja explorar novas formas de compartilhar conhecimento. Entre os recursos disponíveis nesse espaço estão: *miniset* de gravação, duas cabines de autoria individuais, miniestúdio para produção audiovisual, câmera de captura 360°, equipamentos para escaneamento 3D, *workstation* para edição de vídeo, criação gráfica 2D e 3D e programação de *games* em Realidade Virtual e Realidade Aumentada, óculos para experiências em Realidade Virtual e Realidade Aumentada;

Experimentação: Espaço para testes e avaliação dos produtos idealizados, como, por exemplo, aulas experimentais para testar as novas experiências. Alguns recursos disponíveis nessa área: mesas para composição flexível de grupos híbridos, TVs interativas e robô de telepresença.

No primeiro semestre de 2020, o EXPAMD Lab implementou dois serviços com o objetivo de dar celeridade ao desenvolvimento de competências por meio de soluções digitais de aprendizagem: a plataforma Teams, para aulas *on-line* ao-vivo, e a plataforma Stream, para a disseminação de capacitações em vídeo, em formato *on-demand*.

Na plataforma Stream, os colaboradores, em parceria com as academias da Universidade Petrobras, podem publicar vídeos instrucionais dos mais variados temas, viabilizando uma produção de conteúdos descentralizada, colaborativa e ágil. A nova plataforma foi posicionada no ecossistema da educação corporativa e atualmente já conta com 77 canais e mais de 670 vídeos publicados. Após o início da pandemia em 2020, cerca de 1.000 profissionais foram capacitados para adaptar cursos presenciais para a realização *on-line* ao vivo e para gravarem videoaulas a partir de suas apresentações. Mais de 600 cursos que eram presenciais foram adaptados para a realização *on-line*, via Teams, totalizando mais de 50 mil horas de empregados treinados no primeiro semestre de 2020, uma realização maior que a realização presencial para o mesmo período do ano 2019.

Ainda em 2020, durante a pandemia, a Universidade Petrobras iniciou o programa UP Digital, visando ampliar a digitalização das suas ações de desenvolvimento de forma disruptiva. Foi o início do uso das metodologias ágeis no processo de inovação da Universidade Petrobras.

O programa UP digital foi composto por sete projetos e implementado no período de dezembro de 2020 a setembro de 2022.

Figura 1: Composição de projetos da Agenda UP Digital.

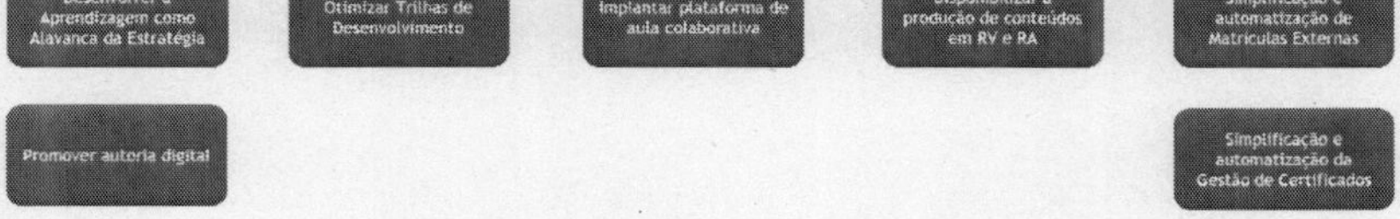

O programa entregou os seguintes resultados:

- maior autonomia/protagonismo do empregado no seu autodesenvolvimento;
- maior autonomia/engajamento/participação dos colaboradores na geração de experiências de aprendizagem;
- Banco de Docentes como impulsionador da Gestão do Conhecimento;

- maior alinhamento das trilhas ao desenvolvimento de carreiras críticas para o negócio;
- celeridade no desenvolvimento das competências requeridas;
- aumento da capacidade de realização remota e híbrida;
- aumento da qualidade dos treinamentos remotos/híbridos por meio da implantação de plataformas colaborativas;
- redução de custo na produção e realização das experiências de aprendizagem;
- simplificação e automatização de processos administrativos de suporte a T&D;
- ampliação de carteira das áreas de negócio com experiências digitais imersivas.

O programa trouxe um grande aporte metodológico e tecnológico. Em 2019, o ecossistema tecnológico de educação corporativa da Petrobras se limitava basicamente a um LMS (*Learning Management System*) e hoje conta com uma série de soluções que potencializam a aprendizagem, o engajamento, o compartilhamento, a colaboração e a criação de conhecimento, que nos habilita para o enfrentamento de uma nova realidade de trabalho híbrido, pós-pandemia.

Figura 2: Ecossistema tecnológico da Educação Corporativa Petrobras.

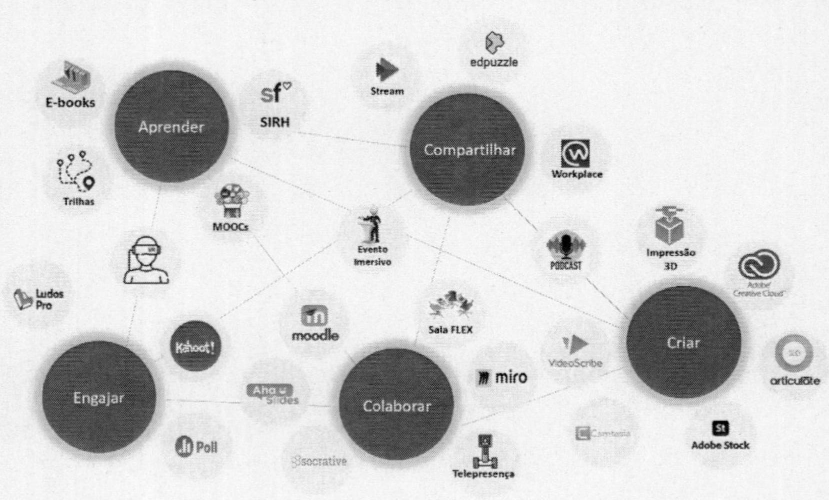

A visão da educação corporativa da Universidade Petrobras, pós-pandemia, está apoiada em dez direcionadores para as experiências de aprendizagem no mundo híbrido (Figura 3):

Figura 3: Direcionadores para a aprendizagem Petrobras no mundo híbrido

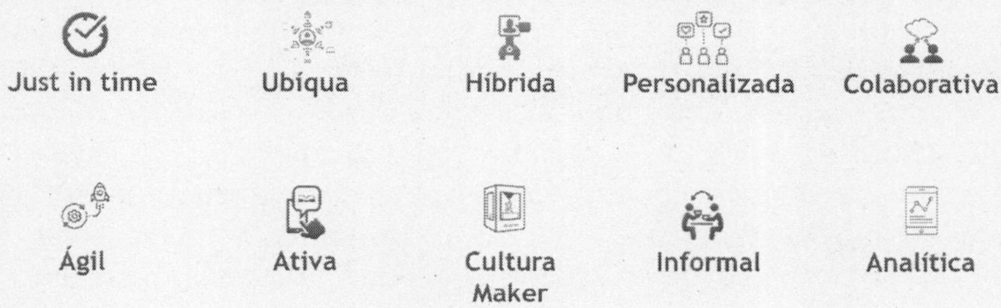

- *Just-in-time*: estar disponível para a realização a qualquer tempo;
- Ubíqua: deve ser acessível em qualquer lugar;
- Híbrida: utilizar-se dos benefícios dos variados meios disponíveis, em especial os digitais, quando viável;
- Personalizada: deve otimizar as experiências de aprendizagem em função dos contextos e aprendizes;
- Ágil: desenvolver as competências de forma ágil e eficaz;
- Ativa (centrada no aprendiz): favorecer a aprendizagem sociointeracional e a heutagogia, com a participação ativa dos colaboradores.
- Analítica: utilizar-se de dados dos resultados para contínuo aprimoramento das experiências de aprendizagem;
- Experiências formais e informais: estimular o autodesenvolvimento e as práticas de gestão de conhecimento;
- Cultura *Maker*: ser voltada para a aplicação, utilizando-se de práticas *on-the-job*;
- Colaborativa: beneficiar-se da ampla disponibilidade de conteúdos e experiências de aprendizagem disponíveis interna e externamente e criadas colaborativamente.

A Universidade Petrobras acredita no trabalho e na aprendizagem híbridos. Dessa forma, está adaptando seus recursos, espaços e práticas para que a aprendizagem constante possa continuar acontecendo independentemente de onde os colaboradores estejam. Nesse sentido, a colaboração híbrida é uma capacidade que é almejada. Seja de forma remota, por meio de metaversos e outras plataformas colaborativas, seja de forma presencial, com espaços despojados que estimulam a interação e colaboração, a Petrobras acredita no poder das conexões para a aprendizagem de alto impacto e está se preparando para isso. A UP já está experimentando a criação de eventos educacionais em plataformas imersivas, em metaverso e construindo pontes entre o físico e o remoto por meio de robôs de telepresença e salas de aula flexíveis para a participação presencial e remota simultânea.

A Universidade Petrobras acredita que um dos seus principais papéis, sobretudo nos próximos anos, será o de estimular e promover ações para o fortalecimento de uma cultura de aprendizagem na qual o empregado seja protagonista no seu autodesenvolvimento e que a educação corporativa seja sua grande parceira nessa jornada. Tal parceria se traduz na curadoria e criação de experiências de aprendizagem, orquestradas pela rede de academias, relevantes para a companhia e ofertadas aos colaboradores em forma de trilhas flexíveis de aprendizagem, bem como a participação ativa dos colaboradores nessa construção.

A Universidade Petrobras reconhece, portanto, também sua importância na criação de novos conhecimentos, possuindo um papel ativo e promotor da inovação por meio de experiências de aprendizagem ativas que estimulem a criatividade e inovação no contexto de trabalho. Nessa linha, visa aproximar as experiências de aprendizagem ao dia a dia do colaborador, de forma que aprender, criar e compartilhar conhecimentos também sejam ações intrínsecas nos processos de trabalho da empresa.

PARTE V

TEMAS CONTEMPORÂNEOS DA EDUCAÇÃO CORPORATIVA

5.1 Aspectos jurídicos da educação corporativa

Marco Sabino

"[...] digam-me onde está o trabalho em um tipo de sociedade e eu te direi onde está a educação."

Emir Sader

Inicialmente

O direito à educação é um direito fundamental previsto, primordialmente, no artigo 6.º da Constituição (BRASIL, 1988).

Diz o artigo 23, V da mesma Constituição que compete a todos os entes federados — União, Estados, Distrito Federal e Municípios — **proporcionar meios de acesso** à educação, à pesquisa, à tecnologia e à educação.

Com efeito, é **dever do Estado e da família** a educação, e a sociedade **incentivará e promoverá a** educação.

A educação é, sem sombra de dúvida, **direito humano** de caráter **social,** que exige ações efetivas por parte do Estado para sua implementação. Direitos humanos podem ser conceituados como:

> (...) faculdades e instituições que, em cada momento histórico, concretizam as exigências de dignidade, liberdade

> e igualdade humanas, as quais devem ser reconhecidas positivamente pelos ordenamentos jurídicos, nos planos nacional e internacional (PIOVESAN, 2015, p. 187).

Em um primeiro momento, os direitos humanos revelavam a **abstenção de agir do Estado** na esfera jurídica da pessoa, como, por exemplo, o direito de ninguém ser privado de sua liberdade ou de seus bens sem o **devido processo legal** (*due process clause*). Depois, no início do século XX, não bastava ao Estado apenas ficar inerte, mas **devia o poder público agir**, provendo aos cidadãos saúde, educação, lazer, cultura, transporte, desporto, previdência, alimentação. Por fim, a partir da segunda metade do século XX, os direitos humanos também abrangeram os **direitos de solidariedade,** como o equilíbrio do meio ambiente e a responsabilidade comunitária.

Mas e a organização? O que tem ela a ver com isso?

Ora, no século XXI, John Elkington escreveu que sobreviveriam as organizações fundadas no *triple bottom line*, ou seja, cujo propósito não se restringisse apenas ao lucro, mas também à proteção ambiental e à responsabilidade com a sociedade (ELKINGTON, 2000). Do ponto de vista da organização moderna, assim, é natural que a organização se engaje e proporcione ao trabalhador educação.

Este, inclusive, é um tema-chave de Governança Corporativa. Você, afinal, já deve ter ouvido falar de ESG.

Agora, será que a educação corporativa pode ser entendida como um direito fundamental do trabalhador? E, afinal, o que é esse *direito fundamental?*

Por direito fundamental pode-se entender o direito básico e necessário para que cada pessoa possa viver com dignidade, desenvolvendo suas liberdades e inserindo-se de modo íntegro na sociedade. Robert Alexy entende que os direitos fundamentais possuem característica principiológica (ALEXY, 2010), sendo, portanto, fundamento de todo o Direito.

Não há dúvida de que o direito à educação é um direito fundamental, e isso é reconhecido tanto por teóricos quanto por práticos, sendo expoentes dessa última vertente o Judiciário. Nesse sentido, o paradigmático caso das creches, julgado pelo Supremo Tribunal

Federal, é um apanhado de assertivas e explicações segundo as quais a educação é direito humano fundamental[1].

Aspectos econômicos e sociais da educação

Estudo realizado pela Fundação Getulio Vargas (NERI, 2010) apontou que mais anos de estudo implicam maior renda e menor possibilidade de incidência de trabalho precoce. Em contrapartida, menos estudo significa menor proteção, maior vulnerabilidade, maior ocupação em trabalhos precários e maior marginalização.

Na Tabela 1, a seguir, fica evidenciado que quanto mais educação, mais renda, a ponto de a proporção de renda entre quem não tem diploma e quem possui mais educação chegar a vinte vezes (WOLLA; SULLIVAN, 2017).

Tabela 1: Resultados financeiros da família com base na educação

Family Financial Outcomes Based on Education

Education*	Percentage of families	Median income (2013)	Median wealth (2013)	Wealth-to-income ratio**	Millionaires (family wealth)
No high school diploma	12%	$22,320	$37,766	1.43	1 in 110
High school diploma	50%	$41,190	$95,072	2.15	1 in 18
Two- or four-year degree	25%	$76,293	$273,488	3.45	1 in 4.6
Advanced degree	13%	$116,265	$689,100	5.58	1 in 2.6

NOTE: *Based on the education level of a family headed by someone 40 years of age or older. **This ratio shows how much wealth each group has per dollar of income. For example, the ratio for families without a high school degree was 1.43, which means that, on average, for every $1 of income there was $1.43 of wealth. The ratio is a measure of how efficient people are at turning income into wealth.

SOURCE: Boshara, Ray; Emmons, William R. and Noeth, Bryan. "The Demographics of Wealth: How Age, Education and Race Separate Thrivers from Strugglers in Today's Economy." Essay No. 2: Education and Wealth, Federal Reserve Bank of St. Louis, May 2015, pp. 4, 5, 9, and 13; https://www.stlouisfed.org/~/media/Files/PDFs/HFS/essays/HFS-Essay-2-2015-Education-and-Wealth.pdf.

Com efeito: "Em muitos países, o crescimento de renda entre os que possuem mais habilidade em matemática é de cerca de meio milhão."

De modo que mais ricos serão os países que contarem com maior educação. Da mesma forma, um estudo da Transparência Internacional também atribui à falta de educação a maior ocorrência de corrupção. Ademais, a corrupção é determinante para a qualidade de educação, transformando este em fenômeno cíclico de difícil resolução (TRANSPARENCY INTERNATIONAL, 2013).

1 Veja: <http://www.stf.jus.br/portal/cms/verNoticiaDetalhe.asp?idConteudo=96480>.

Se há uma correlação entre educação e riqueza, é possível que haja correlação entre educação corporativa e lucratividade ou, ainda melhor, educação corporativa e objetivos estratégicos.

No caso da universidade corporativa, há ainda ganhos sociais. Pesquisa feita pela FIA apontou que 4,13 em uma escala de 5 concordam que a universidade corporativa proporciona ganhos sociais (EBOLI; CASTRO, 2013). O papel da educação corporativa na construção da cidadania e da cultura empresarial é fundamental.

Mas quais são as implicações jurídicas da educação nas organizações?

Implicações jurídicas da educação nas organizações

Há questões de várias naturezas quando se fala em Direito e Educação Corporativa: a cessão dos direitos de personalidade e de autor do professor, o contrato com a instituição de ensino, as regras de conduta que a instituição de ensino deve seguir quando fornece seus cursos, a integração ou não dos cursos à remuneração do empregado, enfim, há uma miríade de temas que serão tratados em nossas aulas.

Para este artigo, contudo, vale ficar nos sistemas legais de incentivo à educação corporativa.

Sabendo da relevância da educação na formação humana e na qualificação do trabalhador, o legislador incentivou o empregador a investir na formação de seus empregados. O artigo 28, p. 9º, "t" da Lei 8.212 (BRASIL, 1991), que institui o regime geral de previdência, fixa que não integram o salário de contribuição do empregado o valor pago pelo empregador para custeio de "plano educacional, bolsa de estudo, que vise à educação básica de empregados e seus dependentes e, desde que vinculada às atividades desenvolvidas pela empresa, à educação profissional e tecnológica de empregados". Isso significa que a base de cálculo da incidência da contribuição previdenciária estará excluída de valores pagos com educação, um bom incentivo.

O Decreto 3000 (BRASIL, 1999), que estabelece o Regulamento do Imposto de Renda, contempla a hipótese de dedução fiscal com os gastos do empregador na formação de seus empregados, desde que a educação seja essencial para o trabalho e a realização de negócios pela empresa.

O artigo 476-A da Consolidação das Leis do Trabalho – CLT (BRASIL, 1943). Prevê a suspensão do contrato de trabalho para fins de qualificação profissional. Com efeito, o empregado pode se licenciar do trabalho por um período de dois a cinco meses para estudar em cursos oferecidos pelo empregador, podendo este, ademais e de acordo com o contrato de trabalho ou convenção da categoria, fornecer ajuda de custo ao empregado.

Os incentivos ligados a benefícios fiscais funcionaram no Banco do Brasil, que há décadas possui prestigiado programa de educação corporativa. De fato:

> "A sistematização da educação corporativa do Banco recebeu importante estímulo com o advento da Lei n.º 6.297/1975, regulamentada pelo Decreto n.º 77.463/1976, pela qual passou a ser possível a dedução do lucro tributável do dobro das despesas de custeio e investimentos, comprovadamente realizadas em projetos de formação profissional, previamente submetidos ao Ministério do Trabalho" (BOTTAMEDI, 2016).

Ou seja, torna-se um bom negócio investir em educação corporativa por meio de incentivos proporcionados pelo Poder Público.

Também se vê ser da tônica da legislação trabalhista a educação, podendo o empregado pedir a suspensão de seu contrato de trabalho. Contudo, será mesmo isso necessário? Ou o empregador não pode prover educação de qualidade a seu empregado com a continuidade do emprego?

Ora, é aí que entra a universidade corporativa, com todos os benefícios franqueados pela legislação, de um lado, e os benefícios proporcionados pelo ensino-aprendizado, de outro.

Educação, organizações e mudanças da pandemia

Na realidade contemporânea, a pandemia de SARS-COV-2 implicou profundas alterações no ambiente escolar e no ambiente de trabalho.

O teletrabalho é uma realidade. A Medida Provisória 1.108 (BRASIL, 2022) permite a adoção de regime de trabalho híbrido. Por comodidade e economicidade, a educação segue o mesmo caminho. A educação a distância já é prevista desde 2005, por meio do Decreto 5.622 (BRASIL, 2005). Alguns cursos já decorriam dessa forma. Contudo, com a pandemia, a realidade digital tomou conta da educação.

São diversos os impactos do Direito na educação a distância. Como é o tratamento dos direitos de personalidade (nome, imagem, voz, expressão corporal) de professor e alunos? Ademais, as câmeras abertas têm impacto na privacidade, já que estão expostos os ambientes domiciliares ou pessoais que abrigam os estudantes e professores. Outro aspecto diz respeito ao assédio e ao ***bullying***, que pode ser cometido virtualmente. Em 2022, foi registrado um caso de assédio sexual a cada quatro dias, superando os índices pré-pandemia (MARQUES, 2022).

Mas há as virtudes, sobretudo na educação corporativa, que, agora, pode propiciar aulas com professores de diversas universidades de todo o mundo ao alcance de um clique, o que antes poderia ser entendido como impensável. Ainda, o desafio das escolas e professores em tornar mais interessantes as aulas e a reserva de aulas presenciais como eventos em que alunas e alunos atuem em conjunto, olho a olho.

O campo é propício. A educação nunca acabará, antes, adaptar-se-á.

Referências Bibliográficas

ALEXY, R. *Teoria dos direitos fundamentais*. São Paulo: Malheiros, 2010.

BOTTAMEDI, A. L. F. dos S. *Educação corporativa*: Possibilidades e desafios na perspectiva do direito do trabalho. 2016. Dissertação (Mestrado em Direito) – Universidade de Brasília, DF, 2016.

BRASIL. Artigo 476A do Decreto Lei n. 5.452, de 01 de maio de 1943, que aprova a Consolidação das Leis do Trabalho. 1943.

______. Lei n. 8.212, de 24 de julho de 1991. Dispõe sobre a organização da Seguridade Social, institui Plano de Custeio, e dá outras providências. Brasília: DOU, 1991.

______. Decreto n. 3.000, de 26 de março de 1999. Regulamenta a tributação, fiscalização, arrecadação e administração do Imposto sobre a Renda e Proventos de Qualquer Natureza. Brasília: DOU, 1999.

______. Decreto 5.622, de 19 de dezembro de 2005. DOU: Brasília, 2005.

______. Medida Provisória n. 1.108, de 25 de março de 2022. DOU: Brasília, 2022.

EBOLI, M.; CASTRO, C. M. Universidade corporativa: Gênese e questões críticas rumo à maturidade. *Revista de Administração de Empresas-RAE*, v. 53, n. 4, jul-ago. 2013.

ELKINGTON, J. Cannibals with forks: Triple bottom line in the 21st Century. *Journal of Business Ethics*. v. 23, n. 2, p. 229-231, 2000.

MARQUES. B. 1 caso a cada 4 dias: assédio sexual no trabalho aumenta e supera índices pré-pandemia na região de Campinas: saiba como identificar. G1, 21 maio 2022. Disponível em: https://g1.globo.com/sp/campinas-regiao/noticia/2022/05/21/1-caso-a-cada-4-dias-assedio-sexual-no-trabalho-aumenta-e-supera-indices-pre-pandemia-na-regiao-de-campinas-saiba-como-identifi car.ghtml. Acesso em: 6 jul. 22.

NERI, M. C. (Coord.). *A educação profissional e você no mercado de trabalho*. Rio de Janeiro: FGV/CPS, 2010. Disponível em: http://www.cps.fgv.br/ibrecps/VOT2/index.htm. Acesso em: 7 fev. 2021.

PIOVESAN, F. *Direitos humanos e o direito constitucional internacional*. 15.ed. São Paulo: Saraiva, 2015. p.187.

TRANSPARENCY INTERNATIONAL. *Global corruption report*: Education. London/New York: Routledge, 2013. Disponível em: https://www.transparency.org/en/publications/global-corruption-report-education. Acesso em: 8 fev. 2021.

WOLLA, S. A.; SULLIVAN, J. Education, income, and Wealth. *Economic Research Federal Rreserve Bank of St. Louis*. January 2017, Disponível em: https://research.stlouisfed.org/publications/page1-econ/2017/01/03/education-income-and-wealth/. Acesso em: 7 fev. 2021.

5.2 Tendências em práticas de gestão de pessoas

Marcelo Nóbrega

O período pandêmico não foi o único responsável pelas transformações que estamos vivendo no mundo do trabalho. Mesmo antes da Covid-19, algumas forças já vinham atuando para reconfigurá-lo. Coube ao vírus apenas acelerar esse processo. Não se trata de uma necessidade (reação), mas de uma vontade coletiva de mudar a nossa relação com o trabalho (protagonismo). É claro que, num mundo tão desigual, esse movimento não seguirá as mesmas etapas ou ritmo para todos.

Big brother, employee experience e lifelong learning

Recentemente, visitei o centro de monitoramento de câmeras de vigilância de uma empresa que atua no comércio varejista. A sala lembrava um cenário de filme de ficção científica: luzes piscantes, telas brilhantes e sinais sonoros. Quem me recebeu orgulhosamente apresentou a parafernália como capaz de monitorar os empregados de 1.000 lojas espalhadas pelo território brasileiro. Manipulando um *joystick*, o operador escolhia uma câmera, dava *zoom* na loja que estava a quilômetros de distância e com um comando de voz acionava o microfone para conversar com o gerente. Repetindo esses movimentos, percorremos alguns estados brasileiros em poucos minutos.

Para minha surpresa, o objetivo do sistema era vigiar os funcionários e prevenir fraudes e roubos. Enquanto ouvia as explicações de como podiam monitorar a operação das caixas registradoras a distância, eu me perguntava por que ninguém mais naquela sala enxergava outras aplicações com objetivos mais nobres para aquela tecnologia.

Fast forward para um futuro não tão distante assim. A gerente Mauri resolveu trabalhar do escritório hoje porque fará algumas reuniões com sua equipe e empresas fornecedoras. Os encontros têm o objetivo de identificar falhas que a nova versão do equipamento mais vendido pela empresa vem apresentando nos testes mais recentes de laboratório. No escritório, Mauri conta com espaços e móveis que podem ser configurados de acordo com o tamanho e objetivo das reuniões. Além disso, câmeras, telas de projeção e equipamentos de realidade virtual, aumentada e holografia permitem fazer diversas simulações.

Enquanto aguarda a chegada dos demais, Mauri acessa com um comando de voz o *dashboard* do seu planejador pessoal no seu *device mobile*. Ali, ela tem a sua agenda, *dashboard* de negócios, canais de comunicação e uma plataforma *streaming* de treinamento, entre outras soluções de produtividade. Ela dá uma rápida olhada também no seu nível de insulina no app que a empresa contratou para apoiar os colaboradores no cuidado com a saúde. Esse monitoramento é feito por meio de dados enviados por um *chip*, menor que um grão de areia, implantado na sua mão esquerda (PENANTE, 2021). Como está tudo bem, Mauri retorna ao *dashboard* corporativo. Um dos indicadores mostra, de forma instantânea, o humor das equipes em cada unidade da empresa. Mostra também, de forma anonimizada, os motivos das interações entre as pessoas. Se há um tema que esteja sendo calorosamente discutido e atrapalhando o desempenho das equipes, isso também aparecerá para Mauri e ela poderá tomar providências imediatas.

Um pesquisador de uma universidade alemã participará da reunião de forma remota. Mauri não conhece, tampouco se importa com a idade de Helmut, mas admira a sua produção profícua em diferentes áreas de conhecimento. Ela sabe que tem apenas uma hora com ele, pois ele ainda terá reuniões com outras empresas em outros países ao longo do dia. A saudação "Guten Morgen" ativa o algoritmo de reconhecimento de voz que dá início aos equipamentos de reunião remota e de tradução simultânea.

Repare que as tecnologias são as mesmas: reconhecimento de voz e de imagens, mas as intenções são bem distintas. Além de ser motivada pelo estilo de gestão de comando e controle ainda prevalente na maioria das organizações, a aplicação limitada do primeiro exemplo também é característica dos momentos de introdução de novas tecnologias. Por não as entendermos totalmente, tendemos a usá-las apenas parcialmente. É comum que tenhamos dificuldade para tirar o melhor proveito de novas tecnologias e até perdermos produtividade quando estamos aprendendo a usar algo novo. Na Inglaterra da Revolução Industrial, esse fenômeno foi batizado de Engel´s Pause (GRATTON, 2018). Houve um longo período de frustração entre os trabalhadores ingleses por conta da redução da produtividade, até que finalmente atingiram um nível de produtividade superior com o devido *upskilling*.

Diferentemente da Inglaterra do século XVIII, os trabalhadores de hoje anseiam pela tecnologia e tudo o que a sua difusão representa. E como demonstra Frederic Laloux, em *Reinventando as Organizações* (2014), novos modelos organizacionais surgem para atender a novos contextos da sociedade.

Tendências que estão mudando as relações de trabalho

Longevidade e policarreirismo

Hoje, quatro gerações convivem no mesmo ambiente de trabalho. Nossa expectativa de vida continua subindo, e isso quer dizer não apenas que vamos viver mais, mas também que vamos trabalhar por mais anos. Por necessidade ou prazer, todos nós teremos mais anos produtivos no CV (KALACHE, 2008). A pergunta é: como vamos nos posicionar diante da possibilidade ou oportunidade de ter 70 anos de vida produtiva? Por exemplo: decidir aos 17 o que estudar durante quatro anos e, depois, trabalhar nisso pelo resto da vida? Poderemos fazer mais de um curso superior (ou o seu equivalente) e mudar o nosso campo de atuação algumas vezes. Certamente, teremos duas, três ou múltiplas carreiras, por vezes simultâneas. Seremos policarreiristas (TEPERMAN, 2019).

Aliás, o conceito de carreira também está em transformação: passará de uma sequência estruturada de cargos em evolução linear e incremental para um rodízio autogerido de experiências e experimentações, incluindo o fazer nada. A maior frequência de profissionais gozando de períodos sabáticos ao longo da vida produtiva será outro efeito da longevidade. Estudo, trabalho e lazer ocorrerão simultaneamente e se confundirão e retroalimentarão continuamente.

Serão ainda mais raros os profissionais que dedicam a vida toda à mesma empresa. O vínculo empregatício será fluido, volátil e efêmero (BAUMAN, 2001). No entanto, mais forte por passar a ser governado por acordos que se renovarão periodicamente.

Gig economy

Pesquisa da Upwork e Freelancers Union, de 2019, mostra que 35% da força de trabalho americana já vive na *GIG Economy* (OZIMEK, 2019). O termo vem de *do a gig*, e remete à apresentação de uma banda de música. As bandas vivem de *gigs*: cada dia uma casa de *show* diferente. Trabalhadores viverão de projetos, às vezes simultâneos (*multi-jobbers*). Não vejo precarização, mas poder de escolha. Empresas e trabalhadores se unirão temporariamente para alavancar o que cada um tem de melhor. Trabalharemos naquilo em que somos bons e gostamos de fazer.

Teremos liberdade para escolher nossos horários e dias de labuta. A semana de trabalho deixará de ser linear: não existirão mais escala, jornada, dia de folga ou fim de semana. As relações de trabalho serão comerciais. Já vivemos isso em setores como o da Tecnologia da Informação. A legislação trabalhista, portanto, precisará se atualizar ou perderá relevância.

Os *gigworkers* são a evolução dos trabalhadores terceirizados e temporários de ontem. Toda empresa precisará atrair e gerenciar um ecossistema de profissionais a quem recorrerá quando necessário. E note que isso demandará um esforço maior, pois essas pessoas terão mais opções de trabalho. Nesse contexto, já existem plataformas de *gigworkers*, como Upwork, Workana e a brasileira Crowd.

Autonomia

Intrinsecamente relacionada às duas forças descritas anteriormente, embora seja difícil identificar a relação de causalidade, estão crescendo a autogestão e a autorresponsabilidade no trabalho.

A pesquisa da Upwork também mostra que 77% dos respondentes que vivem da *gig economy* acharam mais fácil encontrar trabalho durante a pandemia. O processo de adesão ao experimento global involuntário de *home office* foi conturbado, mas podemos dizer que desenvolvemos algumas boas práticas. O maior benefício é o amadurecimento da força de trabalho. Demo-nos conta de que somos mais independentes e autônomos do que jamais pensamos. Não dependemos tanto assim de um sobrenome corporativo para sermos produtivos. No passado (recente), nos dirigíamos aos escritórios porque lá estavam equipamentos (computador, telefone, fax, mesa e cadeira) e outros recursos (salas de reunião, material de escritório, colegas). Hoje, tudo o que precisamos é portátil e tem custo razoavelmente acessível: um computador, um smartphone, *wifi* e o nosso cérebro.

Isso muda o equilíbrio de forças entre contratante (empresa) e contratado (trabalhador). Pessoas mais confiantes se sujeitarão menos a condições desiguais de troca (trabalho x capital). As novas relações de trabalho serão temporárias e baseadas em interesses mútuos mais sólidos. Vamos nos aliar com quem nos importa, com quem nos interessa e vice-versa. Isso alimenta a *gig economy*, que alimenta a nossa autoconfiança e autonomia. Que a relação seja eterna enquanto dure, enquanto for boa para ambas as partes, é o que vem demonstrando o movimento conhecido como *the great resignation* nos EUA (KLOTZ, 2021). Embora em menor escala e mais localizado, movimento semelhante ocorre no Brasil (DAYREL, 2022).

Work from anywhere

A expressão *home office* não existe em inglês. *Work from home* é uma boa aproximação, mas o que estamos, de fato, criando é o *work from anywhere*. É certo que trabalhar a qualquer hora e de qualquer lugar ainda é uma possibilidade para poucos profissionais. Mas os avanços tecnológicos criaram as condições que viabilizam o teletrabalho. Hoje basta um *smart phone* ou um *laptop* e uma boa conexão de *wifi* para estarmos conectados com o mundo.

O fato é que não precisamos estar mais fisicamente próximos aos grandes centros econômicos das grandes capitais para conseguirmos um trabalho interessante e bem remunerado.

Assim surgiram os nômades digitais (MAKIMOTO; MANNERS, 1997), pessoas que trabalham de forma remota e *on-line* sem precisar reportar-se a um mesmo local de trabalho diariamente. Por conta dessa liberdade, muitos desses profissionais costumam viajar frequentemente mudando a cidade ou país onde vivem. No início de 2022, pelo menos duas dezenas de países já ofereciam vistos para nômades digitais (BIGARELLI, 2022).

Cresceu também o número de brasileiros que decidiram viver no exterior. Segundo o censo do Ministério das Relações Exteriores de 2020, mais de quatro milhões, ou 2% da população (BRASIL, 2020), moram hoje em um país estrangeiro.

E, dentro do país, também houve um aumento do movimento migratório com pessoas deixando os grandes centros urbanos em busca de maior qualidade de vida.

O consumo do brasileiro está tomando novos contornos e destinos. Além de representar uma mudança nas relações de trabalho, esses movimentos migratórios traduzem novos comportamentos e, por conseguinte, hábitos de consumo. Por sua vez, essa transformação também afetará as empresas.

Quando pensamos no trabalho, as empresas precisarão acostumar-se a não ter todos os trabalhadores no mesmo local. Se por um lado isso abre a oportunidade de a empresa contratar o melhor trabalhador em qualquer parte do mundo, por outro também aumenta a concorrência pelo talento, pois qualquer empresa, de qualquer parte do mundo, é também um potencial empregador. E coloca os países de moeda forte em vantagem (SENA, 2021).

Tecnologia, dados e o fim do Waze

Estimativas mostram que hoje é dez vezes mais fácil escalar uma *startup* nos EUA do que há apenas cinco anos. Isso porque as tecnologias como a *internet* das coisas (IoT), o armazenamento na nuvem e a Inteligência Artificial (IA) ficaram muito mais baratas. A IoT permite a coleta de uma grande quantidade de dados, que podem ser armazenados de forma muito barata na nuvem e processados por algoritmos muito mais rápidos — e, por vezes, também mais "inteligentes" do que nós, humanos. Isso está permitindo o surgimento de dezenas de empreendedores de garagem que estão causando rupturas em várias indústrias.

A IoT é o fim do Waze! E o berço de outros serviços disruptivos. Nossos automóveis conversarão e, entre eles, decidirão as melhores rotas, economizando tempo, combustível, motor. E sem motoristas ou colisões. Como os setores de distribuição de combustíveis, lubrificantes e oficinas mecânicas serão afetados pelo carro autônomo?

Veja que a tecnologia mais barata e mais amigável acelera e fortalece as tendências anteriores. E com dados coletados por sistemas e sensores em todos os lugares, dependeremos menos da nossa experiência ou intuição. Nossas decisões serão orientadas por dados (*data-driven*) e, portanto, mais completas, racionais, lógicas e científicas.

E contrariando o discurso apocalíptico da destruição de empregos, os robôs são mais difundidos nos países de alto nível de produtividade na indústria e baixo nível de desemprego. Segundo a Federação Internacional de Robótica, Singapura, Coreia do Sul, Japão, Alemanha e Suécia lideram esse *ranking* (WESSLING, 2021). Não é apenas nas linhas de produção de indústrias onde robôs vêm continuamente ganhando espaço.

A inteligência artificial e o *machine learning* permitiram o desenvolvimento de *chatbots*, robôs capazes de simular conversas com humanos. Já são bastante comuns no varejo, onde já se pode comprar qualquer coisa com o auxílio de um *bot* de atendimento. A LeadX, uma empresa americana, desenvolve *bots* que atuam como *coaches* de liderança (LEADX). E um estudo realizado pelo Workplace Intelligence e a Oracle (BERTALLEE, 2020) em 2020 mostra que 82% dos 12 mil respondentes acreditam que *bots* podem ajudá-los no cuidado com a saúde mental.

Bem-estar e saúde

Esse mesmo estudo ainda aponta que a pandemia afetou negativamente o bem-estar mental de 78% dos pesquisados e que 76% acreditam ser um dever do empregador cuidar desse ponto.

Alguma dúvida de que, de agora em diante, bem-estar e saúde física e mental estarão mais presentes na agenda das empresas? Para o bem e para o mal, a pandemia está provocando mudanças de hábitos, e tudo que muda causa *stress*. A necessidade de distanciamento social também frustrou expectativas e adiou planos. As consequências emocionais desse momento desafiador ainda são desconhecidas e nos afetarão, em maior ou menor grau, por um bom tempo. E isso terá óbvios reflexos dentro das empresas, que precisarão estar mais alerta se quiserem se manter competitivas na atração de talentos.

Hábitos de consumo

Pesquisas como a da Fecomércio-SP (2021) mostram como as pessoas adotaram novos hábitos de consumo durante a pandemia.

Por exemplo, em 2021, quase 70% das pessoas pesquisadas diminuíram seus gastos com turismo e na compra de peças de vestuário. Esse número é ainda maior do que a queda já revelada pelo Instituto em pesquisa semelhante realizada no ano anterior. Por outro lado, o levantamento mostra que os paulistas passaram a priorizar proporcionalmente gastos com educação e com artigos para o lar (categorias onde a redução do consumo foi bastante inferior). E os canais de vendas *on-line* e digitais experimentaram crescimentos de 150% a 300% em detrimento da experiência presencial (QUALIBEST, 2021).

No entanto, não é apenas a preocupação com custos que vem mudando o perfil de consumo das famílias, mas também uma maior orientação aos aspectos da sustentabilidade das empresas.

As consequências para empresas, lideranças e gestão de pessoas

Profissionais de RH e líderes organizacionais estão diante de um enorme desafio. O modelo em que profissionais se dirigiam diariamente a um mesmo local de trabalho e se submetiam a, ou até esperavam, uma gestão guiada pelo comando e controle está ruindo. Não são apenas os trabalhadores das novas gerações que esperam uma relação mais equilibrada com seus empregadores.

O amadurecimento da força de trabalho, em função das várias mudanças sociais e tecnológicas aceleradas pela pandemia da Covid-19, coloca em xeque a maneira como as organizações sempre trataram questões como cultura corporativa, *employee experience*, *employer branding*, *employee value proposition*, engajamento e senso de pertencimento. A presença física simultânea e majoritária no local de trabalho sempre foi considerada fundamental para o compartilhamento de valores corporativos (MORGAN, 2017).

Acrescente-se a isso a necessidade das empresas de se reconfigurarem para atender aos novos hábitos e demandas do consumidor, como a preocupação com o consumo consciente, a economia circular e outros aspectos do movimento ESG. E ainda há aquelas que viram seus resultados financeiros se deteriorarem durante a crise. Para se ajustarem, as empresas passarão por reestruturações e buscarão desenvolver novas competências nos seus quadros. Gestão da mudança e aprendizado permanente serão habilidades diferenciadoras entre as organizações de sucesso no futuro.

Todas essas tendências tocam, de alguma forma, o escopo de trabalho de líderes organizacionais e profissionais de RH. Diante de um mundo mais complexo, a solução passa por estimular a criatividade e a diversidade de pensamentos. E a tecnologia é a ferramenta para se aproximar das pessoas.

Reposicionamento do RH

Se o mundo do trabalho está se tornando mais inclusivo, ágil e digital, a área de RH precisa ocupar o espaço de facilitador dessa transformação e de suporte às pessoas em posição de liderança. Nesse sentido, deve ser mais flexível, propor novos modelos de gestão e desenhos organizacionais e adotar tecnologia em seus processos.

Flexibilidade

Embora ainda não totalmente adaptadas a esse novo formato, equipes remotas de trabalho já estão presentes na maioria das empresas. Porém, não basta adaptar-se. A chave é tirar o melhor proveito dessa nova maneira de juntar pessoas em torno de um objetivo. O que se vê até o momento são empresas criando Políticas de Teletrabalho que se resumem a ditar quantos dias da semana os funcionários podem trabalhar de casa. Essas empresas não entenderam a transformação em curso. O ponto é, entendendo que o trabalho agora é *home centric* (não é preciso sair de casa), como reconfigurar os ritos, rituais, símbolos, rotinas e relacionamentos que são necessários para alcançar o objetivo do trabalho conjunto?

Se não é mais preciso sair de casa, qual será a função do escritório? Prover o que não temos nos nossos lares. Os escritórios serão espaços onde nos encontraremos com colegas da mesma empresa ou parceiros de negócios (fornecedores, representantes, distribuidores, clientes) para momentos de negociações, *benchmarking*, *brainstorming* ou experimentações, ou seja, momentos em que são necessárias interações criativas entre públicos diversos. Os escritórios serão menores e terão uma nova configuração com elementos que lembram as residências e facilitam trabalhos em grupo e híbrido (*phygital*) a qualquer momento sob demanda (CORRÊA, 2021). Mas também acolherão o trabalho daqueles que não gostam ou não têm condições de trabalhar de casa. Um estudo de 2013, com uma empresa de viagens na China, demonstrou que metade das pessoas preferira voltar para os escritórios ao final do experimento de trabalhar em casa durante três meses (BERINATO, 2014). Para acomodar as preferências pessoais, empresas também estão criando pequenos escritórios satélites em zonas residenciais.

Outras áreas que demandarão mais flexibilidade são os contratos de trabalho, a remuneração e os benefícios. Os trabalhos sob projetos (ou *gigwork*) serão mais curtos, por prazo determinado e simultâneos. A CLT possui pouca flexibilidade para acomodar os diversos formatos que serão criados por trabalhadores ansiosos por alocar seus talentos em projetos interessantes. O esquema atual de remuneração com pesquisas salariais de mercado, incentivos de curto e longo prazo também se tornará mais complexo. Será mais difícil pesquisar posições equivalentes e incentivos de longo prazo, como ações ou opções de ações, perdem valor em relacionamentos mais curtos.

Os tradicionais pacotes de benefícios (vale-transporte, vale-alimentação, seguro saúde e odontológico, carro executivo, seguro de vida, previdência complementar) já não atendem às características das múltiplas gerações que hoje estão nas empresas. Acabam não satisfazendo a quase ninguém, custam caro e são pouco utilizados. Um elemento tão importante de engajamento, mas que precisa ser personalizado a fim de realmente ser um diferencial de atração.

Modelos de gestão e desenhos organizacionais

Um caminho para fazer frente aos dilemas descritos na seção anterior é o profissional de RH adotar metodologias que nasceram em outras disciplinas, como o *design thinking* e a agilidade que propõem um novo olhar empático para abordar problemas complexos, colocando as pessoas no foco do desenvolvimento de projetos. Combinando essas metodologias, eleva-se o nível de colaboração em equipes multidisciplinares, conseguindo-se mais empatia, personalização e inovação.

As empresas costumam reagir às forças de mercado com mudanças estruturais que visam à maior eficácia (atender a novas demandas do mercado consumidor) ou eficiência (controle de custos e redesenho de processos). Entre os primeiros, estão a criação ou o direcionamento de mais recursos a determinado departamento ou o desenvolvimento de novas competências da força de trabalho. Reengenharia, demissões, reportes matriciais e *squads* de projetos são ações que buscam eficiência.

Nota-se que essas medidas promovem nada mais do que meros ajustes. Transformações mais radicais precisam acontecer para que arranjos organizacionais emerjam e atendam aos novos anseios da sociedade. E diante do novo paradigma de complexidade e valorização do ser humano, surgem os modelos TEAL (LALOUX, 2014) e a holacracia de Brian J. Robertson (2017).

Como alternativa ao modelo corporativo tradicional de pirâmides hierárquicas, com funcionários na base e administradores no topo, cadeias de ordens e burocracia, as empresas TEAL e holacráticas propõem estruturas descentralizadas e dinâmicas com pequenos times que assumem a responsabilidade e governança próprias.

Essas organizações se baseiam em três princípios:

- possuem um propósito claro;
- são autogeridas por todos os colaboradores;
- têm um ambiente onde cada indivíduo pode ser ele mesmo.

Exemplos de empresas que adotam esse modelo de gestão são: Netflix, Gore Tex, Zappos, Buurtzorg, Morning Star e Patagonia. No Brasil, os grupos Semco e Anga.

Uso de tecnologia

A tecnologia pode ser uma forte aliada da transformação cultural exigida pelos três princípios da holacracia.

Comunicação do propósito

Para que todos se sintam engajados e colaborem com o propósito da organização, primeiro precisam conhecer e ser inspirados por ele e, finalmente, ter a disponibilidade para contribuir. Aplicativos de comunicação interna como GoIntegro, Workplace e Dialog democratizam a informação e permitem a colaboração sem os símbolos de *status* das organizações.

No entanto, todas as organizações possuem redes informais de conexões, comunicação, colaboração e influência. A análise de redes organizacionais (ONA, em inglês), uma aplicação da IA, mapeia como a informação trafega dentro da empresa (por twitter, *e-mail*, whatsapp, *intranet*, mensagens de áudio, imagens de vídeo) e permite identificar os colaboradores mais influentes e otimizar os esforços de comunicação.

Automatizar processos de pouco valor agregado, como admissão, demissão e assinatura de documentos, permitirá que o RH participe de conversas mais estratégicas. E, por fim, *bots* e assistentes pessoais virtuais podem fazer parte do *Help Desk* do RH e apoiar os colaboradores no autoatendimento para a marcação de férias e folgas, dúvidas sobre o holerite e outras tarefas do departamento de pessoal.

Autogestão

No passado, ser o detentor de informação era considerado símbolo de poder ou *status*. Uma organização autogerida é *data-driven*: a análise de dados e fatos e a tomada criteriosa de decisões é uma vantagem competitiva que pressupõe a transparência, o acesso e um processo de colaboração que não dependa do humor ou vontade, intuição ou experiência de poucos indivíduos. Assana, Slack e Trello são soluções que incorporam noções de gestão à vista e kanban e que aumentam a produtividade do trabalho em equipe.

Integralidade do indivíduo

Valorizar a experiência do colaborador pressupõe conhecê-lo na sua integralidade. No passado, enviávamos anualmente extensas pesquisas de clima ou de engajamento a todos os colaboradores da empresa com o mesmo formato, as mesmas perguntas e no mesmo período. E, devido à pouca automação, esperávamos alguns meses para receber as respostas consolidadas. O resultado era um material desatualizado e de pouca utilidade.

Hoje, graças a tecnologias da IA, como questionários dinâmicos, análise de sentimento, reconhecimento de áudio e imagens, sequer precisamos elaborar e aplicar uma pesquisa. À semelhança da ONA, por meio da captura de imagens, sons e textos que circulam no ambiente digital da empresa, é possível ter um diagnóstico instantâneo do clima em qualquer microcosmo da organização. E, se a escolha for por aplicar uma série de perguntas, a tecnologia é capaz de personalizar dinamicamente um questionário para cada colaborador.

Implicações para a educação corporativa

A edição de 2020 do relatório anual *The Future of Jobs* do Fórum Econômico Mundial (WEF, 2020), lista as 15 competências que serão fundamentais para o trabalho do futuro. Curiosamente, o reporte define 2025 como a data para isso acontecer. Isso quer dizer que, a partir de 1.º de janeiro de 2026, precisaremos ser proficientes em outras competências? Talvez os prazos não sejam tão precisos assim, mas definitivamente o alvo é móvel e necessitaremos seguir aprendendo novas habilidades a fim de sermos produtivos nos novos contextos de negócios que surgirão como (r)evoluções naturais.

Seguiremos vivendo situações inéditas em que nossas fórmulas de sucesso não funcionarão mais. No contexto dessas mudanças, a área de educação corporativa deve se posicionar como plataforma para o êxito dos colaboradores da empresa. E diante dessas transformações, a área passa a facilitar o aprendizado que será:

- autodirigido – por opção do colaborador;
- assíncrono – no tempo e espaço do colaborador;

- contínuo – nunca está completo, sempre há algo novo a ser aprendido;
- colaborativo – a empresa oferece o conteúdo para atuais e ex-colaboradores, seus familiares, *gig workers*, fornecedores, cliente, etc... E todos podem também atuar como multiplicadores de conhecimento;
- multiformato – texto, áudio, vídeo, interativo, presencial, remoto, híbrido, colaborativo ou individualizado;
- multiconteúdo – não apenas o que interessa para a empresa naquele momento, mas conteúdo variado que amplie a trabalhabilidade de quem o consome;
- multiplataforma – acessível em qualquer *device* móvel.

As empresas onde o RH ocupar esses novos espaços obterão uma vantagem competitiva.

Referências Bibliográficas

BAUMAN, Z. *Modernidade líquida*. Rio de janeiro: Jorge Zahar, 2001.

BERINATO, S. *Companies benefit from transparency about customer data*. Boston: HBR, 2014.

BERTALLEE, C. Global study: 82% of people believe robots can support their mental health better than humans. Oracle, Oct. 7 2020. Disponível em: https://www.oracle.com/news/announcement/ai-at-work-100720/. Acesso em: 18 mar. 2022.

BIGARELLI, B. 23 países que oferecem visto para nômades digitais. *Valor Econômico*, 07 fev. 2022. Disponível em: https://valor.globo.com/carreira/noticia/2022/02/07/23-paises-que-oferecem-visto-para-nomades-digitais.ghtml. Acesso em: 18 mar. 2022.

BRASIL. Ministério das Relações Exteriores. Comunidade brasileira no exterior – Estatísticas 2020. Disponível em: https://www.gov.br/mre/pt-br/assuntos/portal-consular/artigos-variados/comunidade-brasileira-no-exterior-2013-estatisticas-2020. Acesso em: 18 mar. 2022.

CORRÊA, F. Futuro do trabalho: As tendências dos escritórios. *Forbes*, 13 dez. 2021. Disponível em: https://forbes.com.br/negocios/2021/12/futuro-do-trabalho-as-tendencias-que-estarao-nos-escritorios-em-2022/. Acesso em: 18 mar. 2022.

DAYRELL, M. Grande debandada no Brasil afunila em profissionais mais qualifi cados e escolarizados. *Estadão*, 2022. Disponível em: https://economia.estadao.com.br/noticias/sua-carreira,grande-debandada-no-brasil-afunila--em-profissionais-mais-qualificados-e-escolarizados,70003976667. Acesso em: 18 mar. 2022.

FECOMERCIO SP. Nove em cada dez pessoas mudaram padrões de consumo durante a pandemia no estado de São Paulo, mostra FecomercioSP. 2021. Disponível em: https://www.fecomercio.com.br/noticia/nove-em-cada-dez--pessoas-mudaram-padroes-de-consumo-durante-a-pandemia-no-estado-de--sao-paulo-mostra-fecomerciosp. Acesso em: 18 mar. 2022.

GRATTON, L. The challenge of scaling soft skills. *MIT Sloan Manegement Review*. Aug. 6 2018. Disponível em: https://sloanreview.mit.edu/article/the-challenge-of-scaling-soft-skills/. Acesso em: mar 2022.

KALACHE, A. O mundo envelhece: É imperativo criar um pacto de solidariedade social. *Ciência & Saúde Coletiva*, v. 13, n. 4, jul./ago. 2008.

KLOTZ, A. C. You've quit your job. How do you manage the time before you actually leave? *The Wall Street Journal*, Sept. 22, 2021.

LALOUX, F. *Reinventing organisations*: A guide to creating organisations inspired by the next stage of human consciousness.Brussels: Nelson Parker, 2014.

LEADX. Turn millennial managers into legacy leaders. Disponível em: https://leadx.org/. Acesso em: 18 mar. 2022.

MAKIMOTO, T.; MANNERS, D. *Digital nomad*. New Jersey: John Wiley & Sons, 1997.

MORGAN, J. *The employee experience advantage*. New Jersey: John Wiley & Sons, 2017.

OZIMEK, A. Report: Freelancing and the economy in 2019. *Upwork and Freelancers Union*, New York, NY, 2019. Disponível em: https://www.upwork.com/press/releases/freelancing-and-the-economy-in-2019. Acesso em: 18 mar. 2022.

PENANTE, L. Chip injetável usa ultrassom para monitorar o corpo por dentro. *Tecmundo*, 19 jun. 2021. Disponível em: https://www.tecmundo.com.br/ciencia/219483-chip-injetavel-usa-ultrassom-monitorar-corpo-dentro.htm. Acesso em: 18 mar. 2022.

QUALIBEST. Hábitos de consumo: Quais as tendências de mercado criadas pelo novo Coronavírus? Dez. 19, 2021. Disponível em: https://www.institutoqualibest.com/blog/comunicacao-e-midia/habitos-de-consumo--quais-as-tendencias-de-mercado-criadas-pelo-novo-coronavirus/. Acesso em: 18 mar. 2022.

ROBERTSON, B. J. *Holacracia*: O novo sistema de gestão que propõe o fim da hierarquia. São José dos Campos: Benvirá, 2017.

SENA, V. Número de brasileiros que trabalham para gringos e ganham em dólar dispara. *Exame*, 21 set 2021. Disponível em: https://exame.com/carreira/numero-de-brasileiros-que-trabalha-para-gringos-e-recebe-em-dolar-dispara/. Acesso em: 18 mar. 2022.

TEPERMAN, J. Anticarreira: O futuro do trabalho, o fim do emprego e do desemprego: Como crescer com propósito e entusiasmo pela vida inteira. São Paulo: Futuro, 2019.

WESSLING, B. 10 Most automated countries worldwide. *The Robot Report*, Dec. 15, 2021. Disponível em: https://www.therobotreport.com/10-most-automated-countries-wordlwide-in-2020/. Acesso em: 18 mar. 2022.

WORLD ECONOMIC FORUM-WEF. *The future of jobs*. Geneva: WEF, 2020.

5.3 Cinema e aprendizagem: a presença do audiovisual na educação corporativa

Sérgio Rizzo

"A imaginação é mais importante que o conhecimento."

Albert Einstein (1879–1955)

O impacto social e psicológico das imagens em movimento sobre os espectadores alimenta a trama de inúmeros filmes de ficção — como a comédia dramática *A Rosa Púrpura do Cairo*[1] e o melodrama espanhol *Tudo sobre Minha Mãe*[2], para lembrar dois exemplos notáveis — e também está presente na produção de não ficção. Um caso exemplar é o do documentário *Cine Mambembe — O Cinema Descobre o Brasil* (1999), que acompanha os então jovens cineastas Laís Bodanzky e Luís Bolognesi em viagens pelo Norte e Nordeste do país com uma perua antiga, projetor 16 mm, tela portátil, equipamento de som e latas de filmes.

A cada parada, em pequenas cidades e vilarejos que não tinham salas de cinema, o casal promovia exibições em espaços públicos. Em uma delas, habitantes de uma aldeia pataxó de Barra Velha (BA) que jamais haviam visto imagens em movimento — nem mesmo as da televisão — assistem embevecidos a uma sessão de curtas-metragens. Ao final, uma mulher idosa é entrevistada.

---

1 *The Purple Rose of Cairo* (EUA, 1985). Direção e roteiro: Woody Allen.

2 *Todo sobre Mi Madre* (Espanha, 1999). Direção e roteiro: Pedro Almodóvar.

Perguntam a ela o que achou da experiência. "É bom para a gente trocar de vida", diz. Em Lagoa dos Gatos (PE), uma jovem estudante verbaliza seu deslumbramento de outra forma. "É como um pedaço da realidade", afirma. "Eles [os realizadores dos filmes] jogam tudo na sua cara e aí você vê o que faz com isso."

Esses instantes mágicos remetem ao fascínio original das primeiras sessões de cinema, no final do século 19[3]. Hoje, apresentados ao audiovisual desde a infância, habituados a acompanhar as narrativas que as salas de cinema, os canais de TV e os serviços de *streaming* nos oferecem, tendemos a naturalizar a essência do que nos atrai nessa experiência social[4]. É importante, no entanto, identificar alguns dos fatores-chave que nos movem. De um lado, como assinala o depoimento da índia pataxó de *Cine Mambembe*, embarcamos nas histórias de filmes, séries, minisséries e telenovelas porque, em um salutar exercício de empatia e de alteridade, "trocamos de vida" ou, por um determinado tempo, nos permitimos "viver a vida dos outros", a dos protagonistas das narrativas que nos seduzem.

De outro lado, como bem observa a estudante pernambucana ouvida no documentário de Bodanzky e Bolognesi, reconhecemos que as narrativas do audiovisual funcionam como representações da realidade, nos convidando a reagir de alguma forma ao que os realizadores decidiram "nos jogar na cara". Precisamos "ver o que fazemos com isso": a experiência só é completa quando estamos atentos ao que sentimos e pensamos, uma vez que o audiovisual[5] possibilita, no fim das contas, que nos conheçamos

---

3 Entre os inúmeros livros que tratam desse período inicial, recomendo *Os Irmãos Lumière: A Invenção do Cinema*, de Jacques Rittaud-Hutinet (São Paulo: Scritta, 1995), e *O Espectador Noturno: Os Escritores e o Cinema*, organizado por Jerôme Prieur (Rio de Janeiro: Nova Fronteira, 1995).

4 A compreensão de que se trata de experiência social está relacionada especialmente à fruição do audiovisual em salas de cinema e outros espaços públicos, para onde nos deslocamos pela cidade em que vivemos (ou mesmo de uma cidade a outra) com o objetivo de compartilhar a sessão com outras pessoas (a maioria das quais, em geral, desconhecidas). O consumo doméstico compromete esse aspecto.

5 O uso do termo *audiovisual* é estratégico por traduzir compreensão mais aguda dos fenômenos que, sob efeito do que se convencionou chamar de "convergência de meios", de "revolução digital" e de "economia do audiovisual", geraram transformações profundas nos campos do cinema, da televisão e do vídeo. Hoje, esses campos — que, convém registrar, jamais foram independentes uns dos outros, tanto em aspectos estéticos como em econômicos — se interligam de tal maneira, nas esferas da linguagem, da produção e da difusão, que soa terrivelmente anacrônico encará-los de modo estanque.

mais e melhor. Ao dizer quais são os filmes que nos impactaram ao longo da vida, por exemplo, estamos também revelando um pouco de quem fomos e somos.

Em função dessas e também de outras características favoráveis, o potencial pedagógico do audiovisual tem sido objeto de práticas e de reflexões nos ambientes escolares há cerca de um século — primeiro com o uso do cinema, depois com a popularização da televisão e do vídeo, e mais recentemente graças à *internet*[6]. São diversas as modalidades em que educadores e estudantes interagem com o audiovisual. A mais comum é aquela em que professores se apropriam de filmes como ferramenta pedagógica para "ilustrar" pontos do conteúdo de disciplinas. Outras atividades estão voltadas para o estímulo à construção do pensamento crítico, à difusão da cultura audiovisual e ao domínio da expressão por meio de imagens e sons (quando as ações envolvem não só a exibição e a análise de obras, mas também a produção).

Esses quatro eixos podem orientar igualmente ações relacionadas ao audiovisual em ambientes corporativos. Nesse universo, a abordagem "ilustrativa" também é a mais comum. Profissionais das áreas de Treinamento, por exemplo, costumam recorrer a longas e curtas-metragens (exibidos na íntegra ou parcialmente) para enfatizar conceitos, apresentar valores ou criar "motivação" em equipes de trabalho, entre outros objetivos. Menos corriqueiras são as ações voltadas para os demais três eixos. Existe um amplo espaço, portanto, para a inserção da cultura audiovisual em organizações públicas e privadas que seja desenvolvida de acordo com uma perspectiva orgânica, capaz de contemplar as imensas possibilidades que a linguagem das imagens e dos sons nos oferece.

É preciso ressaltar inicialmente que, num país como o Brasil, toda organização disposta a planejar e a executar ações para aproximar seus trabalhadores do audiovisual está contribuindo para uma causa socioeducativa, a da promoção do acesso à produção artística e cultural. Trata-se de ação inclusiva, com efeitos facilmente perceptíveis sobre a formação geral das pessoas, sua capacidade de compreensão do mundo e do seu papel na sociedade. Envolve

---

6 Discuto as relações entre o audiovisual e a educação ao longo da história em minha tese de doutorado, *Educação Audiovisual: Uma Proposta para a Formação de Professores de Ensino Fundamental e de Ensino Médio no Brasil* (São Paulo: ECA/USP, 2011). O *download* gratuito pode ser feito no Banco de Teses da USP.

um compromisso que leva em conta deficiências do passado (a formação escolar e cultural dos trabalhadores, em geral muito aquém do desejável) para apostar no presente (desafios da vida profissional e pessoal) e no futuro (contribuição ao desenvolvimento econômico e social de suas famílias e do país), em sintonia com o conceito de aprendizado ao longo da vida (*lifelong learning*) e com os parâmetros apresentados pela UNESCO (Organização das Nações Unidas para a Educação, a Ciência e a Cultura) para o "cidadão global" do século 21[7].

A criação de um cineclube dentro de uma organização, por exemplo, já estará justificada por essa dimensão inclusiva[8]. O mesmo raciocínio pode ser aplicado a outras iniciativas no campo da cultura e das artes. Uma pequena biblioteca ou um "clube do livro"[9] difundem a literatura. Espetáculos musicais e teatrais, realizados por profissionais ou por grupos amadores da organização e da comunidade em que ela se insere, contribuem para o acesso às artes performáticas. Visitas organizadas a museus e galerias mobilizam a apreciação das artes visuais. *Newsletters* com sugestões culturais e pequenos artigos (escritos pelos próprios trabalhadores ou por convidados) podem circular periodicamente na rede interna, assinalando a presença do tema no cotidiano da organização.

Pela sua natureza, o audiovisual tem um caráter estratégico nesse contexto. Filmes incorporam elementos de outras artes e estabelecem diálogos com elas. Suas representações de mundo permitem associações com outros campos do conhecimento — psicologia, história, antropologia, direito, economia, relações internacionais e ciência política, entre outras. Sua linguagem é conhecida (poucos são os que não foram apresentados a ela já na infância) e largamente apreciada (por cidadãos de todas as classes sociais e níveis educacionais) em virtude da conexão emocional que possibilita — o fenômeno de "viver a vida dos outros". E, hoje, filmes são acessíveis como nunca antes o foram, graças em

7 Recomendo a leitura do relatório *Educação para a Cidadania Global: Preparando Alunos para os Desafios do Século 21* (UNESCO, 2015). *Download* gratuito: https://unesdoc.unesco.org/ark:/48223/pf0000234311.

8 Cineclubes são espaços que promovem a exibição de filmes acompanhada por algum tipo de reflexão conjunta, como debates e rodas de conversa.

9 Grupo de pessoas que se reúne periodicamente para conversar a respeito de leituras comuns, previamente decididas pelo coletivo.

boa medida ao crescimento dos serviços de *streaming*, que organizaram para o grande público "videotecas" ao alcance de quem tiver acesso à transmissão de dados em banda larga pela *internet* ou a operadoras de TV por assinatura.

No âmbito da educação corporativa, atividades que envolvam filmes — em cursos, debates e seminários — tendem a se tornar mais ricas na medida em que recorrem aos princípios das metodologias ativas e da "sala de aula invertida". Minhas experiências no projeto Cine Gestão, desenvolvido na FIA em parceria com a Prof.ª Dra. Marisa Eboli, sugerem que esses parâmetros contribuem para o desenvolvimento da emancipação do espectador[10], ou a capacidade de cada um articular a produção de sentido em torno de uma manifestação artística sem que previamente alguém nos ofereça uma "chave de interpretação" a ser naturalmente incorporada como se fosse a única possibilidade de leitura e compreensão daquela obra.

Por esse motivo, não oferecemos informações prévias sobre os filmes que selecionamos para as aulas e os debates. Não recomendamos, também, que os participantes façam pesquisas sobre eles antes de vê-los. Preferimos que se exponham inicialmente às obras sem prejulgamentos de terceiros (como os da crítica especializada e das redes sociais) e sem nenhuma espécie de informação que possa corresponder a um "roteiro de leitura". O que mais nos interessa é o impacto emocional e intelectual provocado pelos filmes, e a maneira com que cada um será capaz de refletir sobre ele. Nossos encontros começam justamente pela troca de ideias entre os participantes, convidados a falar sobre o que mais lhes chamou a atenção nos títulos em pauta.

Cabe apresentar também alguns dos critérios que norteiam a curadoria do programa. Até o momento, dezenas de filmes de ficção (e também alguns documentários, mas em ações específicas) foram trabalhados. Além de suprir os encontros com reflexões sobre temas de gestão, nos preocupamos também com os seguintes aspectos:

---

10 Esse conceito é trabalhado especialmente em dois livros do filósofo francês Jacques Rancière: *O Mestre Ignorante: Cinco Lições sobre a Emancipação Intelectual* (Belo Horizonte: Autêntica, 2015) e *O Espectador Emancipado* (São Paulo: Martins Fontes, 2017).

a) diversidade de origem: embora a maior parte dos filmes trabalhados venha dos EUA (produzidos por grandes estúdios e também realizados no cenário independente), empenhamo-nos em apresentar títulos de outras filmografias, com o objetivo de ampliar o repertório dos participantes (em geral conectado quase que exclusivamente à produção americana). Alguns exemplos: os franceses *O Artista*[11] e *Yves Saint-Laurent*[12], o belga *Dois Dias, Uma Noite*[13], os britânicos *Eu, Daniel Blake*[14], *O Destino de uma Nação*[15], *O Jogo da Imitação*[16] e *Dois Papas*[17], o indiano *O Tigre Branco*[18], os brasileiros *Descarte*[19] e *Lixo Extraordinário*[20];

b) atualidade: privilegiamos filmes produzidos nos últimos cinco anos e damos prioridade a filmes realizados no século 21; esse critério não impede que sejam utilizados ocasionalmente filmes mais antigos, como *Se Meu Apartamento Falasse*[21];

c) nas situações em que os participantes precisam assistir aos filmes por conta própria, previamente ao encontro, apostamos também na apresentação de serviços de *streaming*

---

11 *The Artist* (França/Bélgica/EUA, 2011). Direção e roteiro: Michel Hazanavicius.
12 *Yves Saint-Laurent* (França, 2014). Direção: Jalil Lespert. Roteiro: Marie-Pierre Huster, Jalil Lespert e Jacques Fieschi, baseado no livro de Laurence Benaïm.
13 *Deux Jours, Une Nuit* (Bélgica/França/Itália, 2014). Direção e roteiro: Luc e Jean-Pierre Dardenne.
14 *I, Daniel Blake* (Reino Unido/França/Bélgica, 2016). Direção: Ken Loach. Roteiro: Paul Laverty.
15 *Darkest hour* (Reino Unido/EUA, 2017). Direção: Joe Wright. Roteiro: Anthony McCarten.
16 *The Imitation Game* (Reino Unido/EUA, 2014). Direção: Morten Tyldum. Roteiro: Graham Moore, baseado no livro de Andrew Hodges.
17 *The Two Popes* (Reino Unido/Itália/EUA, 2019). Direção: Fernando Meirelles. Roteiro: Anthony McCarten.
18 *The White Tiger* (Índia/EUA, 2021). Direção e roteiro: Ramin Bahrani, baseado no romance de Aravind Adiga.
19 *Descarte* (Brasil, 2021). Direção: Leonardo Brant. Roteiro: Leonardo Brant, Lucas Melo e Sérgio Rizzo.
20 *Waste Land* (Brasil/Reino Unido, 2010). Direção: Lucy Walker, Karen Harley e João Jardim.
21 *The Apartment* (EUA, 1960). Direção: Billy Wilder. Roteiro: Billy Wilder e I.A.L. Diamond.

alternativos ao líder de mercado[22] para ressaltar a diversidade de opções à disposição do público e os diferentes perfis de cada plataforma.

No diálogo que se estabelece no início dos encontros, tem sido comum ouvir frases como "não sei se estou certo, mas...", "não sou crítico de cinema, mas..." ou "perdão se eu estiver falando bobagens, professor, mas...". Esse cuidado com as palavras e com o tom das afirmações demonstra como nossa sociedade reforça a ideia de que há autoridades estabelecidas em todos os campos do conhecimento. No cinema, muitos supõem que a voz dessas autoridades teria peso definitivo e incontestável, estabelecendo maneiras "certas" e "erradas" de olhar para filmes. Não acreditamos nisso. Valorizamos justamente o que surge depois daquele "mas": o modo singular que leva cada pessoa a se conectar com uma narrativa, com seus personagens, com os dramas e os desafios que enfrentam, a partir de parâmetros muito individuais, ainda que submetidos a condicionantes sociais.

Esse pacote engloba o repertório cinematográfico e literário que construímos ao longo da vida, as experiências pessoais e profissionais que acumulamos, os valores nos quais acreditamos, os recortes de mundo que conhecemos e os que desconhecemos, nossas preferências e nossas restrições, o estado físico e psicológico em que nos encontrávamos quando vimos o filme. Elementos que ajudam a compreender o lugar ocupado por nós na sociedade, com base no qual olhamos para o que nos cerca, como as manifestações artísticas que nos alcançam.

Ter consciência plena desse lugar nos lembra que existem outros lugares, ocupados pelas outras pessoas. As trocas supõem contatos entre diferentes subjetividades. Supõem entender as razões do outro sem necessariamente lhe dar razão, parafraseando um dos princípios de trabalho do cineasta brasileiro Eduardo Coutinho (1933-2014), que se notabilizou por documentários de escuta — um grande mestre da "escutatória", termo usado com frequência

---

22 Em janeiro de 2021, o líder do mercado global de *streaming*, de acordo com o número de assinantes, é a Netflix. No Brasil, ela tem a concorrência de outras plataformas internacionais, como Prime Video, Disney+/Star+, HBO Max, Apple TV+ e MUBI, e de plataformas nacionais, como Globoplay, Telecine, Belas Artes à la Carte, Reserva Imovision, TamanduáTV e Filmicca.

pelo escritor Rubem Alves (1933–2014) para criticar a ênfase de nossa cultura na oratória[23].

Em seguida às impressões iniciais dos participantes, os encontros de Cine Gestão prosseguem com o que chamamos de contexto cinematográfico, do qual me ocupo. Empenho-me não em oferecer chaves de interpretação para os filmes, e, sim, em oferecer subsídios para que se compreendam melhor as circunstâncias de realização. Sabemos todos que obras de arte não nascem por geração espontânea; são feitas por seres humanos, em determinada época, em determinada sociedade, de acordo com certos parâmetros e objetivos. Conhecê-los ajuda a entender como se articula a narrativa (quais são os principais elementos de dramaturgia utilizados na construção de personagens e tramas, por exemplo) e como nos relacionamos com ela.

O passeio pelo contexto cinematográfico permite também que seja explorado outro trunfo do uso do audiovisual em ambientes corporativos: a apresentação de características da indústria do cinema e da TV que iluminam o debate sobre temas de gestão e de negócios. Processos globalizados desde o início do século 20, princípios de desenvolvimento de carreiras, capacidade de adaptação a mudanças, criatividade e inovação são alguns elementos que têm se mostrado extremamente ricos para a reflexão de profissionais dos mais diferentes segmentos da economia. Costuma-se dizer, em referência aos filmes, que o cinema nos ensina muito; é também verdade que a história dessa indústria tem muito a ensinar.

Na terceira parte dos encontros de Cine Gestão, sob responsabilidade da Professora Dr.ª Marisa Eboli, conceitos relacionados a diversos temas — como liderança, comunicação, gestão de pessoas, trabalho em equipe, negociação e inteligência emocional — são examinados à luz dos filmes em pauta. É o momento em que as metodologias ativas e o princípio da "sala de aula invertida" revelam sua eficácia: as reflexões dos participantes nos momentos anteriores do encontro já apontaram para o que as narrativas nos

---

23 O modo particular de Eduardo Coutinho realizar documentários pode ser conhecido em filmes como *Cabra Marcado para Morrer* (1984), *Santo Forte* (1999), *Edifício Master* (2002), *Jogo de Cena* (2007), *Moscou* (2009) e *Últimas Conversas* (póstumo, 2015). A prosa e o pensamento de Rubem Alves podem ser encontrados em dezenas de livros, entre eles *Filosofia da Ciência: Introdução ao Jogo e suas Regras* (Loyola, 1981) e *A Alegria de Ensinar* (Ars Poetica, 2001).

oferecem, em mosaico que contempla inclusive visões divergentes. A discussão em grupo torna-se multifacetada; a apreciação dos filmes conduz muitas vezes a lugares insuspeitos. A vivência profissional de cada um pauta seu ponto de vista; temas caros à organização emergem no debate e são examinados de forma direta, como se houvesse ali um pouco de psicodrama, com filmes no lugar de representações teatrais em que espectadores veem-se espelhados.

Esse resumo dos encontros (que variam muito de acordo com o grupo, mesmo que o filme em questão seja o mesmo) permite compreender que a estratégia do programa é estimular a construção do pensamento crítico, ao mesmo tempo em que promove a difusão da cultura audiovisual dentro das organizações (e, como temos observado, também entre as famílias dos participantes). Até o momento, a metodologia ainda não permitiu contemplar o quarto eixo das ações de audiovisual e educação apresentado anteriormente, aquele que se refere ao domínio da expressão por meio de imagens e sons — o que se costuma chamar de "alfabetização audiovisual".

Para dar conta desse desafio, será preciso implementar um programa que possibilite aos participantes produzir audiovisual. Essa experiência, com base na metodologia consagrada pelas oficinas de realização audiovisual que têm sido promovidas nas duas últimas décadas, desde que a "revolução digital" democratizou o acesso a equipamentos de captação e edição, envolverá também diversas competências para profissionais do século 21, entre as quais a habilidade de se comunicar usando a linguagem audiovisual.

O trabalho remoto durante a pandemia da Covid-19 demonstrou, de forma clara, que se tornou imprescindível para as organizações lidar com a "alfabetização audiovisual" de um modo que vá muito além do mero conhecimento sobre o uso das ferramentas tecnológicas para a comunicação a distância (o que, de qualquer forma, é também essencial). O ser humano do terceiro milênio, como as crianças e adolescentes do nosso tempo já comprovam diariamente, viverá cada vez mais em um ambiente governado por imagens e sons. É imperioso (e urgente) saber se relacionar ativamente com essa linguagem.

5.4 Competências para a sustentabilidade e educação corporativa

Clara Castro de Moraz e Marisa Eboli

Introdução

A sustentabilidade vem constituindo um dos conceitos mais importantes do século XXI, tema discutido em fóruns nacionais e internacionais e item sempre presente nas agendas de instituições públicas e privadas. Esse debate se intensificou devido à atual conjuntura político-econômica brasileira, que na última década está sendo marcada por grandes desastres ambientes e sociais, como os rompimentos das barragens em Mariana e Brumadinho, no estado de Minas Gerais, e as queimadas constantes na Floresta Amazônica e na Mata Atlântica.

Além disso, se existia alguma dúvida, a pandemia deixou claro o quanto estamos conectados no planeta, e como um evento, a princípio isolado, pode afetar todos os seres vivos que vivem aqui. Essa crise sanitária mundial desencadeou uma grande crise econômica e social, destacando ainda mais as desigualdades presentes em nossa sociedade.

Os desafios da sustentabilidade são muitos. Quanto mais avançamos na sua compreensão, mais fica claro que muitas indústrias deverão ser transformadas. As organizações empresariais devem reconhecer o seu papel para atuar em prol da sustentabilidade.

Seja por motivações induzidas ou voluntárias, passíveis de desconfianças ou não, é notória uma participação das empresas, que gradativamente assumem posição central na articulação de esforços direcionados a integrar soluções para os problemas sociais, ambientais e econômicos enfrentados pelo planeta.

Tendo em vista a indiscutível importância da sustentabilidade, muitas empresas passaram a incluí-la em sua estratégia. Ao definir a sustentabilidade como uma estratégia, a empresa deve desenvolver em seus colaboradores competências que a sustentem. Para que esse objetivo seja atingido, surge como um agente importante a educação corporativa, área que desempenha papel estratégico na geração e manutenção de vantagens competitivas, ao passo que busca desenvolver competências individuais de forma atrelada às competências organizacionais.

Dentro desse contexto, o objetivo deste capítulo é discutir sobre como os Sistemas de Educação Corporativa (SEC) estão desenvolvendo competências para a sustentabilidade, tendo como base pesquisas por nós desenvolvidas.

Sustentabilidade integrada à estratégia empresarial

A origem do conceito de desenvolvimento sustentável remonta a 1972, quando aconteceu, em Estocolmo, a Conferência das Nações Unidas sobre o Homem e o Meio Ambiente. Mais de uma década depois, foi lançado o *Relatório Nosso Futuro Comum*, da Comissão Brundtland, que apresentou para o mundo o conceito de desenvolvimento sustentável como: "o desenvolvimento que atende às necessidades do presente, sem comprometer a capacidade das gerações futuras de satisfazer sua própria necessidade" (1987, p. 9). Esse relatório foi importante para abrir as discussões para a Conferência das Nações Unidas sobre o Meio Ambiente e Desenvolvimento, que ocorreu em 1992, no Rio de Janeiro, e ficou conhecida como Eco-92, momento no qual o tema ganhou abrangência mundial.

Notadamente, o conceito de desenvolvimento sustentável surge da preocupação com a crise ambiental, com o uso desenfreado dos recursos naturais pelas empresas. Dado contexto da origem da discussão em torno do tema, as organizações tinham uma visão limitada sobre o conceito de sustentabilidade, a viam apenas como sinônimo de responsabilidade ambiental. No entanto, o conceito de sustentabilidade ultrapassa a questão ambiental. Hoje, a abordagem mais aceita e difundida é aquela que engloba as dimensões ambiental, social e econômica, cunhada por John Elkington (2004) como *Triple Bottom Line*. Essa abordagem propõe que, para alcançar a sustentabilidade organizacional, é necessário melhorar as condições sociais e econômicas sem exceder a capacidade ambiental. Alguns empresários interpretaram essa ideia como um ato de equilíbrio entre as dimensões, no entanto, o argumento de Elkington é que as três dimensões são necessárias para se alcançar o verdadeiro sucesso do negócio. Foi entendido que os três pilares estão interligados de forma que, quando um é modificado, o outro é atingido, sendo necessário trabalhar os três considerando essa inter-relação.

O assunto educação para a sustentabilidade, tema deste capítulo, passou a ser debatido paralelamente ao conceito de desenvolvimento sustentável na Assembleia Geral das Nações Unidas em 1987, e vem amadurecendo ao longo do tempo. Em 1992, na Conferência das Nações Unidas sobre o Meio Ambiente e Desenvolvimento, foi apresentada a Agenda 21, com 40 capítulos sobre o planejamento para o desenvolvimento sustentável. Na Agenda 21 (ONU, 1995) são apresentadas as principais diretrizes para a educação para sustentabilidade: melhorar a educação básica, reorientar a educação existente para o desenvolvimento sustentável, desenvolver o entendimento público e a conscientização sobre os objetivos de uma sociedade sustentável e treinar os líderes e trabalhadores para a implementação dos planos de sustentabilidade.

A última diretriz citada deixa evidente a importância do papel das organizações no tema. Na Agenda há uma sessão destinada somente a ações de treinamento. Sobre isso, o texto estabelece como um objetivo "promover uma força de trabalho flexível e adaptável, de várias idades, que possa enfrentar os problemas crescentes de meio ambiente e desenvolvimento e as mudanças ocasionadas pela transição para uma sociedade sustentável" (ONU, 1995, p. 437).

Sem dúvida, é um grande desafio a transformação das atividades externas e internas referentes aos três pilares propostos por Elkington, buscando novos valores e propósitos com um pensamento futuro, levando em consideração os aspectos de comportamento, dos produtos, a tecnologia e as estruturas econômicas. Todavia, adotar uma estratégia de sustentabilidade pode resultar em empresas com capacidade de entregar valores sustentáveis e de ganhar vantagem competitiva sustentável. Esse tipo de vantagem competitiva deriva do fato de que as competências que ajudam as empresas a se engajarem em sustentabilidade são raras e insubstituíveis, características que as fazem serem difíceis de imitar.

Outro conceito que vem sendo amplamente discutido no ambiente corporativo é o ESG (*environmental, social, and corporate governance*). Diferentemente da sustentabilidade que integra uma visão mais completa e sistêmica, o ESG reflete um conjunto específico de critérios ambientais, sociais e de governança. Este tornou-se o termo preferido dos investidores e mercados de capitais para definir um investimento responsável. Esse movimento permitiu um aumento do conhecimento referente às métricas e aos indicadores da sustentabilidade e o aumento em investimentos que atendam aos critérios ESG, principalmente pelas gerações *millennials* e Z.

A visibilidade que o mercado financeiro está dando aos investimentos socioeconomicamente responsáveis aponta para um crescimento acelerado da adoção de estratégias de sustentabilidade, segundo estudo divulgado pela SAP (2022). Tanto consumidores quanto investidores estão inclinados a escolher essas empresas.

Dada a importância indiscutível do tema e com o objetivo de mobilizar e encorajar a comunidade empresarial para a adoção, em suas práticas de negócios, de políticas de responsabilidade social corporativa e sustentabilidade, o ex-secretário-geral da Organização das Nações Unidas, Kofi Annan, teve como iniciativa a criação do Pacto Global. As organizações signatárias desse pacto devem ter suas operações e estratégias alinhadas a valores fundamentais e internacionalmente aceitos nas áreas de direitos humanos, relações de trabalho, meio ambiente e combate à corrupção. Buscando estar sempre alinhadas aos Objetivos do Desenvolvimento Sustentável (ODS) da ONU.

Se as organizações querem se tornar mais sustentáveis, então os gestores precisam assegurar que a sustentabilidade esteja integrada aos processos estratégicos desde o início e que seja abordada de uma forma contínua. Mais especificamente, a visão da organização precisa refletir seu comprometimento com a sustentabilidade e ela precisa ser parte do processo de decisão estratégico da companhia.

De acordo com Belinky (2017), após seis décadas de sucesso do modelo proposto pela administração científica, em meados de 1900, começou a longa transição que vivemos até hoje, com imersão nos temas relacionados à sustentabilidade. O autor propõe uma metáfora para explicar a transição. Nessa metáfora, as empresas *cowboys* são aquelas que nasceram com a administração científica e as empresas astronautas serão aquelas que nascerão quando a transição estiver concluída, o que para ele deve acontecer em 2050.

Segundo o autor, à medida que a agenda de sustentabilidade é incorporada de uma geração para outra, mudam também os papéis dos profissionais envolvidos e as expectativas sobre eles. Para tanto, os profissionais deverão possuir competências que devem estar alinhadas à agenda da sustentabilidade.

Competências para a sustentabilidade

Como vimos, o fator humano é um instrumento efetivo para alcançar a sustentabilidade nas organizações. Logo, o desafio principal é preparar os profissionais, desenvolvendo-os para competir nesse novo cenário, e serem os agentes dessa transformação.

A educação corporativa passa a ser central no desenvolvimento desses profissionais. Para o extinto Ministério do Desenvolvimento, Indústria e Comércio Exterior – MDIC, a educação corporativa pode ser definida como uma prática coordenada de gestão de pessoas e de gestão do conhecimento, tendo como orientação a estratégia de longo prazo de uma organização. Educação corporativa é mais do que treinamento empresarial ou qualificação de mão de obra. Trata-se de articular coerentemente as competências individuais e organizacionais no contexto mais amplo da empresa.

Segundo Eboli (2004), na avaliação do projeto de universidade corporativa é importante observar se a empresa aplica o conceito de competência não somente em treinamento e desenvolvimento, mas também em outros subsistemas da gestão de recursos humanos, ou seja, se contrata por competências, remunera por competências e avalia por competências. Nesse caso, o conceito de competência passa a ser um princípio empresarial.

Ruas, Antonello e Boff (2005) define competência como o exercício efetivo de uma capacidade. O autor propõe um modelo para compreender a relação existente entre capacidade e competência. Esse modelo estabelece elementos que esquematizam a ligação entre os dois conceitos. A natureza da noção de competência consiste nas capacidades individuais e/ou coletivas, a finalidade é a capacidade de agir, orientada para atingir um ou mais resultados previstos ou emergentes, o processo ocorre por meio da mobilização de recursos tangíveis e intangíveis.

As competências organizacionais são orientadas pela missão, visão e intenção estratégica da empresa.

Para Zarifian (2001, p. 89), "o ponto de partida de todo procedimento de competências é tornar visível essas implicações estratégicas". A visibilidade a que o autor se refere é a de que cada indivíduo dê sentido a seu trabalho, podendo por isso situar sua contribuição. Além disso, o autor enfatiza que "ser competente é, sem dúvida, agir localmente, tendo a preocupação e a visão dos efeitos globais", logo, é evidente que a competência está intimamente ligada à estratégia da organização.

De acordo com Le Boterf (2003), outro estudioso da corrente francesa, a competência é definida como "um saber mobilizar". Para ele, o saber agir deve-se distinguir do saber fazer, uma vez que não existe um saber fazer universal que se aplique a todo recurso. Le Boterf (2003) afirma que as competências organizacionais "são uma propriedade que emerge da articulação e da sinergia entre as competências individuais e as redes híbridas de competências (pessoas, equipamentos, sinais etc.)". Aqui, o verdadeiro valor para a empresa está no saber combinatório dos recursos, ou seja, no que o autor chama de saber agir.

Ao passo que as competências organizacionais já foram identificadas, é necessário identificar de quais competências individuais a organização precisa para sustentá-las. O próximo passo é desenvolver as competências das pessoas que formam a organização ou selecionar e desenvolver novos empregados para as referidas competências, pois são as pessoas que diferenciam relacionamentos, criam e implementam novas tecnologias, produtos ou serviços.

As competências para a sustentabilidade, aplicada ao contexto organizacional, é um tema explorado pela literatura. Ao reconhecer a importância da aprendizagem como forma de geração de competências, espera-se que o discurso de educação para a sustentabilidade fundamente-se na crença de que ela tem o poder de guiar as pessoas para refletir e agir de acordo com uma perspectiva política que tende a romper com a forma clássica e dominante com que os negócios são conduzidos.

Em pesquisa que desenvolvemos em 2018, foram mapeadas as competências individuais para a sustentabilidade considerando estudos já publicados. Estas foram validadas posteriormente em pesquisa de campo que ouviu gestores de educação corporativa de cinco empresas do setor elétrico no Brasil e quatro especialistas em sustentabilidade.

Foi possível notar que os autores estudados na pesquisa apresentam competências que possuem nomenclaturas diferentes, mas que estão alinhadas em conceitos e definições. Desse modo, com base nessas competências, será apresentada a seguir uma sugestão de conjunto de competências para a sustentabilidade com suas respectivas definições.

Quadro 1: Competências para a sustentabilidade

COMPETÊNCIA	DEFINIÇÃO	AUTORES
Pensamento sistêmico	Reconhecer e compreender relacionamentos; analisar sistemas complexos; pensar como os sistemas são incorporados dentro de diferentes domínios e diferentes escalas (local a global); e lidar com a incerteza.	Wilson, Lenssen e Hind (2006) Wiek, Withycombe e Redman (2011) Soares e França (2013) UNESCO (2017)
Visão de longo prazo	Compreender e avaliar vários futuros (possíveis, prováveis e desejáveis); avaliar as consequências das ações, priorizando soluções sustentáveis em vez de soluções que trazem rápido retorno.	Wilson, Lenssen e Hind (2006) Wbcsd (2005) Wiek, Withycombe e Redman (2011) Soares e França (2013) UNESCO (2017)

COMPETÊNCIA	DEFINIÇÃO	AUTORES
Prontidão à mudança	Disposição para aceitar as mudanças sugeridas com visão crítica, sabendo avaliar os riscos e as oportunidades envolvidas e sabendo gerenciá-las.	Wilson, Lenssen e Hind (2006) Wbcsd (2005)
Inovação	Desenvolver e implementar coletivamente ações inovadoras que promovam a sustentabilidade em nível local e em contextos mais amplos.	Wiek, Withycombe e Redman (2011) Soares e França (2013) UNESCO (2017)
Pensamento crítico	Questionar normas, práticas e opiniões; refletir sobre os próprios valores, percepções e ações; e tomar uma posição no discurso da sustentabilidade.	UNESCO (2017)
Autoconhecimento	Refletir sobre o próprio papel na comunidade local e na sociedade (global); avaliar continuamente e motivar ainda mais as próprias ações; e lidar com os próprios sentimentos e desejos.	UNESCO (2017)
Liderança para a sustentabilidade	Liderar as organizações a partir da perspectiva da sustentabilidade e contribuir para a sua promoção na organização.	Wiek, Withycombe e Redman (2011) Soares e França (2013)
Colaboração	Aprender com os outros; compreender e respeitar as necessidades, as perspectivas e as ações de outras pessoas (empatia); lidar com conflitos em um grupo; e facilitar a colaboração e a participação na resolução de problemas.	Wilson, Lenssen e Hind (2006) Wiek, Withycombe e Redman (2011) Soares e França (2013) UNESCO (2017)
Cooperação	Perceber os benefícios da cooperação, identificando o contexto em que esta deve ser priorizada em relação à competição, na busca do bem comum.	Soares e França (2013)

COMPETÊNCIA	DEFINIÇÃO	AUTORES
Valorização do diálogo e da comunicação	Praticar o diálogo como meio de comunicação eficaz, desapegando-se de suas suposições e verdades e sendo capaz de ouvir o próximo.	Wilson, Lenssen e Hind (2006) Wiek, Withycombe e Redman (2011) Soares e França (2013)
Diversidade	Lidar com a diversidade, a cultura e os aspectos individuais presentes no contexto cultural.	Wilson, Lenssen e Hind (2006) Wiek, Withycombe e Redman (2011) Soares e França (2013)

Fonte: Elaborado pelas autoras (MORAZ; EBOLI, 2019)

A visão exposta pelos autores com relação a competências para a sustentabilidade reforça que competência é saber agir, o que implica mobilizar, integrar e transferir conhecimentos, recursos e habilidades que agreguem valor econômico à organização e valor social ao indivíduo.

As competências recebem várias classificações, entre elas a divisão entre competências técnicas e comportamentais, também chamadas de *hard skills* e *soft skills*. As competências apresentadas podem ser classificadas predominantemente como comportamentais, posto que se referem à adequação de cada indivíduo com o meio no qual está inserido.

As competências técnicas muitas vezes são restritas a áreas de conhecimento e tarefas específicas, já as competências comportamentais podem ser deslocáveis entre organizações e setores, por esse motivo são tão demandadas da força de trabalho.

Mas para os profissionais da área de sustentabilidade, desenvolver competências técnicas como o conhecimento de ciência ambiental, mudanças climáticas, emissão de gases do efeito estufa, resíduos, indicadores de impacto de ações sociais e ambientais, entre outros, também é essencial.

Outras competências que podem ser mencionadas, não presentes no estudo realizado em 2018, são apresentadas a seguir.

- resiliência: capacidade de enfrentar adversidades e se recuperar rapidamente;

- agilidade: capacidade de responder de forma rápida, eficaz e sustentável quando as circunstâncias exigem;
- conhecimento tecnológico: conhecimento de tecnologias que possam ser aliadas para enfrentar os desafios da sustentabilidade.

A visão de longo prazo é considerada o cerne da sustentabilidade, mas mobilizar essa competência acaba sendo difícil quando os líderes possuem outras demandas com que se preocupar no curto e médio prazo, e não recebem incentivos para tomar decisões favoráveis ao desenvolvimento sustentável no longo prazo.

Quadro 2

Estudo de caso

Em um estudo de casos realizado com cinco empresas do setor elétrico no Brasil em 2018, constatamos que a sustentabilidade é um direcionador estratégico delas e que as UCs foram desenhadas levando em consideração a estratégia organizacional. Sendo assim, era esperado que todas desenvolvessem competências para a sustentabilidade, no entanto, esse comportamento não foi observado em um dos casos estudados.

O caso dessa UC mostrou que nem toda universidade corporativa necessariamente oferece soluções educacionais para o desenvolvimento de competências para a sustentabilidade, pois o modelo organizacional das empresas pode variar. No caso dessa UC, as soluções educacionais são desenvolvidas pelas áreas de educação ambiental e de responsabilidade social, das quais a educação corporativa não participa.

Na pesquisa, foi possível identificar que são utilizadas variadas metodologias de ensino-aprendizagem, mas que nem todo colaborador participou de todas elas. A maior incidência de resposta são aulas expositivas e palestras, o que pôde evidenciar um ponto de melhoria, ao passo que soluções de aprendizagem mais experienciais tendem a trazer maior assimilação do aprendizado, principalmente quando se trata de competências comportamentais. Além disso, na percepção da maioria dos colaboradores, a aquisição ainda se dá a nível de conscientização, ou seja, não houve de fato mudança de comportamento.

Estudo apresentado no artigo Educação Corporativa e o Desenvolvimento de Competências para a Sustentabilidade: Um Estudo de Casos de Empresas do Setor Elétrico no Brasil", de Clara Castro de Moraz e Marisa Eboli (2019).

A construção de competências para a sustentabilidade não é linear. Como a agenda da sustentabilidade é muito ampla, as empresas adotam o desafio por diferentes motivos e de diferentes formas, algo que pode começar de maneira pontual e tomar dimensões maiores, gerando uma mudança sistêmica. O que faz a diferença para a sustentabilidade são as mudanças sistêmicas, as pessoas precisam pensar de forma sistêmica.

Considerações finais

O conjunto de competências para a sustentabilidade é grande e está em constante evolução. Ele está sujeito a ajustes e aprimoramentos contínuos que devem convergir para as necessidades emergentes nas organizações visando atender às necessidades das pessoas e à competitividade organizacional.

Para se tornarem sustentáveis, as empresas precisam mudar suas práticas e processos e, para isso, precisam de novas soluções que promovam a sustentabilidade. A gestão das competências, necessárias para o alinhamento da organização às premissas da sustentabilidade, ainda necessita de desenvolvimento e aprimoramento, de modo a convergir para as aspirações dos indivíduos para as metas e objetivos empresariais, rumo à sustentabilidade organizacional. E, sem dúvida, a educação corporativa será importante para desenvolver nas pessoas essas competências.

Referências Bibliográficas

BELINKY, A. A terceira geração da sustentabilidade empresarial. GV Executivo. v. 15, n. 2, jul./dez. 2016.

______. Da empresa cowboy à astronauta. GV Executivo. v. 16, n. 5, set.-out. 2017.

BRUNDTLAND COMMISSION. Our common future. London: Oxford University Press, 1987.

CURI, D. Competências para a sustentabilidade? Veja o que as empresas estão pedindo no mundo todo! LinkedIn, 31 jan. 2022. Disponível em: https://www.linkedin.com/pulse/compet%C3%AAncias-para-sustentabilidade-veja-o-que-empresas-denise-curi/?trk=public_profi le_article_view. Acesso em: 30 maio 2022.

EBOLI, M. Educação corporativa no Brasil: Mitos e verdades. 3. ed. São Paulo: Gente, 2004.

ELKINGTON, J. Enter the triple bottom line. In: HENRIQUES, J.; RICHARDSON, J. (Org.). The triple bottom line, does it all add up? Assessing the sustainability of business and CSR. London: Earthscan, 2004.

______. Canibais com garfo e faca. São Paulo: Makron Books, 2001.

KRUGLIANSKAS, M. Diferença entre sustentabilidade e ESG: Esses Conceitos São a Mesma Coisa? Progesa, 16 set. 2021. Disponível em: https://progesa.fi a.com.br/diferenca-entre-sustentabilidade-e-esg-esses-conceitos-sao-a--mesma-coisa/. Acesso em: 30 maio 2022.

KUZMA, E. L.; DOLIVEIRA, S. L. D.; SILVA, A. Q. Competências para a sustentabilidade organizacional: Uma revisão sistemática. Cadernos EBAPE.BR, v. 15, n. Edição Especial, p. 428-444, 2017.

LE BOTERF, G. Desenvolvendo a competência dos profissionais. 3. ed. Porto Alegre: Artmed, 2003.

MARTÃO, M. A. D. S.; DEMAJOROVIC, J. Universidades corporativas e o ensino para a sustentabilidade. Administração: Ensino e Pesquisa, v. 20, n. 3, p. 754-795, 1 set. 2019.

MORAZ, C. A. C. de; EBOLI, M. P. Educação corporativa e o desenvolvimento de competências para a sustentabilidade: Um estudo de casos de empresas do setor elétrico no Brasil. Anais. São Paulo: EAD/FEA/USP, 2019.

MELO NETO, F. P. de; FROES, César. Gestão da responsabilidade social corporativa: O caso brasileiro. 2. ed. Rio de Janeiro: Qualitymark, 2001.

MUNCK, L.; SOUZA, R. B. de; ZAGUI, C. A gestão por competências e sua relação com ações de sustentabilidade. Belo Horizonte: Pretexto, 2011.

ORGANIZAÇÃO DAS NAÇÕES UNIDAS-ONU. Agenda 21. Brasília: Centro de Documentação e Informação Coordenação de Publicações, 1995.

SOARES, F. H.; FRANÇA, S. L. B. Competências para a sustentabilidade: Uma contribuição para o desenvolvimento de pessoas no tema em questão. In: CONGRESSO NACIONAL DE EXCELÊNCIA EM GESTÃO, 9., 2013, Rio de Janeiro/RJ. Anais... Rio de Janeiro/RJ, 2013.

RUAS, R. L.; ANTONELLO, C.; BOFF, L. H. Aprendizagem organizacional e competências: novos horizontes da gestão. Porto Alegre: Bookman, 2005. Disponível em: HYPERLINK "https://www.researchgate.net/publication/286444477_Aprendizagem_Organizacional_e_Competencias_novos_horizontes_da_Gestao%20" \t "_blank" https://www.researchgate.net/publication/286444477_Aprendizagem_Organizacional_e_Competencias_novos_horizontes_da_Gestao. Acesso em: 22 set. 2022.

SAP. A sustentabilidade na agenda dos líderes da América Latina. 2022. Disponível em: https://abessoftware.com.br/wp-content/uploads/2022/05/Sustainability-Study-II-Main-Report-POR.pdf. Acesso em: 30 maio 2022.

UNESCO. Educação para os objetivos de desenvolvimento sustentável: Objetivos de aprendizagem. Brasil: UNESCO, 2017.

YAGASAKI, C. A.; MARTINS, R. A. Sustentabilidade como uma estratégia empresarial. In: ENCONTRO NACIONAL DE ENGENHARIA DE PRODUCAO, 32., 2012, Bento Gonçalves. Anais... Rio Grande do Sul, 2012.

WBCSD. Human resources and sustainable development. 2005. Disponível em: (https://www.johnelkington.com/archive/pubs-contributions-tbl.htm). Acesso em: COMPLETAR: dia mês abreviado ano.

WIEK, A.; WITHYCOMBE, L.; REDMAN, C. L. Key competencies in sustainability: A reference framework for academic program development. Sustainability Science, v. 6, p. 203-218, 2011.

WILSON, A.; LENSSEN, G.; HIND, P. Leadership qualities and management competencies for corporate responsibility: A research report for the European business in Society. UK: European Academy of Business in Society-EABIS, 2006.

ZARIFIAN, P. Objetivo competência: por uma nova lógica. São Paulo: Atlas, 2001.

5.5 Empreendedorismo como profissão: metodologia de gestão e formação de competências

Ulrico Barini Filho

Introdução

Crescimento e agilidade podem vir a se converter em paradoxos na maioria das organizações. Isto porque crescimento exige padronização de rotinas e processos robustos, além de sistemas de planejamento e controle que possibilitem a detecção de desvios o mais cedo possível. A agilidade, ao contrário, demanda autonomia, alto alinhamento de propósitos e aderência às estratégicas definidas, além de envolvimento participativo dos agentes que, empoderados, vão implementar as ações que viabilizam o crescimento. De outro lado, em um contexto de alta complexidade, volatilidade e incertezas, como tem sido característico nesta época de pandemia e pós-pandemia, as organizações são impelidas a fazer uma revisão crítica de suas estratégias: as que foram bem-sucedidas no passado nem sempre vão garantir os mesmos resultados. É nessa crítica que surge a alternativa de maximizar a capacidade empreendedora de seus líderes. Maior nível de empreendedorismo interno poderá trazer para as organizações a superação das crises geradas na fase de pandemia, além de viabilizar o desejado crescimento sustentado no pós-pandemia. No entanto, o intraempreendedorismo, para ser internalizado em uma organização, como modelo preferencial de gestão, depende de pelo menos dois aspectos fundamentais, ao lado da intenção dos acionistas de crescer no ambiente volátil: i) de uma modelagem estrutural que possibilite aos agentes o exercício do seu novo papel; e ii) da capacitação dos próprios agentes para exercê-lo. O propósito deste artigo é apresentar alguns princípios metodológicos para assegurar bons resultados nessa capacitação. Para tanto, conceituou-se o empreendedorismo como um conjunto de competências, perfeitamente identificáveis e treináveis. Em última instância, aceita-se o princípio de que o empreendedorismo é uma *competência profissional*, composta de atitudes, habilidades e conhecimentos, que são otimizados pela experiência.

Modelo de gestão empreendedor

Um modelo estrutura relações entre variáveis discretas, agregando a estas coerência e previsibilidade. Associando forma e função, um modelo organiza e ordena partes de um conjunto, integrando fatores independentes, resultando em um todo que faz sentido. No caso de uma organização empresarial, um modelo de gestão associa o negócio da empresa (seu mercado e seus produtos/serviços), as pessoas contratadas, o sistema de planejamento e controle, a divisão de responsabilidades e o sistema de reconhecimento estabelecendo um fluxo de informações que podem ser convertidas em processos e reproduzidas (FERREIRA et al., 2009). Não cabe aqui discutir quais modelos de gestão são melhores, visto que a melhor prova de funcionalidade é a adaptação e a sobrevivência de cada organização. Assim, há organizações orientadas pela hierarquia que são bem-sucedidas, assim como há aquelas que adotam modelos similares e que não perduram. Independentemente da prova de efetividade ao longo do tempo, os modelos de gestão das organizações servem como referências e padrões para seus integrantes. Influenciados e influenciando a cultura corporativa, tais modelos sempre são invocados quando ameaças aos *status quo* surgem no horizonte corporativo. Não obstante a dificuldade e as limitações de mudanças profundas nas organizações, os modelos são criticados quando os resultados anteriores não são mais atingidos ou quando novas variáveis ambientais ameaçam o futuro. Nessa crítica, os modelos que pressupõem maior descentralização de atribuições, pessoas mais empreendedoras e um sistema de reconhecimento por resultados podem ser invocados. Há empresas, inclusive no Brasil, que lograram implementar modelos empreendedores consistentes e duráveis (HASHIMOTO, 2006). Segundo Ghoshal e Bartllet (2000), essas empresas se caracterizam por:

- disseminarem um senso de propriedade;
- serem constituídas por unidades pequenas de desempenho;
- descentralizarem recursos e atribuições;
- terem padrões e expectativas claramente definidos;
- terem informação democratizada;
- promoverem a competição interna;
- terem ambiente de apoio e confiança;
- focarem no desenvolvimento individualizado;
- permitirem abertura à inovação que vem das "pontas";
- terem tolerância ao erro;
- selecionarem pelas atitudes;
- promoverem remuneração por resultados;
- terem carreiras não lineares.

O modelo de gestão adotado pela empresa exerce enorme influência na formação das competências desejadas, por ser a parte visível da cultura empresarial. Segundo Schein (1992), "líderes criam cultura logo que criam grupos e organizações. Uma vez que a cultura existe, fica determinado o critério para a liderança e, dessa forma, determina-se aqueles que serão ou não os futuros líderes".

O empreendedorismo como um conjunto de competências

O tema empreendedorismo tem sido objeto de inúmeros estudos e pesquisas, principalmente a partir de meados do século passado. Sendo um fenômeno social de alta complexidade e alto impacto no ambiente microeconômico, tais estudos visam compreender sua natureza, de modo que seja possível estabelecer modelos de educação ou de disseminação que ampliem seus efeitos. Parece ser consenso que o empreendedorismo alavanca o bem-estar e eleva o padrão econômico das sociedades (OCDE, 1998). Esses estudos, no entanto, estão longe de convergir para a proposição de um modelo unificado, dado que partem de diferentes perspectivas, que nem sempre permitem a integração de conceitos. A perspectiva econômica, por exemplo, defende que o empreendedorismo depende de condições macroeconômicas e de políticas de governo que lhes sejam favoráveis. A perspectiva social defende a visão de que o empreendedorismo nasce da necessidade individual de produzir renda, frente às frustrações no mercado formal de trabalho. A perspectiva psicológica parte da preexistência de características distintas de personalidade em empreendedores, que os impelem para a criação de negócios. A perspectiva financeira ressalta a disponibilidade de capital e de financiamento frente às oportunidades percebidas. A perspectiva cognitiva desenvolve a hipótese de que o ambiente social estimula a criação de negócios entre os indivíduos de determinado grupo social. Estes, pela sua clara intenção e pela observação de outros empreendedores, se capacitariam autodidaticamente para operar os próprios negócios ou para suceder os fundadores das suas organizações (KURAKTO & HODGETTS, 2001; BARINI FILHO, 2008).

Visto pela perspectiva cognitiva, o empreendedorismo pode ser definido como um conjunto de competências. Por definição, competências podem ser aprendidas e desenvolvidas, ainda que algumas delas sejam adquiridas com mais facilidade a depender de características naturais da personalidade dos treinandos, tais como a habilidade para influenciar pessoas a partir da facilidade de empatia e comunicação. Estudos empíricos evidenciam o valor da imitação no aprendizado e da interiorização de comportamentos sociais (TOMASELLO, 2003), contribuindo para a formação de uma personalidade social. Vigotsky (2011), por exemplo, chamou a atenção para os efeitos da linguagem na construção do pensamento. Tais estudos são convergentes com a definição pragmática de competências, conforme estabelecido por Fleury e Fleury (2000): "Um saber agir responsável e reconhecido, que implica mobilizar, integrar, transferir conhecimentos, recursos e habilidades que agreguem valor econômico à organização e social ao indivíduo". O aprendizado de competências se inicia na mais tenra infância e prossegue por toda a vida, um processo contínuo que tem início na atenção e na vontade. Os conceitos de competências e de ação estão, portanto, simbioticamente relacionados. Do ponto de vista cognitivo, as competências aprendidas ao longo da vida se associam e se fundem com as crenças e valores internalizados ao nível do indivíduo, formando os modelos mentais que balizam a capacidade dos indivíduos de julgar e de agir. Evidências empíricas permitem afirmar que ser empreendedor está fortemente associado a pensar como empreendedor — um *mindset* de crescimento (DWECK, 2017), que sustenta a ação empreendedora.

Dada a complexidade do tema empreendedorismo, com suas ramificações em vários campos da ação humana — econômico, social, político, das relações interpessoais etc. —, definir um conjunto mínimo de competências pode parecer uma simplificação. No entanto, quando observados a partir dos processos envolvidos na ação empreendedora, é possível agrupar comportamentos que são demandados em qualquer tipo de negócio. Por exemplo, todo empreendedor deve ter um razoável domínio do produto ou serviço que oferece à sociedade. Caso contrário, poderá assumir compromissos difíceis de cumprir. Outra competência mínima demandada do empreendedor é o conhecimento de finanças e todas as suas implicações. Deve também conhecer o mercado em que atua e o tipo de cliente que pretende atender. Capacidade de planejamento e definição de estratégias para seu negócio também são indispensáveis. Uma competência essencial e pouco valorizada é o conhecimento da natureza humana. Um negócio sempre tem a ver com relações entre seres humanos e a criação de vínculos, provisórios ou permanentes. Conhecimento das regras de negócios e contratos, além dos efeitos subsequentes de um acordo comercial também é uma competência que contribui para um desempenho empresarial sustentado. Saber definir e transmitir o que é esperado das pessoas contratadas é uma competência altamente impactante, que muito objetiva as relações produtivas. Finalmente, dado o grau de influência que o empreendedor pode exercer em uma sociedade, ter uma adequada leitura das relações de poder entre os agentes econômicos e perceber como o contexto pode ser moldado por esses agentes também é uma competência diferenciadora. Ghoshal e Bartlett (2000) resumem ainda mais o quadro e definem quatro competências, as quais atribuem como fundamentais para o empreendedor. São elas:

- capacidade de ver/criar oportunidades;
- capacidade de estabelecer padrões de desempenho;
- capacidade de identificar e desenvolver pessoas;
- capacidade de fixar horizontes de crescimento.

O conjunto de competências acima relacionadas não exclui outras que são adquiridas pelo empreendedor ao longo da tarefa empresarial, visto que contextos específicos podem demandar competências específicas. Mas estas sempre serão derivadas do núcleo de competências principais.

Segundo as hipóteses da teoria cognitiva, o aprendizado ao longo da vida se converte em ação pela interiorização e incorrência das experiências nas instâncias cognitivas. Estas são, a saber: a atenção, que dirige o foco segundo a vontade; a categorização, que permite reconhecer as diferentes expressões da realidade; a representação, que relaciona as categorias com as experiências vividas, criando significado; a ancoragem, que justifica nossas crenças; a simbologia, que estabelece uma linguagem comum; a capacidade de julgar, da qual os seres humanos tiram conclusões e fazem inferências; a solução de problemas, que delimita as opções disponíveis; e, finalmente, a percepção do futuro, pela qual as pessoas projetam cenários e se mobilizam para a ação (REISBERG, 1997).

Aplicada ao campo do empreendedorismo, a abordagem cognitiva tem demonstrado que o somatório de conceitos, pressupostos, atitudes e comportamentos dos indivíduos é distinto para empreendedores e gerentes, sugerindo que empreendedorismo é uma questão de "visão de mundo". Essa é uma terminologia do senso comum, substituída por referenciais cognitivos, na gramática da cognição. Pesquisas reforçam os aspectos que parecem ter especial relevância no processo de formação de competências:

a) o desenvolvimento das competências cognitivas, sociais e comportamentais é facilitado quando há a disponibilidade de um modelo referencial;

b) o cultivo das crenças na evolução das capacidades dos indivíduos é fundamental para a sustentação do processo de formação de competências;

c) o estabelecimento de um sistema de metas e objetivos para valorizar a motivação individual parece fixar o aprendizado e os comportamentos desejados. Assim, processos baseados em um modelo referencial aparentam ser mais eficientes do que as tradicionais formas de aprendizado pela experiência direta ou pelo instrucionismo;

d) a observação do comportamento de outras pessoas e seus efeitos no ambiente igualmente facilita a expansão das competências individuais.

Exercendo influência simultânea, os processos acima citados concorrem para a formação dos modelos mentais — conjuntos de representações construídas ao longo das ocorrências interativas ou das experiências das pessoas com o ambiente que as cerca e que fornecem a base cognitiva para a construção da competência desejada. Seu benefício é clarificar os aspectos preditivos e explicativos para a compreensão das diferentes interações humanas, já que os modelos mentais nunca são definitivos, mas passíveis de reconfigurações. A teoria da cognição também revela a importância de mecanismos autorreguladores do comportamento, que reforçam a fixação das competências desenvolvidas. A autoeficácia, por exemplo, que consiste na crença de que indivíduos têm sua própria capacidade de mobilizar recursos para controlar o ambiente, exerce um papel central na fixação das competências e explica o fato de que pessoas com habilidades equivalentes obtêm resultados distintos em situações semelhantes (WOOD; BANDURA, 1989 *apud* BARINI FILHO, 2008).

De outro lado, pesquisas sobre comportamento humano têm demonstrado que traços de personalidade são mais resistentes a processos de mudança, ao passo que padrões de formação de pensamento mudam mais facilmente (BANDURA, 1986). Comportamentos podem ser educados ou treinados, se intermediados por uma perspectiva cognitiva, traduzida em estratégias e táticas de superação dos efeitos da cognição na modelagem de comportamentos anteriores. No caso específico de empreendedores, por exemplo, há indicações de que sua característica autoconfiança e a propensão para assumir mais compromissos do que são capazes de responder, em um dado limite de tempo, são frutos das convicções cognitivas pré-modeladas, assim como sua capacidade de perceber tendências, movimentos de mercado e de alinhar informações assimétricas que apoiam a tomada de decisões (PALISH; BAGBY, 1995 *apud* BARINI FILHO, 2008).

Na teoria da cognição social proposta por Bandura (1986), o funcionamento psicossocial é explicado em termos de um modelo tripartite de causalidade recíproca, no qual o comportamento, o ambiente e os fatores cognitivos influenciam-se em um ciclo recursivo, intensivo e intermitente, mas constante. Essa perspectiva pode oferecer bases teóricas consistentes para a análise do modelo de formação de empreendedores nas empresas, assim como para a apreciação das visões, crenças e motivações que determinam a eficácia, sustentação e longevidade do modelo de gestão adotado. A ideia central de Bandura (1986) é a de que as pessoas são simultaneamente produtos e produtoras do seu ambiente.

Modelar comportamentos, entretanto, não se refere apenas a processos de mimetização. Indivíduos são capazes de abstrair as regras da modelagem e agir de modo alinhado com os conceitos aprendidos sempre que uma nova situação se apresenta. Os diálogos de formação de conceitos exercem papel relevante e permitem que as pessoas desenvolvam atitudes e subcomportamentos que se improvisam para a adaptação intempestiva às circunstâncias, competência fundamental no empreendedorismo.

Desenvolvimento das competências empreendedoras

Algumas das competências citadas na seção anterior são passíveis de serem aprendidas em cursos formais. A maioria, no entanto, é aprendida na dura prática empresarial, ao longo de anos de vivência. Um programa de formação de empreendedores nas organizações deveria, apesar dessa evidente constatação, antecipar de alguma forma as experiências pelas quais o futuro empreendedor vai passar para preparar sua mente a um custo menor do que a experiência real.

Um ponto de partida para essa jornada é o autoconhecimento. Pessoas com consciência de suas e qualidades ou limitações podem se apoiar em outras para que determinado resultado seja obtido, ou mesmo desenvolver estratégias e táticas que levem ao resultado desejado com menor esforço. Há vários instrumentos disponíveis no mercado de testes de personalidade e alguns têm sido usados com bons resultados em programas de desenvolvimento (MATOS, 2008).

Sob a perspectiva cognitiva, traços de personalidade facilitam, mas não são determinantes para a internalização de novos comportamentos. Com o uso da racionalidade e da vontade, as pessoas podem modelar seu comportamento para atingir objetivos específicos, independentemente de suas características de personalidade. Em última análise, o processo de aprendizagem se concretiza na formação de novos modelos mentais. Estes serão úteis para a avaliação de desvios cognitivos e para a criação de novos repertórios de comportamentos, evidenciando a vantagem do uso da racionalidade em processos de avaliação da realidade e tomada de decisões (KAHNEMAN, 2013).

O compartilhamento de uma linguagem comum, nova ou pouco usual para o treinando, é o primeiro passo no desenvolvimento de novas competências. Todo campo de conhecimento tem sua linguagem específica, com um vocabulário próprio que cria sentido para aqueles que compartilham do mesmo conhecimento. A linguagem empreendedora tem conotações específicas para "clientes", "custos", "rentabilidade", "investimentos", "plano de ação" e outros termos, ainda que sejam vocábulos correntes na linguagem corrente. Assim, para o empreendedor, perder ou ganhar novos clientes pode significar a continuidade ou não da organização, enquanto para quem não compartilha do mesmo significado (para um burocrata, por exemplo), essa variação no número de clientes pode apenas significar mais ou menos trabalho. Nivelar a significação vai favorecer que os treinandos tenham o adequado nível de atenção para com os aspectos que fazem a diferença no processo empreendedor.

Ter domínio das metodologias e dos processos pelos quais o conhecimento é manifestado e transmitido é um requisito esperado para demonstrar pleno domínio das competências envolvidas. No caso do empreendedorismo, o conhecimento é amplo e diversificado. Entre outros, envolve práticas comerciais, legislação, gestão de pessoas, gestão de finanças, *marketing*, vendas, além do conhecimento específico do negócio que se lidera. Todos esses conhecimentos podem ser descritos em termos de macroprocessos e subprocessos, tornando quase impossível que alguém tenha domínio integral de todos. Ademais, tal conhecimento acumulado estará pressionado por mudanças constantes, quer pela evolução do contexto, quer pela evolução das tecnologias. Não obstante, o empreendedor deve assimilar as lógicas dos principais macroprocessos — que são mais estáveis — e manter-se atualizado sobre eventuais mudanças nos contextos em que atua.

Mas é na prática que o conhecimento é testado. O exercício da função consolida os pontos aprendidos, cristalizando a competência aprendida sob a forma de comportamentos que serão manifestados a cada necessidade ou demanda. No caso de aprendizado de competências técnicas, o treinando tem a possibilidade de exercer parte da função, supervisionado por um mestre experiente e atento, até que possa receber a delegação plena para ocupar todo espaço que a função permite. No caso do empreendedorismo interno, o treinando terá quase nenhuma oportunidade de testar seu grau de aprendizado, já que dependerá de delegação específica para liderar um negócio. Assim, o programa de formação deve ser concebido de forma a superar essa circunstância, oferecendo ao treinando a possibilidade de simular situações que vai enfrentar e para testar diferentes estratégias. A simulação acelera a fixação do conhecimento, porque reduz o tempo para a avaliação dos efeitos de decisões tomadas.

Linhas gerais para a elaboração de um programa para o desenvolvimento das competências empreendedoras

A proposta de um programa estruturado para a formação das competências empreendedoras em líderes nas organizações que pretenda adotar um modelo de gestão empreendedor parte do pressuposto de que a integração de módulos teóricos com jogos pode assegurar melhores resultados.

A literatura acadêmica disponível indica que o uso de *games* na educação empreendedora tem sido mais frequente, apesar dos objetivos de aprendizagem distintos (FANAYA, 2017; BATISTA; SHIWA; FENG, 2019). Na proposta ora apresentada, o objetivo é bem específico: antecipar ao empreendedor a realidade que vai enfrentar. O jogo deverá ser modulado conforme o tipo de negócio da organização, a saber: comércio, serviços ou manufatura. No desenrolar do jogo, o treinando será submetido a situações do dia a dia do negócio, tais como a contratação de pessoas, a precificação do seu produto ou serviço, a negociação com fornecedores etc. Na vida real, cada uma dessas situações exige a tomada de decisões que podem significar a continuidade ou não do negócio, de forma sustentável. As situações se apresentarão em sequência e, para passar para a situação seguinte, o treinando deverá selecionar a melhor decisão das apresentadas num cardápio de possibilidades, segundo critérios de racionalidade ou de acordo com as práticas da organização. A resposta correta estará embutida em segundo plano. A escolha não acertada levará o jogador para a etapa anterior e o remeterá a consultar seu orientador em sala sobre o cardápio de decisões possíveis e o racional que suporta cada uma delas. Um "capital inicial" será alocado a cada jogador, que será consumido ao longo das jogadas, sempre que a decisão não recomendada for a escolhida. Jogado simultaneamente (em pares ou individualizado), o jogo terá como vencedor quem chegar ao final de todas as situações apresentadas com maior capital disponível. Essa metodologia é coerente com a teoria do *flow* (DIANA et al., 2014), que demonstra o valor do *feedback* imediato na fixação do aprendizado.

Numa etapa posterior do programa, os treinandos passarão a dedicar-se à construção de planos de ação, com monitoramento e apoio direto de seus orientadores. Os planos de ação poderão abordar a criação de novos negócios ou novas ideias para incrementar os negócios existentes. Eventualmente, as ideias apresentadas poderão ser levadas a um comitê de avaliação com o objetivo de implantação de novos negócios ou de integração das sugestões aos negócios já existentes.

O programa se encerra com a indicação do treinando para ocupar um posto estratégico na estrutura da organização, no qual receberá a delegação para liderar equipes e definir estratégias para a melhoria do desempenho ou para a implantação de um novo negócio. O monitoramento periódico do seu desempenho por uma equipe diretiva multifuncional complementará o treinamento, na medida em que essa equipe compartilha e enriquece informações que permitam um planejamento de melhor qualidade e definição de estratégias mais eficazes.

Considerações finais

O empreendedorismo no âmbito das organizações pode ser uma alternativa estratégica que acelera o crescimento e capacita seus líderes com competências específicas para a condução bem-sucedida de negócios. Modelos de gestão que não privilegiam o intraempreendedorismo parecem menos resilientes frente a ambientes voláteis e complexos, especialmente no caso de organizações de médio porte, que precisam suplantar incumbentes para se posicionarem com certo conforto em mercados competitivos. A pandemia, que abalou os resultados de inúmeras empresas nessa categoria, pode ser vista como um divisor de águas entre os modelos centralizados (mais rígidos e controlados) e descentralizados (mais ágeis e caóticos). O pós-pandemia pode ser uma oportunidade para que os líderes nas organizações não incumbentes revejam seus modelos.

Uma das limitações da aceitação dessa alternativa tem raízes culturais, notadamente nas organizações brasileiras, conforme apontado na *5.ª Pesquisa Nacional de Práticas e Resultados da Educação Corporativa* (FIA, 2021). Nessa pesquisa, ficou demonstrado que apenas 29% das organizações participantes (N = 63) entendem que seus programas de desenvolvimento de competências gerenciais têm como propósito o desenvolvimento do empreendedorismo, uma ligeira melhora em relação a 2018. Por outro lado, 62% dizem que seus programas estão voltados para atender algum propósito estratégico da organização. Esse indicador pode significar que tais programas ainda são pensados "de cima para baixo" e, o que parece, reforçando o modelo centralizado.

Referências Bibliográficas

BANDURA, A. *Social foundations of thought and action*: A social cognitive theory. Englewood Cliffs, NJ: Prentice-Hall, 1986.

BARINI FILHO, U. *Transmissão da competência empreendedora*: Um estudo de casos múltiplos. 2008. Tese (Doutorado em Administração) – Faculdade de Administração, Economia e Contabilidade. Programa de Pós-Graduação em Administração da Universidade de São Paulo. São Paulo, 2008.

BATISTA, E. J. S; SHIWA, R. M.; FENG, L. M. Gamificação como aliada na educação empreendedora. In: WORKSHOP DE INFORMÁTICA NA ESCOLA,

25., Brasília, 2019. *Anais*... Porto Alegre: Sociedade Brasileira de Computação, 2019. p. 1489-1493. Doi: https://doi.org/10.5753/cbie.wie.2019.1489.

DIANA, J. B. et al. Gamificação e a teoria do flow. In: FADEL, L. et al. (Orgs.). *Gamificação na Educação*. São Paulo: Pimenta Cultural, 2014.

DWECK, C. S. *Mindset* – A nova psicologia do sucesso. São Paulo: Objetiva, 2017.

FANAYA, P. F. Gamificação na educação: Uma tendência irreversível e irresistível. 2017. Disponível em https://d1wqtxts1xzle7.cloudfront.net/58503320/Gameficacao. Acesso em: 14 jun. 2022.

FERREIRA, V. C. P. et al: *Modelos de gestão*. Rio de Janeiro: FGV, 2009.

FLEURY, A. C. C.; FLEURY, M. T. L. *Estratégias empresariais e formação de competências*. São Paulo: Atlas, 2000.

FUNDAÇÃO INSTITUTO DE ADMINISTRAÇÃO-FIA. *5.a Pesquisa Nacional de Práticas e Resultados da Educação Corporativa*. São Paulo: FIA, 2021.

GHOSHAL, S.; BARTLETT, C. *A organização individualizada*: Talento e atitude como vantagem competitiva. Rio de Janeiro: Campus, 2000.

HASHIMOTO, M. Espírito empreendedor nas organizações. São Paulo: Saraiva, 2006.

KAHNEMAN, D. *Rápido e devagar*: Duas formas de pensar. Rio de Janeiro: Objetiva, 2012.

KURAKTO, D. F.; HODGETTS, R. M. *Entreperneurship*: A contemporary approach. Orlando, FL: Harcourt College, 2001.

MATOS, J.F. *Análise dos aspectos comportamentais através da ferramenta DISC*. 2008. Dissertação (Mestrado em Gestão de Empresas) – ISCTE Business School, 2008. Disponível em: http://hdl.handle.net/10071/2094. Acesso em: 12 jun. 2022.

ORGANIZATION FOR ECONOMIC COOPERATION AND DEVELOPMENT--OECD. *Fostering entrepreneurship*. Paris: OECD, 1998.

REISBERG, D. *Cognition*: Exploring the science of the mind. New York: WW-Norton & Co, 1997.

RIBEIRO, D. B. C. et al. Inovação no ensino e aprendizagem de empreendedorismo através da gamificação: O planejamento da experiência de aplicação do classcraft no ensino médio integrado ao técnico de administração. In: CONGRESSO INTERNACIONAL DE EDUCAÇÃO E TECNOLOGIAS | ENCONTRO DE PESQUISADORES EM EDUCAÇÃO A DISTÂNCIA, 7., 2020, São Carlos. *Anais*... São Carlos, SP, 2020. Disponível em: <https://cietenped.ufscar.br/submissao/index.php/2020/article/view/1805>. Acesso em: 13 jun. 2022.

SCHEIN, E. H. *Organizational culture and leadership*. São Francisco: Jossey-Bass, 1992.

TOMASELLO, M. *Origens culturais da aquisição do conhecimento humano*. São Paulo: Martins Fontes, 2003.

VIGOTSKY, L. S. *A formação social da mente*: O desenvolvimento dos processos psicológicos superiores. 6. ed. São Paulo: Martins Fontes, 2011.

5.6 *Accountability* como um diferencial do SEC – Sistema de Educação Corporativa

Julia Gianzanti

"Assuma o controle da própria vida e algo terrível acontecerá: você não terá mais a quem culpar."

Erica Jong

Introdução

Nos dias de hoje, principalmente no cenário de uma cultura brasileira, a necessidade de haver pessoas capazes de "trazer para si a responsabilidade e fazer a diferença" já não é uma novidade. Os desafios constantes e turbulentos que enfrentamos nos chamam inconscientemente para justificativas perante os problemas, na tentativa de contar para nós mesmos e para os outros por que não assumimos determinada responsabilidade. Mas será que essa é a saída ou só aumenta nossa encruzilhada? Com o objetivo de ampliar nossa visão sobre esse tema, este capítulo busca esclarecer como a *accountability* consegue nos ajudar a assumir uma postura de dono de nossas vidas e, assim, gerar as transformações necessárias nos diferentes contextos nos quais estamos inseridos. Com dados baseados em meu estudo de mestrado concluído em 2016 e de algumas experiências profissionais interessantes em desenvolvimento humano, a escrita trará ao mesmo tempo informações consistentes e inquietações provocativas para o leitor com o objetivo de convidá-lo ao protagonismo de suas ações.

Para estruturar este capítulo, o primeiro passo do estudo foi o levantamento bibliográfico visando compreender as diversas definições de *accountability* defendidas pelos autores bem como os respectivos entendimentos sobre as competências que compõem uma postura *accountable*. Com esse guia em mãos, pude identificar por meio de um estudo de caso como essas competências se relacionavam com o desempenho individual. Os resultados finais apontaram para uma relação estreita entre o nível de *accountability* e o desempenho dos colaboradores.

No entanto, instintivamente, isso nos parece óbvio. A pergunta é, então por que não somos *accountables* naturalmente se isso contribui para o nosso sucesso?

Espero que algumas armadilhas que construímos para nós mesmos sejam desarmadas ao longo das próximas páginas. Que tal ao menos tentar? Boa leitura!

Meus 33%

Quando iniciei minha vida profissional, tive uma oportunidade bem interessante que contribuiu com uma parte importante da minha experiência em Recursos Humanos. Era 2005 e eu acabara de entrar em uma multinacional do ramo de telecomunicações que estava passando por uma forte reestruturação na área de RH com o objetivo de preparar a diretoria para as mudanças da empresa. Ingressei com o desafio de atuar na área de consultoria interna, e minha meta pessoal era me tornar uma consultora sênior. Aficionada por minha ambição, coloquei a "faca nos dentes" e fui construir meu caminho de crescimento. Participava de todas as oportunidades de aprendizado que poderiam alimentar minha jornada sem hesitar: fui auditora da ISO 9001, fiz parte do comitê de clima, comitê de recrutamento & seleção, enfim, não parava quieta. Na época, eu trabalhava até tarde todos os dias para buscar novas formas e oportunidades de aprender e com isso poder demonstrar meu trabalho. E assim os meses se passaram até que um primeiro convite aconteceu: por estar à frente dos processos de recrutamento e seleção da área cliente, um dos diretores sugeriu falar diretamente comigo (não com a consultora responsável) para que eu pudesse ajudá-lo em um processo de contratação em massa para sua área. Assumi minha postura de BP (nome chique para consultora interna, que significa *Business Partner*) e, junto com a minha par de recrutamento e seleção, atendemos prontamente seu chamado. Ouvimos a demanda, construímos uma estratégia de prospecção e filtro dos candidatos. Propusemos dinâmicas e rodadas de entrevistas com os pré-requisitos atendidos e direcionados para cada gestor. O projeto foi um sucesso e cerca de 40 dias depois estávamos com todos os candidatos admitidos. Mas, ainda orientada por meu objetivo, avancei mais um passo e sugeri realizarmos um processo de integração especial, com um encontro de um dia para a construção da missão da nova área e uma sequência de capacitação nas áreas pares. E naturalmente eu estava lá, construindo um novo espaço como BP. Alguns meses depois, minha gerente me chamou e disse: *"Não podemos negar sua atuação, você será a única analista que cuidará de uma diretoria diretamente"*. Não esqueço aquele momento até hoje (e olha que já faz um bom tempo...). Meu esforço estava valendo a pena! A única condição foi me manter no mesmo cargo e acumular minha função de analista promovendo suporte para outras duas consultoras enquanto assumia minha própria diretoria como BP. Mas eu já entendia que isso faria parte do processo, e prontamente aceitei a nova condição.

E minhas asas começaram a se inquietar. Eu propunha tudo e mais um pouco para o MEU novo cliente. Queria colocar em prática tudo o que eu acreditava que poderia dar certo, e lá estava eu, brilhando! (Ou pelo menos achava que estava).

Mas como todos já sabem, os principais aprendizados da vida acontecem quando menos esperamos, e em determinado momento, comecei a perceber que eu não estava mais integrada com meus colegas. Sabe aquela cena de as pessoas saírem para almoçar e não lhe chamarem? Pois bem, no começo pensei: *"Será que é inveja por eu ser a única analista que está nesse processo de exposição direta com o cliente?"*. Mas em um momento de lucidez, dei-me conta de que, se eu fazia parte de uma equipe de três pessoas, poderia ser que 33% do problema estivesse comigo... Será? Na dúvida, optei por conversar com uma das consultoras com quem tinha mais afinidade. Chamei-a para almoçar e pedi um *feedback*. Perguntei genuinamente se algo estava acontecendo, mas ainda com a esperança de a resposta ser: *"Só estamos com inveja de seu sucesso..."*. E foi quando recebi uma resposta que me deixou sem reação: *"Que bom que você perguntou"*. Acredito que lá no fundo eu ainda tinha uma esperança de que esses 33% não fossem meus, mas o que ocorreu é que recebi um dos *feedbacks* mais sinceros que tive na minha vida. Eu estava me descolando da equipe, EU estava me excluindo. No afã de fazer acontecer, fui me distanciando de tal forma que minha equipe não me reconhecia mais como parte.

Gosto de contar esse episódio não só por ser um momento de perceber a importância da *accountability* em uma situação real, mas principalmente por mostrar que só podemos nos tornar *accountables* a partir do momento que percebemos que fazemos parte do problema. E esse é o maior princípio da *accountability*: trazer para si a responsabilidade perante os problemas com os quais está envolvido. Não é possível transformar o cenário se não nos percebemos como parte dele. Afinal, a transformação do outro ocorre a partir da nossa transformação e de como impactamos o outro.

Por isso entendo *accountability* como um processo de libertação, pois nos coloca em um lugar de protagonismo da solução que, acredite, está muito mais em nós mesmos do que imaginamos.

E você, qual são os seus 33%?

Afinal, o que é *accountability*?

De onde vem a palavra *accountability*?

Apesar de este capítulo ter como objetivo contribuir para o desenvolvimento do protagonismo individual, é importante conhecer de onde nasce a *accountability*, uma vez que muitas pessoas conhecem o uso do conceito associado à governança ou *compliance*. Boa parte dessa correlação se dá à história da palavra e sua utilização ao longo do tempo.

A palavra *accountability* nasce do latim, *accomptare*, que significa contabilizar. O sentido de prestação de contas tem raízes antigas nas atividades de manutenção de registros relacionadas à governança e aos sistemas de empréstimo de dinheiro que se desenvolveram pela primeira vez no Egito Antigo, Israel, Babylon, Grécia e, mais tarde, em Roma. No entanto, sua primeira aparição no dicionário inglês ocorreu há mais de dois séculos, quando em 1968 Frederich Mosher publicou em sua obra *Democracy and the Public Service* o significado de *accountability* como sendo a **responsabilidade de uma pessoa ou organização perante outra** (PINHO I; SACRAMENTO, 2009).

Diversos autores estudaram e ainda estudam qual seria a melhor forma de definir e traduzir *accountability* para o idioma português, mas a conclusão a que se chega é que, além de não se encontrar um único termo que traduza a palavra em sua totalidade, dependendo do contexto onde se emprega, seu significado pode variar.

No âmbito da governança corporativa, risco e *compliance*, por exemplo, *accountability* carrega a ideia de prestação de contas por seus próprios atos.

É por essas razões que *accountability* ainda está em busca de sua melhor identidade, principalmente no Brasil. Sua abrangência e complexidade lhe permite empregá-la em diversos contextos.

No entanto, independentemente da adoção do termo, o fato é que *accountability* nasce da própria **capacidade de assumir a responsabilidade por seus comportamentos e atitudes** e, por isso, vem ganhando muita força no campo de competência individual e de liderança.

Algumas tentativas de traduções para que a palavra ganhasse força nessas frentes foram: responsabilização, autorresponsabilização e protagonismo. As duas primeiras seriam sua tradução literária, mas sua adoção perderia parte de seu significado, que vai além de assumir a completa responsabilidade. Já protagonismo é um termo emprestado do teatro e que, por isso, pode passar a impressão de que ser *accountable* é ser o ator principal. De uma forma ou de outra, todas as tentativas ainda estão em processo de exercício para que possamos adotar no Brasil a melhor forma de traduzir *accountability* em sua essência.

Qual o significado de *accountability*?

Se você pesquisar hoje a palavra *accountability* no Google, vai se deparar com a definição do dicionário de Oxford como sendo "*the fact or condition of being accountable; responsibility*", ou seja, em uma tradução livre: "fato ou condição de ser responsável; responsabilidade".

Na pesquisa de mestrado que concluí em 2016 sobre o conceito de *accountability* como competência, os autores estudados mencionam *accountability* de forma semelhante, apresentando pequenas variações em relação à conotação, abrangência e competências. Um ponto central descrito pelos autores de forma geral é que *accountability* está diretamente relacionado ao ato de não culpar o próximo ou buscar justificativas para eventuais falhas ou erros, ou seja, um combate à não vitimização diante dos diversos entraves, problemas e acontecimentos que ocorrem na vida de cada um. Para os autores estudados, o importante é apropriar-se da responsabilidade de seus atos e escolhas, derrubando a barreira da impotência perante as dificuldades encontradas.

De forma ainda mais convergente, os autores mencionados defendem a relação do alto nível de *accountability* com o sucesso pessoal e profissional e inclusive apontam que pessoas *accountables* são responsáveis pelo sucesso da organização. Evans (2008), por exemplo, inaugura sua obra com a frase "times de sucesso não existem sem *accountability*, alta *performance* e *accountability* andam de mãos dadas", e Browning (2012) sugere que as organizações querem pessoas capazes de se responsabilizar por seus projetos, processos e problemas, independentemente da posição que ocupam.

Por isso gosto de definir accountability como "a capacidade de reconhecer e assumir seus comportamentos e impactos nas situações nas quais está envolvido(a) e promover mudanças e soluções a partir da efetividade das próprias ações".

Essa definição permite olhar com maior amplitude o conceito de *accountability* e nos convida a prestar atenção em elementos importantes para uma postura verdadeiramente protagonista.

Os valores fundamentais da *accountability*

Você perceberá, ao longo do capítulo, que *accountability* nada mais é do que um conjunto de competências e comportamentos que, quando desenvolvidos, nos permitem sermos pessoas mais protagonistas de nossas vidas. No entanto, antes de entrarmos em questões mais práticas da *accountability*, é necessário construirmos um alicerce muito importante, o qual está pautado nos valores que permitem que a *accountability* ocorra de forma mais profunda.

Mas, o que são valores?

Quando nos remetemos à palavra valor, naturalmente pensamos em princípios dos quais não abrimos mão, ou seja, em algo tão importante que se torna orientador de nossas crenças e comportamentos. Se colocarmos em uma escala de variação, é possível dizer que um valor não se muda (mas pode evoluir, segundo Richard Barrett (2016), mas que uma crença pode ser ressignificada e que um comportamento pode ser mudado. Portanto, nossos valores são os alicerces de nossas crenças e comportamentos e, por isso, os principais guias de nossas atitudes.

Qual a relação dos valores com *accountability*?

Se uma pessoa *accountable* é responsável por todos os próprios comportamentos e atitudes, quando esses comportamentos estão ancorados em valores sólidos, como ética e integridade, a confiabilidade em seus atos aumenta radicalmente.

A ética é um dos principais valores da *accountability* por permitir iluminarmos nossas decisões acerca do que realmente é o certo a fazer. Não é a toa que a área de governança adotou com propriedade o termo *accountability*, uma vez que uma pessoa *accountable* faz o que é certo, independentemente de as regras estarem explícitas.

Portanto, se você quer ser uma pessoa realmente *accountable*, esteja preparado para cumprir com o certo, independentemente de quem esteja vendo. Isso potencializará a possibilidade de assumir seus comportamentos de forma mais justa, acima de tudo, consigo mesmo e ganhar mais confiabilidade perante seus interlocutores. Se *accountability* está relacionada a assumir seus atos e os impactos, melhor agir da forma certa, não é mesmo? Como Chesterton, escritor e filósofo inglês, escreveu:

"O **certo é certo**, mesmo que ninguém o faça. O **errado é errado**, mesmo que todos se enganem sobre ele."

Já a integridade é conhecida como a capacidade de agir de acordo com o que se fala, ou seja, ter coerência entre seu discurso e suas ações, assumindo o que foi compromissado. Para *accountability*, a integridade está relacionada a honrar com sua palavra. A palavra integridade vem do latim (*integritate*) e pode ser encontrada no dicionário como "estado ou característica daquilo que está inteiro, que não sofreu qualquer diminuição; plenitude, inteireza". Se pensarmos em uma pessoa íntegra, pensamos naturalmente em uma pessoa que honra com seus compromissos, independentemente das justificativas que possa encontrar.

Um dos autores estudados defende que *accountability* tem relação direta com maturidade. Quem tem filho logo vai entender essa associação. Como as crianças estão em fase de construção da própria identidade e, por isso, a vulnerabilidade é algo ainda a ser explorado, é muito comum ver uma criança se esquivando da responsabilidade por algo. Se você perguntar então: "*Quem fez isso?*" para algo inadequado, esteja preparado para esquivas, justificativas ou acusações. Ainda mais se estiver em um local onde o mau comportamento é punido. E assim crescemos nos deparando com adultos que até hoje não conseguem responder: "Fui eu".

Mas existe um terceiro elemento importante que ajuda a alavancar a *accountability*. Não basta termos ética e integridade se não tivermos coragem em assumir nossos comportamentos, mesmo quando nos parece que estamos sendo convidados ao oposto. A coragem não é a ausência de medo, mas sim a capacidade de reconhecer o próprio medo e encará-lo como parte de você mesmo para que ele não seja mais forte e domine seus comportamentos perante situações adversas.

Quantas vezes não pensamos: "Se eu assumir que fui eu, serei punido por isso, então é melhor não falar nada". Mas se o tripé da ética, integridade e coragem estiver bem alicerçado em nossos valores, teremos a capacidade de discernimento do que deve ou não deve ser feito, assumir nossa responsabilidade e enfrentar as situações, por mais difícil que elas possam parecer.

Só assim nossas ações serão vistas como confiáveis e, com isso, ganhamos consequentemente a liberdade por nossas escolhas.

Quem nunca passou por uma situação de não confiar em alguém e por isso não lhe dar a oportunidade de escolha de sua decisão? Para se ter a liberdade plena, é necessário conquistar esse espaço de confiança. Uma vez conquistada essa confiança, você terá liberdade de escolher suas decisões.

Os três principais passos da *accountability*

Se em sua essência, a pessoa *accountable* é capaz de ser **responsável por tudo o que faz e, consequentemente, pelos impactos que gera**, nada mais evidente do que reconhecer uma postura de *accountability* por meio de três grandes passos.

O primeiro passo, e o mais difícil, é o de ter consciência de seus próprios comportamentos e atitudes. Uma pessoa consciente é capaz de reconhecer, de forma profunda e verdadeira, sua forma de agir, seus valores, crenças, medos, gatilhos, comportamentos, enfim, todo o arcabouço interno que lhe possibilita enxergar e assumir seus atos de forma integral. Por isso essa etapa é a mais complexa. Estamos em constante evolução e a grande maioria de nós ainda possui um baixo nível de autoconsciência. Para evidenciar esse ponto, em um estudo de Tasha Eurich (2018), a autora menciona que "pesquisadores descobriram que, embora 95% das pessoas pensem que são autoconscientes, apenas 10 a 15% realmente o são".

Ainda mais nos dias de hoje que estar atento aos próprios comportamentos não é um desafio tão simples. Isso ocorre por uma questão até relacionada à nossa constituição fisiológica. Nossos sentidos estão a todo momento atentos para captar os estímulos do ambiente e, por isso, para nós é naturalmente mais fácil perceber o que está acontecendo fora de nossas mentes do que o que está acontecendo dentro de nós. E com o excesso de estímulos externos, estamos enfrentando cada vez mais a dificuldade de entrarmos em contato com nosso equilíbrio interno. No entanto, esse olhar para dentro, esse acessar internamente nossa forma de agir é extremamente necessário quando queremos ter mais clareza sobre nossos sentimentos, crenças, comportamentos e atitudes. A própria inteligência emocional, tão bem propagada por Goleman (1985), já nos mostra que só conseguimos gerir os sentimentos que conhecemos, caso contrário, eles ficam navegando na esfera das emoções de forma inconsciente, quando nos damos conta, nossos comportamentos foram na contramão de nossas vontades. Ou seja, conhecer a si mesmo, ter consciência de quem você é e por que age de determinada forma é essencial para promover ajustes e mudanças verdadeiras em você mesmo e no ambiente no qual está inserido.

O segundo passo é justamente compreender o que esses comportamentos geram de impacto ao seu redor. Não adianta acharmos que o mundo em que estamos funciona sem nossa influência, pois nossos comportamentos são parte de uma rede interligada de ações e reações constantes. Imagine você achar que, em seu relacionamento conjugal a "culpa" pelos problemas do relacionamento está apenas na forma como seu cônjuge se comporta. Relacionamentos são resultado das interações constantes entre pessoas, nas quais cada uma tem a sua parcela de responsabilidade. Lembra dos meus 33%? Pois bem, então pense no que você faz que contribui para a situação com a qual você mesmo se incomoda e pense o que seria se você, não a outra pessoa, agisse de forma diferente. Enquanto não olharmos para nosso impacto na situação, não conseguiremos entender como ela pode ser alterada, pois já sabemos que não temos o poder de mudar as pessoas, apenas influenciá-las por meio de nossos comportamentos que compõem o relacionamento em que estamos.

Dito isso, naturalmente podemos concluir que o terceiro passo é pensar em soluções efetivas que incluam uma reanálise da forma como lidamos com a situação. Nada melhor do que conseguir garantir os melhores resultados pensando a partir das nossas necessidades e consequentes formas de promovê-los.

Se pertencemos a uma rede interligada de ações e reações, então cuidar de nossas ações para promover diferentes reações é o que mais está ao nosso alcance.

Por isso costumo dizer que *accountability* é libertação. Porque, quando saímos da posição de coadjuvante do problema e nos tornamos parte da causa, conseguimos assumir o papel de protagonizar também a solução.

Na Figura 1, a seguir, demonstra-se de forma clara a relação entre os três passos.

Figura 1: Relação entre os três passos

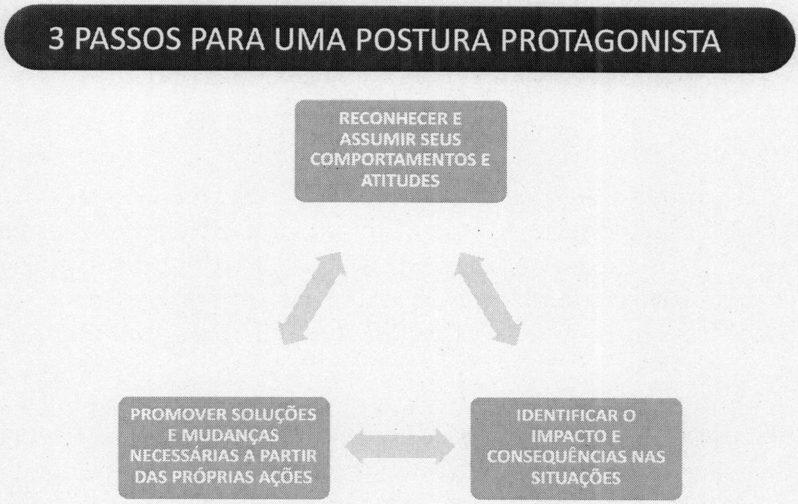

Fonte: elaborada pela autora.

Mas, se essa equação é tão poderosa e aparentemente eficaz, como colocá-la em prática?

Competências da *accountability*

É provável que você já tenha ouvido falar no conceito de CHA para a definição de competências. No entanto, vamos construir algumas ideias iniciais para que você possa compreender a ótica das competências da *accountability* adotadas neste artigo.

A palavra competência possui sua origem no latim, *competentia*, e seu significado está associado à ideia de concordância, conformidade e harmonia. Logo, o adjetivo competente traz a conotação de capacidade de agir adequadamente frente a uma situação. No cotidiano, a palavra tem sido utilizada para caracterizar alguém capaz de resolver determinado assunto ou fazer determinada coisa (BRANDÃO, 2012).

Apesar de compreensões semelhantes, existe uma diferença importante no entendimento do conceito de competências entre as origens francesa e norte-americana. Enquanto para os franceses as competências estão diretamente relacionadas à qualificação para determinada atividade, para os norte-americanos as competências possuem uma relação intrínseca com comportamentos próprios. É importante destacar essa sutil divergência entre as linhas, uma vez que o conceito adotado neste capítulo está fortemente ancorado na crença de que as competências da *accountability* estão diretamente ligadas a fatores individuais e independem do meio para sua aplicabilidade efetiva.

Inicialmente, o estudo que embasa esta conversa apontou para 23 competências e comportamentos de uma pessoa *accountable*. Em uma revisão do material, busquei identificar quais as competências e comportamentos que efetivamente impactavam o resultado individual e, a partir dessa análise, elenquei as 12 mais importantes. Além disso, como neste momento a proposta é orientar o desenvolvimento das habilidades da *accountability*, optei por classificar o material final em três pilares, inspirada nas divisões identificadas tanto no material original quanto nos três passos apresentados no começo do artigo. Outra simplificação que propus foi a classificação de competências e comportamentos em comportamentos, visando facilitar questões mais técnicas que não fariam muita diferença na proposta final do material. Por fim, em uma tentativa de gerar os contrastes dos comportamentos para facilitar o entendimento do que é e o que não é *accountability*, vamos explorar também os comportamentos não *accountables*.

Retomando o que foi apresentado anteriormente, para que possamos agora aprofundar as competências da *accountability*, iniciaremos com o pilar que está relacionado às habilidades intrapessoais, o qual compreende a capacidade de "AUTOCONHECIMENTO" que inclui reconhecer, assumir e gerenciar os próprios comportamentos e atitudes. O segundo pilar intitulado "IMPACTO" está relacionado às habilidades interpessoais e contempla a capacidade de identificar e gerenciar o impacto e as consequências nas situações nas quais se está envolvido, e o terceiro pilar, o qual está relacionado às habilidades de gestão e que chamei de "AÇÃO", está relacionado a promover as soluções necessárias a partir da mudança das próprias atitudes.

A partir da estruturação dos três passos, é possível reconhecer, na Figura 2, a seguir, quais competências constituem a postura *accountable*.

Figura 2: A postura *accountable*

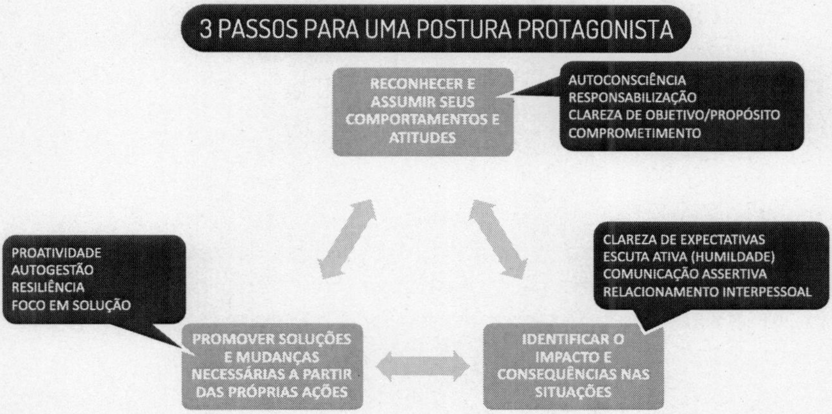

Accountability como um diferencial do SEC

Com as mudanças frequentes e aceleradas do mundo em que vivemos, um dos desafios que percebemos dentro das organizações é a capacidade de conseguir tempo, atenção e engajamento dos colaboradores diante dos programas oferecidos no SEC. E para complicar ainda mais esse contexto, a pandemia desencadeou uma série de alterações nas relações de trabalho, sendo uma delas a absorção oficial do trabalho remoto, o qual exige que as áreas de Recursos Humanos das empresas passem a contar ainda mais com a iniciativa individual dos colaboradores para buscar, cumprir e persistir em seu próprio desenvolvimento.

Com isso, espera-se que a *accountability* seja uma forte aliada do desenvolvimento da heutagogia, promovendo colaboradores capazes de se responsabilizar por seu desenvolvimento, tanto na busca das próprias trilhas de aprendizagem, quanto no engajamento diante do que lhe é oferecido.

Mas, por onde começar?

Um dos questionamentos que é preciso gerar perante o SEC para que se possa desenvolver colaboradores *accountables* é o quanto a forma como planejamos, gerimos, implantamos e analisamos as ofertas de aprendizagem convidam o colaborador a se colocar como responsável principal pelo seu desenvolvimento.

Diversos autores especialistas em cultura apontam para o primeiro desafio desse quebra-cabeça: no Brasil, temos uma tendência a sermos paternalistas e desempoderarmos as pessoas perante seus próprios problemas e responsabilidades. Ou seja, não é possível conseguir *accountability* dos colaboradores no SEC se a própria cultura organizacional não convida à protagonização dos participantes. Nesse tipo de cultura, é comum vermos os gestores reclamando sobre os treinamentos oferecidos em vez de promover a heutagogia de seus colaboradores. Além de reforçar que o RH é o responsável pelo desenvolvimento da equipe, nesse tipo de comportamento o líder ainda dá o exemplo de que "reclamar é a forma de conseguirmos o que queremos aqui".

Não faltariam exemplos para descrever o quanto pequenas atitudes dentro da cultura da empresa podem contribuir para a postura passiva e de vitimização do colaborador. Portanto, o começo está na forma como o SEC é estruturado e o quanto, nesse modelo, protegemos ou encorajamos as pessoas a se desenvolverem.

Outro ponto importante e que vale uma reflexão é se estamos conseguindo fazer a ponte entre os interesses organizacionais e a aprendizagem intencional dos participantes.

Já aprendemos que as competências organizacionais são o norte de todo o SEC, mas será que não faltam algumas traduções no meio do caminho para ajudar o colaborador a compreender por que ele deveria estar participando daquele processo? Quando esse movimento não é completo, é comum percebermos um descaso do colaborador e a presença apenas física de sua participação.

Já que clareza de propósito é uma das competências mais importantes da *accountability*, quando o aprendiz percebe que sua participação pode ajudá-lo a cumprir seu propósito, a conexão se encaixa com mais facilidade e o engajamento acontece de forma natural.

Ainda conectada a esse ponto, outra questão que o SEC poderia levantar é o quanto os praticantes são autores da construção de suas respectivas trilhas de aprendizagem. Estamos vendo o lançamento de diversas plataformas que convidam o colaborador a construir o próprio caminho, colocando-o como responsável por seu processo de desenvolvimento. E, atualmente, qualquer pessoa é capaz de escolher como vai utilizar seu tempo com base em seu interesse e a pergunta que ela se faz é: *"Prefiro ficar nas redes sociais ou em uma plataforma atrativa com conteúdos feitos sob medida para o meu desenvolvimento?"*. A inovação e a criatividade estão a favor desses instrumentos, vale buscar a que melhor se encaixa na realidade do seu SEC.

Por fim, vale lembrar que o processo de aprendizagem é constante e ocorre em qualquer lugar por qualquer meio (*lifelong learning*). Isso significa que o SEC precisa encontrar formas de identificar como as pessoas gostam de aprender para que possa incluir em sua gestão processos informais espontaneamente buscados pelos colaboradores para potencializá-los e transformá-los em formas oficiais de aprendizagem.

Essas questões são apenas um convite para que o SEC possa ocupar seu verdadeiro lugar de estratégia de aprendizagens em vez de se perder em controles que minimizam o potencial da Educação Corporativa.

Referências Bibliográficas

BARRETT, R. Personal accountability key to professional success. *Northwestern Financial Review*, v. 192, n. 23, 6, Dec. 2007.

BRANDÃO, H. P. Mapeamento de Competências. São Paulo: Ed. Atlas, 2012.

BROWNING, H. *Accountability*: Taking ownership of your responsibility. USA: Center for Creative Leadership, 2012.

EVANS, H. J. *Winning with accountability*: The secret language of high-performing organizations. USA: CornerStone Leadership Institute, 2008.

EURICH, T. What self-awareness really is (and how to cultivate it). *Harvard Business Review*, January 4, 2018.

GOLEMAN, D. *Liderança*: A inteligência emocional na formação dos líderes de sucesso. Rio de Janeiro: Objetiva, 1985.

PINHO I, J. A.; SACRAMENTO, A. R. S. Accountability: já podemos traduzi-la para o português? *Revista de Administração Pública*, v. 43, n. 6, dez. 2009.

Entre em sintonia com o Mundo

Qualitymark Editora Ltda.

Rua Carlos Machado, 155 – sala 207
Polo Cine e Vídeo – Jacarepaguá
22775-042 – Rio de Janeiro – RJ
Tels.: (21) 3597-9055 / 3597-9056
Vendas: (21) 3296-7649

E-mail: quality@qualitymark.com.br
www.qualitymark.com.br

Dados Técnicos:

• Formato:	16 x 23 cm
• Mancha:	11 x 19 cm
• Fonte texto:	Palatino Linotype
• Corpo:	11
• Entrelinha:	13
• Total de páginas:	480
• Lançamento:	2023